农商银行发展联盟研究报告系列丛书

中国农村普惠金融研究报告 2014

主　编　吴红军　何广文

副主编　金　军

中国金融出版社

责任编辑：孙　霄
责任校对：潘　洁
责任印制：程　颖

图书在版编目（CIP）数据

中国农村普惠金融研究报告.2014（Zhongguo Nongcun Puhui Jinrong Yanjiu Baogao.2014）/吴红军，何广文主编.—北京：中国金融出版社，2015.2

ISBN 978 - 7 - 5049 - 7829 - 5

Ⅰ.①中…　Ⅱ.①吴…②何…　Ⅲ.①农村金融—研究报告—中国—2014　Ⅳ.①F832.35

中国版本图书馆 CIP 数据核字（2015）第 024449 号

出版
发行　中国金融出版社

社址　北京市丰台区益泽路 2 号
市场开发部　（010）63266347，63805472，63439533（传真）
网 上 书 店　http：//www.chinafph.com
　　　　　　（010）63286832，63365686（传真）
读者服务部　（010）66070833，62568380
邮编　100071
经销　新华书店
印刷　利兴印务有限公司
尺寸　169 毫米×239 毫米
印张　23.75
字数　385 千
版次　2015 年 2 月第 1 版
印次　2015 年 2 月第 1 次印刷
定价　56.00 元
ISBN 978 - 7 - 5049 - 7829 - 5/F.7389
如出现印装错误本社负责调换　联系电话（010）63263947

徐小建　武汉农商银行副董事长、行长
高　兵　吉林九台农商银行董事长
袁义东　山东潍坊农商银行董事长
王兴源　青海西宁农商银行董事长
洪福生　山西尧都农商银行董事长
李建国　河北唐山农商银行董事长
王自忠　江苏张家港农商银行董事长
卞玉叶　江苏大丰农商银行董事长
李文祖　新疆天山农商银行董事长
卢战国　河南济源农商银行董事长
姜国平　烟台农商银行董事长
陈隽恩　山西襄垣农商银行董事长
臧正志　江苏射阳农商银行董事长
李国英　吉林公主岭农合银行董事长
石　清　巴彦淖尔河套农商银行党委书记
李振亮　内蒙古乌拉特农商银行董事长
陈云翔　内蒙古包头农商银行董事长
董景良　河北邢台农商银行董事长
卫永虹　山西运城农商银行董事长
张明乐　山西河津农商银行董事长
陈笑宏　贵州毕节农商银行董事长
张云青　江苏太仓农商银行董事长
孙　伟　江苏江阴农商银行董事长
洪其华　江苏兴化农商银行董事长
李一平　江苏建湖农商银行董事长
刘荣华　江苏滨海农商银行董事长
孙庆良　吉林延边农商银行董事长
李彦君　长春发展农商银行董事长
卢贤聪　广东肇庆端州农商银行董事长
朱思爽　湖北十堰农商银行董事长
王服文　湖北三峡农商银行董事长

《中国农村普惠金融研究报告 2014》
编 委 会

《农商银行发展联盟研究报告系列丛书》
总　　序

回望 2000 年，江苏省 3 家农商银行率先由农信社转制为股份制银行，拉开了全国组建农商银行的帷幕。迄今为止，全国组建 600 多家农商银行，已成为支撑和推动"三农"可持续发展的重要基石。然而，农商银行相对弱势的地位与其"一农支三农"的重要功能形成了鲜明反差；资产规模偏小、业务竞争力弱、风险管理能力相对不足以及中间业务发展较为滞后等内因不同程度地制约了农商银行的发展；复杂的经济环境、激烈的市场竞争、互联网金融的崛起、利率市场化及存款保险制度的实施等外因也给农商银行带来了极大的挑战和压力；农商银行人审时度势，深知单打独斗的时代已经过去，抱团取暖、合作共赢才是新形势下的发展之道。

2013 年 11 月 15 日，在江南农商银行、顺德农商银行等 14 家农商银行的自发倡议和积极组织下，在民政和金融等部门的指导下，以"合作、共赢、发展"为宗旨的全新平台——农商银行发展联盟（以下简称联盟）应运而生，实现了广大农商银行的强势联合。截至目前，联盟已在神州大地上编织了一张巨大的合作网络，汇集了四十多家经营稳健、声誉良好、实力强劲的农商银行，会员遍布 16 个省份、资产规模超过 2.5 万亿元。

联盟的成立，既是农商银行携手合作、共谋发展的一个新尝试，也是农商银行自我变革、提高市场竞争力的自然选择。在新常态下，只有积极探索，主动合作，寻找新机遇，寻求新动力，才能应对市场变化，提升农商银行的生存和发展能力，获得更好的经营效益，创造更好的社会价值。

在新常态下，联盟顺时应势，挑起了振兴农商银行的担当与责任。2014年，联盟结合农商银行的发展特点，大力推动农商银行在法律和政策框架内的交流、合作与创新，积极为会员单位提供理论交流、信息共享、同业合作、调研培训、实践探索等方面的全方位服务，为农商银行之间整合资源、进行战略合作、履行社会责任搭建了稳固的平台。

为了更好地推动理论研讨和经验交流活动，联盟联合国内各涉农金融机构以及知名研究机构，邀请业内资深专家、学者共同组成了《农商银行发展联盟研究报告系列丛书》编委会，选聘若干课题组成员，通过扎扎实实的实地调研，对当前我国农村金融改革与发展中所面临的一些重要问题，如农村普惠金融、农村互联网金融、农村金融消费权益保护、农村信用体系等，力图运用新观点、新方法、新资料展开实证分析、规律总结和趋势预测，力争反映出以广大农商银行为代表的农村金融机构的最新改革创新成果，体现农村金融事业应有的时代气息和地域特点，达到思想性、科学性和资料性的有机统一。

通过对十几个省市、几十家行（社）的实地调研活动，联盟与中国农业大学合作完成了本套丛书的第一本——《中国农村普惠金融研究报告2014》，为广大农商银行发展普惠金融提供了先进的实践样本和有价值、可供参考的意见与建议。

我们希望这套丛书成为社会各界理解当前国内农村金融发展变化的参照，以及实务界与学界对话和交流的基础。由于学问、眼界及时间所限，书稿难免有疏漏不当之处，我们恳请读者不吝批评指正。高山仰止，景行行止；非日能之，唯愿学焉。谨以此志与业界同仁共勉！

《农商银行发展联盟研究报告系列丛书》编委会

2015 年 1 月 7 日

序　言

改革开放以来，尽管我国金融改革与发展取得了不菲的成就，但农村金融市场总体上仍处于卖方市场。农村小微企业、农户等因为资产积累有限，普遍难以提供现代商业银行所要求的适格抵押品，自然被排除在信贷市场之外，致使贷款难的问题长期存在。我国农村领域现有约8000万贫困人口，满足这部分群体的信贷需求，对于社会经济发展、居民收入增长、社会就业甚至社会稳定等，均具有极其重要的意义。因此，推进农村普惠金融，任重道远。

毫无疑问，在推进普惠金融方面，我国政府和金融部门进行了许多探索。首先是在中央文件中多方倡导金融机构开展普惠金融服务；其次是政府出台相应的激励措施，并构建促进普惠金融发展的辅助机制；再次是各类金融机构从拓展农村金融服务的广度和增加农村金融服务的深度出发，通过组织机构和业务机制的创新，不断深化农村普惠金融服务。目前，农村普惠金融业务已出现全面创新的局面，并总结体现出五大模式，也呈现出明显的特征变化：一是农村信贷服务的广度和深度不断拓展；二是以价值链和供应链为纽带的创新不断涌现；三是基于移动互联的普惠金融创新产品越来越多；四是中小银行特别是农村商业银行和农村信用社成为我国普惠金融创新最活跃的金融机构群体。

但另一方面，普惠金融创新尚未完全成为所有银行的共识。一些大型金融机构虽然资金实力和技术实力雄厚，有促进和创新普惠金融业务的多种途径，但针对普惠金融需求的创新却不足。更何况，许多中小银行的创新能力本来就不足。

因此，在深化农村普惠金融认识的基础上，树立正确的农村普惠金融理念，摸清农村普惠金融创新的现状，剖析农村普惠金融发展存在的不足，探索推进农村普惠金融创新的路径，自有其深远意义。农商银行发展联盟策划与组织的《中国农村普惠金融研究报告 2014》一书的贡献，应该极其显著。

本书对普惠金融的要义进行了理论阐释，归纳了发达国家农村普惠金融的制度特征、中国普惠金融的实现路径，提炼出了农村普惠金融创新的五大模式，分析了农村普惠金融创新的基本特征及缺陷，总结了政府促进农村普惠金融的政策措施，并根据对江苏、浙江、山东、湖北、河北、青海等六个省份 14 个农村商业银行、农村信用社普惠金融实践进行的案例研究，剖析了农村金融机构发展与普惠金融服务拓展的机制、推进农村金融普惠的产品和服务方式，特别是研究了农村普惠金融的财务绩效和社会绩效。

从中读者可以发现：第一，开展和推进普惠金融的机构必须具备一定的素质和条件，具体为：其一，一般是本土性中小金融机构，或者本土化程度较高的大型金融机构；其二，必须具备健全的普惠金融意识、普惠金融理念和较好的社会责任意识；其三，能看到普惠金融市场空间的存在，并有一定的创新能力而能够创新性地开展普惠金融服务；其四，要有创新性地控制风险的能力。第二，开展普惠金融也能够做到财务的可持续发展。

需要特别提及的是，《中国农村普惠金融研究报告 2014》中对关于农村普惠金融服务产品的典型案例、农村商业银行（信用社）普惠金融实践的剖析，值得有志于开展普惠金融服务的所有金融机构借鉴，也希望有更多的人士和金融机构关注和推进农村普惠金融服务，消除"三农"发展融资难的困境，实现"三农"的繁荣与稳定发展。总之，所有金融机构，乃至全社会，都应该行动起来，关注弱势、服务小微，助推农村普惠金融。

国有重点金融机构监事会主席　于学军

2015 年 1 月 8 日于北京

目　　录

图表目录

第一章

概　论

一、普惠金融概念的提出

2013 年 11 月 12 日，中共十八届三中全会通过的《中共中央关于全面深化改革若干重大问题的决定》，正式提出"发展普惠金融。鼓励金融创新，丰富金融市场层次和产品。"这是我国政府首次提出"发展普惠金融"，是对我国金融业提出的总体要求，对于中国金融改革与发展的意义深远。

事实上，早在 2005 年，联合国大会决议把该年定为国际小额信贷年，其宗旨就在于关注那些阻碍人们全面参与金融部门的制约因素。其后，一系列的讨论与会议围绕这一宗旨而展开，最终形成了积极推动各国"构建普惠金融体系"（inclusive financial system）的理论共识，并被联合国和世界银行大力推行。从 2006 年开始，普惠金融的概念被引入我国。2012 年 6 月 19 日，时任国家主席胡锦涛在墨西哥举办的二十国集团峰会上指出："普惠金融问题本质上是发展问题，希望各国加强沟通和合作，提高各国消费者保护水平，共同建立一个惠及所有国家和民众的金融体系，确保各国特别是发展中国家民众享有现代、安全、便捷的金融服务。"这是中国国家领导人第一次在公开场合正式使用普惠金融概念，自此，如何构建与发展中国的普惠金融体系也成为各界所关注的焦点。

二、普惠金融的要义

在对中国普惠金融体系的探索过程中，如何把握普惠金融的要义，如何走出一条中国特色的普惠金融之路，十分值得探讨。

根据 2006 年联合国《建设普惠金融体系》（*Building Inclusive Financial Sectors for Development*）蓝皮书的表述，所谓普惠金融体系，其基本含义是：一个能有效地、全方位地为社会所有阶层和群体，尤其是贫困、低收入人口提供服务的金融体系。普惠金融是一种基于对传统金融体系的反思，致力于满足所有需要金融服务的人的全新理念。其实质是信贷机会公平、金融融资渠道享有权的公平问题。普惠金融与小额信贷及微型金融紧密相关，是其重要的延伸与发展。普惠金融旨在将小额信贷及微型金融所涉及的一个个零散的机构和服务有机地整合成为一个系统，并将这个系统融入金融整体发展战略之中。

　　而要让所有需要金融服务的人都能够获得金融服务，尤其是让广大被排斥在正规银行体系之外的中低收入者获得金融服务，首要的问题是，让原本被传统金融市场排除在外的人群，成为普惠金融体系建立过程中的目标客户群体，进而则是围绕目标客户所展开的金融体系从微观、中观到宏观层面上的调整与创新。因此，一般而言，普惠金融体系包含由客户、金融体系的微观层面、中观层面和宏观层面所构成的一个完整系统（见图1）。

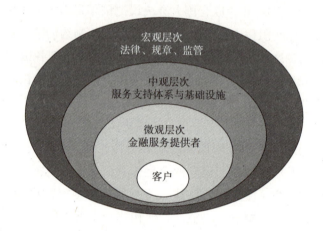

图 1　普惠金融体系的构成

　　首先，普惠金融体系的核心是目标客户，尤其是那些被正规银行所排斥的客户，通过研究他们的经济活动特点，发现他们特定的金融需求，找出这些群体被传统金融排斥的原因，并找出将他们纳入金融服务体系的途径以及符合他们需求的、可以负担得起的金融产品，这是普惠金融体系的重要功能。

　　其次，从金融体系的微观层面而言，普惠金融体系的基石是那些直接面对客户的零售的金融服务提供者，作为独立的市场主体，如何使得这些金融服务的供给者愿意并且有动力服务于所有目标客户，包括贫困和中低收入群体，进而实现"普惠"的目标，这是构建普惠金融体系的核心任务。

　　再次，从金融体系的中观层面来看，由于向贫困和中低收入群体提供金融服务普遍存在着成本高昂、风险较大的问题，因此，在普惠金融体系框架下，需要一个能够为那些零售的金融服务提供者提供支持的体系，即一个强大的金融基础设施体系及其服务机制。

最后，从宏观层面来看，构建普惠金融体系，需要政府从立法、规范和监管方面发挥重要的作用。良好的政策环境能够提供一定范围内金融服务提供者共存并且竞争，从而为大量贫困客户提供高质量、低成本的服务。

从本质上看，普惠金融是指能有效、全方位为社会所有阶层和群体提供服务的金融体系，实际上就是让所有老百姓享受更多的金融服务，更好地支持实体经济发展。普惠金融不同于小额信贷，小额信贷一般是指持续性地向弱势群体（诸如城乡中低收入家庭、小微企业等）、弱势地域、弱势产业、弱势领域等的经济活动群体提供的额度相对较小的、包括信贷在内的金融与非金融服务。而普惠金融体系的核心，强调的是一切有金融服务需求的群体都应享有金融服务的平等机会。普惠金融是小额信贷的延伸和发展，提供储蓄、贷款、租赁、保险等多元化金融服务。

在理解普惠金融概念时，应该明确：

首先，普惠金融是一种理念。只有每个人应该拥有并实际获得金融服务的权利，才有机会参与经济发展，才能实现共同富裕，构建和谐社会。

其次，实现普惠金融的途径是进行金融体系创新，包括制度创新、机构创新、产品创新和科技创新。

再次，普惠金融是一种金融格局，是使那些传统或正规金融机构体系难以惠及的广大中低收入阶层和弱势群体甚至是贫困人口也能获得机会服务的一种状态。因此，从各国实践看，普惠金融体系的主力仍然是具有"草根"性质的社区性小型金融组织，如社区银行、信用合作社、贷款公司、资金互助社等，商业银行在其中所占的份额并不大。

最后，实现普惠金融的制度保障主要有三点：一是在法律和监管政策方面提供适当空间；二是允许新建小额信贷机构的发展，鼓励传统金融机构开展小额信贷业务；三是加强社会信用体系建设。对商业银行来说，要深度参与普惠金融体系建设，必须结合自身实际，发挥自身优势，在可持续发展的前提下，为普惠金融贡献力量。

三、发达国家农村金融普惠金融的制度特征

"三农"问题具有毋庸置疑的重要性，但不论是农民要增收、农业要增产，还是农村要发展，均离不开金融服务特别是信贷支持，因而，"三农"问

题，实际上是"四农"问题，即农民、农业、农村、农贷。在我国，满足"三农"金融服务需求的问题一直是一个难题。因此，"农村金融是一个世界性的难题"这一命题，在我国甚为流行。言外之意在于，世界上还没有解决农村金融问题的答案，还是一个无解的方程。

的确，就欧美和日本等发达经济体而言，在农村城镇化、农业现代化发展初期，也存在"三农"融资难的问题。不过，考察发达国家和地区农村城镇化、农业现代化发展的现状以及农村金融发展的现实格局，可以发现，发达国家和地区的农户、城乡小微企业融资难的问题，其实并不突出，"农村金融是一个世界性的难题"的命题已经是错误的。那么，发达国家农村金融服务模式与机制是怎样构建的？有哪些典型特征值得借鉴？

纵观第二次世界大战以来发达国家和地区农村金融服务模式和机制完善的历程，可以发现，欧美等发达经济体和地区农村金融服务模式与机制逐步完善，已经建立起了一套有效保障农村信贷融资实现的制度和机制。化解农村信贷服务困境是一个系统工程，需要多角度、全方位地构建农村普惠金融服务体系。

1. 优化社会信用环境、构建社会诚信体系。激励诚实守信，提倡尊重合约，形成一种重合同、守信誉的社会氛围，将"信任"当成一种社会资本来经营；同时，建立和完善社会征信体系，集中个人信用信息，增加失信的成本。这样，对于守信是一种激励，对于失信是一种约束和压力，逐渐杜绝信用活动中的道德风险和寻租行为。

2. 构建一个多元化的、竞争性的商业金融组织机构体系。处于成长阶段的经济，金融供给特别是信贷供给，是一个卖方市场。在市场选择面前，金融机构开展金融服务，特别是在提供信贷服务时，选择大客户、好项目被认为是金融的本质，这无可厚非，但是，客观上产生了对数量众多而又对经济发展起到重要作用的小客户（如农户、小微企业）和偏远地区的经济活动主体的服务难以满足的现象，产生客户规模排斥、区域排斥、行业排斥、人群排斥等。要化解金融排斥，基本的出路就在于构建一个竞争性的金融组织机构格局。

根据简单的经济学原理，供给者之间的竞争，将带来服务质量提高和有利于消费者的价格两种效应，然而，在金融机构较多时，金融供给者之间的竞争，还会产生第三种效应，就是金融供给者市场定位瞄准的客户群体将逐渐下移，进而惠及小微客户、惠及偏远地区的经济活动主体、惠及农户。当然，直接放宽银行业市场准入，允许成立众多的直接接近小客户的金融机构，也是一种较好的路径。这一点在美国表现得较为突出。在美国，因为银行较多，竞争较为激烈，因而，美国有90%左右的商业银行都经营农贷业务，同时，在美国直接设在小城镇的商业银行有4000多家，其农业贷款比重一般都在50%以上。

3. 构建一个有利于农户、小微企业融资的政策性金融体系。在经济成长阶段，发达国家和地区政府，均把农村金融当成一种政策性金融发展，体现在五个方面：

一是成立专门的部门管理农村金融类机构，如美国的农业信贷管理局（NcuA），受政府委托管理联邦土地银行、中期信用银行、合作社银行三大系统。二是建立直接性信贷供给机制，例如，通过建立政策性中小企业银行、政策性农业银行等方式，针对城乡小微企业、农户、合作社等提供信贷。美国的农村政策性金融体系由国会扶持的小企业管理局和由政府（农业部）扶持的农民家计局、商品信贷管理局、农村电气化管理局组成，是根据《农业信贷法》建立的。三是建立政策性农业专项信贷机制，给农业投资者获得信贷的机会；德国政府设置有青年农民贷款、土地整治贷款、村镇整治贷款、造林贷款、区域结构调整贷款等特别信贷项目。四是对农业信贷给予贴息。包括对农业经营者发放低息贷款和对金融机构补贴。在法国，对符合政府政策要求及国家发展规划的农村类贷款项目，提供利率优惠政策。为鼓励农业经营者对农业投资，法国政府还向农业经营者直接发放贴息贷款。德国政府1954年就开始对农村信贷实行利息补贴，以鼓励金融机构参与农村信贷，补贴范围涵盖所有种植业和养殖业、农产品加工、土地改良与归整、农业结构调整、有机农业和生态农业、农业生产资料的购销、农村水利设施建设、环境保护、农业领域创立新企业等，享受补贴的贷款项目期限原则上不少于8年。同时，德国还限制农贷最高利率，对参与农贷的金融机构实行利息补贴，或减少其存款准备金比例。五是建立政策性农业信用保证制度。农村经济活动风险相对较高，为避免农村金融服务提供者承受额外风险，确保信用清偿，或在信用不能清偿时取得补偿，1967年，日本颁布和实施了《农业信用保证保险法》，并建立了农业信用保证与保险制度，成立了日本农业信用基金协会，专门为其会员的农业贷款提供担保，并构建了一个覆盖全国的机构体系。

构建政策性金融体系的过程，实际上也较好地体现了政府在农村金融发展中的作用。发达国家政府对农村金融的扶持还表现在：（1）英国、日本等国在农村金融机构上交存款准备金时，其比例低于城市商业银行，美国信用社可免交存款准备金。（2）美国政府直接创办、协办合作金融，为信用合作社提供资金融通、免税优惠；日本政府对农协提供利息补贴和风险损失补偿等。

4. 构建一个自成体系的合作金融组织体系。银行业是一个典型的信息产业，在信息对称和信息充分的基础上，信贷决策才能够有效避免道德风险，进而实现良性运转。为此，发达国家合作金融组织均较为发达，并且建立了较为健全的合作金融体系。另外，欧美和日本等发达国家和地区，合作金融组织均是作为农村金融市场的主体性金融组织，自下而上控股，形成一个独立的组织体系。各级机构都是独立的法人主体，合作金融组织在业务运作上坚持商业化原则，合作金融组织相互之间的关系是以市场为导向的经济合作关系。

如美国的合作金融以信用社和合作银行两种形式存在，以信用社为主，信用社是美国个人消费者的主要金融服务机构，并建立了合作金融的支撑体系，包括在自愿和自主选择的基础上自下而上进行资金和业务联合形成的地区联社以及中央联社体系、为信用社提供专业服务的机构、行业协会。

德国的合作金融，是金字塔式的组织方式，以作为法人经济实体的基层信用社为基础，自下而上逐级参股，形成了"信用社→联合社→区域性合作银行→德意志合作银行"的合作金融组织体系。各层级合作金融组织不存在隶属关系，自下而上入股、自上而下服务和提供业务指导。

5. 构建以支持和保护农业为主的政策性农业保险体系。发达国家和地区发展农业保险的共同点在于：一是把农业保险当成政策性保险，并建立专业性保险机构来经营，或利用专业和私人保险公司共同开展农业保险。二是农业保险经营的历史较为悠久，如美国开办农作物保险的历史已百年有余，法国在 18 世纪就承办了农作物冰雹保险。三是通过健全的法律来保障农业保险的实施。日本 1929 年颁布《牲畜保险法》开始实行农业保险，1939 年又颁布《农业保险法》，1947 年又将这两个法规合并修订颁布了《农业灾害补偿法》。1938 年美国颁布了《联邦作物保险法》之后，还对其进行了多次修正。四是通过开展综合保险，支持农业发展。并且，发达国家的农业保险，已经从开始的单一保险标的过渡到承保农作物综合保险，承保农作物的种类范围越来越大。

6. 具有完善的法律体系保障农村金融服务的实现。市场经济条件下，发达国家和地区为扶持农村经济、支持农村合作金融等的发展，都制定了一套关于保障农村金融服务供给的政策措施，并具有完善的法律体系，如美国早在 1916 年就出台了《联邦农业贷款法》，并据此建立联邦土地银行系统；日本在 1945 年出台了《农林渔业金融公库法》，并据此设立了日本农林渔业金融公库。为促进合作金融业的健康发展，德国 1975 年出台了《德意志合作银行法》、日本在 1947 年就出台了《农业协同组合法》。

四、中国普惠金融的实现路径

基于对普惠金融要义的解析，在中国明确发展普惠金融的政策背景下，中国的普惠金融之路如何实现？

从客户层面来看，广大农户和小微企业是被正规金融体系排斥的主要客户群体，如何将这些客户纳入普惠金融体系的目标客户，如何向这些客户提供适合其需求的金融产品，是实现中国普惠金融的关键所在。因此，中国普惠金融之路的关键在于进一步推进农村金融体系的改革与创新。

1. 微观层面：推动农村金融组织体系与业务创新。自 2006 年中国银监会农村金融市场准入新政实施以来，村镇银行、小贷公司等新型农村金融机构获得了较快的发展，农村金融多元化的市场格局正在逐步形成。然而，与农村金融巨大的市场空间相比，农村金融组织的发展及创新仍然远远未能满足要求，在发展普惠金融体系的过程中，进一步加强农村金融组织体系的创新十分重要。总体而言，农村金融缺少的不是大银行、大机构，缺少的是能够真正贴近需求的小机构、小银行，缺少的是服务于"三农"与小微企业的服务机制。

其一，应进一步推动农村信用社股份制改革，完善治理机制，明确市场定位，引导其真正立足当地，服务"三农"和小微企业。

其二，推动村镇银行与小贷公司等新型农村金融机构发展，应在突破新型机构发展"瓶颈"和加强监管方面做文章，前者有利于促使更多的新机构组建与发展，而后者则有利于引导其规范经营。新机构的进入与规范发展，对于激活农村金融市场的竞争，进而引导金融机构着眼于需求研究，通过创新向目标客户提供适应其需求特征的金融产品具有重要意义。

其三，积极探索合作金融新模式，引导资金互助活动规范发展。在 2006 年银监会农村金融市场准入新政中已经提出了农村资金互助社这一合作金融的新模式，但是截至 2014 年 3 月末，全国也仅有 49 家获准成立。相对而言，在农村地区还存在着大量的以资金互助为内容的合作金融形式，这是真正基于本土化的金融资源，亟须从制度层面的规范和引导。

其四，规范引导民间信用活动发展。

其五，推动农村金融业务创新，重点要突破的是农户与小微企业抵押担保困境。在此，可以利用嵌于农村社区的一些非制度性因素，如来自"圈子"内的信誉约束机制等，典型的案例是农户小额信用贷款业务。也可以利用基于现代农业发展的"龙头企业＋农户"、"合作社＋农户"等产业链的运行机制，如供应链金融的运作模式等，将农户和小微企业的个体信用转化为团体信用，通过构建信用共同体，以实现金融机构与客户的顺利衔接。

2. 中观层面：构建与农村金融发展相适应的保障支持体系。金融机构的有效运行依赖于完善的金融基础设施以及其他服务提供者的网络，对于农村金融而言，更需要构建与之相适应的一系列保障支持体系。主要包括：一是加快在农村地区和城镇落后地区的金融基础设施的建设，提高这部分地区的金融服务整体水平，提高自助服务机具（ATM）的覆盖率，提升支付结算水平等。二是完善农村征信系统，创造良好的金融生态环境，打造农村金融生态安全区，为各种创新性的业务活动提供发展的空间。三是发展农业保险，构建农村金融服务的风险分担机制。四是建立多元化、多层次的信用担保体系，通过引入一定的涉农财政资金对构建农业信贷担保体系予以支持，破解农户与小微企业融资困境。五是构建与发展普惠金融的社会辅助体系，如评级机构、行业协会、征信机构、结算支付系统和专业金融服务网络等。

3. 宏观层面：完善农村金融发展的相关法律与政策体系。将农村金融的发展纳入普惠金融体系的框架，构建全方位的农村金融发展的相关法律与政策体系。一是探讨出台针对农村金融发展的专门的法律，完善现有农村金融领域内的相关制度法规，使其成为普惠金融政策体系框架中的组成部分；二是财政、税收等部门要健全财政、货币和监管政策，建立有利于金融服务渠道建设的财税支持政策体系，改进财政补贴方式，优化税收扶持政策，减免涉农贷款、小微企业贷款等贷款所得税。监管部门要逐步建立起对金融机构为农户、小微企业提供金融服务情况的监测、评价和考核机制，引导更多的机构参与农村金融活动。

五、农村普惠金融创新的五大模式

金融机构提供普惠金融服务，其基本的表现形式是开展微型金融服务，有五大主要模式。

1. 组建微型金融服务的专业部门，例如，创立微型金融中心，或小额信贷中心，或中小企业信贷服务中心等，逐渐实现客户群体的下移。面对巨大的微型金融需求，国内一些大中型商业银行也在积极探索其微型金融之路，一是进行组织机构的创新，调整机构布局，以便更接近微型金融需求；二是创新业务操作模式，提高微型金融需求者的信贷可获得性；三是构建大型商业银行与微型金融机构之间的合作机制，提升微型金融机构的服务能力，并涌现出一些有效开展普惠金融服务的创新模式。

（1）中小商业银行的微型金融。较早介入微型金融市场的主要是一些区域性城市商业银行，如包商银行、哈商银行等。2005年12月，包商银行引进了国际先进的小企业信贷技术，结合中国银监会出台的小企业贷款"六项机制"，在细分市场的基础上成立了微小企业金融部和小企业金融部，建立了适应中小企业群体融资特点的小企业贷款机制，逐渐在小企业金融领域形成自己的核心竞争力，探索出了一条差异化、特色化的发展道路。其微小企业贷款已成为全国较知名的业务品牌。

（2）中国银行小企业融资的"中银信贷工厂"服务模式。"中银信贷工厂"为小企业提供专业、高效、全面的金融服务，还创造了为科技型小企业量身打造的"中关村金融服务模式"，推动科技型小企业发展。

（3）中国农业发展银行的小企业贷款模式。在2005年中国银监会《银行开展小企业贷款业务指导意见》（银监发〔2005〕54号）出台以后，农业发展银行于2006年出台了《中国农业发展银行农业小企业贷款试点办法》，并从2007年4月开始，农业发展银行陆续开展了农业小企业贷款业务，对农业和农村经济发展影响比较大、具有广泛代表性的农、林、牧、副、渔业从事种植、养殖、加工和流通的小企业以及种植养殖加工一体化的农业小企业提供贷款服务。

（4）农业银行的"三农"金融事业部模式。为有效服务农户、农村小企业，从 2007 年开始，农业银行开始在全国 8 个省市进行服务"三农"试点，2008 年推行"三农"金融事业部制改革试点，2009 年 5 月底，农业银行还正式下发的《农户小额贷款管理办法（试行）》，从农户需求特点出发，设计了农户贷款需求特点相适应的制度安排，降低贷款成本，最大限度地简化各种手续，规范办贷流程、提高办贷效率，并将单一农户授信额度界定为 3000 ~ 5 万元，大大提高了农业银行农户小额贷款的可获得性。

此外，农业银行还构建了"网点 + ATM + '三农'金融服务站 + 电子银行"模式，建立多层次、广覆盖的金融服务渠道体系。农业银行"三农"金融统一品牌"金益农"旗下产品达 345 种，其中"三农"专属产品增加到了 70 种，包括惠农卡、农户小额贷款、小企业简式快速贷款、"绿色家园"农村城镇化贷款、贸易融资、CDM（清洁发展机制）项目融资等一系列新产品。积极探索新型"三农"金融服务方式，涌现出了"公安模式"、"寿光模式"、"泉州模式"、"定西模式"等一系列服务"三农"典型案例，形成了流动客户经理组、汽车移动金融、农村小额取现、多方合作支农、供应链金融等一系列新型服务方式（参考"中国农业银行 2010 年度报告"）。

（5）中国邮政储蓄银行的北京大兴模式。2009 年，中国邮政储蓄银行北京分行大兴区成立了"三农"信贷专营机构，支持区内龙头企业种植、养殖等产业链发展以及涉农重点建设项目。并通过采取主动上门宣传、调查，集中上报、集中审批、集中放款的方式，大大缩短了贷款审批时限，小额信用贷款采取"三户联保、合作社担保和村镇干部增信保证"的创新组合模式，在有效控制贷款风险的同时，极大地解决了农民贷款抵押担保难的问题。

2. 对专业性微型金融服务机构提供批发贷款。微型金融机构具有方式灵活、放款及时、利率机动三大特点，在服务"三农"和支持创业方面发挥了重要作用。但从长远来看，微型金融机构资金短缺现象较为普遍，后续资金不足是制约微型金融机构发展的"瓶颈"。因此，建立一种向微型金融机构持续提供资金服务的机制，特别是建立大型商业银行与微型金融机构之间的资金融通关系，通过金融创新将银行的资金优势和微型金融机构的近距离服务小客户的网络优势有机整合，解决其资金来源不足的问题，不但可以更好地满足农户、微型企业和创业者的融资需求，而且也是微型金融机构实现可持续发展的基础。

在这方面，国外主要是通过建立微型金融批发机制的方式来实现的。

批发机构（apex）指的是在一个国家或一个完整的市场中，通过提供或者不提供技术服务或其他支持服务，把资金引导到大量的微型金融零售机构中去的这样一种机构组织形式。在某种意义上，国际捐赠者和国际非政府组织都支持微型金融机构的"批发机构"，存贷款合作社经常组成向零售合作机构提供服务的联盟。在一些国家存在着对微型金融机构的大部分或者所有贷款进行担保的担保机制，从而帮助其从商业银行得到贷款。2008 年 6 月，印度尼西亚开办了第一家微型金融批发银行，据相关资料，MERCY CORP（美慈）以 3300 万美元收购了印度尼西亚巴厘岛一家商业银行，计划将该银行改制为微型金融批发银行，并定名称为"银行的银行"（BOB）。其出资中有 1940 万美元来自盖茨基金会捐赠。该项交易还得到了世界银行和德国基金的投资，其目的是帮助微型金融机构大规模持续发展。BOB 帮助印度尼西亚的微型金融机构从小额贷款业务拓展到储蓄、汇款、按揭和手机银行业务。BOB 提供可持续的融资，并通过 MERCY CORP 在印度尼西亚开办的另一个基金为微型金融机构提供技术支持。

微型金融投资基金也是国际社会化解微型金融机构常见的模式。微型金融投资基金是指以微型金融机构为投资目标所设立的投资基金，包括非政府组织、发展机构、商业组织等各种类型的机构均可设立。部分微型金融基金虽然不具有投资基金的资质，但可作为投资人投资于微型金融机构和其他具有资质的微型金融投资基金。

2004 年 7～10 月，全球微型金融机构扶贫协商小组（CGAP）、全球微型金融信息交流平台（MIX）和卢森堡 ADA 联合对国际社会微型金融投资基金的发展状况进行了调查，调查涉及当时已经成立的 38 个微型金融投资基金和 5 个将在 2005 年成立的机构。从总资产状况来看，43 家基金投资于微型金融机构的资金达 5.01 亿欧元（Matthaus – Maier 和 J. D. Von Pischke，2006）。

在发达国家，天使投资也已成为高新技术微小型企业早期创业和创新的主要支柱，并成为微小企业微型金融市场重要的资金供给者。天使投资，是指富有的个人出资者协助具有专门技术或独特概念的原创项目或小型初创企业，进行一次性的前期投资，属于风险投资的一种形式。2008 年，美国的 26

万个天使投资人就为 55480 个创业企业和 3700 个创新项目提供了资助，总额超过 470 亿美元（王辉和赵岚岚，2010）。

虽然在中国还没有专业的批发机构存在，但在中国微型金融的实践中，类似的机构事实上已经存在，最具代表性的机构如国家开发银行等，正积极地涉足于微型金融行业的各个方面。同时，在中国银监会〔2006〕90 号文件和 2008 年 5 月《小额贷款公司试点指导意见》发布之后，越来越多的金融机构参股、注资村镇银行、小额贷款公司等微型金融零售机构，无疑这种参股、注资也具有资金批发性质。除此之外，在微型金融的发展过程中，也有一些机构以技术支持、培训等方式在提供着对微型金融机构的支持，比如中国小额信贷发展促进网络、沛丰中国等。

（1）国家开发银行的批发业务探索。国家开发银行除了直接参与组建村镇银行开展小额贷款外，一是通过向 NGO 微型金融项目与机构进行批发式注资，支持微型金融事业发展。这种方式类似于孟加拉政府的 PKSF，向与之合作的微型金融机构提供免予担保的微型金融批发业务。2006 年 12 月 20 日，国家开发银行与中国扶贫基金会签署协议，国家开发银行提供 1 亿元贷款，专项支持中国扶贫基金会实施微型金融扶贫项目。这是中国微型金融组织首次利用国家政策银行批发资金实施微型金融扶贫项目。首批贷款 2000 万元被分别用于福建、山西和辽宁的微型金融项目。据签署的协议，中国扶贫基金会作为统借统还的平台，全面负责贷款的"借、用、管、还"，并通过县微型金融机构向农户发放小额贷款。中国扶贫基金会向国家开发银行申请贷款单笔上限为 3000 万元，贷款期 5 年，宽限期为 4 年。二是与商业贷款机构合作开展微型金融，如国家开发银行深圳分行与中安信业投资公司始自 2006 年的合作，有两种方式：一种是向中安信业投资公司提供债权资金，另一种是将中安信业投资公司作为其微小贷款业务的助贷机构，双方共建有效的风险控制机制。

（2）农业银行的微型金融批发业务探索。2010 年 1 月 20 日，农业银行与河北易县扶贫社、河南南召扶贫合作社、贵州兴仁县农村发展协会以及青海同仁县乡村发展协会四家扶贫小额信贷组织在北京签署了合作协议。根据协议，农业银行将与四家扶贫小额信贷组织合作，提供一定额度的批发贷款，四家扶贫小额信贷组织将贷款发放给贫困地区的贫困农户，用于发展生产。此次合作是大型商业银行与 NGO 微型金融机构合作模式的创新性探索。由此,可以整合大银行的资金优势和小机构联系贫困农户的操作优势,采用商业化运作模式,破解了大银行服务偏远贫困地区农户的难题,满足了扶贫微型金融组织融资需求,使更多的贫困农户获得了贷款支持,为农村金融改革和创新提供了实践经验。

2010 年 9 月,农业银行保定分行向易县扶贫经济合作社发放了 100 万元扶贫批发贷款。这是农业银行系统首次贷款支持乡村小额贷款机构,在全国首创国有大银行携手小额贷款公司服务"三农"新模式。在一定程度上缓解了易县扶贫经济合作社的资金运营压力,解决了更多贫困农户的致富资金难题。同时,农业银行还与易县扶贫经济合作社共享客户资源,为农户办理惠农卡,布放 POS 机和转账电话,使偏远贫困区域的农户享受到现代金融服务。

表 1　　2006~2009 年中国扶贫基金会小额贷款项目获得的批发贷款

批发贷款来源	成交签约时间	资金额度	贷款方式
国家开发银行	2006. 12. 20	1 亿元	担保贷款
渣打银行（中国）	2008. 1. 18	2000 万元	信用贷款
法国达能集团	2009. 3. 11	2000 万元	无息信用贷款
农业银行	2009. 10. 17	2 亿元	担保贷款

(3) 大型商业银行对小额贷款公司的批发贷款。2008 年 12 月 2 日,交通银行银川分行就与 8 家小额贷款公司签订了总额达 7000 万元的协议,支持小额贷款公司向创业者提供资金。2009 年 4 月,交通银行宁夏分行、建设银行宁夏分行就与宁夏回族自治区金融管理办公室签署协议,向小额贷款公司提供批发贷款,用于服务农户、支持创业和中小企业。

2010 年 8 月和 9 月,内蒙古包头西蒙小额贷款公司从招商银行融资 5000 万元,12 月又从浦发银行融资 5000 万元。

3. 投资兴办微型金融机构,例如,投资村镇银行、小额贷款公司等,或者去投资参股、兼并、收购欠发达地区的农村金融机构,由村镇银行、小额贷款公司等子公司去开展微型金融服务。

村镇银行,是新型农村金融机构的主要模式,一方面,对于改变县域地区金融机构网点覆盖率低、金融供给不足、农村资金外流局面意义重大;另一方面,也为区域性银行扩展业务空间、为大银行增加与小客户的接触面提供了机遇。因此,受到各类银行的青睐。在组建村镇银行方面,除了大型商业银行外，较为活跃的区域性银行包括包商银行、哈商银行、鄞州银行等。

（1）鄞州银行到西部地区设立村镇银行，旨在改变西部农村地区金融机构网点覆盖率低的状况。到 2013 年年末，鄞州银行已经先后成立了四川邛崃国民村镇银行、新疆五家渠国民村镇银行、广西平果国民村镇银行、宁波象山国民村镇银行、广西临桂国民村镇银行、东兴国民村镇银行、鄞州国民村镇银行、桂林市国民村镇银行等 24 家村镇银行，其中桂林市国民村镇银行是中国银监会批准成立的地市级村镇银行试点，可以在桂林所属各区县设立分支机构。

此外，鄞州银行还参与了农村信用社、城市商业银行的股份制改革。2008～2013 年，鄞州银行先后参与了安徽黟县、休宁农村信用社向农村合作银行、秦皇岛市商业银行、黄山屯溪农村合作银行改革，2010 年参股了黄山徽州农村合作银行，成为四家新成立的农村合作银行和一家城市商业银行的战略投资者。

表 2　　　　鄞州银行对外股权投资情况表（截至 2013 年年末）单位：股、%

被投资单位及投资时间	持有股份数	股权占比
浙江省农村信用社联合社（2004.2.19）	2000	1.99
中国银联（2008.11.27）	25000	0.35
秦皇岛市商业银行（2009.9.28）	85000	16.89
安徽黟县农村商业银行（2008.7.6）	2000	20
安徽休宁农村商业银行（2008.12.28）	49980	24.99
黄山屯溪农村商业银行（2009.12.31）	21600	20
黄山徽州农村商业银行（2010.4.26）	16000	13.33
安徽歙县农村商业银行（2011.9.28）	49700	19.97
五家渠国民村镇银行（2008.1.18）	33320	28
石河子国民村镇银行（2011.1.25）	41000	41
昌吉国民村镇银行（2011.12.22）	45000	41
平果国民村镇银行（2008.6.30）	12250	35
东兴国民村镇银行（2010.1.22）	12000	40
合浦国民村镇银行（2011.4.26）	10500	35
南宁江南国民村镇银行（2011.4.29）	17500	35
桂林国民村镇银行（2011.5.26）	49000	37.69

续表

被投资单位及投资时间	持有股份数	股权占比
防城港防城国民村镇银行（2012.10.24）	18000	60
广西银海国民村镇银行（2012.12.7）	18000	60
广西钦州市钦南国民村镇银行（2012.12.19）	30000	60
象山国民村镇银行（2008.8.31）	28800	33.87
宁波市鄞州国民村镇银行（2011.3.29）	38000	38
邛崃国民村镇银行（2007.12.28）	12400	24.80
哈密红星国民村镇银行（2013.1.10）	25500	51
奎屯国民村镇银行（2013.3.12）	15300	51
北屯国民村镇银行（2013.6.27）	15300	51
博乐国民村镇银行（2013.7.10）	15300	51
库车国民村镇银行（2013.6.28）	15300	51
浦北国民村镇银行（2013.8.2）	25500	51
上林国民村镇银行（2013.8.16）	25500	51
伊犁国民村镇银行（2013.8.26）	15300	51
克拉玛依金龙国民村镇银行（2013.8.19）	15300	51
新疆绿洲国民村镇银行（2013.7.30）	14050	46.83

资料来源：《鄞州银行2013年度报告》。

（2）江苏常熟农村商业银行坚持服务"三农"、服务小微企业的市场定位，积极探索差异化、特色化发展之路，支持个体工商户创业、发展与成长的同时，对外投资进行机构布局，推进普惠金融服务。到2014年11月底，常熟农村商业银行在全国共有营业网点130家，其中常熟本地106家，异地24家。同时，开设了12家"常农商"系村镇银行，并参股6家农村金融机构。

（3）村镇银行的设立是中国建设银行适应村镇金融需求特点、设立专业化金融机构的实践。通过主发起设立村镇银行，建设银行服务"三农"的平台得到了拓展，建设银行充分发挥自身管理和产品优势，帮助村镇银行建立完善的公司治理结构，引入先进的风险管理技术和文化，提供产品开发、人员培训、后台处理等全方位的保障与支持，确保了村镇银行业务健康可持续发展。2011年4月中旬，建设银行主发起的苏州常熟建信村镇银行的开业，标志着建设银行主发起设立的村镇银行已有9家正式开业。截至2010年末，建设银行主发起设立的村镇银行贷款余额共计 13.4 亿元，涉农贷款占比88%，不良贷款保持为零。到 2014 年 6 月底，建设银行发起控股设立村镇银行 27 家。

（4）民生银行发起设立村镇银行，强化金融服务民生。民生村镇银行积极探索具有当地特色的小微及农村金融服务模式，延伸了民生银行民营、小微金融战略，有效地传承和发扬了民生文化，扩大了民生银行的物理服务范围，并且将"民生"的品牌在更广阔的地域和市场内进行有力的传播与推广，有效解决农村地区资金供给长期不足，激活整个农村金融市场，促进农村经济社会和谐发展。截至 2013 年底，民生银行共设立彭州村镇银行、綦江村镇银行、潼南村镇银行、梅河口村镇银行、资阳村镇银行、江夏村镇银行、长垣村镇银行、宜都村镇银行、钟祥村镇银行、普洱村镇银行、景洪村镇银行、志丹村镇银行、榆阳村镇银行、腾冲村镇银行、林芝村镇银行等 29 家民生村镇银行，营业网点达到 59 个，总资产 257.02 亿元，存款余额共计 217.11 亿元，贷款总额共计 150.01 亿元。

4. 对小型金融机构提供能力建设支持，特别是 IT 技术、治理结构完善、财务辅导和业务培训等支持，增强它们提供小额贷款的能力。

5. 产品和业务操作方式创新。2004 年以来的中央 1 号文件和中共十七届三中全会，都明确提出要以加快农村金融产品和服务方式创新为突破口，进一步改进和提升农村金融综合服务水平。2008 年 10 月，人民银行、中国银监会联合出台了《关于加快推进农村金融产品和服务方式创新的意见》，推进农村金融产品和服务方式创新。各金融机构在各地开展了包括林权抵押贷款、"公司＋基地＋农户"、"公司＋专业组织＋农户"等多种方式在内的信贷产品和服务创新，对盘活农村存量资产、拓宽农村资金来源渠道、建立健全农村金融风险覆盖体系产生了重要影响。

（1）农业银行发行的"惠农卡"，虽然还存在一些需要完善的方面，但"惠农卡"改变了传统的信贷业务操作模式，如果克服了信贷风险防范与控制问题，将成为有效扩大微型金融客户覆盖面的有效手段，不失为一种重要创新。

（2）以 21 世纪初开始，农村信用社领域开展了农户小额信用贷款、联保贷款，利用了社区信任、人际信任、人脉信任关系，不需抵押担保。如 2010年 3 月，浙江宁波鄞州银行与鄞州区政府配合，创建"信用户、信用村、信用镇"，经过评定的信用户，无须抵押质押等担保，最高可以获得 10 万元的小额支农贷款。

（3）通过构建各类信用共同体，将农户、小微企业的个体信用转化为群体信用，化解缺乏抵押担保的农户、小微企业的融资困境。探索"银行（社）+企业+农户+合作社（协会）+保险+担保"信贷合作服务模式。

国家开发银行创造了"国家开发银行+协会+企业（农户）"的贷款新模式。针对农民和中小企业难以出具贷款抵押物的问题，2004年6月，海南澄迈县在国家开发银行协助下成立了"会员自愿参加，中小企业担保公司提供担保，国家开发银行向协会成员提供贷款"为宗旨的城乡信用协会，会员涵盖农村种养殖、农产品加工、储运等10多个行业；协会遵循"国家开发银行融资推动、政府组织协调、会员民主管理"原则。2004年，国家开发银行就向澄迈国达实业公司等11家信用协会会员的中小企业（含农户）发放贷款890万元。造船资金短缺一直成为三亚市发展海洋产业的"瓶颈"。该市探索出"国家开发银行+国资公司+协会+渔民"的模式，以三亚国资公司作为借款主体，向国家开发银行申请贷款1.25亿元，统一造船，渔民则交纳租赁保证金。渔船建造完工后，供渔民使用。

（4）针对农村转型，创新性地开展新的产品服务，缓解农村地区金融产品少、服务方式单一、业务功能不足与农村经济社会发展和农民多元化金融服务需求的矛盾。支持农户和农村小企业信贷，把农民工、农村运销大户、农民专业合作社以及农业产业化龙头企业纳入金融服务的范畴。但是，中国国内的大型金融机构在这方面的创新严重不足。因此，较多县域，从宏观角度而言，机构多元化的局面似乎已经形成了，不缺机构，但缺服务。

（5）中国邮政储蓄银行的"农村小额贷款业务批发中心"，通过信息的批处理，解决了小额贷款操作成本较高的问题。2010年10月，中国邮政储蓄银行巴中市分行以小额贷款产品为依托，在行政村、镇设立小额贷款服务点，将小额贷款业务发展"与新农村建设相结合、与信用村镇相结合、与绿卡村镇相结合"，采用第三方担保或农户联保方式，"先授信、后用信"的模式，通过在农村集中营销、集中对村民或产业发展大户进行调查授信，已授信的客户在规定的期限内，可以随时直接在小额贷款批发中心支用该授信贷款额度，提高了中国邮政储蓄银行微型金融产品覆盖率与服务水平。"农村小额贷款业务批发中心"模式以其接近农户和微小企业，信息的预处理、批处理等制度安排所带来的成本优势，不断被复制。

六、农村普惠金融创新的基本特征及缺陷

（一）银行普惠金融业务出现全面创新的局面

金融业务可以分为资产业务、负债业务、中间业务三大类，为了满足农村普惠金融需求，以农村商业银行、农村信用社为主的农村金融机构，在资产、负债和中间业务方面均有较多的创新。其中，资产业务创新是主要方面。资产业务创新主要表现为新的信贷产品不断涌现，能够满足新的需求，也能够满足更多的需求。例如，四川农村信用联社的"才升道"小微企业信贷产品、广东顺德农商行的"成功之路"系列小微产品、天津滨海农村商业银行"助业贷、合意贷"产品、烟台农商银行"出国劳务贷"产品、内蒙古河套农商银行"商户联盟贷款"产品、青海西宁农商行"创业类"贷款产品、贵州毕节农商行"致富通"农户小额信用贷款产品、江苏射阳农商行"家庭农场"信贷产品、浙江安吉农商银行"丰收彩虹贷"产品，等等。

（二）信贷业务创新的重点在于不断拓展业务的广度和深度

信贷业务创新主要是围绕满足那些缺乏抵押担保的农户、小微企业、农村新型经营主体、弱势地域、弱势产业等的信贷需求而进行的，就是怎么在缺乏抵押担保的情况下提高这些群体的信贷可获得性，拓展信贷服务的广度和增加信贷服务的深度。

（三）构建信用共同体是普惠金融创新的主要模式

信用共同体，不是一个经济实体，而是一个由金融机构（农村信用社、农村商业银行等）、政府部门、行业协会、市场管理机构等利益相关者共同组织，同一辖区（或同一产业链条、同一合作经济组织、同一商会、同一协会等）内信用程度较高、经营管理好的小企业、个体工商户自愿申请加入组成的具有融资担保互助职能的一种机制或联合体。

对于那些难以以个体信用获得信贷的弱势群体而言，只有在取得信任的情况下，才有可能加入共同体。信用共同体的存在，第一，是一个增信的机制，弱势个体以其个体信用不能获得信贷，加入信用共同体后，就有了获得

信贷的机会；第二，是一个将个体信用转化为群体信用的过程，并将个体信用与群体信用捆绑，在个体失信时，群体信用受损。因此，信用共同体本身是一个具有内在信任机制的自我实现和自我表现的机制。

例如，在现代商业信贷的市场选择面前，农户、小微企业（个体工商户）贷款的有效抵押品不足，是农户、小微企业贷款难的主要原因。为此，2008年，山东省农村信用联社推出了大联保体贷款，将有资金需求的农户、小微企业组织在一起。充分发挥农户、小微企业间互助及监督作用，由传统的单户营销模式向批量营销模式转变，既利用农户、小微企业间的自我甄别机制和内部相互制约解决了信息不对称问题，在一定程度上缓解抵质押品匮乏的局面；又降低了银行的交易费用，实现了业务流程的再造。

首先，大联保体组建过程中，每位成员出于个体利益考虑，通过掌握的分散的、私人化的信息将不守信用者、还贷能力差的人排除除外，以免承担连带责任，起到信用筛选的作用，可以防止信贷过程中存在的逆向选择问题的产生。

其次，由于构建了风险共担机制，任何成员都有监督其他成员资金的使用状况的责任和压力，可以起到督促联保体成员远离高风险交易的作用，可以防范因为信息不对称出现的道德风险。

最后，大联保体贷款业务的出台意义在于整合资源，调整信贷流程，从"客户经理—单个农户、小微企业"的信贷模式转化为"信用评定—联户联保—整体授信"的模式，简化其中过于分散且烦琐的手续，降低交易费用，实现业务流程再造，促进内部组织效率的提高。

（四）以价值链、供应链为纽带的创新不断涌现，也成为普惠金融创新进一步发展的方向

中国农业正经历着由传统农业向现代农业转型，在整个过程中，农业规模化、产业化、组织化等的程度逐渐提高，生产大户、合作社、家庭农场、农业龙头企业等新型经营主体不断涌现，农业生产摆脱自给自足的自然经济状态，生产商品化，直接面对市场，同时，生产—消费的自循环系统被冲破，生产逐渐成为农业产业链的一个环节，农业产品价值实现的约束，不仅仅来自产品质量，还与产品的加工、储运、销售等产业发展直接相关的环节高度关联，也受到生产资料的供应、技术支持、金融服务、劳务供应等部门的约

束。现代农村产业发展主要约束是金融约束（Geetha Nagarajan 和 Richard L. Meyer，2005），而在传统的商业信贷市场上，农户信贷约束较为显著（Zeller、Manfred、Gertrud Schreider、Joachim Von Braun 和 Franz Heidhues，1997）。因此，农村经济活动主体的融资模式需要创新，价值链金融（value chain finance）或称为供应链金融（supply chain finance）由此而生。

根据 FAO（2005）的界定，农业价值链是指一种基本的农产品由生产到最终消费的过程，这个过程由一系列参与者和活动构成，在这个过程中的每一个阶段，都会对产品赋予价值。价值链可以是垂直链接，也可以是各个相互独立的企业组织组成的网络，涉及加工、包装、储藏、运输和配送。"价值链"（value chain）和"供应链"（supply chain）两个词常常混用。传统农业价值链一般通过现货市场交易涉及众多的小型零售商和生产商。现代价值链的特征是垂直协调、供应基地整合、农产品加工，并在这个链条的所有环节贯穿着严格的标准（见图 2）。

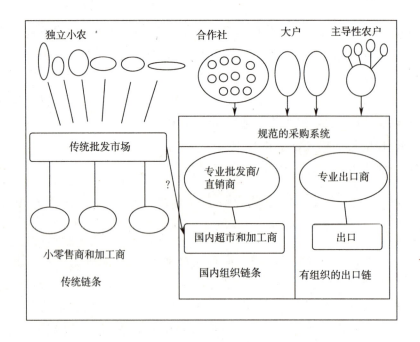

资料来源：E. B. McCullough, P. L. Pingali and K. G. Stramoulis, eds. 2008。

图 2　食品系统中的传统/现代价值链

　　在农业生产过程中的各环节的参与者，实际上都需要融资，都是农业价值链金融的参与主体。作为生产者的农户，在收获以前需要融资购买生产资料，或者是为了储存而融资；运销大户和加工商、市场营销商需要备货而融资；同时市场营销商、市场配送者，在业务发展过程中需要进行贸易融资（见图3）。

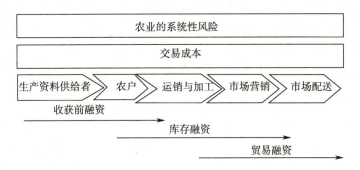

资料来源：GPFI/IFC，2012。

图 3　供应链与供应链金融的参与者

　　但是，由于农业产业链面临系统性风险，并且交易成本约束较强，因而，在传统的商业信贷市场上，农业价值链金融的参与主体往往受到信贷配给，或者只有部分需求者得到满足，或者是需求者只得到部分满足，在一些偏远地区，甚至出现金融服务空白，根本享受不到正规金融服务。这是需求约束（如支付能力不足、缺乏信用记录、无法提出可行的项目建议书等）与供给约束（如缺乏借款人的信息、交易成本高等）共同作用的结果，由此也扩大了农业融资缺口（Magdalena S. Casuga 和 Ferdinand L. Paguia，2008）。

　　如果没有其他选择，农户往往通过私人放贷者、亲朋等非正规金融渠道融资，并承受较高的市场利率。问题在于，非正规放贷者不是产业链上的一员，不能获得产业发展的相关利益，出借资金的目的仅仅是为了获取利润，他们可能甚至不关注贷款的风险保障，出现农户不能及时偿还贷款时，他们将继续收款，直到贷款本息完全回收，有时甚至给农户追加贷款，即使农户没有完全归还已有的借款，最终可能使得农户陷入沉重的债务负担。价值链金融正好可以化解农户面临的这种融资困局。在一个成熟的价值链上，农户可以直接从价值链的其他参与者获得融资，或者是从银行或其他正规金融机构获得融资。

可见，价值链参与者提供融资，是正规金融服务不足的产物，并且银行或其他金融机构参与价值链融资，可以节约成本和降低风险。

农业价值链融资的三种常见基本模式是：经销商融资（trader credit）、订单农业融资（contract farming）和仓单融资（warehouse receipts）。

（1）经销商融资在种养业农户中是最常见的一种融资方式。农产品经销商或者为小规模农户购买农场投入品，或者为农户提供现金以购买投入品。经销商为小规模农户购买农场投入品，可以避免经销商融资用途的转移，因而，此种融资方式被经销商青睐。生产者可能与购买合同捆绑，如果是这样，他们需要将产品出售给经销商，收入首先要抵扣贷款。农户也可以在市场上销售给其他批发商和零售商，经销商向农户提供融资的资金来源，与可能是经销商从价值链上的其他参与者（加工企业、批发商等）融入的资金。因为是非正规的、不受监督的融资交易，因而，利率一般较为灵活。为了覆盖成本，主要采取以下措施：一是提高贷款利率；二是提高投入品的价格；三是相对压低购买农产品的价格。不过，出于以下原因，一般情况下，经销商不会偏离市场利率、市场价格太多。一是熟悉借款者；二是在一个较小地域范围内的操作，也容易低成本地进行尽职调查、贷后检测、贷款回收；三是能够较好理解所涉价值链的风险，因而能够较好地管理风险；四是对商业环境和市场条件比较了解。

（2）订单农业融资可以促进生产的标准化。经销商融资模式下，经销商与生产者之间几乎是受到价格驱使的。订单农业中，小农是被龙头企业"俘虏"（Fries，R. 和 B. Akin，2004），龙头企业是产品的最终购买者，因而，一般处于中心角色。订单农业融资模式下，龙头企业（一般作为买家）与生产者签订合同，要求生产者以一定质量标准生产一定数量的某种农产品。龙头企业向农户提供融资，一般是以农户生产的产品销售给龙头企业为条件的。生产者还可能得到技术支持、培训、技术转让、监管等。尽管可能产生其他费用，买家也愿意提供的服务，以便生产者生产的产品能够满足消费者对数量和质量的要求。一般情况下，买家都愿意与大规模农户或者农民组织打交道。

（3）仓单融资可以保障贷款的收回。仓单融资模式下，生产者和经销商将市场出来的产品储存在仓库，获得在一定时期内储存有一定量商品的证明，即仓单。仓单可以用来抵押或质押，用于保证银行或其他放款者的贷款能够首先以产品销售收入来偿还（Onumah, G., 2003）。

例如，中国银行宁夏分行 2007 年以羊绒产业为基础推出的"大集团小客户捆绑授信支持计划"，将羊绒产业上下游生产链中的收购、生产、加工等资金实力相对较弱且可抵押资产较少、融资难的中小羊绒企业捆绑在一起，依托技术成熟、客户群体好、知名度高、信誉好的大集团客户，缓解了中小企业融资困境。

（五）基于移动互联的普惠金融创新产品越来越多，将普惠金融推向深入

例如，在移动互联、云计算、大数据的浪潮声中，以及在普惠金融国家战略指导下的农村金融机构，针对日益膨胀的网络金融需求，也纷纷瞄准移动金融领域，2014 年 9 月初，北京农村商业银行与北京思创银联公司合作推出的"社区 e 服务"就是这方面的典型代表。

"社区 e 服务"是一款安装在智能手机上的金融产品，为社区周边小微商户提供免费的网上平台，小微商户可将自己的店铺直接开在移动互联网上，通过"社区 e 服务"平台展示、营销自己的商品和服务。"社区 e 服务"包含用户端、商户端、管家端三个手机 APP，用户端供社区居民使用，商户端供周边商铺使用，管家端供市场推广及物流业务员使用。"社区 e 服务"的显著特点有三个：一是"社区 e 服务"汇集社区周边各类店铺信息，社区居民可以轻松完成商品和服务的查询比价，通过北京农商银行的"凤凰 e 账户"快速完成线上支付或预订后到店支付，实现了线上支付与线下服务结合，真正实现了足不出户享受社区周边的商业服务与金融服务；二是准确锁定客户所需商品和服务，"社区 e 服务"支持电子地图和手机定位，可为客户筛选社区周边 2 公里内实体商铺的产品服务，为客户提供丰富、全面、及时、准确的商品服务信息；三是自助开通服务、真正足不出户，"社区 e 服务"为周边商户提供"三分钟开店"功能，无须保证金及任何费用，只需三步轻松完成网上自助开店，能够有效拓宽社区周边商铺的销售渠道，为商户带来更多利润，促进小微企业发展。

"凤凰 e 账户"同样支持网上自助注册、在线充值、在线支付，免除了客户往返银行营业网点的烦琐，实现了无时间、无地域限制的便捷开通，可为客户提供线上支付、账户查询、余额理财、缴费充值、定期存款等多种增值

金融服务。"社区 e 服务"的推出无疑将惠及社区居民及周边小微商户，是北京农商银行普惠金融创新发展的重要举措，是将互联网技术应用于社区金融服务的有益尝试。

（六）中小银行特别是农村商业银行、农村信用社，是我国普惠金融创新最活跃的金融机构群体

在考察普惠金融创新时，我们发现，尽管大小银行都在积极探索，但是，中小银行特别是农村商业银行、农村信用社，在普惠金融创新的速度上，大大快于大银行，推出的有利于深化普惠金融的产品数量，大大高于大银行，因而，中小银行特别是农村商业银行、农村信用社已成为我国普惠金融创新的最活跃的参与者。其主要原因：一是中小银行特别是农村商业银行、农村信用社，直接面对普惠金融业务核心对象群体，能够发现需求的多样化，在自我发展需求和客户需求拉动面前，只能不断创新；二是中小银行管理扁平化、决策链条短，能够快速决策和快速创新。

但是，普惠金融创新也表现出一些缺陷：

第一，普惠金融创新还没有完全成为所有银行的共识。总体而言，着眼于普惠金融服务，特别是能够以可持续的方式服务小微企业、弱势群体的金融机构仍然有限。

第二，大型金融机构资金实力和技术实力雄厚，有促进和创新普惠金融业务的多种途径，但是，一些大型金融机构针对普惠金融需求的创新不足。

第三，有较多的中小银行，创新能力不足。特别是在县域范围内开展业务的农村信用社领域，本身面对的就是众多的弱势群体而形成的弱势金融市场，服务弱势群体是农村信用社的常态，但是，较多的农村信用社没有开发出一种有利于不断拓展业务的广度和强化服务深度的可持续的商业模式。

七、金融机构农村普惠金融业务特征

根据人民银行对银行业金融机构涉农贷款的专项统计，2014 年，银行业金融机构着力调整信贷结构、持续加大"三农"投入，涉农贷款投放总量实现较快增长。

1. 涉农贷款投放总量增速继续高于各项贷款平均增速。2014 年 9 月末，

银行业金融机构涉农贷款余额为 22.9 万亿元,比上月增加 2529 亿元,比年初增加 2.3 万亿元,同比增长 13.7%,高于各项贷款平均增速 1.2 个百分点。其中,农户贷款余额 5.2 万亿元,比上月增加 751 亿元,比年初增加 7413 亿元,同比增长 18.4%;农村企业及各类组织贷款余额 13.7 万亿元,比上月增加 1455 亿元,比年初增加 12018 亿元,同比增长 11.2%。

2. 农村中小金融机构和大型商业银行涉农贷款占比较高。分机构看,农村中小金融机构发放的涉农贷款较多,占全部涉农贷款余额的 31.9%。截至 2014 年 9 月末,农村中小金融机构涉农贷款余额达到 7.3 万亿元,比上月增加 1172 亿元,比年初增加 9058 亿元,同比增长 14.7%。大型商业银行涉农贷款余额达到 7.1 万亿元,占全国涉农贷款余额的 31.0%,比上月增加 473 亿元,比年初增加 6031 亿元,同比增长 12.8%。

3. 分地区看,涉农贷款主要集中在浙江、江苏、山东、四川和河北 5 省,中西部地区涉农贷款增速持续加快。分地区看,涉农贷款主要集中在浙江、江苏、山东、四川和河北五个省,余额达到 9.7 万亿元,占全部涉农贷款余额的 42.1%。截至 2014 年 9 月末,东部 11 省(区、市)涉农贷款余额 12.1 万亿元,占全部涉农贷款的比重为 52.7%,占全部涉农贷款增量的比重为 46.8%;中部 8 省(区、市)涉农贷款余额 5.4 万亿元,占全部涉农贷款的比重为 23.5%,占全部涉农贷款增量的比重为 26.1%;西部 12 省(区、市)涉农贷款余额 5.5 万亿元,占全部涉农贷款的比重为 23.8%,占全部涉农贷款增量的比重为 27.2%。

第二章

政府促进农村普惠金融
的政策措施

一、出台政策和文件倡导普惠金融

（一）中央政府为金融服务支持"三农"出具指导性意见

"三农"指农村、农业和农民，"三农"问题要解决的就是如何增加农民收入，如何促进农业发展和如何维护农村稳定问题。中国作为一个农业大国，"三农"问题关系到国民素质的提高、经济发展，关系到社会稳定、国家富强、民族复兴。2014 年 1 月 19 日，中共中央国务院发布了《关于全面深化农村改革加快推进农业现代化的若干意见》，这是中央 1 号文件连续 11 年聚焦"三农"，其中用了相当的篇幅来指导农村金融发展的方向——服务"三农"、服务社区、服务中小企业。2014 年中央 1 号文件中首次提出允许土地经营权向金融机构抵押融资，解决农民无抵押物的难题。同时加大农业保险，进一步健全农村金融风险分散、补偿和转移机制，包括提高财政保费补贴比例、开展特色优势农产品保险、扩大保险范围和覆盖区域、鼓励开展互助合作保险以及推进巨灾风险分散机制等。随着农业保险制度的逐步完善，农业生产经营风险的逐步降低，金融资源也会更加愿意流向"三农"。

从 2014 年中央 1 号文件中可以看出，农村金融是现代农村经济的核心，要实现农业发展、农村繁荣和农民增收，离不开金融的强有力支持，而满足农村融资需求的根本，在于符合农村实际、能够有效服务县域经济发展的金融产品。这是新时期"三农"需求对金融服务提出的新挑战。随后国务院办公厅于 2014 年 4 月 22 日发布的《关于金融服务"三农"发展的若干意见》（国办发［2014］17 号），对改进和加强农村金融服务进行系统部署。为切实推动贯彻落实金融服务"三农"发展的各项要求，完善强农惠农富农政策体系，全面提升金融支农能力和水平进行了一系列指导。围绕国务院办公厅《关于金融服务"三农"发展的若干意见》的要求，中国银监会又连续下发《金融支持农业规模化生产和集约化经营》和《推进基础金融服务"村村通"》两个指导意见，要求将农业规模经营主体作为金融扶持重点，进一步推动基础金融服务向行政村延伸，力争 3～5 年总体实现行政村基础金融服务"村村通"。中国银监会同时提出，要通过采取乡镇网点延伸服务、建设简易便民网点、布设电子机具等方式，夯实"村村通"的渠道基础，并强化技术

31

运用，充分利用互联网金融技术，与网络通信运营商合作，利用固定电话、互联网、移动通讯网等，打通人力、网点无法到达的"最后一公里"制约。

（二）推动信贷结构调整，建设新农村

2005 年 10 月，中共十六届五中全会通过的《中共中央关于制定国民经济和社会发展第十一个五年规划的建议》中指出，"建设社会主义新农村是我国现代化进程中的重大历史任务"。要按照"生产发展、生活宽裕、乡风文明、村容整洁、管理民主"的要求，坚持从各地实际出发，尊重农民意愿，扎实稳步推进新农村建设。"建设社会主义新农村"并不是最近提出来的，20 世纪 50 年代就曾用过这一提法。改革开放以来，至少在 1984 年中央 1 号文件、1987 年中央 5 号文件和 1991 年中央 21 号文件即中共十三届八中全会《决定》中出现过这一提法。但中共十六届五中全会提出建设社会主义新农村，其背景和含义与以前有很大不同。

建设社会主义新农村，是在全面建设小康社会的关键时期、我国总体上经济发展已进入以工促农、以城带乡的新阶段、以人为本与构建和谐社会理念深入人心的新形势下，中央作出的又一个重大决策，是统筹城乡发展，实行"工业反哺农业、城市支持农村"方针的具体化。"新农村建设"的关键是要树立统筹城乡发展的新观念。要跳出"就'三农'抓'三农'"的传统定势，打破城乡分割的体制障碍，把农业发展放到整个国民经济的大格局中，把农村进步放到整个社会的进步中，把农民增收放到国民收入分配和再分配中，进而统筹规划政策、公共资源、基础设施及产业布局。其中，加大对新型农业生产经营组织的金融支持是深化农村金融改革、加强和改善农村金融服务、促进信贷结构优化调整的重要内容，对于推进社会主义新农村建设具有重要的意义。

（三）中央政府对金融机构涉农贷款给予补贴，激励金融机构深化普惠金融服务

地方涉农金融机构是实施农村普惠金融的主体，是实现金融支农的主力军。对此财政部出台两项促进金融支农政策措施，一是开展县域金融机构涉农贷款余额增量奖励试点，二是试行新型农村金融机构定向费用补贴。

2010 年 9 月 25 日，财政部印发《财政县域金融机构涉农贷款增量奖励资

金管理暂行办法》（财金［2010］116 号）的通知，规定县（含县级市，不含县级区）辖区域内具有法人资格的金融机构和其他金融机构（主要是指各国有商业银行、股份制商业银行、中国邮政储蓄银行，不含农业发展银行）在县及县以下的分支机构，对 2010 年涉农贷款平均余额同比增长超过 15%、不良贷款率低于 3%，或同比下降的县域金融机构，可按规定享受涉农贷款增量奖励政策，引导和激励县域金融机构加大涉农信贷投放，支持农业发展。其中，涉农贷款根据《中国人民银行　中国银行业监督管理委员会关于建立〈涉农贷款专项统计制度〉的通知》（银发［2007］246 号）中"涉农贷款汇总情况统计表"（银统 379 表）中的"农户农林牧渔业贷款"、"农户消费和其他生产经营贷款"、"农村企业及各类组织农林牧渔业贷款"和"农村企业及各类组织支农贷款"4 类贷款。奖励资金由中央和地方财政分担。东、中、西部地区，中央与地方财政分担比例分别为 3:7、5:5、7:3。

县域金融机构涉农贷款余额增量奖励试点政策，旨在通过给予一定财政奖励，激励县域内各类金融机构加大涉农贷款投放，力争县域信贷资金增速达到或超过全国平均水平，支持农村经济加速发展，为逐步缩小城乡差距、实现统筹发展提供资金保障。奖励资金以涉农贷款超速增长部分为计算基础，体现了保基数、促增长的指导思想，同时扩大了财政资金放大倍数。

享受财政奖补政策必须满足促增长和防风险两方面的条件。对于涉农贷款余额增量奖励政策，除贷款增速条件外，不良贷款率同比上升的县域金融机构不能享受。对于定向费用补贴政策，达不到监管要求或贷款未实现增长的新型农村金融机构不能享受，其中存贷比不足 50% 的村镇银行也不能享受。

在 2010 年财政部门积极落实农村金融机构定向费用补贴政策之后，2014 年 3 月 11 日，财政部以财金［2014］12 号印发《农村金融机构定向费用补贴资金管理办法》，新型农村金融机构试行定向费用补贴政策，旨在通过给予适当财政补贴，增强机构经营和风险拨备能力，实现持续健康发展，更好地为农村提供金融服务。同时，新型农村金融机构贴近农村、经营灵活，在增加农村金融服务供给和促进农村金融市场竞争等方面发挥了有益作用，适当的财政扶持政策，有利于吸引更多的社会资金参与新型农村金融机构建设，填补农村金融服务空白，稳步扩大农村金融服务覆盖面，促进农村金融服务体系建设。

支农再贷款是中国人民银行从 1999 年开始对各类农村金融机构发放的流动性再贷款，旨在支持农村信用社改进支农信贷服务，壮大支农资金实力。各类农村金融机构是指存款类农村金融机构法人，包括设立在市区、县域、村镇的农村信用社、农村合作银行、农村商业银行和村镇银行，以及经人民银行批准的其他农村金融机构。2013 年 4 月 3 日中国人民银行石家庄中心支行专门出台了《河北省支农再贷款管理办法》（银石发 ［2013］ 98 号），采用"限额管理、授信审批、周转使用、规定用途"的管理原则。贷款额度由人民银行石家庄中心支行对河北省各市中心支行及辖内各县支行，以及各市中心支行对所辖各县支行逐级下达。贷款期限分别为 20 天以内、3 个月以内、6 个月以内和 1 年以内，最长使用期限不得超过 3 年。授信有效期为 2 年，授信分为基本授信和特别授信两种。基本授信对具备条件的授信申请人以上一年 12 月 31 日净资产额的 50% 为支农再贷款基本授信上限。特别授信对于满足基本授信条件，但基本授信额度无法满足用款需求，或满足基本授信条件但未参加票据兑付后续监测考核的申请人。基本授信和特别授信总额度原则上不超过授信申请人以上一年 12 月 31 日净资产额的 100%。利率按人民银行公布的支农再贷款利率执行，可采用信用贷款、担保贷款方式发放。为保证政策目标的顺利实现，文件规定支农再贷款不得对资金充裕、拆出资金或投资较多的借款人发放，必须严格按照办法规定的对象、条件和用途，否则人民银行有权提前收回部分或全部支农再贷款，并在借款人下次申请时从严审查。

（四）地方政府关注新型农村经营主体的融资问题

区域经济结构很大程度上与区域金融结构的变动有密切关系，金融成为地方政府推动区域经济发展过程中关注的关键问题。对浙江、山东、江苏、湖北、河北、青海、吉林七省调研结果表明，除涉农贷款增量奖励、支农再贷款等全国性文件外，各地政府均把促进新型农村经营主体的发展作为地方经济发展和转型的重要保障性措施，出台了一系列区域性政策和文件。

2014 年 2 月 21 日，人民银行杭州中心支行转发《中国人民银行关于做好家庭农场等新型农业经营主体金融服务的指导意见》（银发 ［2014］ 42 号）时，提出各支行要结合"走千家、访万户"劳动竞赛活动和资金需求调查工作，落实家庭农场等新型农业经营主体的调查工作，摸清其发展过程中的金融服务和资金需求，根据新型农业经营主体发展的特点和情况，从产业链、供应链和现有资产等方面着手，在风险可控的前提下，创新信贷产品，满足不同主体的信贷资金需求。中国人民银行杭州中心支行还要求各支行要做好POS机、ATM、网上银行、电话银行、手机银行等电子银行的推广工作，多渠道提供便捷支付结算服务；同时对符合贷款条件的，要积极给予信贷支持，实行资金优先、利率优惠、促进其健康发展。

杭州市余杭区人民政府出台的《关于加快扶持发展家庭农场的若干政策意见（试行）》（余政办〔2014〕131号），同样鼓励金融部门加大对家庭农场的信贷支持力度，探索开展大型农用生产设施设备抵押、流转土地承包经营权抵（质）押、动产质押等新型贷款业务，强化金融保险服务，引导家庭农场积极参加政策性农业保险，以提高家庭农村发展能力。

（五）增加对小微企业的金融支持力度是地方政府关注的重点

小微企业一直存在的贷款难问题也是地方政府关注的重点。河北省人民政府在出台的《关于支持小型微型企业发展的实施意见》（冀政〔2012〕14号）中提出，各银行业金融机构要认真贯彻落实国务院的要求，强化社会责任，改进和提升金融服务，信贷投放应向小微企业倾斜，确保对小微企业信贷增速不低于全部贷款平均增速，增量高于上年同期水平。该文件提出"十二五"期间，河北省要力争全省小微企业贷款占全部贷款的比重每年提高2个百分点以上。对此，人民银行石家庄中心支行会专项安排支农再贷款资金用于农村金融机构增加县域小微企业信贷需求，并安排专项再贴现资金，对产、供、销经营稳定的小微企业签发的单笔500万元以下的商业汇票给予再贴现支持。银行业监管部门也会实施差异化的监管政策，如优先受理和审核与小微企业金融服务有关的市场准入事项，提高行政审批效率；对银行业金融机构发行金融债所募集的资金，用于发放单户500万元以下小微企业贷款的，在考核存贷比时可不纳入计算范围；允许银行业金融机构将单户500万元以下的小微企业贷款视同零售贷款计算风险权重；对小微企业贷款不良率容忍度，可在原定基础上提高1~3个百分点等。为降低小微企业融资成本，该文件还要求各银行业金融机构及时对相关内部制度进行梳理，清理影响和制约小微企业发展的不合理制度，除银团贷款外，禁止银行业金融机构对小微企业贷款收取承诺费、资金管理费、财务顾问费、咨询费等。该文件最后还提出要发展小额贷款公司、村镇银行等小型金融机构，鼓励支持省内外银行到河北省发起组建村镇银行等新型农村金融机构；鼓励银行开设专营小微企业的分支机构，充实人员力量，并向分支机构和基层营业网点延伸业务；鼓励银行业金融机构与融资性担保机构开展合作，为小微企业融资增信。其中，对于最近一年为河北省中小企业贷款余额占企业贷款余额达到70%以上的银行，单户500万元以下的小微企业贷款余额占各项贷款余额的比例达到80%以上的银行，该文件允许其批量筹建多家同城小微企业专营支行。每个设区市至少要成立一家资本金规模1亿元以上的区域性担保机构，在所属县（市、区）小微企业融资性担保机构中发挥辐射带动作用；做实县级小微企业融资性担保机构，使资本金达到5000万元以上。

2012年5月10日，杭州市余杭区区委、区人民政府出台《关于加快打造产业余杭的若干政策意见》（区委〔2012〕39号），鼓励中小金融机构和直接融资渠道发展，以深入推进余杭经济产业转型升级。在中小金融机构方面，该意见提出对于小额贷款公司投放的涉农贷款、弱势群体创业贷款和其他领域100万元以下的小额贷款，给予不超过2.5%的贷款风险补偿；小额贷款公司根据规定向银行业金融机构融入资金，实际利率超过同期上海银行间同业拆放利率的，利差部分给予补助；对新设立小额贷款租赁办公用房的，按年房屋租金的30%给予补助，补助期限3年，总补助金额不超过50万元。在直接融资渠道方面，余杭区政府安排1亿元资金扶持从事创业投资的创业投资企业、创业投资管理企业及初创期企业；鼓励发展股权投资，对本区设立的股权投资企业、股权投资管理企业纳税前3年内逐年按其实际缴纳税收地方留存部分给予70%、60%、50%的奖励，企业高级管理人员工资薪金所得及企业分红个人股东缴纳的个人所得税按其实际缴纳税收地方留成部分的60%给予奖励。

2014年8月13日，潍坊市人民政府出台的《关于促进全市经济持续健康发展的意见》（潍政发〔2014〕16号）提出要健全鼓励金融机构服务的配套机制，引导金融机构不断改善服务，加大对中小微企业信贷支持。该意见指出潍坊市要构建"区域性资本中心"，在全省率先开展民间资本发起设立中小型银行试点，用好"中国（潍坊）路演中心"平台；加快建设齐鲁农村产权交易中心和县级分中心；推动银行机构"引进来、走出去、沉下去"，积极稳妥发展新型金融业态和要素市场；年内分别面向大中型企业和中小企业集中开展一次银企对接活动，最大限度地提高对接履约率和信贷授信落实率。该意见同时要求银行机构要严格落实中国银监会《关于进一步做好小微企业金融服务工作的指导意见》，不得对小微企业贷款收取承诺费、资金管理费，严格限制对小微企业及其增信机构收取财务顾问费、咨询费等，严禁在发放贷款时附加不合理的贷款条件。

襄垣县人民政府办公室在《襄垣县进一步扶持中小微型企业健康发展实施意见（试行)》中提出一系列加强金融服务，完善信用担保体系建设的措施。该文件鼓励银行业金融机构积极研究和探索适合中小微型企业的多种贷款模式，大力支持培育地方小型金融机构，争取新设立一批由民间资本参股的村镇银行、贷款公司、农村资金互助社等小型金融机构，适当放宽小额贷款公司单一投资者持股比例限制。支持村镇银行、小额贷款公司加大对中小微型企业的信贷投放，村镇银行及小额贷款公司年度中小微型企业贷款总额每增加 1000 万元，除市政府给予 5 万元奖励外，县财政给予 3 万元奖励。严禁银行业金融机构对中小微型企业贷款收取承诺费、资金管理费、财务顾问费、咨询费等费用。在担保方面，该文件鼓励支持民间资本组建中小企业担保公司，对依法成立的并列入由工业和信息化部和国家税务总局审核批准免税名单内的担保机构，从事中小企业信用担保和再担保业务取得的收入（不包括信用评级、咨询、培训等收入）3 年内免征营业税，将对中小微型企业担保收费基准担保利率由现行的千分之三降低 0.5 ~ 1 个千分点。

二、出台办法激励金融机构促进产品创新

（一）中央层次的政策指导意见

中国银监会比较重视产品和信贷方式的创新。在《中国银监会办公厅关于农村中小金融机构实施富民惠农金融创新工程的指导意见》（银监办发〔2012〕189 号）中，指出农村金融机构应根据农村金融服务对象、行业特点、需求差异，细分客户群体，积极开发符合农村经济特点和农户消费习惯的金融产品。之后《关于支持商业银行进一步改进小企业金融服务的通知》（"银十条"）和补充通知中，鼓励商业银行先行先试，积极探索，进行小企业贷款模式、产品和服务创新，根据小企业融资需求特点，加强对新型融资模式、服务手段、信贷产品及抵（质）押方式的研发和推广。

（二）地方政府层次的奖励补贴措施

1. 对农户支付和结算给予补贴。为了促进现代化的金融支付体系在农村的推广，不少地方出台了相应的补贴政策。例如，中国人民银行杭州中心支行发布的《关于进一步推进银行卡助农取款服务应用的通知》（杭银发〔2012〕148 号）中规定，银行机构受理省内本行借记卡办理代理转账业务的，一律不向持卡人收取费用；受理他行借记卡的，则按银联跨行转账交易手续费标准向委托转账持卡人收取费用。手续费应由发卡银行从持卡人借记卡账户内直接扣收，服务点不得直接向持卡人收取费用，以建设覆盖广大涉农金融机构的支付清算网络体系，建立有利于实施各项惠农政策的银行账户服务体系，促进城乡金融服务协调发展和支付普惠。

2. 对金融产品创新给予奖励。为充分发挥金融在资源配置中的核心作用，调动金融机构积极性，加大金融对地方经济发展的支持力度，扩大信贷总量，优化信贷结构，提升服务水平，支持实体经济，实现金融和经济社会的互动发展，政府纷纷出台政策鼓励金融机构创新金融产品担保方式，开展新型的金融业务和抵押、质押贷款业务。

浙江省安吉县出台了《2013 年安吉县金融机构支持地方经济发展考核奖励办法》，根据安吉县金融机构支持与促进安吉县经济社会发展的实际，对照办法的各相关指标进行考核评分。其中，在服务创新考核方面，奖励办法分为三个方面：一是货币资金奖励。奖金由县财政列支，具体每分值奖励金额由县金融办会同县财政局根据各年情况提出意见报县政府批准确定。根据总分获得奖励资金总额，奖励对象为各机构班子成员及其他相关人员，由各单位自行分配，分配方案报金融办。二是政府性资源配置奖励。县政府根据考核结果，按考核年度末的结余数，重新调配社保资金存款。县金融办负责制订调配方案，县财政局负责落实到位。三是荣誉性奖励。对安吉县社会经济发展作出重要贡献的金融机构，根据考核实际得分结果，由县委、县政府给予荣誉性奖励。

3. 对特定困难群体贷款予以贴息补助。弱势群体由于自身的原因往往较难获得相应的金融服务，是实施普惠金融需要重点关注的对象，地方政府针对弱势群体会出台不同的贴息政策。

浙江省安吉县实施创业普惠政策，加大对科技创业型小微企业、自主创业者等创业客户群体的信贷政策优惠力度,有效降低借款人融资成本,真正将富民惠农措施落到实处。

浙江省安吉县创建了扶农贴息专项资金(指县财政安排专项用于农业产业化经营项目银行贷款贴息资金),促进具有安吉特色的现代农业产业体系的构建,加快现代农业园区建设,鼓励社会资本投入农业,推进安吉县现代农业转型升级。贴息资金主要支持对象为:农民专业合作社,专业大户,从事种植业、养殖业的农业企业,重点支持农业园区建设项目。贷款贴息对象为项目固定资产贷款及季节性收购农副产品流动资金款,规定县财政贴息的贷款额度上限为 300 万元,对贷款不足 30 万元的项目不予贴息,项目贷款贴息率为 3% ~5% (年利率)。

三、构建普惠金融发展的辅助机制

(一) 制订金融普惠三年行动计划

中共浙江省委十三届四次会议提出"大力推进普惠金融,探索社区性银行的发展模式"。2013 年 7 月 3 日,浙江省农信联社启动了《"浙江农信普惠金融工程"三年(2013 ~2015 年)行动计划》、《浙江农信普惠金融工程三年行动计划(2013 ~2015 年)实施方案》,分阶段、分目标推进普惠金融发展,将普惠金融工作升华到全局性、持续性、民生性工程的高度。在计划中,浙江省农信联社表明要在 2013 ~2015 年用 3 年的时间围绕"创业普惠、便捷普惠、阳光普惠"三大目标,积极开展"网络覆盖、基础强化、扶贫帮困、感恩回馈和创新升级"五大行动,努力构建"基础金融不出村,综合金融不出镇"的服务体系。

根据该计划,到 2015 年末,浙江农信系统的小额信用贷款、农户贷款和小微企业贷款将分别达 200 亿元、3500 亿元和 3900 亿元,惠及客户 30 万户、160 万户和 9 万户,农户贷款和小微企业贷款余额分别占全省银行业一半和五分之一以上。创新三大服务新模式,为农户提供更加方便、快捷的"一站式"服务,推广自助循环贷款;为小微企业建立专门的服务机构,推广理念先进的微贷技术;为产业经济提供"链条式"的服务,将金融服务延伸到产业链的上下游。与此同时,2013 年后的 3 年期间,浙江农信系统将投入 15 亿元改善农村金融服务基础建设，实施"丰收村村通"，即在全省所有行政村设立金融便利店，做到"一村一点"。在较大的村设立全能型金融便利店，配备存取款一体机或 ATM 等自助设备，并派驻服务人员；在较小的村设立自助型或简易型金融便利店，配备 ATM 或助农终端、助农 POS 机等设备，提供小额存取款、转账等基础金融服务，努力打通农村金融服务最后"一公里"。浙江农信系统将对贷款种类、条件、价格、程序等进行公示，做到在网点上墙、在村庄上榜、在网站上线，让广大群众对能否贷款、能贷多少、如何办理等心中有数。进一步减少收费项目，减免丰收卡年费、ATM 交易费等 16 项服务费用，切实降低人民群众享受金融服务的成本，让利于民 15 亿元，投入扶贫贷款 30 亿元，支持低收入群众脱贫致富。

（二）出台指导意见，规范小微企业经营情况

小微企业自身经营的不规范性和财务状况的不透明是阻碍其获得金融支持的重要因素，因此若要解决小微企业贷款难问题，降低小微企业融资成本，需先提升小微企业的自身水平，促进小微企业健康发展。

浙江省安吉县政府为全面贯彻落实省、市政府关于小微企业规范升级工作要求，积极拓展民营企业生存和发展空间，促进小微企业做专做精规范升级，发布了关于推进小微企业规范升级工作的实施意见。同时各乡镇政府按照县政府要求，通过规划引导、政策扶持、区域品牌打造和机制体制创新等举措，营造有利于小微工业企业上规模和小微服务业企业限下升限上的环境。

对于安吉县科技创业型小微企业合作信用贷款，县政府针对安吉县实际及小微企业特点，同时结合安吉农商银行贷款操作有关管理办法的规定颁布了《安吉县科技型小微企业风险基金池方案》。

（三）地方各级政府与地方性金融机构建立联络机制、信息共享平台

在贷款流程中，地方政府部门扮演着贷款对象资格认证资料出具方的角色。如浙江省安吉县借款人在申请科技创业型小微企业贷款时，应向县科技局提出书面申请，经审查同意的，县科技局向县农信联社进行推荐，由县农信联社指定经办网点按相关规定进行贷款资格审查，经审查同意的，由县信

用联社向科技局进行反推荐。

此外，在贷款发放后，当地政府部门还承担着一定的风险监管责任。如在科技创业型小微企业贷款中，县科技局要指定专人负责对推荐信用贷款对象的经营状况进行监控，密切关注相关资金的到位情况，与县农信联社保持紧密联系。对借款人发生不良风险信号的，县农信联社与科技局要组织人员进行催收，督促借款人提前归还。

（四）政府建立农村产权交易平台，解决农村产权资产流通问题

农村产权资产无法实现直接、有效的融资担保，是推行普惠金融的主要阻碍。为促进金融机构金融产品创新，提高农业经营主体的资金满足率，地方政府积极开展农村资产确权工作，健全农村产权交易平台，解决农村资产的定价和流通问题。

为规范农村资产流通和抵押，降低银行和农业经营主体的信息不对称程度，临淄区农业局与临淄农村商业银行合作，建立大棚抵押登记制度，以提高蔬菜大棚抵押贷款可操作性。

2012 年 4 月 13 日，山东省潍坊市人民政府办公室出台了《关于切实做好集体林权制度配套改革的通知》（潍政办发［2012］10 号），提出要规范集体林权流转，在依法、自愿、有偿的前提下，允许已明晰产权、完成登记发证的林地、林木权利人转包、出租、转让、互换、入股、抵押等多种方式流转林地经营权和林木所有权；进一步拓展林权抵押贷款业务，增强广大干部群众林权抵押贷款意识；鼓励金融部门创新机制体制，积极探索开发长周期、低利息、小额度金融产品，放宽林权抵押贷款条件，简化贷款审批发放手续，积极搞好林权抵押贷款系列服务。与此同时，该通知要求各地积极推进森林资源流转有形市场建设，至 2013 年底，每个县（市、区）、市属开发区都要建立起功能完备的林权管理服务平台，依托县（市、区）、市属开发区及镇街综合管理服务中心，实现市、县、镇三级联网管理。为加快推进齐鲁农村产权交易中心的筹建工作，尽快设立覆盖全市、辐射全省的农村产权交易平台。2014 年 2 月 24 日，潍坊市人民政府办公室出台《关于成立齐鲁农村产权交易中心筹建工作领导小组的通知》（潍政办字［2014］33 号），成立齐鲁农村产权交易中心筹建工作领导小组，明确各部门职责。其中，市金融工作办公室负责协调推动交易中心筹建工作，与省金融办进行汇报、沟通及对接，负责

交易中心验收、设立的工作指导。市财政局负责制定、落实相关财税扶持政策。市人力资源和社会保障局负责制定、完善农村劳动力转移管理办法。市综合配套改革办公室负责农村产权交易改革政策措施的制定。市农业局负责制定、完善农村产权交易规则，并制定相应确权、登记、过户管理办法，提供相关交易信息数据。市林业局负责制定、完善集体林权流转交易规则，并制定确权、登记、过户管理办法，提供相关交易信息数据。市海洋与渔业局负责制定、完善浅海滩涂和水域养殖市面经营权流转交易规则，并制定确权、登记、过户管理办法，提供相关交易信息数据。市水利局负责制定、完善农村小型水利设施流转交易规则，并制定确权、登记、过户管理办法，提供相关交易信息数据。市国土资源局负责协调农村集体建设用地进场交易事宜，将市集体建设用地的指标交易纳入交易中心进行交易，制定、完善相关交易规则并制定确权、登记、过户管理办法，提供相关交易信息数据。市知识产权局负责制定、完善农业类知识产权流转交易规则，并制定确权、登记、过户管理办法，提供相关交易信息数据。市工商局负责协调上级主管部门办理交易中心公司名称核准、登记事宜。

2013 年 5 月 7 日，山西省襄垣县人民政府办公室也印发《关于促进农村土地承包经营权流转引导发展适度规模经营的意见的通知》（襄政办发〔2013〕65 号）。文件要求各乡镇要加强督查，实现土地承包合同、证书、地块、面积"四到户"，认真整理、规范、保管土地承包档案资料，逐步实现土地承包档案管理规范化、信息化。各乡镇（工业区、社区中心）农村经营管理机构要为村委会及土地流转双方提供省农业厅制发的农村土地承包经营权流转合同书规范文本，在平等互利、协商一致的基础上，及时指导达成流转意向的双方签订流转合同。流转合同应明确载明流转土地的形式、面积、四至、流转的期限和起止日期、流转土地的用途、双方当事人的权利和义务、流转价款及支付方式、流转合同到期后地面附着物及相关设施的处理、支农惠农政策（如种粮直补等）的落实和违约责任等内容。在此基础上，各乡镇（工业区、社区中心）要依托农经管理机构，建立乡镇有中心、村级有站点的农村土地流转服务平台，为土地在农户间自由流转拓展一个制度规范、市场调控的广阔空间。为防止土地流转价格或高或低，襄垣县政府决定根据当地土地实际收益情况，制定了土地流转指导价。指导价以 2012 年种植玉米为参照标准，凡亩产玉米在 1000 斤以上的耕地，流转价格为每亩每年

600 元左右，否则流转价格每亩每年 500 元左右。不过流转双方也可以根据不同类型的土地，如水地、菜地、旱地、沟地、坡地、荒地等情况以及地块所处位置协商流转价格。不论参照哪种情况，最终土地流转价格都要由流转双方协商确定。规范流转合同，以转包、出租、互换、转让、股份合作形式进行土地流转的，流转双方要签订书面流转合同。以转让方式流转的须经发包方同意。

（五）政府与金融机构建立风险分担机制

健全风险分担机制的措施多种多样，包括支持融资性担保机构、建立贷款风险基金等。

2012 年 5 月 10 日，杭州市余杭区区委、区人民政府出台的《关于加快打造产业余杭的若干政策意见》（区委〔2012〕39 号），就明确提出对年日均融资性担保责任余额在注册资金 2 倍以上的融资性担保机构，根据其担保放大倍率，按年日均担保责任余额给予不超过 1.8% 的风险补偿，鼓励担保机构为中小企业提供低费率担保服务，并对担保机构开展的综合担保费率低于银行同期贷款基准利率 50% 的中小企业融资担保业务给予补助，补助比例为银行同期贷款基准利率的 50% 与实际综合担保费率率差的 50%。区财政每年安排40 万元专项用于担保机构的考核奖励。该意见同时提出要鼓励银行业金融机构增加小企业贷款，对银行业金融机构向上年度销售收入 500 万（含）~ 3000 万元的企业发放贷款的，以上年度各银行业金融机构的小企业贷款月均余额为基数，按当年净增额的 0.2% 给予补偿。对向上年度销售收入在 500 万元以下的企业发放贷款的，按浙江省小企业贷款风险补偿给予 1:1 配套。此外，余杭区区委、区人民政府计划建立 1 亿元小微企业还贷周转应急资金，确保在余杭区注册，符合产业发展导向，需归还辖区内银行到期贷款，且经营稳定、负债合理、风险可控的优秀成长型中小微工业企业的银行信用等级。2014 年 4 月 4 日，杭州市余杭区人民政府办公室还印发了《余杭区还贷周转应急资金操作管理办法》（余政办〔2014〕80 号），明确还贷周转应急资金的使用条件、责任部门和运行程序。

案例 1　余杭区还贷周转应急资金操作管理办法

为进一步加强工业企业服务，优化企业融资环境，切实降低融资成本，有效扶持实体经济发展，余杭区政府决定继续设立 1 亿元余杭区还贷周转应急资金（以下简称应急资金）。应急资金孳息并计应急资金本金使用。

应急资金使用对象为在余杭区注册，符合产业发展导向，需归还辖区内银行到期贷款，且经营稳定、负债合理、风险可控的优秀成长型中小微工业企业；根据《关于优化要素资源市场化配置推进经济转型升级的实施意见（试行）》（区委办〔2014〕27 号）施行后评价产生的 A、B 类企业；区政府明确给予使用应急资金的企业。下列企业原则上不得申报使用：列入环保关停及淘汰落后产能名单且不配合政府进行主动淘汰关停的企业；之前申请使用应急资金由于自身原因超过约定期限归还、出现挪用资金或者拖欠资金使用费的企业；涉及"三改一拆"未整改到位的企业。

应急资金的使用条件：首先，在余杭区内各银行到期贷款的续贷，贷款银行出具同意该笔贷款续贷、开设内部"转贷资金专户"和确保封闭运行的《企业贷款续贷担保承诺书》；其次，申请企业生产经营正常，无职工欠薪、无经济纠纷、无民间借贷，承诺按时还贷并对所提交材料的真实性负责。

应急资金的具体程序如下所述。企业应至少在贷款到期前 20 天提出申请，经所在镇街、开发区初审，并签署初审意见后报区经信局。区经信局受理后，会同区财政局和人民银行余杭支行审核后报区政府审批。区政府批准后，由杭州余杭金融控股集团有限公司与企业签订《余杭区还贷周转应急资金借款协议书》，并按照协议书约定的借款日期向银行"转贷资金专户"拨款，专项用于归还指定贷款。贷款银行在收到杭州余杭金融控股集团有限公司划入的应急资金后，应在承诺期限内办理完申请企业还贷、续贷业务，并确保应急资金本金及资金使用费实时通过"转贷资金专户"划转至杭州余杭金融控股集团有限公司指定账户。

应急资金由区经信局、区财政局、人民银行余杭支行、杭州余杭金融控股集团有限公司共同管理，各镇街、开发区协助管理。区经信局负责牵头受理企业申请，对申请企业上年度及本年度的盈利和资产负债率等情况进行审核把关；人民银行余杭支行负责审核申请企业贷款诚信记录，督促续贷银行履行承诺并确保应急资金封闭安全运行；区财政局负责提供申请企业纳税记录；杭州余杭金融控股集团有限公司负责应急资金具体运作，对应急资金实行专户存储、专账核算，并每月向区有关领导和各相关部门报送应急资金使用信息；各镇街、开发区负责向各有关单位查证申请企业承诺是否真实并提出初审意见。

企业使用应急资金原则上不超过 5 个工作日，杭州余杭金融控股集团有限公司参照银行半年期贷款基准利率，按实际使用天数向企业收取资金使用费，同时开具收款收据。使用应急专项资金超过约定天数的，另加收每天 0.5‰的罚息。

山西省襄垣县人民政府办公室与中国建设银行股份有限公司襄垣支行合作，出台了《关于印发襄垣县中小微型企业助保金贷款业务管理暂行办法的通知》（襄政办发［2013］32 号），成立县中小微型企业助保金贷款管理领导组办公室（设在县中小企业局），为中小微型企业提供助保金贷款业务。中小微型企业助保金贷款业务，是指有合作关系的银行机构（以下简称合作银行）向"中小微型企业池"中企业发放贷款，在企业提供一定担保的基础上由企业缴纳一定比例的助保金和政府提供的风险补偿金共同作为增信手段的信贷业务，票据融资及非合作银行发放的贷款不属政府风险补偿范围。"中小微型企业池"是由县助保金管理办公室、合作银行共同认定的优质中小微企业群体组成。政府风险补偿金额度一般不低于合作银行机构预计当年办理助保金贷款业务量的 10%。企业助保金应在签订借款合同和担保合同前按不低于合作银行助保金贷款 5%的比例一次性缴纳，池内资金产生的利息用于助保金管理办公室的办公费用。贷款企业缴纳的助保金由县助保金管理办公室在合作银行开设专户存放，该账户性质为保证金账户，助保金仅用于助保金贷款的代偿。当助保金贷款未出现风险，企业归还贷款后，所交助保金可以退回。当"中小微型企业池"中企业的贷款到期不能按时偿还时，经县中小微型企业助保金贷款领导组批准，合作银行可以用贷款企业缴纳的助保金先行代偿逾期贷款本金和利息，同时启动债务追偿程序。当助保金不足清偿逾期贷款本息时，不足部分由政府风险补偿金和银行按约定比例分摊，政府和银行各分担50%。单个中小微型企业助保金贷款额度一般应在10万~2000万元。合作银行应承诺当年贷款的投放额度不低于政府风险补偿金总额的10倍。助保金贷款期限原则上不超过1年。助保金贷款的利率原则上不高于其他信贷业务品种的贷款利率，上浮最高不超过同期基准利率的35%。

（六）构建社会信用体系

信用环境是在农户缺乏有效抵押品的情况下，银行业金融机构开展信贷业务的必要条件，各级政府重视信用评定工作。

余杭区人民政府办公室印发《关于鼓励支持小微企业转型升级为规模以上企业的实施意见》（余政办〔2014〕1号），通过对银行的企业评级费用补贴，鼓励商业银行开展小微企业和新上规企业信用评级工作，来加强银行对相关企业的了解。对第一批参评的200家试点企业，区财政将根据省级补助标准，对企业评级费用给予1:1配套补助；试点以外的参评企业，区财政按省级补助标准的30%给予补助。与此同时，该意见还要求区经信局定期将"小升规"企业名录发送银行业金融机构、融资性担保机构等，利用政府信用为企业提供隐性担保，促使银行业金融机构、融资性担保机构等将"小升规"企业一并纳入"政银保"协作贷的支持范围，利用信贷、结算等手段强化金融服务，推动小微企业成长为规模企业，建立政银企协作机制。

2007年12月28日，河北省人民政府办公厅就出台了《河北省社会信用体系建设意见（试行）》（冀政办〔2007〕31号）。在全省社会信用法规制度和标准体系基本建立后，2013年12月31日，河北省又出台了《关于加快河北省社会信用体系建设的指导意见》，决定研究制定河北省公共信用信息管理、社会法人信用建设、自然人信用建设、信用信息应用、守信激励和失信惩戒等方面的地方性法规、政府规章或规范性文件，逐步建立起河北省信用基本制度体系。同时，文件还提出要加快区域统一的信用信息共享平台建设，加快信用服务市场培育和信用信息应用，按照"条块结合、属地服务、互通互联、全省共享"的原则和统一的信用信息标准、技术规范，以现有电子网络为基础、信息交换与共享平台或网上行政审批系统为支撑，逐步实现全省各部门、行业和区域间信用信息的汇聚、交换和互通互享，最终参与全国信用信息的交换与共享。随后，河北省人民政府制定了社会信用体系建设主要任务分工表，细化、量化全省社会信用体系建设的主要任务，明确工作目标和完成时限，并分解到各设区市政府和省有关部门单位，确定具体分管领导、处室和岗位。为保证信用体系建设的正常推进，该文件规定各市、县（市、区）政府要将社会信用体系建设纳入本级经济社会发展规划和年度计划，信用信息数据库和共享平台建设所需资金纳入年度预算内基本建设投资计划，日常维护管理、设备更新和业务宣传培训、监督检查等所需资金，在部门预算中统筹安排，并尽量采取政府购买服务方式运作。

2013年为提高农村信用工程建设质量，湖北省发布了信用社区和乡镇申报评定工作的通知要求。信用乡镇考核内容包括：一是信用乡镇创建情况，要求申请地区辖内金融秩序良好，无恶意逃废和拖欠金融债务行为、无非法集资和非法借贷活动、无重大违规经营和重大金融案件，如果建档评级农户数占农户总数的85%以上，信用农户占农户总数的80%以上，信用村占行政村总数的60%以上，即可在相应栏目下获得满分；二是辖内金融机构经营情况，如果辖内农村信用社各项贷款增幅达20%，辖内农村信用社农户贷款余额增长率达15%，辖内农村信用社各项贷款当年到期收回率达95%，辖内农村信用社不良贷款率已组建农商行（农合行）的信用社控制在6%以内，即可得满分；三是乡镇金融服务情况，如乡镇设有3家及以上金融机构（含村镇银行、小额贷款公司等）网点得5分，有2家得4分，有1家得3分。如果乡镇当年新增1家及以上金融机构（含村镇银行、小额贷款公司）网点得2分，否则不得分。如果乡镇辖内每个行政村基本设有1个及以上便民金融服务站，方便村民办理小额存取现及转账等金融业务的，得2分，否则不得分。

2013年，根据《湖北省信用乡镇评定暂行办法》，湖北省仙桃市和大冶市各乡镇积极开展了农村信用工程创建工作，取得了明显成效。其中，大冶市农村商业银行通过行政推动、考核驱动、"样板"带动三项措施，不断强化信用工程长效机制建设。一方面，大冶市农村商业银行建立了全面的督导管理制度，制定了《信用工程建设督导管理办法》，实行领导分片督导、机关部室定点督导的制度，及时、准确地掌握基层的工作实情，确保信用工程工作进度与质量。另一方面，大冶农村商业银行将信用工程建设纳入行内考核办法，健全考核激励机制。此外，大冶农村商业银行进一步提倡并推行了信用工程建设"样板村"工作模式，要求各基层支行上报两个信用工程"样板村"，通过"以点带面"，促进信用工程建设工作深入扎实地开展。截至2013年末，湖北省大冶市农村商业银行认定 307 个信用村，平均建档农户占农户总数的 95.3%，信用农户占农户总数的 92.5%，信用村占行政村的 93.6%，实现农户贷款增长率 30.5%，该年贷款到期收回率 99.8%。仙桃市财办联合信环办、仙桃农村商业银行，按照创建信用乡镇评定方案及评分标准对各申报乡镇和行政村开展评审、测算，初评共有郑场、毛嘴、剅河、三伏潭、胡场等十五个乡镇获得"信用乡镇"称号，平均每个信用乡镇拥有信用村 29 家，信用村占比 70.7%。

表 3　　　　　　　　2013 年末仙桃市各乡镇街道信用村建设情况

信用乡镇	信用村（个）	信用村占比（%）
郑场	21	70.0
毛嘴	22	68.8
剅河	31	68.9
三伏潭	25	73.5
胡场	29	67.4
长埫口	47	72.3
西流河	45	70.3
彭场	39	78.0
沙湖	25	69.4
杨林尾	40	70.2
张沟	33	70.2
郭河	27	67.5
沔城	9	75.0
通海口	17	68.0
陈场	24	70.6
平均每个乡镇	29	70.7

表 4　　　　　　　　2013 年末大冶市各乡镇街道信用工程建设情况

	建档农户占农户总数比例（%）	信用农户占农户总数比例（%）	信用村占行政村比例（%）
东岳路街道	100.0	92.3	100.0
经济开发区	100.0	100.0	100.0
金湖街道	90.8	90.8	90.2
罗家桥街道	92.7	91.7	92.9

续表

	建档农户占农户总数比例（%）	信用农户占农户总数比例（%）	信用村占行政村比例（%）
金牛镇	93.1	91.0	93.8
保安镇	87.7	90.1	100.0
灵乡镇	97.4	88.6	90.5
金山店镇	93.1	93.1	90.9
还地桥镇	90.9	100.0	91.2
殷祖镇	100.0	96.8	90.0
刘仁八镇	100.0	89.6	90.0
陈贵镇	96.2	95.6	90.0
大箕铺镇	91.5	86.2	91.7
茗山乡	95.6	90.0	93.1
东风农场	100.0	90.9	100.0
平均值	95.3	92.5	93.6

（七）政府开放村级行政平台，与农村商业银行开展合作

浙江余杭、山东潍坊和山东临淄等地方政府均与农商行合作，允许农商行在地方政府投建的村级服务中心或社区服务中心中开展基础金融服务，聘请村委或社区人员担任村金融服务代办员。代办员的基本职责包括做好助农取款服务点的相关工作；做好水费、电费、视听费等代理业务的受理、公议授信受理、贷款申请受理、信用户等级评定受理、银行卡业务受理、真假币识别和残破币兑换业务受理工作；做好本行相关金融知识、产品和服务的宣传工作；及时向本行反馈相关代办业务情况，联系每周不少于一次。这种政府参与模式可以有效降低银行网点建设的投入费用，为银行开展普惠金融服务提供条件。但现实操作中，出台了相关文件，却没有开展实际业务的现象依然存在。

浙江省余杭区农村商业银行与地方政府合作，在334个村级便民服务中心全部设立金融服务点，构建了"丰收卡（折）+电子机具+村级（社区）便民服务中心（农家店）+信用联络员+片组（社区）客户经理"五位一体服务体系，覆盖面达到100%。在村级（社区）便民服务中心，根据《余杭

农村商业银行信用联络站、联络员、代办员管理办法》，信用联络员的基本职责包括向本行提供所在村农户（居民）信贷资金需求情况；帮助开展农户（居民）资金需求调查、公议授信、信用评级等工作，真实反映所在村农户（居民）的信用信息和社会不良行为等情况，为本行发放贷款提供参考；向农户（居民）宣传信贷政策，介绍本行相关业务产品和服务项目，帮助推进信用工程创建工作；协助本行做好村农户（居民）贷款管理工作，包括贷款的催收、贷款农户动态信息的收集等；协助本行组织存款，提供存款来源信息，积极做好存款的宣传和动员工作；建立有效沟通机制，及时向本行反馈相关信息（包括客户经理的工作动态情况）；要求信用联络员向所在支行的汇报联系每月不少于两次；帮助做好本行委托的其他相应工作。

第三章

农村金融机构发展与普惠
金融服务拓展

一、农村支付结算的普惠性特征

(一) 城乡金融供给的不平衡

我国城乡间金融供给长期存在着不平衡,弥补农村地区金融发展的差距,使广大农村地区人口能够享受到现代金融服务是我国普惠金融发展最大课题之一。长期以来,农村的金融供给以农业银行和农村信用社机构为主,其中农村信用社机构(包括农村信用社、农村商业银行、农村合作银行)发挥着主要作用。由于农村金融机构以中小金融机构为主,其传统劣势制约着金融服务能力的提升。

1. 电子化建设和管理不能适应现代金融发展的需求。相比大型金融机构,农村中小金融机构电子化建设仍处落后状态。主要体现在电子化建设水平低、电子化支付工具应用少、网络金融发展慢等方面,制约着农村中小金融机构业务能力和发展空间,影响其为农村经济的发展提供现代化金融服务的水平。

2. 与大型商业银行相比,农村中小金融机构在业务品种和范围、支付清算服务、基础硬件设施等方面存在较大差距。一是开展的业务范围窄,业务的品种比较单一,业务开发成本较高导致创新较少;二是科技人员缺乏,很多机构还没有能力配备电子支付管理和开发的专门人员;三是技术条件比较落后,基础硬件设施欠完善,远远无法满足异地灾备等金融系统建设的要求。

3. 农村信用合作社、农村商业银行还不能完全适应新农村建设的要求。一是宣传力度不到位,影响力不够;二是在对外竞争中,农村信用合作社、农村商业银行等涉农金融机构各自为政、势单力薄,缺乏合力和优势;三是服务功能不足,金融服务水平有待提高。

4. 村镇银行受经营条件、接受程度等限制,支农作用发挥有限。一是村镇银行成立时间较短,网点少,现代化手段缺乏;二是存在知名度和信誉度的问题,农村居民对村镇银行的认可和接受也需要一个过程。

以上种种情况使得在农村金融的发展过程中,表现出金融供求之间的不平衡,农村资金通过银行存款大量转移到城市,农村金融的覆盖面、供给规模以及深度都有很大不足。随着党中央文件中普惠金融概念的提出，破除我国长期以来存在的城乡金融供给不平衡，加快农村中小金融机构的改革发展，大力加强农村地区支付结算网络建设，提供城乡均衡的现代金融服务，正当其时。

（二）农村中小金融机构支付结算服务网络建设

2000 年以前，全国农村信用社综合门柜业务系统有数十个版本，没有统一的规划和标准，软件重复开发造成了大量的电子化资金浪费，建设资金的高投入并未取得应有效果，同时也影响了更高层次的电子化建设进程。

2000 年 10 月 24 日，中国人民银行印发《关于加强农村信用社电子化建设和管理的指导意见》，提出"以农村信用社特约电子汇兑系统为基础，建立农村信用社支付结算服务网络。"

2006 年 5 月 29 日，在"全国农村信用社特约电子汇兑清算服务中心"的基础上，经中国人民银行批准，全国 30 家省级农村信用联社、农村商业银行及深圳农村商业银行（以下统称农村合作金融机构）共同发起成立农信银资金清算中心有限责任公司（以下简称农信银资金清算中心）。同年 6 月，在 1997 年组建运行的全国农村信用社特约电子汇兑系统基础上，农信银资金清算中心开始组织建设农信银支付清算系统，支持各类农村中小金融机构开办跨区域跨机构支付结算业务，满足农村地区的支付结算需求，并于当年 10 月 16 日上线运行。

在中国人民银行组织各省级合作金融管理部门加快省辖电子联行和县辖电子联行的建设步伐中，农信银资金清算中心积极宣传推广农信银支付清算系统，逐步实现农信银支付清算系统与各省辖电子联行中心的网络对接，进一步扩大通汇覆盖范围，全面开通汇兑、汇票等结算业务，逐步建立农村信用社支付结算服务网络，彻底解决农村信用社的支付结算问题。

通过农信银支付清算系统，全国共有 32 个省、区、市农村合作金融机构，开通实时汇兑、个人账户通存通兑，及代理收款和解付银行汇票等业务；31 个省、区、市农村合作金融机构，开通办理签发银行汇票业务。农信银系统机构网点近 8 万家，覆盖了全国从最发达地区到最不发达地区的所有城乡（镇、村），充分体现其连通城乡支付清算网络的独特发展优势。

另一方面，农信银资金清算中心会同部分成员机构，开发建设各类共享服务平台，截至 2014 年 11 月末，全国分别有 23 个、20 个、16 个、15 个省、区、市农村合作金融机构，应用农信银共享电子商业汇票系统、共享网上银行系统、共享手机银行系统、农信通自助金融服务系统办理业务。

农信银支付清算系统和各共享系统的建设，使多数省、区、市农村合作金融机构的业务系统能有相对统一的标准，从硬件设施和开发成本来看，为农村中小金融机构节约了大量系统建设资金，避免因系统重复开发造成的大量的电子化资金浪费，为农村信用社更高层次的电子化发展提供基础。

农信银支付清算系统目前已覆盖我国内地 32 个省、区、市农村信用（联）社、农村合作银行、农村商业银行的近 8 万家机构网点，随着超过 370 多家村镇银行陆续接入农信银支付清算系统，进一步延伸了农村中小金融机构支付结算服务网络，提升了金融服务能力。

（三）农村中小金融机构资金清算服务量大幅增长

随着各类农村合作金融机构接入农信银支付清算系统，农村地区的支付结算服务网络得以畅通，满足了农村中小金融机构开办异地支付结算的业务需求，为农村地区建立了完整的支付结算服务体系，为发展农村普惠金融提供了良好的农村支付服务环境。

自 2006 年 10 月 16 日农信银支付清算系统上线运行以来，全国农村合作金融机构通过该系统办理的各类支付结算业务笔数和清算资金量一直迅猛增长。

截至 2014 年 11 月末，全国农村合作金融机构通过农信银支付清算系统，累计办理各类支付结算业务 5.48 亿笔，累计清算资金 10.31 万亿元。2006～2013 年，办理各类支付清算业务笔数和清算资金量由 96 万笔、115 亿元增长到 12153 万笔、24661 亿元，年均增幅分别达到 99.69% 和 115.30%。2014 年 1～11 月，共办理支付清算业务 19809 万笔，清算资金 27464 亿元，分别比上年同期增长 83.19% 和 22.37%。

其中，全国农村合作金融机构从 2007 年开始，可通过农信银支付清算系统办理个人账户通存通兑业务，截至 2014 年 11 月末，已累计办理该业务 32149 万笔，清算资金 55196 亿元，其业务笔数和业务金额分别占农信银支付清算系统业务总笔数和业务总金额的 59% 和 54%，年均增幅也分别达到 79.32% 和 105.63%；剔除个人账户资金划转，通过办理个人账户通存通兑业

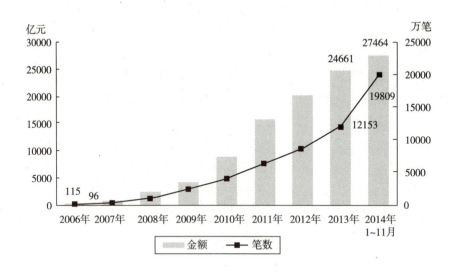

图 4　农信银支付清算系统业务图

务，累计带动全国农村合作金融机构储蓄存款净增加 16130 亿元，对便利城乡互通，改善农村支付服务环境，促进农村资金体内循环和城市资金回流农村发挥了积极作用。

从 2007 年开始，每年全国农村合作金融机构通过农信银支付清算系统，办理的各类支付清算业务笔数及清算资金量，均超过了原全国农村信用社特约电子汇兑系统历年最高水平。按可比口径，2013 年资金清算类业务笔数和清算资金分别是原特约汇兑系统业务量最高的 2003 年的 57.5 倍和 38.8 倍。

随着农信银支付清算系统的推广运行以及农信银各共享服务平台的搭建，其已逐渐成为农村地区支付服务的重要基础设施。农村合作金融机构也将继续依托农信银支付清算系统独有的连通城乡支付清算网络的发展优势，满足跨区域跨机构间的支付结算业务需求，支撑各类业务的快速增长，更好地支持农村地区发展普惠金融。

（四）支付习惯转变加速城乡金融服务一体化

随着各类电子支付系统的建成运行和非现金支付工具的广泛使用，以及电子商务的迅猛发展，传统的支付习惯发生着很大的变化，我国已形成以银行卡为主体，以电子支付工具为发展方向的非现金支付工具体系，农村地区正"快速"培养着非现金支付习惯，城乡金融服务一体化稳步发展。

就全国而言，银行卡、电子支付等非现金支付业务快速增长，且电子支付发展势头高于银行卡业务。银行卡业务表现出对现金支付的替代作用，居民已培养出一定的非现金支付习惯。

具体来说，2006～2013 年，银行卡业务的笔数和金额年均增速分别为 23.41% 和 29.17%，2013 年在传统非现金支付业务中占比分别为 94.89%、26.34%，银行卡业务保持主导地位。电子支付业务①的笔数和金额年均增速分别为 48.79% 和 32.09%，均明显高于银行卡业务。

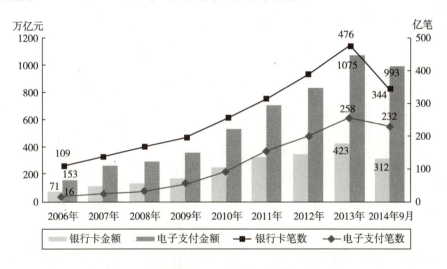

图 5　全国银行卡及电子支付业务发展

银行卡业务表现出对现金支付的部分替代作用，居民已培养出一定的非现金支付习惯。按交易功能，将银行卡业务划分为存款、取款、转账和消费四类，2006～2013 年，消费和转账业务的年均增速要高于存、取款业务，存、取款业务占银行卡业务比例逐年下降，而消费、转账业务占比逐年上升。作为电子货币，银行卡更多地表现出支付和流通手段，是对现金货币的补充和替代。

---

① 此处电子支付指通过商业银行网银、电话银行和手机银行等电子渠道发起的支付业务，包括网上支付、电话支付和移动支付三种业务类型。

表 5		银行卡各业务指标						单位：%	
项　目		存款业务		取款业务		消费业务		转账业务	
		笔数	金额	笔数	金额	笔数	金额	笔数	金额
增速	2006～2013年复合增长率	17.37	15.59	18.02	17.12	43.03	49.65	27.23	42.68
业务占比	2013年	16.69	15.73	38.06	16.72	27.25	7.52	18.00	60.02
	2006年	23.71	34.22	52.05	33.18	9.71	2.68	14.54	29.92

　　就农村地区而言，在各交易介质中，银行卡业务占比最高。银行卡、电子支付等非现金支付业务快速增长，且电子支付发展速度要远远高于银行卡业务。

　　全国农村合作金融机构通过农信银支付清算系统，办理的各类业务按照交易介质，可划分为银行卡、个人存折和对公账户三类。2012～2014年的1～10月，银行卡业务笔数增速最快，复合增长率为57.39%；占比也为最高，并逐期提升，2014年1～10月，银行卡业务笔数占比为77.95%。

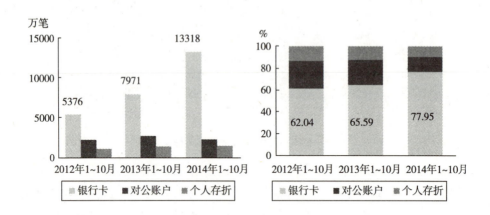

图 6　农村地区各交易介质业务及占比图

　　2014年1～11月，全国农村合作金融机构通过农信银共享网银、共享手机银行以及农信通自助金融服务系统，办理各类资金业务17278万笔、清算资金57575亿元，2011～2013年业务笔数和金额年均分别增长251.47%和249.23%。

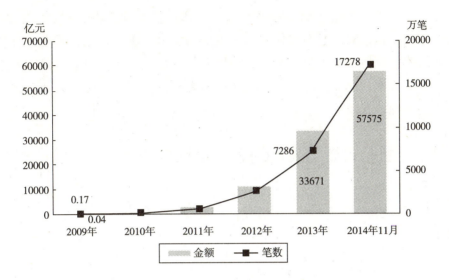

图 7　农村地区电子支付业务

　　农村地区相比于全国，一是银行卡业务笔数占比均为最高，都表现为使用最多的非现金支付工具；二是农村地区银行卡业务占比要低于全国，但其增长速度明显高于全国，具有很大提升空间；三是无论在农村地区还是全国，电子支付业务增速都要高于银行卡业务，在农村地区增速优势更大；四是对于电子支付业务，农村地区的增长速度远高于全国水平。

　　农村地区银行卡和电子支付业务的高速增长和对现金支付的替代作用，表明农村居民正"快速"培养非现金支付习惯，其高于全国的业务增长速度，不仅是农村地区居民自身支付习惯逐渐转变的结果，也是城乡金融支付服务环境差距缩小的体现，是城乡金融一体化的大势所趋。

　　在我国，发展普惠金融的一个核心内容就是实现城乡金融的一体化，这种一体化不仅体现在金融资源占有的公平性，更加体现在城乡享受金融服务的便利性方面，现代金融支付工具在农村地区的普及和应用就是这种便利性的具体体现。这不仅代表了近年来我国普惠金融的发展成就，其所带来的金融服务水平提升也必将对我国农村地区经济社会发展，发挥明显推进作用。

　　农信银资金清算中心作为特许支付清算机构，在做好支付清算职能的同时，也一直践行普惠金融理念。利用互联网技术创新金融服务方式，建立了农信银共享网银、共享手机银行以及农信通自助金融服务系统等电子渠道，引导涉农金融机构积极开办网上银行、手机银行等电子支付业务，满足了农村地区因支付习惯转变而产生的各类电子支付需求；开发适合各层次人群结算需要的支付产品，不断扩大农村合作金融机构金融服务的覆盖面和渗透率，使更多的人群享受现代金融服务的便利，让普惠金融的阳光照亮四面八方。

二、机构设置与发展的金融普惠性

（一）增设"三农"事业部、小微企业事业部及小企业金融服务中心

为了更好地推进普惠金融发展，调研发现，部分农村商业银行设置了专门针对农户、小微企业等弱势群体的金融服务部门，配备了专业的工作人员和有针对性的绩效考核办法，以此来拓展普惠金融服务。这种方式不仅有利于提高金融服务的覆盖深度和广度，还有利于银行对弱势客户群体进行集中开发，提高金融服务效率，同时实现盈利和普惠金融双重目标。

2013 年安吉农商银行在机构内部增设了"三农"事业部和小微企业事业部，改变了从前所有贷款业务不分类别性质均由业务管理部管理的局面，能够更合理、更有针对性地对具体业务实施差异化管理。

小微企业事业部的主要职能是对小微企业信贷服务的统筹管理，实行单列信贷计划、单独配置人力资源与财务资源、单独客户认定与信贷评审、单独会计核算的"四单"管理模式。小微企业事业部在自身业务拓展的同时不断创新、不断总结，指导基层支行在营销能力、服务方式以及信贷投向上取得提升；要对辖内支行落实明确的工作目标，并对完成情况进行监督考核。业务管理部则定期对全辖小微企业信贷支持情况进行检查，对未完成目标任务的要进行通报，进一步强化小微企业金融服务效能。

为更好地服务于安吉县小微企业的发展，安吉农商银行还成立了小企业金融服务中心，专门为信贷需求 500 万元以下小企业客户提供金融服务，放宽小企业专营机构的自主授信权限额度；明确小企业服务中心不受信贷规模限制，不受存贷比限制，由总行进行全辖统筹平衡，并组建专业化营销队伍，为小企业金融服务中心配备专业性强、经验丰富的客户经理营销队伍，在经

营和融资上为小微企业出谋划策。

邢台农村商业银行成立了微贷中心，采用批量营销、批量授信模式，针对具有共性特征的小微企业群体，进行整体开发。截至 2014 年 10 月，邢台农村商业银行在 11 家支行组建了小微专业服务队伍，专营小微的营销人员占全部信贷员的 85.0%。为确保微贷工作顺利开展，邢台农村商业银行制定了《关于全面推广"量贩微贷中心"的实施方案》，规定量贩微贷中心设在总行，人员设置为主任岗一名，客户经理岗两名。下设分中心，以下辖支行为依托，在每家支行设立分中心，人员设置为分中心主任一名，客户经理 1 ~ 3 名。微贷客户经理必须严格遵守各项金融法规、行为规范和职业道德，具备高中及以上学历，从事金融工作 2 年以上，具有较强的学习能力、沟通能力和责任意识。考虑到客户经理的工作强度，邢台农村商业银行规定男微贷客户经理必须在 50 岁以下，女微贷客户经理必须在 45 岁以下。

襄阳农村商业银行也成立了小微企业金融服务专营机构。小微企业金融服务专营机构设置在银行营业部，设立了专门的受理岗、客户岗、信贷岗、审议岗、审批岗，建立和完善了小微企业贷款的"六项机制"等方面的相关制度和管理办法，以有效满足辖内信用社小微企业金融服务需求。

(二) 建立支农联络机制

在实体机构设置上的改进，为在第一时间了解农户金融需求，不少农村商业银行还建立了支农联络机制。支农联络机制是金融机构有效落实各项涉农政策、接受基层农户（小微）服务需求变化信息的"传导器"，安吉农商银行在这方面进行了深入开发，围绕村级便民服务中心为载体，积极构架支农联络机制，增多信息获取手段，拓宽信息渠道。一是加强基层网点班子成员、客户经理与村级信用小组联系，充分发挥信用小组人熟、地熟、情况熟的优势，帮助和促进广大农民接受、使用本联社的支农产品和服务，延伸农业信贷组织和服务功能。二是实行联络员制度，要求客户经理在便民服务中心值班，每周在每个分管村至少值班一次，一次不得少于半天时间，进行农户贷款咨询、产品营销、政策解释等工作，深入基层群众，及时掌握农户服务真实需求，帮困解难。截至 2012 年 9 月末，全辖支农联络员队伍人数达 67 人，累计"走基层"2432 次，接受意见和建议 566 条，帮助解决困难608 件。

(三) 充分利用村级基层组织

为了更及时、更有效地了解贷款农户、贷款行政村的实际情况，银行在发放信用贷款时，充分利用了村级基层组织"人熟、地熟、情况熟"的特点，发挥村级信用小组等农村基层组织在金融服务中的桥梁作用，构建完善服务"三农"的新型支农信息网络体系，建立银农沟通桥梁，成为银农"信息交换器"，提高沟通反馈效率，促进农村金融信息共享，形成"人人讲诚信，个个谈创建，大家齐参与"的良好氛围，有效提高诚信工程的社会认知度、透明度。在开展授信评议时，通过对农户、小企业的走访调查，建立"客户信息档案"，在此基础上按照行政村（或自然村）组成的授信评议小组，有选择地吸收威望高、人品好、情况熟并在当地具有一定知名度和影响力的群众代表参与授信评议，编制"农户家庭授信表"。

以安吉农商银行为例，其分支机构已覆盖全县所有行政村。通过村级便民服务点建设延伸金融服务，加强村级信用小组联络机制建设，继续推进完善"客户经理驻点服务"模式，继续发挥客户经理走村入户、驻点服务等多层次的服务效能，截至 2013 年年底，驻点客户经理已有 75 名，有效提升了农村金融服务软实力。

三、网点布局有利于接近需求

(一) 科学完善物理网点布局，实现金融服务全覆盖

为打通金融服务"最后一公里"，实现支付服务网络的全覆盖，农村商业银行把物理网点建设和 POS 机布放作为工作的核心内容，逐步构建了"基础金融不出村，综合金融不出镇"的服务体系。

根据网点配备和服务功能的不同，农村商业银行的物理网点大概可以分为全功能型和合作型两类。其中，全功能型物理网点是银行销售金融产品，为客户提供金融服务的主要平台。全功能型物理网点会配备工作人员和 ATM、缴费机等自助设备，可以为客户办理存取款、贷款申请、理财销售、各类缴费、支付结算、信息咨询、金融知识普及等业务，具体业务内容会根据网点所在地理位置、客户类型、服务区域等情况而定。合作型物理网点是采取银

行与社会机构合作的形式，城区社区选择药店、超市、社区服务中心等，农村社区选择信息员家中、村委会所在地布放农民金融自助服务终端设备，提供小额存取款、定活互转、余额查询、缴费、系统内转账等金融服务。与全功能型物理网点相比，自助型物理网点和合作型物理网点的投入维护成本相对较低，更适合于金融需求单一的农村地区或社区。为有效根除偏远农村地区农民存取款难以及享受不到电子银行服务的难题，大冶农村商业银行积极开展"助农村村通"建设，将任务分配落实到人，制定了《三个点计划实施方案》。《三个点计划实施方案》是指"一村一个宣传点"、"一村一个信息点"、"一村一个服务点"。宣传点统一设置在村委会，告知村民农村商业银行的金融服务政策，设置包片客户经理监督岗，强化社会监督。信息点安排在有威望的村干部家，通过村干部协助宣传营销。金融服务点安排在村医疗站，提供小额现金调剂、转账汇款、刷卡消费、业务咨询等基础性金融服务。截至 2013 年年末，大冶农村商业银行村级惠农金融服务联系点覆盖率 100%，是全市金融机构网点最多的金融机构。截至 2014 年 7 月，浙江农信拥有标准化营业网点 4098 个，数量居全省第一。

　　为实现机构的财务可持续性，农村商业银行会根据网点所处地理位置、服务区域、竞争状况、业务规模、主要客户类型等，科学地选择物理网点类型。根据潍坊农商银行的规定，全功能物理网点选址必须满足以下条件：第一，社区常驻人口原则上在 3000 人以上（自助型金融便利店可根据实际需求情况安装）；第二，周边配套设施完善或商业氛围较好，优先选择沿街门面、社区服务中心、门卫室等场所布放；第三，具备良好的用卡环境，客户对自助设备依赖程度高；第四，交通便利，人流量大，便于银行外部形象宣传。合作型物理网点需要满足以下条件：第一，距离营业网点不少于 2 公里；第二，服务周边 2 个以上社区（村庄）或服务人口数量达到 1000 人以上；第三，优先选择人流量较大的沿街商店、超市、药店、移动或联通缴费厅等场所；第四，金融服务宣传员或设备管理员须具备一定的营销拓展能力，年龄原则上不超过 50 岁。

　　截至 2014 年 8 月底，淄博农村商业银行投入使用的社区银行已有 5 家，计划在 2014～2016 年新建设全功能金融便利店 25 个，合作型便利店 260 个。临淄农村商业银行共有全功能型营业网点 56 个，其中城区网点 29 家，共有员工 427 人；乡镇网点 27 家，共有员工 280 人。仙桃农村商业银行共有 60 家

营业网点，其中乡镇网点 34 家，比城区网点多 6 家，为开展农村金融服务提
供条件。余杭农村商业银行共有 118 个营业网点，334 个行政村（社区）设
立金融服务代办点，覆盖面达 100%，聘用信用联络员 747 人。金融服务代办
点数量增长尤为迅速，从 2011 年的 1 家增长至 2013 年的 334 家。唐山农村商
业银行丰润支行下辖 62 个营业网点，其中有 1 个营业部，36 个二级支行，25
个分理处；共有在职员工 570 人。2014 年，丰润支行又在韩城和城区新建 2
个营业网点，建成后总网点数达到 64 个。通过充分发挥物理网点优势，截至
2014 年 10 月末，丰润支行资产总额为 150 亿元，其中各项贷款余额为 82 亿
元；负债总额为 148 亿元，其中各项存款余额为 143.3 亿元，存款市场占有
率为 25%，存贷总量居全区各金融机构首位。

表 6　　　　　　　余杭农村商业银行物理网点发展状况表　　单位：个，人，%

项　　目		2011 年年末	2012 年		2013 年		2014 年8 月末
		数量	年末数	增幅	年末数	增幅	数量
银行网点	机构数	109	112	2.8	116	3.6	118
村级金融服务点	机构数	1	329	32800.0	334	1.5	334
	信用联络员	701	701	0.0	701	0.0	747
	代办员	1	138	13700.0	139	0.7	139

表 7　　　　　　　2014 年 8 月末样本农商行网点分布表　　单位：个

银行名称	网点总数	乡镇网点数	城区网点数
临淄农村商业银行	56	27	29
仙桃农村商业银行	60	34	26

此外，农村商业银行积极构建符合居民金融需求特征的物理网点，为居
民日常生活提供便捷。针对居民就医重复排队问题，余杭农村商业银行推出
了集医疗结算和金融服务为一体的"市民卡"，该卡能实现自助挂号和诊间结
算，减少排队付费过程。为方便居民使用，余杭农村商业银行计划在余杭区 7
家区级医院推出市民卡代理业务临时服务点，目前已在区第一人民医院、区
妇幼保健医院设立市民卡代理业务临时服务点，布放存取款一体机，并派驻
员工进行现场住店服务。截至 2014 年 8 月末，已在服务地办理业务 600 余笔，

为1200余人次提供了相关业务咨询。与此同时，考虑到城镇居民上下班时间与银行网点上下班时间相冲突，余杭农村商业银行计划在4个人口密集的中心镇、高档小区、大型专业市场、产业聚集区建立金融便利店，提供完善17点至20点的延时服务，满足客户下班后的金融服务需求。其中一家已正式对外营业。

通过支农服务网络带升整个服务层面的提升，通过各个基层网点，联社各个部门的密切合作，加大了"扶弱帮小"力度。在物理网点布局上，主要从以下五个方面体现了开展普惠金融的积极性。

1. 村级便民服务中心。与各地的村级便民服务中心服务项目相配套，健全其服务功能，填补村级便民服务中心金融服务空白。各地农村商业银行结合实际，将金融服务纳入村级便民服务中心，从而扩大村级便民服务中心服务事项，健全服务机制，提升服务水平，成为金融服务创新的亮点。安吉农村信用联社将"便民金融服务点"设进村级便民服务中心，为村民提供余额查询、取款、转账、密码修改、业务咨询等一站式金融服务，并通过该中心随时掌握老百姓金融服务需求。便民金融服务中心为全省农村金融服务提高方式提供了新的经验和样板。在具体实施上，安吉农商银行采取有序分批推进的办法，实行客户经理驻点制，并充分授权中心工作人员，定期更新发放宣传资料，采纳群众意见，开展定期合作交流活动，2012年9月末，已完成全县187个符合条件的村级便民服务中心的金融进点对接工作，填补了村级金融服务"空白区"，实现全覆盖目标。村级便民服务中心主要有以下两点推广价值。

其一，村级便民服务中心把管理、审批和服务延伸到农村基层，是基层社会管理与社会服务的创新之举，是新形势下贯彻以人为本、执政为民理念的必然要求。从根本上说，是实现业务端口前移、方便群众办事的贴心举措，拉近农民群众与金融服务的距离，解决了农村地区群众办事难的问题，与农信系统支持"三农"、服务群众的宗旨不谋而合。安吉农商银行将金融服务纳入村级便民服务中心是实现当地农村金融普惠的有效载体，是提高安吉农商银行金融服务水平的重要举措，能有效提升农村地区金融服务辐射范围，显著增强村级便民服务中心的服务能力。

其二，村级便民服务中心整合了服务平台，提升了建设层次。金融服务纳入村级便民服务中心是农村服务平台的有效整合，让村级便民服务中心同时具备"助农取款服务点"、金融知识宣传窗口等功能，实现"一个窗口对外"、"一站式办理"和"一条龙服务",从而增强村级便民服务中心的服务能力,提升村级便民服务中心的建设层次。

2. "金融便利店"——四层次便民网络体系。在村级便民服务中心的基础上,为了贯彻"打通金融服务最后一公里"的服务理念,让更多农民群众享受到便利的金融服务,安吉农商银行创新地打造出了"金融便利店"——四个层次的便民网络体系:金融旗舰店、便农超市、便农自助店、便农自助点。金融便利店最大的特色就是将人工营销服务和24小时自助银行服务相结合,除设有存取款一体机、自助终端、网银体验机等较为齐全的自助机具外,还专门配备了服务人员。

2013 年,在保持便民服务中心助农取款服务点网络全覆盖 187 个行政村的基础上,安吉农商银行开始对金融便利店的布放做全面的规划,构建一个立体式的机构网络,目标是编织一张有不同类型机构网点构成的立体型网点布局,范围遍布全县各个乡村,层次从支行网点一直延伸到特约商户,其中重点是设立多层次的包括金融旗舰店、便农超市、便农自助店、便农自助点及特约商户在内的农村金融服务网络。2014 年加大了结构调整的力度,把重点放在便农超市、便农自助店的建设上,并积极向自然村延伸。截至 2014 年7 月末,共设立金融旗舰店 2 家、便农超市 19 家、便农自助店 61 家、便农自助点 111 家。实现各类助农交易 100393 笔 8501.17 万元,其中:小额存款11911 笔 345.72 万元,小额取款 14254 笔 733.68 万元、转账交易 21264 笔7284.58 万元、查询交易 24728 笔,自助缴费业务 9376 笔 137.18 万元、短信签约 456 笔,密码修改 37 笔,存折补登 18367 笔。2014 年 1 月至 7 月金融便利店交易量达到 10 万笔,比上年同期提升了 200% 。

3. 农贷中心。将贷款网店下放到基层,深入农户也是物理网店分布的特色之一。在浙江安吉杭垓、晓墅两个乡镇基层网点二级分社实行"农贷中心"试点工作,逐步建立面向农户、商户、农企的标准化、批量化、规模化的营销、服务管理体系。

4. "三农"特色服务标杆行社。为更好地推进本地普惠金融的发展,安吉农商银行加快了网点的转型,并创建了支持"三农"特色的服务标杆行社。

5. 其他探索。针对小微企业业务的"社区银行"建设。针对小微企业业务特点,以服务"社区金融"的理念,丰富金融服务组织形式,安吉农商银行重点探索"社区银行"建设,积极推进小微企业业务向"零售化"和"小额化"

转型，通过推进特色化、专业化的专营机构和新型网点建设，扩大金融服务范围，拓宽小微企业金融服务覆盖面，全面提升对小微企业的服务能力。

（二）加快电子银行业务发展，提高机构移动支付竞争力

各地农村信用联社同时也致力于电子网络的建设，加快渠道建设，丰富产品功能，提升电子银行替代率。以浙江农信为例，全省农信社系统内网上银行客户有 258 万户，手机银行用户有 102 万户，电话银行用户有 5000 万户。具体按照业务分类详细介绍。

1. 银行卡业务。各地农村商业银行完善了"银行卡助农取款服务"配套建设，实现了农户金融服务"零距离"目标。安吉农商银行在省农信联社指导下，依托安吉县当地的实际情况，开展了"银行卡助农取款服务"融入村级便民服务中心的先行先试工作，在全县 187 个行政村中完成设立 175 个银行卡助农取款服务点工作，免费配备验钞机、保险箱、电话 POS 机等设备，并由本联社统一提供助农小额取现备用金，真正将便农支付"做到家"，实现农户金融服务"零距离"目标。

首先，加强银行卡的推广力度，引领用户将存折转换成银行卡。安吉农商银行推出以"存折换卡"，各支行以工资卡、联名卡、贵宾卡、中间业务客户群体为存折换卡重点对象，规定支行新发折量不得高于新发卡量的 10%，让存折换卡工作取得了一定的进展。截至 2014 年 7 月末，卡账户比例由年初的 40% 提高到 46%，这样不仅降低成本、节能环保，还为各类电子支付产品、机具使用提供了基本载体，有利于提高电子支付产品的使用率。

其次，进一步完善对农村地区的金融支付结算、用卡环境建设。加大对农户丰收卡的拓展力度，农村地区 ATM 布设，农村超市、放心店、农家乐等 POS 机、丰收电话宝等现代金融机具布放，提高了农村金融服务水平，极大地完善了农村用卡环境。此外，还丰富了服务手段，如发行社保卡，推行医银 POS 机。截至 2012 年 9 月末，安吉农商银行丰收卡发卡总量达到 245036 张（其中丰收小额贷款卡 19415 张），当年新增发卡 101328 张；完成丰收卡刷卡消费 23.09 万元，其中完成丰收卡传统 POS 机消费额为 10.43 万元，批发类消费额为 12.66 万元；已装机 ATM 61 台，比年初增加 12 台；特约商户（不含助农取款）达到 1329 户，POS 设备装机达到 1403 台。2012 年年底，共设立便民服务终端 50 个，满足广大农户自助缴费、存取款

等多种基础金融服务需求。

最后，加强部门联动，提高代收代付能力。农村商业银行利用本联社服务网点多、农村覆盖面广的优势，积极参与财政、社保、民政、卫生等部门公共转移支付、农村养老金、计划生育补贴、水库移民补贴、林业贷款贴息等资金的代收代付业务。

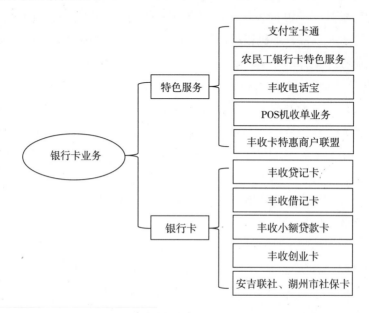

图 8　安吉农商银行银行卡业务具体内容

通过以上三方面的举措，农村商业银行银行卡业务稳步发展。截至 2014年 7 月末，安吉农商银行丰收借记卡发卡总量达到 322796 张，本年新增发卡21180 张，增幅为 7%，活卡率为 61%；卡内存款余额 23.5 亿元，比年初增加 5.2 亿元，卡均存款余额 7293 元。发卡的品种包括：IC 借记卡、小额贷款卡、创业卡、社保卡、工会惠员卡，其中湖州市社会保障卡发行 98358 张。

丰收贷记卡发卡 9257 张，卡均授信额度 2.5 万元；透支余额 6619 万元，卡均透支额度 0.72 万元，激活卡卡均透支额度 0.87 万元；激活率为80.12%，活跃卡率为 77.14%，额度使用率为 33.9%；不良透支 68.99 万元，监管不良率为 1.25%；贷记卡消费、存现、取现、转账四类交易累计 18.36万笔 8.52 亿元；分期业务未摊销金额 122.44 万元，分期业务收入 9.97 万元；实现利息收入 123.30 万元。丰收卡消费额 28.60 亿元，其中：传统 POS 机消费额 15.80 亿元，批发类消费额 12.8 亿元。丰收卡消费交易总笔数达到 31.71 万笔，占行所有交易笔数的 5%。

2014 年 1 月至 7 月安吉农商银行实现银行卡中间业务收入 182.98 万元，比上年同期增加 43.14 万元，占全部中间业务收入的 30.19%。贷记卡利息收入大幅提高，达到 123.30 万元，比上年同期增加 93.86 万元。

2. 电子银行业务。根据中国银监会 2006 年 3 月 1 日颁布实施的《电子银行业务管理办法》，电子银行业务是指银行通过面向社会公众开放的通讯通道或开放公众网络，以及为特定自助服务设施或客户建立的专用网络等方式，向客户提供的离柜金融服务。电子银行业务主要包括网上银行、手机银行、自助银行、POS 机等离柜业务。其中，网上银行和手机银行通常具有信息查询、快捷支付、信用卡还款、转账汇款、水电煤气费、手机费、房租等缴纳，机票、火车票、酒店等预订功能。短信银行服务内容包括获取账户资金变动通知，查询账户余额、当日明细、历史明细、服务费方式，对账号进行加挂、解挂、挂失操作等。客户发送银行指定格式短信，即可办理业务。

为实现电子服务、虚拟服务与柜面服务的优势互补，提高营业网点服务能力和水平，各地农村商业银行依托省联社的科技服务功能和平台，利用加强布局和降低服务费等方式，大力推动网上银行、手机银行和电话银行建设。电子银行业务具有服务时间地点灵活、手续便捷、成本低廉、安全可靠等特点。但相比四大国有商业银行以及其他股份制商业银行，农村商业银行在发展电子银行业务上起步较晚、先天不足。作为一个区域性金融机构，所拥有的资源、技术和专业人才与四大国有商业银行相比比较薄弱。

在此情况下，各地农村商业银行结合自身实际情况，研发适合自身发展的电子银行业务。山东省联社网上银行可以为客户提供 7×24 小时服务，手机银行行内转账 24 小时均可办理，跨行汇款在工作日营业时间均可办理。与此同时，电子银行业务可以帮客户免除排队困扰，拥有登录密码、交易密码、账户密码、数据加密传输四重密码保护，避免网络安全漏洞。安吉农商银行推出"彩虹卡"业务，实现了一经开设便能够享受全部电子银行业务的便利，在更多的农户中普及电子金融服务模式。截至 2014 年 7 月末，安吉农商银行已独家承办并成功创建了 5 个省级"刷卡无障碍示范市场"、5 个省级"刷卡无障碍示范街区"、1 个省级"刷卡无障碍示范县"、2 个市级"网上支付应用示范区"；正在着手开展"手机支付应用示范群体"、"网上支付应用示范区"、"电子支付示范镇"的创建工作。

在开发的同时，银行同样注重电子银行的推广宣传。为了提高电子银行业务在农户中的知晓率，安吉农商银行开展了丰富多彩的营销活动，并利用本地电视台、电台、报纸，采取广告、网点广告机、宣传折页、网站等各类形式进行广泛宣传。

通过统计可以发现，在 2011 年至 2013 年间，各地农村商业银行的 ATM、自助终端、网上银行、手机银行等电子银行业务均出现显著的增长。其中，自助设备、网上银行是客户最为常用的电子银行业务。截至 2014 年 8 月底，余杭农村商业银行拥有 ATM 233 台，共交易 567 万笔，交易金额 91 亿元，是 2011 年底的 1.9 倍；自助终端 70 个，是 2011 年底的 12.5 倍；开立网上银行 69229 户，交易笔数 82 万笔，交易金额 854 亿元，是 2011 年底的 2.3 倍；手机银行 35555 户，交易笔数 4.3 万笔，交易金额 1.4 亿元；开立电话银行 28 户。余杭农村商业银行 2012 年才推出手机银行业务和电话银行业务，业务上市时间较短。2011 年至 2014 年 8 月，临淄农村商业银行的手机银行和网上银行开户数量不断增加。截至 2014 年 8 月底，开立手机银行 47144 户，交易笔数 30 万笔，交易金额 11.3 亿元，是 2011 年底开户数量的 5.1 倍；开立网上银行 58716 户，交易笔数 124 万笔，交易金额 818 亿元，是 2011 年底开户数量的 12.2 倍。据湖北省信用联社统计，在交易笔数方面，2014 年 10 月自助设备交易笔数占电子产品总交易笔数的 50%，手机银行及其他占 18%，网银占 14%，银联交易和卡乐付①分别占 9%。在交易金额方面，2014 年 10 月网银交易金额占总交易金额的 56%，卡乐付占 19%，自助设备占 11%，手机银行及其他占 8%，银联交易占 6%。

截至 2014 年 7 月末，安吉农商银行共设立自助银行 58 家，其中附行式自助银行 33 家、离行式自助银行 25 家；装机总量 109 台，其中 ATM27 台、CRS82 台。实现自助交易 209.87 万笔，交易金额 45.22 亿元，单笔交易强度 2154 元。占全行所有交易笔数的 32%。全辖所有网点均已配备多媒体自助终端、网银体验机、自助回单机，移动终端正在逐步配备中。实现自助交易

---

① 卡乐付是一款通过中国银联认证，采用中国银联安全密钥的手机支付产品，提供超级转账、余额查询、信用卡还款、手机充值、水电煤缴费、固话宽带缴费、全国交罚、实物商城、游戏充值、景点门票、酒店预订、Q 币充值等服务。

7.75 万笔，交易金额 6.8 亿元。主要电子渠道交易替代率达到 56.2%，比年初提高了 7.9 个百分点。

安吉农商银行个人网银客户到 2014 年 7 月末达到 20667 户，手机银行客户达到 13019 户，分别比 2014 年年初增加 7079 户、7465 户，服务覆盖率为 8.83%，比年初提高了 3.62 个百分点，实现个人网银交易 30.86 万笔 90.22 亿元、手机银行交易 5.84 万笔 3.2 亿元；企业网银客户 7 月末达到 3441 户，比年初增加了 407 户，服务覆盖率为 42.21%，比年初提高了 2.52 个百分点，实现企业网银交易 24.97 万笔 288.56 亿元；网银交易笔数占全行所有交易笔数的 9.45%；支付宝卡通柜面签约 4020 户，比年初增加 343 户；支付宝快捷方式签约 15986 户，比年初增加 9643 户。实现交易 38.24 万笔，占全行所有交易笔数的 5.8%。微信银行签约 327 户；积分商城签约 285 户。

电子银行产品业务的持续增长带动了银行手续费收入的大幅增加。据湖北省农村信用社系统统计，截至 2014 年 10 月末，湖北省农村信用社系统电子银行业务当月交易笔数 1308 万笔，同比增长 116%，当月交易金额 1180 亿元，同比增长 77%。电子银行产品手续费收入为 13285 万元，同比增长 94%。电子银行交易替代率为 51.3%，月环比增长 1.2%。

表 8　　　　　样本农村商业银行电子银行业务发展状况

地区	项　目		2011 年末数	2012 年		2013 年	
				年末数	增幅（%）	年末数	增幅（%）
余杭农村商业银行	ATM	台数（台）	96	129	34.4	178	38.0
		交易笔数（万笔）	430	543	26.3	730	34.4
		交易金额（亿元）	49	71	44.9	105	48.9
	自助终端	台数（台）	15	36	140.0	50	38.9
	网上银行	开户数（户）	3120	10193	226.7	36847	261.5
		交易笔数（万笔）	23	48	108.7	87	81.3
		交易金额（亿元）	377	667	76.9	1022	53.2
	手机银行	开户数（户）		298		9685	3150.0
		交易笔数（万笔）		0.04		0.6	1400.0
		交易金额（亿元）		0.004		0.1	2400.0
	电话银行	开户数（户）		27		27	0.0

续表

地区	项目		2011 年末数	2012 年		2013 年	
				年末数	增幅 （%）	年末数	增幅 （%）
临淄农村 商业银行	网上银行	开户数（户）	11619	41613	258.2	51256	23.2
		交易笔数（万笔）				96	
		交易金额（亿元）				946	
	手机银行	开户数（户）	3874	23610	509.5	31771	34.6
		交易笔数（万笔）	0	0		31	
		交易金额（亿元）	0	0		13	
仙桃农村 商业银行	ATM	开户数（户）	29	30	3.5	71	136.7
	网上银行	开户数（户）		757		8152	976.9
	手机银行	开户数（户）		229		6136	2579.5
	短信银行	开户数（户）		10233		37865	270.0
大冶农村 商业银行	手机银行	开户数（户）	0	0		3485	
	网上银行	开户数（户）	151	538	256.3	4551	745.9
	ATM	台数	8	14	75.0	28	100.0
襄阳农村 商业银行	ATM	台数	11	11	0.0	18	63.6

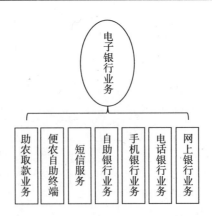

图 9　安吉农商银行电子银行业务具体内容

3. POS 机业务发展迅速。POS 机和转账电话也是引导客户使用刷卡消费，节约网点柜台资源的有效方式，还可以充当农村地区金融服务代办点，办理小额存取款、转账和查询卡内余额等业务。因此，农村商业银行积极推进市场、医院、商店、加油站等消费场所的 POS 机和转账电话的布放，以填补农村市场金融服务空白。浙江电话 POS 业务是通过固定电话网络与浙江农信核心系统连接，专门为个体商户及持卡人推出的提供查询、消费、转账、便民缴费、助农取款等服务的一项业务。浙江农信在浙江省布放了 5.9 万台丰收电话宝，基本覆盖全省所有乡镇。代缴电费采取"无须签约、无需手续费、随到随办理"的原则。

2011～2013 年，各地农村商业银行的 POS 机和转账电话数量也在快速增加。其中，潍坊农村商业银行 POS 机总数从 1053 台增加到 2581 台，年平均增幅为 36.3%；襄阳农村商业银行 POS 机数量从 22 台增加至 278 台，年均增幅为 255.5%；仙桃农村商业银行 POS 机数量从 73 台增加至 145 台，年均增幅为 46.4%；仙桃农村商业银行转账电话从 24 台增加至 1596 台，年均增幅为 1036.9%；大冶农村商业银行 POS 机数量从 59 台增加至 286 台，年均增幅为 136.7%；大冶农村商业银行转账电话从 187 台增加至 1099 台，年均增幅为 145.5%。从布局来看，乡镇 POS 机增加幅度明显大于城区。潍坊农村商业银行乡镇 POS 机年平均增幅为 48.8%，而城区 POS 机年均增幅在 45.8% 左右；襄阳农村商业银行的乡镇 POS 机年均增幅为 600.9%，而城区 POS 机年均增幅只有 207.5%。安吉农商银行拥有特约商户及 POS 设备（不含助农取款设备）2014 年净增 613 户 633 台，总量达到 2553 户 2713 台，其中：传统 POS 设备 1664 户 1794 台，丰收电话宝 1015 户 1045 台。

表 9　　2011～2013 年样本农村商业银行 POS 机、转账电话业务发展状况

银行名称	项　　目	2011 年年末	2012 年年末		2013 年年末	
		数量（台）	数量（台）	增幅（%）	数量（台）	增幅（%）
潍坊农村商业银行	POS 机总数	1053	1712	62.6	2277	33.0
	其中：乡镇	706	1150	62.9	1548	34.6
	城区	347	562	62.0	729	29.7
襄阳农村商业银行	POS 机总数	22	78	254.6	278	256.4
	其中：乡镇	5	11	120.0	130	1081.8
	城区	17	67	294.1	148	120.9
仙桃农村商业银行	POS 机总数	73	78	6.9	145	85.9
	转账电话总数	24	463	1829.2	1596	244.7
大冶农村商业银行	POS 机总数	59	191	223.7	286	49.7
	转账电话总数	187	387	107.0	1099	184.0

4. 支付功能创新。在上述传统电子银行业务之外，各地农村商业银行也紧随省联社系统开发及优化步伐，加快推进新产品、新功能的推广使用。

首先，试点推广电子现金支付功能。安吉农商银行从年初开始就全面发行借记 IC 卡、社保 IC 卡，在行内职工食堂成功试运行金融 IC 卡非接闪付功能、手机支付功能，实现电子现金圈存交易额 17.87 万元，电子现金消费交易额 14.35 万元；在特约商户拓展过程中，力推安装非接功能 POS 设备，实现电子现金功能的使用。

其次，开展信用卡分期业务推广活动。联合商户开展推广活动，吸引更多客户主动选择农村商业银行信用卡办理分期付款业务，提升信用卡分期付款业务市场容量，安吉农商银行目前分期业务未摊销金额达到 122.44 万元，手续费收入 9.97 万元，分期业务正在稳步推进，同时在持卡人大力推广信用卡微信银行、信用卡积分商城等业务，提升信用卡客户服务。

最后，着力推进新业务开发创新。安吉农商银行目前已开发上线电视支付平台实现电视实时支付缴费功能，在此基础上，与医院、社保合作开发"阳光医保、智慧医疗"、社保集中支付平台项目开发，实现全县医院丰收社保 IC 卡"诊间支付"和社保资金集中发放功能；与安吉大专院校协商开发基于 IC 联名卡的"丰收智慧校园卡"，为在校师生提供银行卡、电子钱包、身份识别等综合金融服务。

5. 对使用新型支付方式费用实施优惠。为了推广新型的支付体系，改善农村支付环境，引导农村地区客户积极应用现代化支付工具，在服务费用方面，各地农村商业银行实施了不同程度的客户优惠。余杭农村商业银行长期减免银行卡开户费、工本费、年费短信通知费、ATM 跨行交易手续费；减免网上银行年费、丰收宝工本费、证书年费、个人网银转账手续费；减免手机银行电子口令卡工本费、转账手续费等相关费用。临淄农村商业银行规定网上银行年服务费全免，并免费享受签约信息通提醒服务，免收小额账户管理费；网上银行还可以活期约定转存"定活智能通"，即客户中超出预留资金的活期存款随时自动转存为定期存款，定期存款随用随取，既享受活期存款的便利，又拥有定期的利率回报；网上银行办理跨行转账业务，无须输入对方行名行号，业务办理后 20 秒内即时进账，手续费全免；VIP 客户可免费开通网上银行，并获赠 UKey；手机银行动态令牌工本费、行内跨行异地汇款手续费全免，可办理大额支付。

安吉农商银行对手机银行费用全免，网上银行免安全机具工本费、证书费，丰收卡"五免"（开卡费、年费、短信通费、小额账户管理费、ATM 跨行交易手续费）、网上银行跨行转账收取优于柜面手续费，让群众既能体验到现代金融服务，又能切实得到实惠。

四、人员发展与配备本地化

考虑到农村商业银行的主要服务对象是农户，农村商业银行更倾向于招聘本地化、本土化的员工，来服务、拓展农村市场。

因此，农村商业银行的员工文化水平以本科和大专为主，鲜有员工拥有研究生文凭。这与农村商业银行的目标客户群体定位有关。农村商业银行的目标定位决定了其更看重员工与弱势群体的相处能力，而不是文化水平。调查显示，截至 2014 年 8 月底，临淄农村商业银行 1.8% 的员工只有高中及以下文凭，8.9% 的员工拥有中专文凭，31.0% 的员工拥有大专文凭，56.7% 的员工拥有本科文凭，只有 1.6% 的员工是研究生；潍坊农村商业银行 8.5% 的员工只有高中及以下文凭，10.0% 的员工只有中专文凭，36.6% 的员工只有大专文凭，42.7% 的员工有本科文凭，2.1% 的员工拥有研究生文凭。邢台农村商业银行、仙桃农村商业银行、大冶农村商业银行和唐山农村商业银行丰润支行的员工文化水平分布与临淄农村商业银行、潍坊农村商业银行基本相仿，不过临淄农村商业银行、潍坊农村商业银行等位于经济相对发达地区的农商行员工文化平均水平略高于经济相对落后地区。

表 10　　2014 年 8 月底临淄农商行和潍坊农商行员工文化水平分布表 单位：%

	研究生	本科	大专	中专	高中及以下
临淄农村商业银行	1.6	56.7	31.0	8.9	1.8
潍坊农村商业银行	2.1	42.7	36.6	10.0	8.5
邢台农村商业银行	1.4	34.4	33.7	13.0	17.5
仙桃农村商业银行	1.0	27.9	46.7	24.5	
大冶农村商业银行	0.6	27.3	49.8	22.3	
唐山农村商业银行丰润支行	0.0	33.6	43.6	22.8	

在正式员工之外，不少银行还聘用相应的村级人员作为信用联络站的工作人员。如余杭农村商业银行在辖内的行政村（或社区）（以下统称行政村）设立信用联络站，在开展农村信贷业务和金融服务过程中负责信用信息上下联络、代办助农取款和受理、咨询本行金融知识。根据《余杭农村商业银行信用联络站、联络员、代办员管理办法》，信用联络员都是根据银行业务发展需要，在各行政村聘用的人员，可由在本村具有一定威望和了解本村基本情况、有责任心、思想素质好、业务能力强的人员担任。代办员可由本村大学生村官或年纪轻、具有一定学历、有责任心、思想素质好、业务能力强的人员担任，也可由信用联络员兼任。信用联络员和代办员均须由行政村推荐，经支行考察，符合条件的报总行审核同意后聘用。

针对上述人员，农村商业银行主要从以下几方面对人员素质予以提升。

（一）注重员工素质文明建设

安吉农商银行十分重视对人员素质的培训与提升，全体员工坚持"用心服务、五星体验"的服务宗旨。根据每个行政村的实际特点和需求，实行差异化服务。员工整体素质的提高离不开优良的企业文化环境，企业文化是企业生命的核心。银行是服务行业，与人打交道必先为人，文化活动是企业文化落地的表现方式之一，安吉农商银行在每年度不同的活动中，鼓励全体员工参与、体验与学习，磨炼员工的协作精神，让员工切身感受企业文化在工作中体现的价值，使得企业文化理念思想根植于每位员工的内心，进而体现在员工服务客户时的每一个细节中，从而构建内部更加凝聚、团结的员工队伍，对外展现整个企业的精神气质，不断开拓进取。在员工素质文明建设中，特别关注对客户经理的工作。客户经理因为肩负贷中审查和贷后监管的使命，有许多走访农户的机会，农村商业银行十分关注对于客户经理的作风建设，严厉杜绝"吃、拿、卡、要"等不良行为的发生。

（二）注重员工风险意识、创新意识教育

为保证业务的可持续性，安吉农商银行始终坚持对员工的安全教育，风险管理必须全员参加，全体职员必须营造"全员重视、积极参与、献计献策、齐抓共管"的全面风险管理理念和文化。农村商业银行区别于其他完全以利润最大化为目标的股份制商业银行，它由农村信用合作社改制而来的特殊性

质使得它更专注于对广大农民群众的服务，因此中间业务仅占全部业务的1%左右，而主要业务还是涉农存、贷款，这意味着需要更加重视对内部机构及各项产品的风险控制工作，严格审查贷款对象的资格、相关资料认证，员工队伍需要不断学习提高自身业务水平，熟读各项贷款产品的管理办法，为提供优质、可持续的金融服务贡献自己的力量。

同时，安吉农商银行还注重对员工创新能力的培养。鼓励员工多看、多想、多分析，打破老的思维定式，积极培育全社干部职工思维创新能力，并将其及时转化成产品与服务方式创新的原动力。

（三）加强信贷人员业务水平培训

第一，让营销人员摆脱等客上门的传统思想，走出去营销。尤其是区域性支行，必须要让客户经理熟悉自己管辖范围之内的所有商户、所有企业，对可以建立合作的要积极争取，对暂时没有信贷需求的客户可以通过推广结算服务来建立关系，也可以通过丰收创业卡进行授信，作为客户的备用信贷资金。客户经理要树立以客户为中心的理念，在有限的金融产品中为客户设计灵活的金融服务方案。在"诚信彩虹"工程中，信用村内每户的"彩虹卡"授信额度由该村的信用小组调查后得出，贷前调查权利的下放意味着客户经理需要更加认真完成贷中审查和贷后监管的工作，要求客户经理走入基层实地了解农户的信用情况、贷款使用情况，保证将不良贷款率降到最低。

第二，引导员工结识新客户，推广新产品。调动每一位员工的营销积极性，提高柜员、大堂经理的营销意识，并在绩效考核中体现出来。

第三，重视对已有客户资源的管理。通过同行业或者产业链上下游寻找新客户，通过产品定价机制激励等方式，让原有客户介绍新客户，进一步扩大市场占有率。

第四，加强与客户的沟通交流。对可以扩大信贷合作深度的客户培养其忠诚度与依赖性，在保证收益底线及风险底线的前提下，采用各项优惠措施吸引客户。同时建立全面金融服务的意识，让客户在使用信贷产品的同时，了解更多其他产品，保证员工对客户服务的全局性，在提供服务的同时扩大产品的应用面。

第五，组织新业务的专业培训。2014年以来，安吉农商银行已组织电子银行业务相关培训6场，参加人数共计486人次，使客户经理对各项业务和产品的操作技能和服务能力有了进一步提升,对服务的重要性也有了较强的认识。对企业网银用户进一步强化"一对一"服务理念,确保客户使用有问题时找得到人、找得对人。同时,还专门设立普惠服务专线,由专业对口的人员负责接听,为客户提供各类电话咨询服务,成为省信用联社客服中心的有效补充。此外,还举办了全辖银行卡和电子银行新业务上线推广培训。确保新业务上线培训到每一位相关人员,使其熟悉掌握业务规定、操作流程,确保新业务顺利推广应用。适时针对新业务上线后发现和收集到的问题,有针对性举办疑难问题培训。2012 年襄阳农村商业银行针对信贷人员,先后组织了两次关于支持实体经济发展和提高小微企业金融服务水平的培训,涉及客户岗、信贷岗 70 余人。整个培训过程采取了"学习—应用—总结经验—再学习—再应用"层层递进的方式,由联社信贷部、客户部负责人进行授课。

(四) 注重对中高级管理人员的管理能力培训

临淄农村商业银行于 2013 年开展培训项目 59 个,完成培训天数 128 天,培训人次 5821 人,其中一线员工 5401 人,基层网点负责人 187 人,县级联社机关中层及以下人员 233 人,委托山东理工大学对中层及以上管理人员、青年创新联会会员培训 MBA 课程,共培训 117 人次。截至 2014 年 6 月末临淄农村商业银行开展培训项目 19 个,完成培训天数 25 天,培训人次 1859 人,其中一线员工 1143 人,基层网点负责人 238 人,县级联社机关中层及以下人员 170 人。此外,2013 年临淄农村商业银行开展以"网点转型、社区金融"为主题的大型讨论活动,组织高管人员到张家港、昆山、深圳、东湾农商行等同业先进单位调研学习网点转型经营。通过广泛讨论、调研,临淄农村商业银行利用网点多、面广、服务领域广泛的优势,制定出"1117"三年转型发展战略,即力争用三年时间,以农村金融服务示范区建设为核心,以社会保障卡"一卡通"工程为主线,建立立体化、多维度、全覆盖的农村金融服务体系。

五、公司治理结构的优化

(一) 建立更完善的内部风险结构

风险管理层级包括董事会、管理层、各职能部门、各条业务线及下属各分支机构。各个层级都要坚持同样的四个目标；每个层次都必须从八个全面风险管理要素方面实行全程风险管理。

规范、完善的法人治理机制通过合理划分股东、董事、监事、经营管理层之间的权利、义务和责任，确保决策的科学性、内部监督的有效性和激励约束的合理性。

风险管理的组织体系是指由受董事会直接领导，以风险管理委员会为核心，以风险管理委员会办公室实施操作，以各职能部门、各条业务线、各分支机构的风险控制人员为主要参与人员组成的组织结构体系。

在董事会下设立风险管理委员会，风险管理委员会对董事会负责，对辖内风险管理实行统一领导。风险管理委员会下设办公室合署于本行合规与风险管理部。各职能部门、各条业务线及各分支机构，设有风险控制人员。下一级风险控制人员对上一级风险控制人员负责，并逐级对风险管理委员会负责。风险管理委员会办公室和风险控制人员对管辖内的整个风险控制过程和结果分级负责。董事会对辖内的风险管理负最终责任。

以安吉农商银行为例，其风险管理委员会是董事会领导下的一个专业委员会，主要负责全行风险管理政策、风险管理原则和风险管理战略的研究和提出，负责系统性、突发性风险的防范和化解工作。风险管理委员会对董事会负责，并定期向董事会报告工作。

（二）增资扩股、改善股权结构，优化银行治理机制

改制以前农村商业银行存在产权模糊、所有者缺位等问题，容易产生内部人或外部人控制，导致股东权益容易受到损害，历史性不良贷款规模较大。考虑到公司治理的主体、目标及其方式主要由股权结构决定，在农村信用社改制农商行过程中，银行的增资扩股不仅可以消化银行的原有不良资产，还可以优化银行股权结构和治理结构，提高机构的财务可持续能力。

调查显示，潍坊农村商业银行在发行股本的同时，全体发起人每股要另出资 0.16 元处置农村信用社的不良资产。在改制前，潍坊农村商业银行有6729 名股东但只有 5.5 亿元股金；改制后，潍坊农村商业银行股东数量下降至 5604 名，总股金却增加到 19 亿元。临淄农村商业银行也是如此，总股金从改制前的 5.2 亿元提高至 7.6 亿元，股东人数从 2645 名下降至 2541 名。临淄农村商业银行和潍坊农村商业银行的前十大股东均为法人股东。所有股东

均对其购买原四区农村信用社联社不良资产和入股资金来源的真实合法性等进行了承诺，不存在以借贷资金或他人委托资金入股或用于购买不良资产的情况，符合监管部门规定的发起人资格条件。通过改制，大冶农村商业银行、唐山农村商业银行丰润支行和邢台农村商业银行的法人股金占比分别从 2.8% 增长至 51%，从 27.6% 增长至 66.4%，从 3.9% 增长至 86.7%；总股金分别从 1.3 亿元增加至 3 亿元，从 2.2 亿元增加至 6.6 亿元，从 1.5 亿元增加至 6.2 亿元。由此可见，增资扩股一定程度上改善了银行的股权分散问题，明显提高了银行的资本实力和股东素质，为农村商业银行开展普惠金融提供资金基础。

表 11　　　　　　　　　农村商业银行改制前后股权结构对比表

地区	项目类型	总股金（亿元）	股东数（人）	法人股金占比（%）
临淄农村商业银行	改制前	5.2	2645	31.2
	改制后	7.6	2541	43.6
潍坊农村商业银行	改制前	5.5	6729	18.1
	改制后	19.0	5604	52.2
大冶农村商业银行	改制前	1.3	5596	2.8
	改制后	3.0	874	51.0
唐山农村商业银行丰润支行	改制前	2.2	7704	27.6
	改制后	6.6	553	66.4
邢台农村商业银行	改制前	1.5	5090	3.9
	改制后	6.2	154	86.7

六、市场主体地位提升

农村金融市场竞争日趋白热化，邮政储蓄银行、村镇银行、小额贷款公司发展速度极快，农村信用社"一农支三农"格局已经被打破，因此，为了提高自身市场主体地位，浙江农信以及下辖行社通过一系列惠农便农措施，积极响应中央及地方新农村建设号召。

(一) 充分履行社会责任，提高公众认可度

浙江农信多年来开展形式多样的慈善公益活动，提高社会贡献度，坚持16项减免收费和不压贷、不延贷、不抬价、不加费的"四不"政策，主动让利于民，对特殊群体实行资金优先和利率优惠，充分彰显了农村金融主力军应有的社会责任。

从之前的安吉农村信用合作社到现在的安吉农村商业银行，始终以服务地方经济发展为己任，坚持服务"三农"、支持小微企业发展的经营宗旨，不断深化体制改革，创新金融产品，提高金融服务水平，充分发挥了农村金融主渠道作用。

作为当地具有相当影响力的金融机构，安吉农商银行没有忘记回馈百姓的社会责任。安吉农商银行成立了"慈善彩虹基金"，帮助当地尿毒症患者。此外还投身于其他公益事业，为打造安吉"中国美丽乡村"的形象贡献着自己的力量，其中最突出的努力体现在围绕建设美丽乡村主题而推出的特色产品业务——"美丽乡村贷"。2012 年 8 月，安吉县遭遇特大台风自然灾害，全县群众的生产生活、企业经营及社会经济遭受了严重影响和破坏。灾害发生后，安吉农村信用联社迅速启动紧急应急机制，组织广大干部职工深入抗台第一线，及时掌握农户、涉农小微企业受灾情况，同时积极向人民银行县支行申请支农再贷款、开通受灾贷款"绿色通道"，将资金在第一时间送到受灾农户、企业手中，使生产经营得到了迅速恢复。社会责任的充分履行，巩固了安吉农商银行在当地百姓心中的形象，对于其市场主体地位的提升产生了积极的影响。

(二) 不断增加涉农贷款的数量和占比，坚持服务于"三农"群体

浙江农信紧紧围绕新农村建设和城乡一体化发展，大力支持新型农业生产经营主体和创业主体，优先满足种粮大户、家庭农场、农民专业合作社、农业龙头企业的资金需求，联合团省委在全国率先推出农村青年创业贷款，在资金规模、贷款方式、贷款利率等方面给予重点倾斜。

为积极贯彻落实中央 1 号文件和浙江省委、省政府《关于大力培育新型农业经营主体的意见》精神，浙江农信加大对以家庭农场为代表的新型农业

经营主体的金融扶持力度，出台多项创新举措，助推全省农业生产集约化、组织化、专业化、社会化水平不断提高。浙江省统计局发布调查报告显示，浙江有七成家庭农场靠农村信用社融资。该项调查统计涵盖浙江 51 家家庭农场，涉及 11 个市 20 个县（市、区）。在浙江省的农场投入中，家庭投入占绝大部分，其主要的融资渠道是农村信用社，占比达 76%。

表 12　　　　　浙江农信新型农业主体贷款数据（截至 2014 年 3 月）

新型农业主体类型	户数（户）	贷款余额（亿元）
种粮大户	2727	2.4
家庭农场	3792	11.7
农民专业合作社	1886	16.8
农业龙头企业	1811	137

改制后的安吉农商银行认识到只有坚持服务于"三农"，秉承富民惠农的金融理念，不断增加涉农贷款数额和占比，才能在竞争激烈的市场中保持稳定地位并持续提高市场占有率。截至 2013 年年底，涉农贷款余额为 80.38 亿元，比年初增加了 13.65 亿元，增幅为 20.46%，高于全部贷款增速 4 个百分点。并且，在我国处于转型阵痛期、经济增长放缓的大背景下，涉农贷款相比其他贷款保持了较低的不良贷款率水平。与"三农"血脉相连的关系，预示着离开"三农"金融沃土，安吉农商银行不可能"枝繁叶茂"。改制后的安吉农商银行依然肩负着支持农村经济发展的历史重任，始终坚持"服务三农，服务中小企业和县域经济发展"的市场定位，牢牢占据农村阵地，深耕农村金融市场，使农民增收、农业增效、农村发展，达到"三农"经济与农信社共同繁荣目的。

表 13　　　　　2012～2013 年安吉农商银行贷款发放情况　　　　　单位：万元

年份	总资产	存款余额	贷款余额	税前利润	涉农贷款			
					余额	累计发放	利息收入	不良率（%）
2012	1159837	1001306	743809	30324	667248	789895	64171	1.18
2013	1339241	1169936	865273	26536	803795	806480	67910	1.84

（三）支持"三位一体"建设

浙江农信联合省农业厅、省供销社等部门，以支持农民专业合作社为抓手，为资金互助社提供账户管理、支付结算、资金理财、会员融资、IT建设、培训指导等综合服务，着力推进"三位一体"农村新型合作体系建设，推动农业产业化经营，加快农村经济发展方式转变。"三位一体"农村新型合作体系建设是指对现有的农民专业合作社、供销合作社、信用合作社结为一体，构建为新农村建设服务的综合平台。

为支持"三位一体"建设，浙江农信采取了以下三方面的重要举措。首先，构建了"资金、结算、产销"三大平台，实现"资金、结算、产销"三大平台环环相扣，互为补充，提高了经济的运行效率。其次，创新信贷和评级两种模式。对信用较高且已通过规范化验收的专业合作社，以合作社为支持对象；对尚未通过验收的专业合作社，暂以社员为支持对象；在信用评级模式上，2012年浙江农信联合浙江省工商局、浙江省农业厅开展三方参与的资信"三联评"工作，一方面提高信用评级工作效率，另一方面促进农业专业合作社规范化发展。再次，打造两大信贷产品。推出"支农授信卡"贷款产品，农民专业合作社及社员可凭该卡直接向供销社特约直销点购买农用生产资料，并可在农信网点柜台办理信贷业务；推出商标专用权质押贷款。

（四）注重金融产品创新

首先，在"三创"、"四通"贷款作为主要支农信贷产品基础上继续丰富具有地方特色"三创四通"贷款内涵，加大贷款服务对象的信贷支持力度，"三创四通"贷款包括青年创业贷款、巾帼创业贷款、农村党员创业贷款、信保通贷款、农乐通贷款、林贷通贷款、茶贷通贷款。其次，创新担保方式，在成功开办林权抵押贷款、农房改造建设贷款、土地承包经营权质押贷款基础上，新增股权类质押、商标质押贷款，下一步将积极对存货质押、排污权质押及涉农贷款保险等新业务品种进行探索，有效解决涉农信贷担保难、缺乏抵押物现状。并且，扩大"丰收"品牌影响力，将丰收小额贷款卡增户扩面工作列为全年重点工作之一，强化辖内各行社指标考核，使丰收小额贷款卡的覆盖超过全省农信系统平均水平。截至2012年9月末，"三创"、"四通"贷款达1960户，贷款余额为38423万元，分别比年初增加164户、4322万元；各项担保创新类产品贷款余额达 87418 万元，同比新增 11382 万元，受益农户数 69 户，受益企业 274 家。

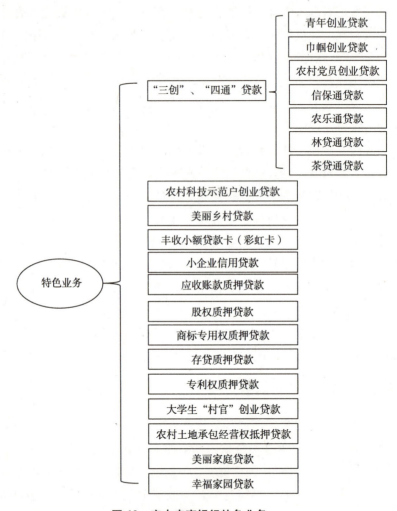

图 10　安吉农商银行特色业务

（五）与企业建立良好的合作关系

与企业合作共赢是安吉农商银行始终坚持的理念。农村商业银行与农户、企业之间是唇齿相依、共存共荣的关系，农户、企业发展需要金融支持，银行发展离不开农户、企业，安吉农商银行在开展业务经营时与商业银行追求利益最大化特点区分开来，在经济上行期，加大对农户、企业的信贷支持力度，促其做强做大；在经济下行期做到优惠让利，减轻其融资成本负担，真正实现银、农（企）共赢、可持续发展态势，调动双方合作意愿性、积极性，为金融支持"三农"提供持久动力。

（六）积极参与全县各项建设

为了进一步提升市场主体地位，安吉农商银行还积极投身于安吉县的各项建设中。比如在 2012 年，为促进城乡统筹发展，建立和谐社会，努力打造信用社支持农村经济发展特色品牌，安吉农商银行参与了安吉县现代农业园区和粮食生产功能区的"两区"建设。具体措施有如下三点：一是加强项目对接。根据安吉县现代农业园区建设项目计划，采取分辖区按户走访对接的方式加强对县内农业"两区"项目的金融支持，同时为做好后期的金融服务工作，安吉农商银行在前期摸底调研的基础上，制订信贷投放计划及金融服务方案，使项目对接有序开展。二是创新金融产品。为加强对农业"两区"建设的信贷支持力度，安吉农商银行于 2012 年 7 月创新推出了现代农业"两区"建设贷款，有效拓宽了农业"两区"的信贷投放渠道，同时制订出台《安吉县农村信用合作联社现代农业"两区"建设贷款管理办法（试行）》，对农业"两区"类贷款实施专项管理。三是信贷政策优惠。为有效降低"两区"企业的融资门槛，减少其融资成本，在担保方式上，安吉农商银行切实加大支持力度，在加强与政府相关部门协调、沟通、合作基础上，充分考虑风险防控因素，对现代农业"两区"贷款均采用信用方式发放。在利率执行上，安吉农商银行对"两区"类贷款实行利率优惠，按人民银行公布同档次贷款基准利率上浮 20% 执行。利率（年利率）水平较其他非涉农贷款、非"两区"涉农贷款利率低，分别低 3 个百分点和 1.5 个百分点。在以上三项措施下，极大地促进了"两区"基础设施和生产设施建设，助力安吉县发展，同时也提高了安吉农商银行自身的市场主体地位。

（七）农商行自身独立性的增强

自 2003 年农村信用社改革以来，我国绝大多数农村信用社采用了股份合作制产权模式，虽然它比单纯的合作制有了进步与改善，但从 7 年多的运行情况看，这种产权模式仍然没有解决产权不清、所有者缺位的问题。在成功地进行股份制改革后，当前的安吉农商银行引入了更多的地方性股份，进一步减弱了政府对其行政干预作用，自身的独立性得到了很好的增强。这具体体现在内部人员的选拔上，越来越接近现代企业制度，更加贴近市场化潮流，更透明、民主。

七、考核与激励机制利于激励员工拓展服务广度和深度

合理的考核和激励办法可以促进农村商业银行的可持续发展，充分发挥分配资源的有效激励作用，进一步调动和激发广大干部员工的积极性、主动性和创造性。

（一）将电子银行覆盖率加入考核指标

各种竞争考评机制不仅有利于鼓励员工自身水平提高，也促进了新业务的推广。根据浙江省信用联社及市办综合发展计划，安吉农商银行在每年年初就结合实际制定出台本年度电子银行及银行卡业务考核指标；对拓展数量、机具使用率、电子渠道交易替代率等关键指标考核项目进行进一步细化，促进各类产品覆盖率和使用率的均衡；每月对支行银行卡、网上银行、POS 机业务开展情况进行统计考核，撰写电子银行业务分析报告，使各支行了解本支行电子银行业务发展的同时，了解总行电子银行业务发展概况，在业务发展上分别从横向和纵向进行对比。大冶农村商业银行将营销电子产品考核定为占总考核指标的10%，主要考核企业网银、个人网银、手机银行、POS 机、卡乐付等拓展情况。

表 14　　　　　大冶农村商业银行员工电子银行市场拓展奖励办法

项目类型	奖励金额	项目类型	奖励金额
福卡	5 元/张	VIP 卡	6 元/张
转账电话	100 元/台	POS 机	100 元/台
企业网银	100 元/户	个人网银、手机银行	10 元/户
短信银行	5 元/户	电话银行	5 元/户

通过以上考核方式的改进，引导和激励客户经理充分发挥营销拓展能力，营造多劳多得、奋力争先的工作氛围，网上银行、手机银行开户数量和交易量呈现快速增长态势。

（二）针对小微企业设立单独的考核标准

为推广普惠金融在当地的发展，安吉农商银行专门设置了服务于小微企业的小企业金融服务中心，配套了相应的小企业金融服务中心年薪考核办法，充分调动和激发小企业金融服务中心员工工作的积极性、主动性和创造性，更好地进行客户营销和挖掘市场潜力。

邢台农村商业银行采用提高小微贷款逾期比率容忍度的方式，降低信贷员发贷压力。调查显示，由于微贷金额小、户数多、还款频繁，设置3%的逾期容忍度，对于逾期比率（指逾期本息金额/维护贷款余额）在3%（含）～5%的，每超出1%，扣罚20%的当月绩效工资；对于逾期比率超过5%（含），扣除当月全部绩效工资。同时，微贷中心人员的薪酬遵循"单独核算、单独考核"的模式进行，整体薪酬由基本工资、绩效工资两部分构成。其中，绩效工资的核定分为"总行对微贷中心核定总绩效"和"微贷中心绩效二次分配"两个部分。总行核定微贷中心总绩效是指按照微贷中心营业利润的30%计提微贷中心绩效工资。客户经理绩效工资与其当月发放的贷款笔数、存量贷款余额、维护客户数量、贷款质量及所承担的培训、审贷等各项工作的业绩挂钩。每笔贷款根据金额及贷款期限进行笔数折算，按折算后笔数计发250元绩效。随着放贷金额的增加，金额折算系数也不断提高。当信贷员的放贷金额在1万元至10万元时，金额折算系数仅为1；而当信贷员放贷金额在80万元以上，金额折算系数增加至5。这使得信贷员更有动力发放80万元以上的贷款，不过邢台农村商业银行对放贷金额的设置整体偏低，200万元的放贷金额与80万元放贷金额享受的金额折算系数相同，因此对信贷员发放大额贷款的驱动力是有限的。

表15　　　　　邢台农村商业银行员工绩效考核金额折算系数表

发放贷款金额（万元）	金额折算系数
$1 \leqslant X < 10$	1
$10 \leqslant X < 20$	2
$20 \leqslant X < 30$	2.5
$30 \leqslant X < 50$	3
$50 \leqslant X < 80$	4
$80 \leqslant X$	5

（三） 加大对涉农和个体工商户贷款的绩效比重

唐山农村商业银行通过提高个体工商户贷款绩效工资比例，鼓励信贷员发放个体工商户贷款，来代替公司贷款。根据唐山农村商业银行《关于对2014 年第二季度专项指标绩效考核的通知》，土地、房产抵押贷款营销（不含按揭贷款和存量贷款），按实际营销金额兑现绩效工资，其中公司类土地、房产抵押贷款按营销贷款金额的万分之四兑现绩效工资；个体工商户土地、房产抵押贷款按贷款金额的万分之五兑现绩效工资，由资产保全部帮助信用社通过诉讼执行收回的不良贷款，按收回额的30% 给二级支行计发绩效工资。

（四） 绩效考核关注业务安全性

安全性和效益性是银行必须遵守的两大经营原则。但通过对比样本农村商业银行的员工绩效考核办法，可以发现业务覆盖面同样是部分农商行员工绩效考核的重点之一。农村商业银行均把业务覆盖面和资产安全性两个指标纳入绩效考核体系的做法，在兼顾资产质量的同时，提高一线员工拓展客户市场的积极性，使金融服务覆盖更多客户群体。

在余杭农村商业银行，一线客户经理绩效管理考核设立了业务量、安全性、盈利性和成长性四大指标。其中业务量指标包括存款业务量和贷款业务量，安全性指标包括贷款管理质量奖（当年新增不良贷款率控制在 0.5% 以内，按比例计奖，每季度最高 2000 元）和不良贷款清收奖（按收回额的 2% 计奖），成长性指标主要考核客户经理除存、贷款业务的其他成长性业务拓展情况。客户经理主管绩效管理考核主要包括客户经理自身绩效考核和团队绩效考核两项。自身绩效考核是以客户经理自身分管业务实绩按一线客户经理绩效管理考核具体指标进行考核，实行以额计奖；团队绩效考核以其分管客户经理的业绩完成情况进行捆绑式考核计酬。其中，业务量指标包含了贷款笔数和贷款额度两方面，来督促客户经理扩展客户群体。

在大冶农村商业银行，关注员工贷款到期回收率、不良贷款清收规模、客户经理等级管理、鼓励存单质押贷款等均是保障资产安全性的重要措施。根据《大冶农村商业银行 2014 年绩效考核办法》，信贷员每清收 1 万元不良贷款（包括表内不良、票据置换和土地置换贷款）本金，增加工资 2000 元；清收 1 万元利息增加工资 3000 元。对贷款到期收回率达不到全市平均水平的支行，大额贷款当年未收回的其全年收息工资必须扣减未收回贷款额的 5% 以后进行结算，预发工资不予扣回，小额贷款当年未收回的其全年收息工资必须扣减未收回贷款额的 10% 以后进行结算。各支行任务挂钩奖奖金按每名员工完成岗位职责和任务情况据实分配。贷款收回率达不到 99.8%（除免责外）的外勤人员不计发此项奖金。造成经营重大风险或发案的支行全体员工不计发此项奖金。客户经理星级等级管理是指以业绩为标准，兼顾任务目标完成情况和个人综合素质，客户经理分为一星级至五星级 5 个等级，对外统称客户经理（一星级至三星级）、高级客户经理（四星级至五星级）。与此同时，大冶农村商业银行强化客户身份识别和合规风险防范，把信贷风险控制核心从事后补漏变为事前预警、事中防范。只要信贷员未出现违章操作，并且充分尽职，即使贷款发生风险也不会追究信贷员责任。这缓解了信贷员的思想压力，提高了员工投放小额信贷的热情。此外，信贷员指标考核体系还包括黄金客户考核和电子产品营销考核。其中黄金客户考核分值占 5%，以黄金客户拓展完成率，拓展质量得分。

唐山农村商业银行采用奖惩结合的方式，督促信贷员提高风险防范意识。如果信贷员现金收回表内外不良贷款的，季度末按实际收回额的 5% 兑现绩效考核工资；以盘活形式收回表内不良贷款的，按实际收回额的 2.5% 兑现绩效考核工资。但如果季度内每新增一笔不良贷款扣主任（经理）绩效工资 500 元，扣管户客户经理（信贷员）绩效工资 500 元，年末不良贷款较年初增加的单位，年终综合绩效考核时按不良贷款增加额的 2% 进行处罚找齐。通过支行协调收回或盘活的大额不良贷款在计算清收绩效工资时予以扣除。

（五）加大对代办员和信用联络员的激励机制

代办员和信用联络员是余杭农村商业银行开展普惠金融服务的两个主要渠道。为调动代办员和信用联络员的工作积极性，余杭农村商业银行会根据代办员、信用联络员助农取款、受理咨询业务量、存贷款管理等情况，对代办员和信用联络员支付一定的报酬。代办员的报酬考核除每月 200 元基本电话和手续报酬外，助农取款服务点每月取款笔数超过 100 笔的，超出部分手续费按每笔 2 元给予补贴。余杭农村商业银行按简易型、标准型和示范型助农取款点分别给予 1200 元、1800 元和 2400 元补贴。如代办员办理助农取款业务时发生虚假交易、套现、洗钱等非法行为的，按发生虚假交易、套现、洗钱金额的 10%

扣减助农取款业务报酬。村信用联络员报酬考核细则如下：农户贷款户数按月平均户数每户 15 元计酬；农户贷款实际利息收入分档提成；所在村 90% 以上的存款资金存在本行；因大面积征地拆迁开发的机遇性存款按年日均余额的万分之三计酬；信用联络员动员从系统外揽入的当年新增存款可按年日均余额的 3‰ 计酬（注：该项目计酬奖金将从年终支行考核奖金中剔除）。但如果信用联络员管辖内新产生未按期还本付息的违约客户，按月平均每产生 1户扣减贷款基础报酬 10%。月平均不良贷款率（四级分类）每超过考核上期末不良率 0.1 个百分点扣减贷款基础报酬 5%。全年无发生不良贷款，利息收回率达到 100%，日均存款余额在 500 万元以上，工作认真负责、业绩好、贡献大的联络员，年终可按 500~1000 元给予一次性奖励。信用联络员清收已核销呆账贷款或票据置换的不良贷款，根据协助配合和清收难易程度，可按清收额的 2%~5% 计奖。安吉农商银行对金融便利店考核办法进行专门修订完善，大幅提高了代办员手续费收入，促进了金融便利店业务量的提高。

八、实施阳光信贷和开展金融宣传，保障客户合法权益

为提高银行商业信誉，农村商业银行广泛开展金融宣传和阳光信贷活动，提高客户金融意识和业务透明度，保障客户合法权益。农村商业银行开展金融宣传的方式很多，包括主动进社区、小区、楼道、门户，通过网点、网站、报刊、广播、电视等多种途径，全方位、多渠道地开展宣传。

为实现阳光信贷，余杭农村商业银行采取了下列三项措施：一是设立阳光信贷办贷大厅，面对面、零距离接受客户的咨询与贷款申请；二是实行"三公开"制度，即"公开贷款受理流程、公开贷款办理须知、公开贷款定价标准"；三是实行"三承诺"制度，即"限时承诺、行为承诺、监督承诺"，设立信贷承诺服务公示栏，向社会公开信贷业务办结时限，公开客户经理行为承诺，公开投诉监督电话。余杭农商银行将相关信息在所有办贷营业网点上墙公示，同时在村务（社区）公开栏公开贷款对象、条件、程序及利率定价标准（已在 244 个村、社区设立公开栏），并将客户经理姓名、照片、联系方式、工作职责、服务范围进行上墙公开。

湖北大冶农村商业银行的阳光信贷措施主要包括以下三个方面。一是认真开展"进村入户"活动。一方面通过开展"扫街"宣传，客户经理携带宣

传单、支农联系卡、杯子等小礼品深入到农户家中，与当地政府、村组合作，宣传农村商业银行的优惠服务及政策。另一方面利用"三个点计划"，每村设置一个宣传点和一个信息点，由有威望的村干部担任信息员，刊登银行的金融服务政策，明确包片客户经理监督岗，强化社会监督。二是实现信贷业务由内部操作向透明化、流程化作业转变。结合阳光授信，大冶农村商业银行自主研发农户动态电子档案系统，未经总行或信贷部授权，基层支行不能自行调整，从而取消了信贷人员个人决断权，使基层支行由决策行向操作行转变。同时，在普惠式授信和持续宣传的基础上，全面推行贷款种类、对象、条件、额度、期限、利率、程序和评议结果"八公开"，对客户经理严格实行"八严禁"，在全行开展"六反六兴"，大大强化了客户经理队伍的工作作风。各支行设立信贷服务专门窗口，实行"一站式"服务，全面推行服务承诺、首问负责、限时办结、责任追究等"四项制度"，主动接受群众监督。

图 11　大冶农村商业银行阳光信贷

唐山农村商业银行也积极增加办贷透明度，保护客户的知情权和监督权不受侵害。第一，唐山农村商业银行积极推行信贷业务的建档、营销、受理、调查、评级、授信、审批、放款等各个环节的阳光化操作，保障了客户信息的客观性和准确性。第二，根据《河北省农村信用社贷款发放公示暂行办法》，制定了《丰润支行贷款发放公示暂行办法》，并统一制作 32 块公示牌，在各营业网点醒目位置向群众公开了信贷人员（客户经理）姓名、照片、联系方式、工作职责、服务范围等内容,真正实现了信贷服务公开、透明、高效。第三,唐山农村商业银行大力推行"限时办结制"、"一次性告知制",对符合条件的贷户,一次性告知办理贷款手续所需资料并承诺办理时限;对不符合条件的贷户,明确告知其原因。第四,唐山农村商业银行通过设立阳光信贷服务窗口、公开信贷服务监督电话、公开贷款定价标准及优惠政策等方式,有效监督信贷行为。对于经群众举报查实不文明办贷、不廉洁办贷的,或未按贷款限时服务承诺办理业务的,严格按照规定严肃处理、追究责任。

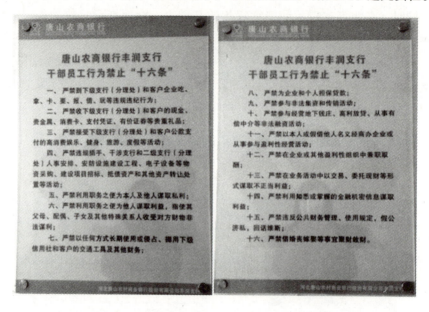

图 12 唐山农村商业银行干部员工行为禁止"十六条"

此外,河北省联社和临淄农村商业银行均制定了《农村金融服务人员的"十条禁令"》,并在所有营业网点进行了公示。其中,临淄农村商业银行的"十条禁令"明确规定,严禁农村金融服务人员代客户保管存折、存单、银行卡;严禁询问和掌握客户账户密码;严禁直接或间接参与民间融资、借贷活动;严禁向客户存款打白条;严禁挪用客户资金或套用客户贷款;严禁私自向客户收取手续费;严禁做有损农村商业银行声誉和利益的行为;严禁向客户传播虚假金融信息和不当言论,混淆客户视听;严禁以任何方式泄露商业秘密和客户信息,维护客户正当利益;严禁参与黄赌毒活动以及法轮功等邪教组织。

第四章

推进农村金融普惠的产品和服务方式

一、构建有利于提高弱势群体金融服务可获得性的机制

在普惠金融的倡导下，银行增加了对辖内从事农产品生产、加工、流通的农户、小微企业、家庭农场和专业合作社的重视力度，不断加大支农、支小贷款投放力度，提升金融服务，有力推动辖内农民增收致富、区域经济发展和城乡区域统筹建设。总体来说，有以下几点普遍做法。

（一）注重摸清客户需求

山东临淄农村商业实行银企座谈制度，根据行业类型，不定期召开小型银企对接会，加大银企沟通力度。余杭农村商业银行开展了"走千家、访万户、共成长——农信普惠促发展"和资金需求调查活动。通过召开座谈会、进企业、跑车间等形式，全面了解客户的金融需求，征求发展的新建议和新点子。余杭农村商业银行还针对农户开展了"四进"活动，即采用网格化走访的形式，客户经理会同各分理处负责人利用不同时间段"进社区、进小区、进楼道、进居民（农户）"，宣传金融服务的产品和服务。2014 年，该行参与调查人次达 18010 人次，其中总行 480 人次，支行 17530 人次，走访行政村及街道 334 个，走访农户 23000 户，走访企业 3100 户。

湖北省联社在全省范围内推广支农联系卡全覆盖，全面开展农户资金需求调查，对 500 多万户农户开展了调查，发放了联系卡。

2014 年 6 月，黄梅农村商业银行结合自身实际制定了《黄梅农村商业银行"进村入户"工程实施方案》。在进村过程中，乡镇支行主动与当地政府汇报，得到了政府部门的大力支持。同时，在"进村入户"前与村委会签订《"进村入户"金融服务合作协议》，协议中明确合作事项以及双方的职责与义务，大大提高了工作效率，从而避免了进村入户的盲目性。

在与客户的具体交流中，对所有上门对接的客户必须填写信息采集表，重点记载客户的信用记录、融资情况、开户情况、资产负债情况、经营发展情况及联系方式等内容。同时，根据调查情况，按贷款需求类、存款预约类、电子产品营销类对客户进行分类和筛选，对筛选的优质客户除填好信息采集表外，支行将建立电子信息档案永久保管，把此类客户作为后段工作的重点对象。

　　在调查对接的基础上，首先对有贷款需求的黄金客户实行重点扶持。其次将存款、贷款、电子银行业务结合起来，做好产品互动。对有贷款的企业和个体工商户，要在借款合同中约定由农村商业银行代发员工工资并且要求协助配合办理员工工资卡绑定电子产品；约定资金归社率，开通网上银行和短信银行；对个人客户，必须在农商行开立结算户、银行卡，约定资金归社率，经营大户和个体户必须开办网银、手机银行、短信银行等电子产品。

表 16　　　　　　黄梅农村商业银行龙感湖管理区支行 2014 年
"进村入户"评级授信表

序号	分场名称	评级户数（户）	授信金额（万元）
1	芦柴湖分场（一场）	149	817
2	洋湖分场（二场）	53	406
3	沙湖分场（三场）	71	329
4	塞湖分场（五场）	96	583
5	水产场	45	290
	合计	414	2425

　　通过全面调查建档、与客户面对面沟通，宣传农村商业银行存款、结算、电子银行产品和信贷知识，手把手教客户使用电子银行产品，加强感情交流，实行一体化营销，黄梅农村商业银行"进村入户"活动达到了预期目的。截至 2014 年 10 月末，已取得阶段性成果。黄梅农村商业银行及其龙感湖管理区支行"进村入户"活动效果见表 17、表 18。龙感湖管理区支行对总共 414 户农户进行评级授信，授信金额达到 2425 万元；农户的贷款需求得到了一定程度上的满足，龙感湖管理区支行农户贷款需求满足率为 9.6%，黄梅县整体的贷款需求满足率则达到 42.56%；黄梅农村商业银行走访总户数达到 10193 户，建档户数为 7439 户，占总数的 72.98%；黄梅农村商业银行存款规模扩大了 1.12 亿元，同时电子银行产品客户也有较大增加。

表 17　　黄梅农村商业银行"进村入户"活动效果（截至 2014 年 10 月）

单位：户，万元，%，张

类　别	基本情况		活动效果									
	走访户数	建档户数	新增存款情况		贷款情况				新增电子银行产品用户情况			
			开户数	存款	贷款需求	实际发放	需求满足率	清收不良	银行卡	手机银行	个人网银	
传统农户	8066	5835	605	11233	41070	17480	42.56	78	2855	546	433	
外出务工人员	1124	931										
农村经营大户	894	564										
农民专业合作社	88	88										
家庭农场	7	7										
农业产业化龙头企业	14	14										
合计	10193	7439	605	11233	41070	17480	42.56	78	2855	546	433	

表 18　　龙感湖管理区支行"进村入户"活动效果（截至 2014 年 10 月底）

单位：户，万元，%，张

类　别	基本情况			活动效果									
	总户数	走访户数	建档户数	存款情况		贷款情况				新增电子银行产品用户情况			
				新增开户	新增存款	贷款需求	实际发放	需求满足率	清收不良	银行卡	手机银行	个人网银	其他
传统农户	4250	685	685	50	280	2500	240	9.6	15.3	300	250	200	12
外出务工人员	1500	10	10			500							
农村经营大户	560	30	30			1000							
农民专业合作社	50	2	2			500	68	13.6					
家庭农场	30	10	10										
农业产业化龙头企业	15	6	6			15000							

（二）简化贷款办理手续

余杭农村商业银行对农户和小微企业贷款实施优先调查、优先授信。临淄农村商业银行缩短审批流程，对大额贷款，随时召开贷审会，确保贷款"不过三"。对优质客户实行上门办贷，由客户经理登门收集资料，节约客户时间，减少客户麻烦。

（三）加强贷款办理过程中的透明程度

临淄农村商业银行在办贷过程中推行"信贷档案无纸化、信贷审批网络化、客户识别指纹化"的信贷"三化"工程，开通客户热线，对每笔贷款由专人电话联系客户，及时通知贷款办理环节和办结时限，方便客户了解办贷流程。余杭农村商业银行实行"阳光信贷"，严格执行"三公开"制度，即"公开贷款受理流程、公开贷款办理须知、公开贷款定价标准"，将相关信息在办贷营业网点上墙公示，在各村务（社区）公开栏公开贷款种类、对象、条件、程序及利率定价标准，并将客户经理姓名、照片、联系方式、工作职责、服务范围进行上墙公开，部分支行向社会公布"阳光信贷"服务热线，24 小时提供信贷受理服务。湖北省信用联社也开展了阳光信贷工程，在每个村设置公示牌，实行贷款品种、贷款条件、贷款流程等"八公开"，公布举报电话，严格执行银监会"贷款七不准"，严禁向借款客户索取好处费，接受客户请吃或礼品，严禁与客户合伙经商办企业。邢台农村商业银行设立了信贷服务公示栏，向社会公开信贷业务服务承诺内容，并在营业网点醒目位置向群众公开贷款种类、对象、条件、程序等信息，将信贷员姓名、照片、联系方式、工作职责、服务范围等内容上墙，在网点设立阳光信贷办贷大厅、信贷服务专门窗口等，积极推行"首问负责制"、"一次性告知制"、"一站式服务"等服务方式并统一审查农户授信档案的合规性和完整性，在信贷管理系统中锁定阳光信贷授信的农户名单和金额。

（四）加快放款速度

余杭农村商业银行在贷款审批上，按照"经营中心在支行"的思路适度下放审批权限，确保 98% 以上的农户和 90% 以上的小微企业贷款都能在基层支行完成贷款审批。建立企业贷款绿色通道，对符合条件的农户和中小企业在 3 个工作日内完成调查、授信、审批和贷款发放工作。临淄农村商业银行推行"当日贷"，对符合条件、材料齐备的一定额度贷款，按照当日申请、当日办结的原则办理。

二、构建农户的信贷服务机制

（一）关注农户金融需求

农户生产经营中面临较大的自然风险，同时单个农户生产具有规模较小、技术含量低、产品传统单一、市场信息不畅通等缺陷，外加农户居住分散、交通不便，其生产经营决策和信贷资金使用有很大的不确定性，导致正规银行和农户之间存在严重的信息不对称，易引发逆向选择和道德风险，总之，银行发放农户贷款会面临风险大、监管难、成本高等难题。在此考虑下，银行对农户的金融供给往往不能够满足其金融需求，出现供给短缺，与普惠金融的宗旨相违背。因此，关注银行对农户金融需求的满足程度，是实现普惠金融的重要内容。

以仙桃农村商业银行为例，分析 2011～2014 年 10 月农户贷款的发展情况，我们可以看到，整体而言，针对农户贷款的总量呈现逐年递增趋势，2013 年发放农户贷款总额比 2011 年增加了 108.3%，说明金融机构重视农户贷款并且在为农户提供金融支持方面力度在增加。

在具体的业务品种中，小额信用贷款占 3 年 10 个月贷款总额的 33.05%，位居第一，说明小额信用贷款是农户贷款的最重要品种，虽然该品种发放的比例呈现逐年递减的趋势，2013 年的贷款额比 2011 年减少了 137.8%，但仍占有重要部分。

增长迅速的是农户的个人住房按揭贷款，由 2011 年的 1448.1 万元增长到 2013 年的 73244.9 万元，是 2011 年水平的 50 倍，说明随着生活水平的提高和城镇化的加快，农户的住房信贷需求增长显著。

贷款总量排名第三和第四的分别是农户经营性贷款和个人经营性贷款，分别占比为 14.05% 和 10.16%。农户经营性贷款呈现下降趋势，但个人经营性贷款的增幅明显，由 2011 年的 483 万元增加到 2013 年的 16744.8 万元。

扶贫贴息贷款仅在 2011 年发放了 5.5 万元，随后没有发放相应贷款，占比较少。

最后，还出现了一些新型的以联保模式产生贷款品种，比如农户小额担保贷款、农户联保贷款、农村专业组织成员联保贷款，这部分贷款在总量中占比不大，但是增幅显著。其他里面包括住房装修贷款、其他个人消费贷款、商户联保贷款、个人存单质押贷款等一些杂项。

表 19　　　　　　　　仙桃市农户贷款情况一览表　　　　　单位：万元，%

业务品种	2011 年	2012 年	2013 年	2014 年 10 月	共计	占比	2013 年增加率（以 2011 年为基准）
农户小额信用贷款	60703.9	48037.2	37742.2	25628	172111.3	33.05	-137.8
个人住房按揭贷款	1448.1	1443	73244.9	87595.2	163731.2	31.44	4958
农户经营性贷款	14400.5	23580.1	23193.1	12002.9	73176.6	14.05	-38.9
个人经营性贷款	483	19811.6	16744.8	15850.2	52889.6	10.16	3267
个体工商户贷款	10	14175.3	3308	2154.5	19647.8	3.77	32880
个人商用房按揭贷款	55	146	5264.7	8232.4	13698.1	2.63	9372
农户小额担保贷款		109	97.8	6408.9	6615.7	1.27	
农户联保贷款	4			4627	4631	0.89	
扶贫贴息贷款	5.5				5.5	0.00	0
农村专业组织成员联保贷款			120	915	1035	0.20	
其他	440.37	3901.2	3787.7	5100.5	13229.8	2.54	660
总计	77550.3	111203.4	163503.2	168514.6	520771.5	100	108.3

从贷款利息上来看，担保贷款利率最高，小额担保贷款利率高达 11.546%，随后为小额信用贷款，平均利率为 11.335%，经营性贷款利率也在 10.055%，最低的是有房产抵押的个人住房按揭贷款，利率基本与基准利率持平为 6.577%。从时间序列上来看，整体而言，贷款利率呈现下降趋势，由 2011 年的平均利率为 11.011% 下降到 2014 年的 9.511%。

表 20　　　　　仙桃市农户贷款主要品种贷款平均利率一览表　　　单位：%

业务品种	2012 年	2013 年	2014 年	平均
个人经营性贷款	10.038	9.869	9.937	9.94
个人住房按揭贷款	6.549	6.545	6.605	6.577
个体工商户贷款	10.04	9.878	9.939	9.981
农村专业组织成员联保贷款		9	8.686	8.722

续表

业务品种	2012 年	2013 年	2014 年	平均
农户经营性贷款	10.086	9.945	10.193	10.055
农户联保贷款			8.623	8.623
农户小额担保贷款	11.099	11.489	11.555	11.546
农户小额信用贷款	11.339	11.336	11.327	11.335
全年度平均	11.011	9.811	9.511	10.096

农村商业银行、农村信用社领域，针对农户的信贷服务，还出现了一些新的举措和特色。

（二）重视信用工程建设，信用贷款依旧是农户贷款的主要产品

农户信用贷款具有无须抵押和周期短等优点，在解决农户短期资金需求中能发挥重要作用。但需要克服农户缺乏相应的信用意识、诚信还款观念淡薄的问题，由此持续地对农户进行信用评级建设显得尤为重要，银行将不诚信农户列入黑名单，影响其后续的借款能力，增加农户违约成本，这是解决农户信用还款道德风险问题的有效路径。

诸多农村商业银行在这方面做出了有益探索，以余杭农村商业银行为例，余杭农村商业银行按照"横向对口、纵向对线"的原则，加强与区农业局、各有关部门和镇乡街道、村（社区）的沟通协作，合力推进诚信体系建设。一是与区农办联合成立工作领导小组，建立长效协作机制，并共同制定信用创建相关制度，协作开展区、市、省三级信用村（社区）创建评定和推荐申报工作。同时，政府将农村信用体系作为新农村建设的一项重要工程，鼓励各村、镇申报信用村、信用镇，营造诚信氛围。二是加强与村（社区）沟通联系，落实信用联络站、联络员职责，积极开展信用户的评定工作。湖北省信用联社开展支农联系卡全覆盖活动，对农户发放支农联系卡，摸清用户需求。

在具体评定的内容中，余杭农村商业银行注重道德品质、信用记录、经营能力和偿债能力四个方面，信用记录与之前的借款情况相关，经营能力关注全部借款与其年经济净收入之比、全部借款与其年日均存款之比、家庭人均年经济净收入与当地乡平均水平比 3 项内容，偿债能力关注家庭总资产与所借全部款项之比和家庭总资产与全部或有负债之比。

截至 2014 年 6 月，余杭农村商业银行服务区辖有 20 个镇（街道）、334

个村（社区）、121405 户家庭，已评定信用户 75858 户，覆盖面达 62.48%，已建立农户经济档案 122875 户，覆盖面为 94.3%。创建区级信用镇 7 个，区级信用村（社区）212 个，市级信用村（社区）17 个，省级信用村（社区）5 个、省级、市级信用镇各 1 家。截至 2014 年 11 月，湖北省信用联社已经对 500 多万农户发放了联系卡，评定信用农户 320 多万户，占农户总数的 34%。

对于评定为信用户、信用村或者信用社区的个人或者集体，余杭农村商业银行在资金上优先满足，且实行上门服务和贷款 24 小时电话受理。利率上对省、市、区三级信用村（社区、户）执行不同的优惠贷款利率，其中粮、棉、油等纯农业贷款执行贷款基准利率。具体来说，对省、市、区级信用村（社区）村级经济组织贷款利率原则上分别按同档次贷款基准利率上浮不超过 10%、20%、30% 执行，对省、市、区级信用村（社区）的信用户贷款利率原则上分别按同档次贷款基准利率上浮不超过 10%、20%、30% 执行，对非信用村（社区）AAA 级、AA 级、A 级信用户贷款利率原则上分别按同档次贷款基准利率上浮不超过 40%、45%、50% 执行。湖北省信用联社将新用户分为一级、二级和三级三个档次，一级享有 5 万元的信用贷款，可随取随用。二级享有 3 万元，三级享有 1 万~2 万元的信用额度。

浙江省信用联社对 30 万元以下农户贷款需求发放丰收小额贷款卡，期限 3 年，截至 2014 年 8 月浙江省信用联社已累计发放丰收小额贷款卡 124 万张，贷款金额 1435 亿元，户均贷款 9.5 万元。余杭农村商业银行下属塘栖支行针对信用客户发放"惠民通"本，在信用评定核定的范围内，可凭借该本去银行柜台借款，随到随借，如存折取款一样方便（见图 13）。临淄农村商业银行

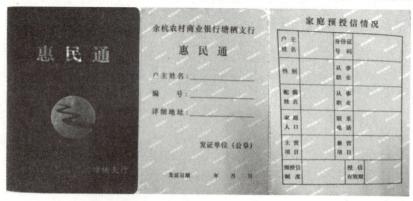

图 13　余杭农村商业银行"惠民通"贷款本

"农贷通"也是向符合信用等级的相应住户和农村个体工商户发放的信用贷款，两者均采取"一次核定，随用随贷，余额控制，周转使用"的管理方式。

从潍坊农村商业银行的对种植大户的信用贷款情况来看，种植品种涉及红萝卜、花生、棉花等 11 个品种，种植大户的授信额度平均为 29 万元，可达到种植大户年产值的 69.67%，在授信额度下，平均贷款余额为 14.19 万元，说明银行的授信额度能够满足农户的生产需求，还有额度剩余，这些信用贷款没有出现违约现象。总的来看，信用贷款对支持农户生产满足农户金融需求方面发挥了重要作用，且因为信用评定等制度安排，信用贷款风险可控，安全性高，实现了金融供给的可持续性。

表 21　　　　潍坊农村商业银行种植大户信用贷款情况一览表　　　单位：万元，%

主要种植作物	平均年产值	平均银行授信额度	授信额度占年产值比重平均值	平均贷款余额
红萝卜	0	10	20.00	3.5
花生	20	25	125.00	10
棉花	40	13.33	43.65	8.66
棉花、小麦	35	20	57.14	0
棉花、玉米	45	30	67.50	19
藕	30	20	66.67	20
藕、小麦	15	28	186.67	28
葡萄甜瓜	10	30	300.00	29
蔬菜	50	20	40.00	21
土豆	40	16.33	41.67	13.5
西瓜	250	88.33	46.67	26.67
小麦	29	14	45.56	0.67
总计	65.57	29	69.67	14.19

从具体的贷款金额来看，仙桃农村商业银行提供了很好的范本，农户信用贷款的平均贷款金额基本在 4.2 万~4.5 万元，随着经济的发展，平均贷款金额有所增长但变化不大，从贷款利率来看，略高于有抵押的贷款，为 11.3%。放款总额和放款笔数呈现逐年减少的趋势，2014 年前 10 个月累计发放笔数仅为 2011 年全年放款笔数的一半，放款总额也约为 2011 年的一半，这表明随着农户生活水平的提高，自身储蓄的增加，对于 5 万元以下的小额信贷的需求正在逐渐减少。

表 22　　　　　　　仙桃农村商业银行农户信用贷款发放情况一览表

时间	新增贷款笔数	平均贷款金额（元）	平均贷款利率（%）	放款总额（元）
2011 年	14003	42118.90	—	589790934.1
2012 年	10721	44158.60	11.34	473424310.1
2013 年	8270	45083.52	11.34	372840691.8
2014 年 1~10 月	5624	45858.87	11.31	250436077.7

从用途来看，养殖业和传统的种植业是信用贷款发放的最大去处，占贷款发放笔数的 82%，其次是经营性周转的资金需求，占贷款笔数的 12%。农户的住房消费需求增长明显，从 2011 年的 4 笔增长到 2014 年的 42 笔，说明随着城镇化脚步的加快，农户的住房需求提升显著。同时，与时俱进，出现了打工创业、特色农业和订单农业等现代化新型农业资金需求，传统的农产品加工贷款从 2011 年的 239 笔锐减到 2014 年的 20 笔。

表 23　　　　　　　仙桃农村商业银行贷款用途一览表

贷款用途	2014 年 1~10 月		2011 年	
	笔数	平均贷款金额（元）	笔数	平均贷款金额（元）
养殖业	4221	46160.74	9917	42790.29
经营性周转	654	47658.26	1369	44371.59
传统种植业	431	39817.4	1386	35719.26
其他	172	44401.16	977	40693.78
打工创业	49	43428.57		
住房消费	42	60000.00	4	45000.00
农产品流通	22	36909.09	10	39500.00
农产品加工	20	46600.00	239	43263.76
特色农业	5	46000.00		
高档耐用消费品	3	40000.00	97	45837.11
购买农业生产资料	2	45000.00		
汽车消费	2	125000.00	2	26250.00
订单农业	1	17000.00		
助学			2	8250.00
总计	5624	45858.87	14003	42118.9

农村商业银行在针对农户个人评级的同时，也进行了信用村、镇的评定工作。黄梅农村商业银行与当地政府部门合作进行信用乡镇、信用社区评选工作，以助力构建良好的信用环境。根据相关考核指标进行测算，2014年共评选出信用乡镇16个，信用社区37个（见表24）。信用乡镇评选考核主要有建档评级农户数占农户总数的比例、信用农户占农户总数的比例、辖内农信社各项贷款增长率等12项指标；信用社区在信用乡镇基础上评选，考核主要有诚信居民户数占比、诚信经营户数占比、社区失业就业情况等8项指标（见表25、表26）。

表24 黄梅县信用乡镇、信用社区名单（2014年）

信用乡镇	信用社区数量	信用社区名单
黄梅镇	13	古塔、城乡、竹林咀、沙岭、城西、刘塘、东山、周岭、东禅、赤土坡、西河桥、茨林树、蔡枫树
小池镇	14	石团湖、新河、水产场、港岸上、沿江、清江、自由贸易区、虞菜园、普济宫、帅龙函、中列、五里桥、河桥、新河桥
孔垄镇	3	万年台、西厢、张河
五祖镇	2	一天门、白羊
下新镇	1	下新
大河镇	1	街道
蔡山镇	1	蔡运
新开镇	1	新开口
独山镇	1	大坝
停前镇	0	
濯港镇	0	
分路镇	0	
柳林乡	0	
苦竹乡	0	
杉木乡	0	
刘佐乡	0	

表 25　　　　黄梅县信用乡镇评选考核指标（2014 年）

考核指标	细分指标	考核指标	细分指标
建档评级农户数占农户总数的比例	占比	辖内农信社农户贷款增长率	增幅
	建档评级农户（万户）		上年同期农户贷款余额
	农户总数（万户）		本期农户贷款余额
信用农户占农户总数的比例	占比	辖内农信社各项贷款当年到期收回率	占比
	信用农户总数（万户）		收回当年到期贷款
信用村占行政村总数的比例	占比		当年到期贷款总额
	信用村数	辖内农信社不良贷款率（五级分类）	本期不良率
	行政村数		本期不良贷款余额
机关和公职人员拖欠农信社贷款偿还率	占比	农信社不良贷款余额压降情况	压降率（下降为正数）
	已偿还额		上年同期不良贷款余额
	拖欠贷款总额	乡镇设立金融机构网点数（含小贷公司）	总数
辖内农信社各项贷款增长率	增幅		当年新增数
	上年同期各项贷款余额	设有村级惠农金融服务联系点的行政村数	
	本期各项贷款余额	村级惠农金融服务联系点覆盖率	

表 26　　　　黄梅县信用社区评选考核指标（2014 年）

考核指标	细分指标	考核指标	细分指标
所辖社区总数		社区失业就业情况	当年登记失业人数
申报社区名称/总数			上年同期登记失业人数
诚信居民评定	居民总户数		
	诚信居民户数		当年实现创业就业人数
	占比		
诚信经营户评定	经营户总数	小额担保贷款发放	本期余额
	诚信经营户数		上年同期余额
	占比		增长率
诚信企业评定	企业数	生源地助学贷款发放	本期余额
	诚信企业数		上年同期余额
	占比		增长率

（三）创新担保方式，丰富可抵押担保产品种

《中华人民共和国担保法》第三十四条、第三十七条，《最高人民法院关于适用〈中华人民共和国担保法〉若干问题的解释》第五十二条以及《中华人民共和国农村土地承包法》第四十四条、第四十九条的规定可以知道，当前的土地承包经营权是原则上禁止设立抵押；《中华人民共和国土地法》规定，农村宅基地属"农民集体所有"，其法律意义是农民只有使用权而无处置权，农村宅基地只能在村集体经济组织成员之间流转，限制了抵押物的变现能力。《房屋登记办法》规定"申请农村村民住房所有权转移登记，受让人不属于房屋所在地农村集体经济组织成员的……房屋登记机构应当不予办理"。这导致房管部门不敢擅自进行登记。《中华人民共和国物权法》也规定"耕地、宅基地、自留地、自留山等集体所有土地使用权不能用于抵押"。由此建造在集体土地上建造的各类有价值房屋等均存在不确定产权，难以作为有效抵押品。在此情况下，农户拥有价值最高的土地房屋资产受到制约，不能参加抵押，缺乏有效的抵押产品，造成贷款难。因此，在普惠金融的推广过程中，不少银行根据各地现实情况，创新了担保方式，出现了诸多适合当地经济且有利于农户发展的担保模式。

山东省淄博市临淄区是重要的大棚蔬菜生产基地，以生产西红柿和西葫芦为主，当地区农业局对大棚的使用权颁布使用权证，予以确权。在此基础上，临淄农村商业银行推出"棚抵通"贷款，农民以自有或拟建的蔬菜大棚的使用权证作抵押，通过农业局进行评估后，向临淄农村商业银行申请生产流动资金或大棚建设资金贷款。2014 年 1～8 月共向 30 多户农户发放供给 200 多万元贷款，截至 2014 年 10 月没有出现不良贷款。

临淄农村商业银行在服务辖区内推出了"机抵通"贷款，农民以自有或拟购的农机作抵押，向临淄农村商业银行申请生产流动资金或农机购买资金贷款。

潍坊农村商业银行利用农户组成联保小组，形成担保联盟发放贷款，多数农户将 3～5 户农户形成联保小组，贷款金额按照农业生产所需资金的 50%发放，直接授信。辖区内有 22 万户农户满足要求，截至 2014 年 8 月已授信6.2 万户，户均授信 7 万元。大冶农村商业银行业开展了农户联保贷款，将联保成员与之前的信用户评定相结合，要求联保小组组成原则上不少于 3 户，

且信用等级四级以上（含）不少于三分之二，并选举小组组长，负责联络和监督事项。

浙江省信用联社开展"三权抵押"业务，将土地承包经营权、农民住房财产权和林权纳入抵押品范畴，截至 2014 年 5 月末，浙江省农信系统已发放土地承包经营权抵押贷款金额 1.9 亿元，涉及农户 294 户，林权抵押贷款余额 35.47 亿元，涉及农户 34047 户，农房抵押贷款余额 45.46 亿元，涉及农户 16246 户。但"三权抵押"贷款存在评估难和不良贷款处置难的问题，一旦出现不良贷款，很难通过直接拍卖的方式将抵押资产变现。

湖北省信用联社根据当地地形和生产经营模式的特点，与湖北省林业厅合作，将林权、农房、土地和水域滩涂经营权纳入可抵押产品范围。2007 年推出林权抵押贷款，累计向 2000 多林农发放贷款 13.8 亿元；洪湖累计发放水域滩涂经营权质押贷款 1 亿元；鄂州、襄阳谷城和黄冈麻城累计发放农村住房抵押贷款 10.5 亿元；咸宁通城累计向 900 多农户发放农村宅基地使用权抵押贷款 3360 万元。

（四）对农户建房多有专项贷款产品予以资金支持

建房是农户生活的重大事项，直接关系到农户的生活水平，需要动用储蓄等大额资金支持，因此，农户建房时往往存在自有资金不足的问题，与城镇居民住房抵押贷款相一致，银行也针对农户的建房需求出台了专项贷款产品。

临淄农村商业银行专项开发了"宅贷通"贷款，向辖内农村村民发放用于建设和购买居住用房所需的人民币贷款，主要包括自建房贷款（含危房改造贷款）、村民公寓贷款、商品房贷款和二手房贷款。浙江省杭州市余杭区范围内农户将自建房出租给外来务工人员，可以获得较高收益，余杭农村商业银行由此推出了"物权通"贷款产品。"物权通"贷款主要将借款人自建住房（安置住房）所有权、宅基地使用权、土地或山林承包经营权、金融理财资产、入股本行或村级经济组织的股权，以及前述权利在租赁、流转、征迁等行为中产生的收益作为还贷资金保障，由所在村民委员会实施监督，并以信用方式发放贷款，单户贷款额度最高不超过 100 万元。截至 2014 年 8 月末，已发放"物权通"875 户，贷款金额 14474 万元（见表 27）。

余杭区乔司街道永西村客户向××，其家庭上班收入仅有 6 万元/年，单纯靠家庭存款无法完成建房的任务。通过"物权通"贷款获得15万元期限为3年的资金支持，用于建造家庭住房。预计房子建成后空余房子对外出租，年租金收入可达13万元左右，大大增加了农户的家庭收入来源。

表 27　　　　余杭农村商业银行发放"物权通"贷款情况一览表

时间	发放笔数	发放规模（万元）	不良率
2011 年	20	185	0
2012 年	16	122	0
2013 年	69	1845	0
2014 年 1~8 月	118	2029	0
总计	875	14474	0

（五）加强与担保公司的合作力度，降低信贷风险，实现银企双赢

担保公司可有效降低农户与银行之间的信息不对称，减少信贷风险，实现银企"双赢"。因此，银行有效在发放农户贷款中加入了担保公司这一环节。

潍坊农村商业银行专门推出"一保通"贷款，贷款对象重点是专业市场商户信用联盟、中小企业信用联盟会员，借款人往担保公司开设的保证金账户中存入不低于所担保贷款金额10%的保证金，银行将提供200万元以内的有担保机构担保的贷款。浙江省信用联社针对农户贷款，采用了"农户＋公司＋担保公司"做法，国有注资担保的农信担保公司为企业和种粮大户提供担保，企业获得贷款后再发放给合作农户，一旦发生风险，采用担保公司、农联社和农户三者风险共担的方式，担保公司的加入有效地解决了农户和公司的信用风险，为银行贷款提供了保证。湖北省信用联社创办了粮食直补资金担保贷款，以国家对种粮农户的补贴资金为担保，发放贷款。最后从数据上也说明了担保公司在农户贷款中的重要性，以余杭农村商业银行为例，截至2014年8月银行已与10家担保公司建立合作关系，共发放担保公司担保贷款298户，担保金额达到5.58亿元。

黄梅农村商业银行推出"政银保合作贷款"，是指由政府出资成立担保基金和保险公司为农户提供信用担保的贷款。贷款对象主要包括农村种养殖户、个体私营经济户、涉农经济组织等，涉农经济组织主要包括家庭农场、种养

殖户、农民专业合作社、农村企业等符合信贷准入条件的涉农经营主体。以黄梅县龙感湖管理区为例，龙感湖管理区、长江财产保险公司、龙感湖信用社三方共同参与，龙感湖管理区主导成立支农支小担保基金，将 200 万元支农支小担保基金存入信用社开立的专户，生产队及分场参与龙感湖信用社涉农客户普查筛选、尽职调查、贷后管理及到期收回，长江财产保险公司提供信用保险、由龙感湖信用社向农户及涉农经济组织、个体私营户发放的贷款。

（六）将信贷供给与农村城镇化相结合，支持"新型农民"转型升级

随着城乡统筹的不断推进和工业化、城市化发展及农业产业结构调整，农村社会保障水平不断提高，许多农民有"脱胎换骨"的变化，原来"脸朝黄土背朝天"的现象一去不复返，农民的房屋及土地已被拆迁征用，许多农民转移到第二、第三产业，成为"新型农民"。在此基础上，农户的资金需求不再局限于粮食生产等传统农业范畴内的资金需求，出现了新的特点。部分发达地区银行在考虑该这一现状后，突破传统的服务模式，以专业化的经营、特色化的产品和差异化的服务，因地制宜，积极推出符合农村经济特点和农户消费习惯的产品和服务，尽最大努力满足客户资金需求。余杭农村商业银行支持新型农民购买商铺，将农民征地拆迁资金增值保值，不足部分积极给予信贷支持。

同时，农村城镇化建设过程中，涉及征地拆迁的村（社区）都有大量的村集体组织留用地（拆迁土地的 10%），但村级经济往往没有足够的资金进行开发，这也是在城镇化过程中出现的新的资金需求。鉴于此，余杭农村商业银行开发了"村贷通"产品，对村留用地开发前期的不足资金可以向银行贷款，以土地级差地租的收入来归还贷款，这一产品的推出，促使了村级经济的不断壮大。从 2011 年 12 月推出至 2014 年 8 月末，已支持村级经济发展 15 家，贷款余额 17086 万元。具体来看，浙江省杭州市余杭区星桥街道太平社区贷款 3517 万元，用于村级留用地开发建设，村级固定资产达到 1 亿元，租赁给汽车 4S 店，每年村级可分配资金达到 700 多万元，村里的每家每户都是受益者。又如浙江省杭州市余杭区乔司街道永西村建造 3 万平方米厂房，总投资 3600 万元，贷款 2044 万元，2 万平方米厂房出租，年租金收益为 360 万元；另有 1 万平方米厂房年租金达 216 万元。该产品有力地支持了村级集

体经济发展壮大，进一步紧密了银社、银村、银农关系，加快了新农村建设步伐，促进了强村富民和社会的和谐稳定。

表 28　　　　2011～2014 年余杭农村商业银行"村贷通"发放情况一览表

时间	发放笔数	发放规模（万元）	不良率
2011 年	6	2500	0
2012 年	15	7237	0
2013 年	22	14177	0
2014 年 1～8 月	81	17086	0
合计	124	41000	0

（七）将金融需求与农户创业相结合，开发相应产品

与当地市场相结合，鼓励农民经商和创业。浙江省信用联社推出针对个体工商户和小额企业主的丰收创业卡业务，户均贷款额度 42 万元。浙江余杭农村商业银行塘栖支行利用当地羊毛衫企业集中的特色，鼓励农民到异地开办直营经销店，特设"加盟商贷款"。山东临淄农村商业银行"创业通"贷款与区人社局、区财政局和区小额贷款担保中心合作，小额担保中心担保，发放用于支持种植、养殖及农业加工贷款。山东淄博农村商业银行开发了"专业市场业务贷款"产品，针对在专业市场中经营的客户集中发放。

通过仙桃农村商业银行个体工商户贷款发放情况（见表 24）的分析，我们试图分析农户个体创业者的整体贷款供给情况。我们可以看出，农户创业贷款是以抵押和保证两种方式为主，其中商品房（住宅）房抵押和自建房抵押贷款两者占比最大，是主要的贷款方式，有少部分农户利用土地使用权、厂房、交通工具和商铺进行抵押。在保证贷款中，自然人保证是主要的方式，随后为担保公司保证，仅有少数是中小企业保证。这与农户个体工商户的经济状态相符，绝大多数农户最重要的资产为个人房屋，所以自建房和商品房成为主要的抵押品种，少数经济状况良好的经营者有商铺等抵押产品，相对而言个体经营者较难获得土地厂房等企业经营性资产。在保证方面，与农户经营者联系密切的个体自然人成为保证贷款发放的主要方式，联保和中小企业保证较少涉及。

农户创业性贷款的利率在 8.64% ～10.32%，担保公司保证贷款最为便

宜，而房屋抵押贷款利率最高，平均来看，比基准利率上浮62%，整体利率还是偏高。平均贷款金额在10万～70万元，主要是以10万～20万元的资金需求为主，如果用联保或者保证公司担保的贷款方式，贷款金额普遍更高，在50万～140万元，而以住房等办理的抵押贷款金额较低，在10万～25万元。

表 29 　　　　　　　　仙桃农村商业银行个体工商户贷款一览表

贷款方式		年份			
		2012 年	2013 年	2014 年 10 月	合计
（出让）国有土地使用权抵押	笔数（笔）	3			3
	平均利率（%）	9.12			9.12
	平均贷款额（元）	1600000			
厂房抵押	笔数（笔）	3	3	3	9
	平均利率（%）	9.6	9.84	9.84	9.76
	总额（元）	2633333	120000	120000	1197142.86
担保公司保证	笔数（笔）	13	8	4	25
	平均利率（%）	8.834	8.64	8.64	8.741
	总额（元）	888461.5	512500	650000	784210.53
交通工具抵押	笔数（笔）	4	1	1	6
	平均利率（%）	9.72	9	9	9.48
	总额（元）	1262500			1262500
联保保证	笔数（笔）	33	8	2	43
	平均利率（%）	8.995	9	9	8.996
	总额（元）	787878.8	328571.43	250000	685714.29
商品房（住宅）抵押	笔数（笔）	172	77	49	298
	平均利率（%）	10.34	10.167	10.249	10.28
	总额（元）	176619.9	175394.74	165000	174381.76
商铺抵押	笔数（笔）	44	30	14	88
	平均利率（%）	9.847	9.408	9.219	9.597
	总额（元）	590363.6	360833.33	318000	484820.51
中小企业保证	笔数（笔）	3	3	3	9
	平均利率（%）	9.84	9.72	9.65	9.737
	总额（元）	1400000			1400000

续表

贷款方式		年份			
		2012 年	2013 年	2014 年 10 月	合计
自建房抵押	笔数（笔）	56	20	18	94
	平均利率（%）	10. 321	10. 179	10. 19	10. 266
	总额（元）	264732. 1	223333. 33	248823. 5	253571. 43
自然人保证	笔数（笔）	29	13	16	58
	平均利率（%）	10. 204	10. 163	9. 881	10. 106
	总额（元）	236206. 9	183076. 92	244375	226551. 72
合计	笔数（笔）	360	163	110	633
	平均利率（%）	10. 059	9. 875	9. 935	9. 99
	总额（元）	382647. 2	229027. 78	218826. 5	319232. 56

三、构建小微企业信贷服务机制

小微企业在保持经济增长、解决农村富余劳动力、缩小城乡差距，推动产业结构方面发挥着重要作用。但小微企业与大中型企业相比，信息不对称问题更为突出，缺乏可用于抵押的资产，市场竞争力弱，因此小微企业贷款的信用成本较高，同时小微企业还面临贷款的金额小、期限短，管理成本高的问题，最终导致小微企业贷款可得性低，若想实现普惠金融的目标，必须关注小微企业金融服务问题，现有不少银行在此方面做出了有益的探索。

中小商业银行和小微企业有天然的联系，和大型商业银行相比，中小商业银行与实体经济共生共荣的密切程度更高。小银行与大银行有很多不同之处，如组织机构、防范风险技术、金融产品、审贷流程等，小银行本身就是一个合适的信贷员，它会对借贷企业的情况如数家珍，对账目和经营状况了如指掌，具有支持小微企业的先天优势。由此针对中小银行贷款分布的分析，能够探究银行对小微企业的扶持力度，在此，以大冶农村商业银行为例，研究其企业贷款的分布情况，考察中小银行对小微企业的支持力度。

从其贷款发放笔数（见表30）来看，我们可以看到，微型企业和小型企业占其贷款年发放笔数的 80% 以上，确实服务了中小企业和小微企业，且服务中小企业和小微企业的比例一直在上升，从 2011 年的 76% 上升到了 2014 年 1～10 月的 82%。针对大型企业的贷款比例在 1～2 笔，小型企业是其主要的服务重点，其次为微型企业，中型企业占少量份额。

表 30 　　　　　　　大冶农村商业银行企业贷款笔数一览表 　　　　　单位：笔

时　　间	企业规模			
	大型	微型	小型	中型
2011 年	1	0	295	84
2012 年	9	23	341	66
2013 年	2	183	184	83
2014 年 1～10 月	1	150	224	77

从贷款的总额（见表 31）来看，与贷款笔数一致，小型企业是贷款金额的主体，以 2014 年 1～10 月为例，中型企业贷款金额占到发放贷款总额的52.56%，微型企业占 25.01%，两者合计占比为 77.57%，与贷款笔数占比相一致，是银行企业贷款投向的主体，再一次说明中小银行在支持小微企业发展方面发挥了重要作用。

表 31 　　　　　　　大冶农村商业银行企业贷款总额一览表 　　　　　单位：万元

时　　间	企业规模			
	大型	微型	小型	中型
2011 年	1200	0	73992.43	38041.26
2012 年	1189.5	11400	163283	38780
2013 年	1800	52159.96	98956.72	53779.5
2014 年 1～10 月	1500	62802.19	131497.6	54389.5

从贷款的平均贷款金额（见表 32）来看，微型企业的每笔贷款的发放金额除了 2013 年放款金额平均在 285.03 万元，其余年份在 400 万元以上。小型企业的平均贷款金额略高于微型企业，在 500 万元以上徘徊，且呈现逐年递增的趋势。中型企业单笔放款金额年增长较快，从 2011 年的平均 452.87 万元增加到 2014 年的 706.36 万元，大型企业的资金需求普遍在 1000 万元以上，贷款金额与企业规模成正比。

表 32　　　　　**大冶农村商业银行企业平均贷款金额一览表**　　　单位：万元

时　　间	企业规模			
	大型	微型	小型	中型
2011 年	1200		250.82	452.87
2012 年	132.17	495.65	478.84	587.58
2013 年	900	285.03	537.81	647.95
2014 年 1～10 月	1500	418.68	587.04	706.36

　　从小型企业和微型企业贷款的具体类别（见表33）来看，可以发现流动资金和银行承兑汇票贴现是主要的业务种类，占总贷款笔数的81.3%，银行承兑汇票、流动资金循环贷款等也是为企业流动资金支持，说明小微企业的资金需求主要来自对流动资金的需求，平均贷款额为678.9万元，利率为8.4%。银行承兑汇票贴现的贷款金额较少，这与汇票的金额大小有关，平均为123.6万元，利率与流动资金贷款相比更低，为7.1%。

表 33　　　　　**大冶农村商业银行 2011～2014 年 10 月**
　　　　　　　　　　小微企业贷款发放品种一览表

业务品种	笔数（笔）	贷款总额（万元）	平均贷款额（万元）	平均利率（%）
固定资产项目贷款	1	500	500	8.7
流动资金贷款	587	398501.8	678.9	8.4
流动资金循环贷款	6	8500	1416.7	9.4
农村经济组织流动资金贷款	1	300	300	10.1
社团贷款	21	11633.5	554.0	6.4
小企业联保贷款	64	36415	569.0	7.9
银行承兑汇票	178	70700	397.2	0
银行承兑汇票贴现	588	72681.8	123.6	7.1
总计	1446	599232.1	414.4	6.8

　　同时，还有联保贷款和与联保性质相类似的社团贷款、农村经济组织流

动资金贷款，共占贷款总笔数的 5.5%，说明通过小微企业联合提供信用，进行资金借贷也是缓解中小企业融资难的有效手段，贷款利率为 6.4% ~ 10.1%，平均贷款金额为 500 万元左右。

相比较而言，固定资产项目贷款仅有 1 笔贷款数，有可能出现两种情况：一种可能是小微企业的企业扩张完全依赖自我积累，不存在固定资产项目方面的资金需求，还有另一种可能是现有的银行并没有相应的贷款产品满足小微企业的扩张性需求，小微企业在此方面存在融资难的问题。

（一）创新还款方式，减少贷款期限与流动资金的错配

以整年或者整季度计算的流动资金借款往往与企业生产周期不能很好地匹配，可能出现有资金需求时贷款已经到期，无资金需求但因为贷款期限没有到还需要支付贷款利息的情况，在此情况下，不可能从股权融资或其他融资渠道获得资金的小微企业唯有转向民间借贷。为了解决这个问题，各家银行对还款方式进行了创新，余杭农村商业银行推出了循环贷款、整贷零还、分期还本付息、一次性还本付息等多种还款方式，企业可以根据实际情况灵活选择，实现信贷供应与企业生产周转的无缝对接，避免期限错配引发正常生产企业因短期流动性不足而陷入困境，降低企业不必要的财务费用。淄博农村商业银行针对微型企业推出"微贷通"业务，也是采用"一次核定，随用随贷，循环使用"的模式。潍坊农村商业银行也开展了类似"循环贷款"，银行与借款人一次性签订总的借款合同，在合同规定的额度、期限内，借款人可以多次用信、逐笔归还、循环使用的信贷业务。

小微企业在贷款的过程中，还可能面临一笔贷款已经偿清，但下一笔贷款并没有到达的问题，传统的做法为借助民间借贷等方式完成短期资金流转，这无疑增加了企业的经营成本，临淄农村商业银行开展了"无缝隙贷款"，指借款人在原有贷款到期前向临淄农村商业银行提出借款申请，由银行提前按信贷流程要求进行贷款的调查、审查，待该笔贷款归还后，及时为其办理续贷，实现信贷服务的无缝隙对接，这有效地解决了企业流动资金周转的困难。孝感信用联社推出"一次抵押，集中授信，余额控制，循环使用"的循环贷款方式，对鸿翔农业公司提供 1300 万元信贷支持，帮助其建立屠宰肉鸭 2000 多万只的生产规模。

（二）创新贷款授信模式，增加授信资产范围

小微企业在申请贷款时经常面临授信资产不足的问题，根据这一情况，银行扩宽了可授信资产范围，余杭农村商业银行允许中小企业业主或主要股东个人家庭资产及其持有的商标权、专利权等纳入企业授信资产范围，试点以订单、仓单、存货及应收账款等作为授信依据进行动态授信，缓解企业由于授信资产不足而难以得到贷款支持的问题。余杭农村商业银行塘栖支行的"小贷通"业务中，允许将合法拥有但无权证房产纳入授信资产范畴。淄博农村商业银行开展"税融通"贷款，以企业每年度缴纳所得税为授信资产依据，依据风险状况，按企业近三年缴纳所得税的平均值放大一定倍数，发放临时性流动资金贷款。

淄博农村商业银行开展了"微型企业主贷款"。微型企业主贷款是指以微型企业主为承贷主体，对其发放的用于企业生产、经营、服务等需要的流动资金贷款，微型企业主以实际控制的企业为平台，对信贷资金进行运作，支持企业发展。

（三）弱化财务报表作用，强调现场调查

小微企业往往处在创业初期，财务制度不甚完善，有些企业甚至不能够提供完整的财务报表，因此仅仅关注财务报表并不能有效跟踪企业的发展情况和未来的盈利水平，针对这一情况，银行在发放贷款时不再仅仅注重财务报表，而更加强调客户经理的现场审核。

余杭农村商业银行规定对不能提供财务报表的初创型小微企业，申请贷款金额在100万元以下的，采取由客户经理上门核实授信资产的方式，灵活满足其融资需求。临淄农村商业银行要求信贷人员按季度对微型企业主进行现场检查。通过检查，掌握微型企业设备开工率、内部存货和财务管理等情况，发现影响贷款安全因素，及时采取贷款保全措施。同时监控用电量、用水量、用天然气量、用钢材量、缴纳所得税/增值税/营业税纳税/申报表中销售收入等指标，及时分析变动原因及应对措施，作出贷款风险分析和预警。

（四）发挥企业信用联盟作用，以联盟担保和互保模式获得资金支持

小微企业和个体经营户规模较小，且单个风险大，若将其形成信用联盟，将有助于降低借款人的道德风险和外部贷款人的监督成本（Stieglitz and Weiss，1981）。同时，在缺乏实物担保的情况下，"社会制裁"将起到替代担保物的作用，这使解决信贷配给问题成为了可能（Impavido，1998）。附有连带责任的团体贷款是解决逆向选择和道德风险问题的最适宜的贷款类型（Ghatak，1999）。在此理论指导下，不少银行进行了创新性的尝试。

以山东潍坊农村商业银行为例，该银行针对不同小微企业组织了不同联盟，如"中小企业信用联盟贷款"，是由银行牵头，行业协会、有影响有号召力的企业、地方中小企业局等政府有关部门参与，按照行业、园区、上下游关系筛选辖内信用程度高、有良好发展前景的中小企业组成的自律性互助组织。村民可参加"金惠农"信用互助协会，在缴纳贷款风险互助保证金的基础上，银行向协会会员发放贷款。在专业市场经营的专业市场商户可组建"专业市场商户信用联盟"，同样以缴纳风险互助金为基础，随后可获得银行的资金支持。对于农业龙头企业和生产大户，潍坊农村商业银行组织具有较强影响力、号召力的农业生产经营大户牵头，按照地域、行业、上下游关系筛选符合条件的农户组成"诚富通"农民信用联盟。

在信用联盟的基础上，将分散的、不易管理的个体联合起来，相互约束，会员缴纳3%~5%不等的风险互助保证金，一旦会员违约，可先用互助金进行偿付，银行对信用联盟成员办理的流动资金贷款、银行承兑汇票、票据贴现等信贷业务。具体来说，"中小企业信用联盟贷款"成员的个体工商户及专业市场业户可获得200万元以内的"一保通"贷款，法人客户可获得500万元以内的"一保通"贷款。针对加入"金惠农"信用互助协会的农户，潍坊农村商业银行发放3年期以内的利率优惠10%的乡村"2+1"贷款信用贷款。

但随着浙江互保圈信贷危机的发生，不少优质大型民营企业被担保的中小企业所拖累，在潍坊农村商业银行贷款企业中也发生了钢贸经营者未能还款的事件，由此推断互保联盟的做法在经济上行时对企业支持作用明显，但在经济下行周期时的作用值得商榷。

（五）创新担保和质押方式，进一步创新信贷产品

在小微企业的服务中，诸多银行积极探索扩大有效担保品范围，临淄农村商业银行创新发放以库存、机器设备、粮食等为抵押物的不动产和动产抵押贷款，积极开办厂房、项目融资贷款，解决创业企业的担保难题，密切与融资性担保公司合作，降低信贷风险，实现银企双赢。淄博农村商业银行开发了"应收账款质押贷款"，允许小微企业将销售产生的债权、出租产生的债权、因提供服务、劳务、施工等产生的债权和提供垫款、借款或其他信用产生的债权作为抵押物，临淄农村商业银行开展的"票融贷"和"账款贷"也是类似业务。淄博农村商业银行的"仓单质押信贷"，以保管人签发的出质人的货物仓单为质押，为借款人办理的短期信贷业务。临淄农村商业银行开展的"厂融贷"、"矿融通"分别允许以符合条件的钢结构厂房、采矿权向银行抵押。湖北省信用联社推出活物抵押贷款，将农户生产的鸡、鸭、鱼和龟等农产品纳入担保范围，京山农村商业银行以 120 万只乌龟做抵押，对盛昌龟业有限公司发放贷款 2000 万元。

（六）与宏观经济发展相联系，注重在经济周期低谷和企业困难时期的资金扶助

小微企业大多处于产业链的低端，产品技术含量不高、产品或服务的附加值低，不具有产品的定价能力和议价能力，无法应对和转嫁上游如原材料、人民币汇率、劳动力等各类投入成本的变动和增加，因此，小微企业的整体发展与经济周期的联系更加紧密，当经济景气时，小微企业多蓬勃发展，贷款不存在问题，但一旦经济疲软，首先遭到攻击的往往是小微企业。如果一旦经济发展势头减弱，银行就对企业辅以紧缩的信贷政策，那么将加剧小微企业的经营困难，所以银行应该在经济周期下行时，对抗风险能力弱的小微企业予以重点支持，减少系统风险对其冲击。

余杭农村商业银行进行了有益尝试，针对当前实体经济发展缓慢形势，政府为使实体经济重拾信心，由杭州市余杭区财政局、中国人民银行余杭支行、杭州市余杭区经济和信息化局联合发文，于 2012 年推出"政银保"协作贷款业务。通过"政银保"业务来缓解中小微企业融资难、融资贵、担保难。"政银保"协作贷款的放款对象为辖区内注册资本 500 万元（含）

以下的工业企业，每个企业"政银保"协作总贷款及担保额度不超过 500
万元（含），贷款品种为 6 个月以上的流动资金和项目资金贷款。主要由余
杭区内注册资本 5000 万元（含）以上担保公司进行担保。截至 2014 年 8
月末，已累计发放"政银保"产品 10 户，金额为 4168 万元，"政银保"发
放情况见表 34。

表 34　　　　2011～2014 年余杭农村商业银行"政银保"发放情况一览表

时间	发放笔数	发放规模（万元）	不良率
2011 年	0	0	0
2012 年	5	1235	0
2013 年	5	1483	0
2014 年 1～8 月	5	1450	0
合计	15	4168	0

同样道理，当小微企业个体发展遇到"瓶颈"时，银行也应该予以进一
步支持，做"雪中送炭"者，而不是一味地将资金抽走，加速企业破产。余杭
农村商业银行对杭州宏欣包装有限公司的信贷支持充分说明了这一问题。

该企业位于余杭区崇贤街道大安村，成立于 2003 年，成立初期是一家单
一从事泡沫包装生产和销售的企业，初期投放的产品也比较单一，市场布控
较分散，市场占用比例不高。因企业整体规模较小，至 2010 年，企业融资规
模基本在 500 万元以内。

2011 年 8 月，企业为了寻求和全球厂商更紧密的合作关系，试投产了
小家电的注塑产品，初期投入 12 台注塑产品，投入金额在 300 万元左右。
就在企业准备加快产品多元化发展的时候，2011 年 9 月 2 日的一场大火将
包括厂房、设备以及库存原料和产品全部烧毁，直接损失达到 1000 万元左
右。面对企业困难，余杭农村商业银行采取紧急处置方案，原有贷款做到不
收贷不压贷，同时，按照企业预定发展的规划和步骤，再增加投放一定数量
的信贷资金用于企业新设备的投入和新产品生产，帮助企业渡过难关，使企
业迈上了平稳过渡，快速发展的道路。经过这几年银行的大力支持，企业蓬
勃发展，已在同行业中拥有一定的知名度和较好的品牌效益。目前已拥有
23.79 亩土地和 18260 平方米标准厂房，用于生产泡沫产品和小家电注塑产品

的设备达 68 台，并拥有一套自主研发模具生产的流水设备，年产值达到 7000 万元以上。银行与该企业之间的关系也愈发密切，截至 2014 年 6 月末，已向该企业发放贷款 2000 万元，其中 2014 年又增加 150 万元贷款用于企业的生产经营。

四、构建农村新型经营主体信贷服务机制

（一）促进家庭农场信贷服务

2013 年中央一号文件首次提出"家庭农场"的概念，并将其作为新兴农业经营主体予以推广，家庭农场是以家庭经营为基础，以家庭成员为主要劳动力，从事农业规模化、集约化、商品化生产经营，以农业收入为家庭主要收入来源，并经工商注册登记的新型农业经营主体。培育发展家庭农场是构建新型农业经营体系的基础环节，对促进农村承包土地规模化流转、农业集约化生产、农产品商品化经营具有积极的推动作用。

在家庭农场的生产过程中，规模化的耕作突破了传统农业分散经营带来的规模不经济的问题。但因为种养殖规模的增加，所需要的农业资本投入也随之增加，单凭家庭农场之前的储蓄资金积累难以满足生产经营的需要，因此，诸多家庭农场均存在资金缺口。

1. 银行注重对家庭农场的金融需求开展调查，并进行评级和授信。针对家庭农场这一新兴经营主体，银行均高度重视，多家银行与政府农办对接，取得客户名单后落实人员对每户家庭农场等新型农业经营主体开展调查工作，摸清其发展过程中金融服务和资金需求，对其进行评级。但部分地区出现家庭农场流于形式，并没有实际经营内容的情况，如潍坊农村商业银行辖区内的 52 家家庭农场中有 18 家家庭农场无实际经营内容，占比为 35%。其中，剩余的 34 户家庭农场中 12 户在潍坊农村商业银行开户，银行均对其进行了评级。湖北省信用联社推进经营大户的调查建档工程，对 20 多万户农村经营大户建立经济档案，且发现这部分经营主体的资金需求较大。

评级后，银行积极对家庭农场进行授信，截至 2014 年 8 月，余杭农村商业银行发放家庭农场贷款 17 户，贷款金额 596 万元。在贷款期限上，根据借款人的生产经营周期，确定最长期限达到 5 年；贷款利率实行优惠，对种植

粮食的贷款客户，实行贷款基准利率，对一般的养殖客户，贷款利率也不超过基准利率上浮 30%，平均贷款利率为年息 6.98%。

2. 针对家庭农场的金融产品较少，多沿用针对农户的贷款产品。在调研过程中，调研人员发现银行虽然对家庭农场的金融需求重视，提出家庭农场一旦符合贷款条件的，要积极给予信贷支持，并实行资金优先、利率优惠，促其健康发展的口号。但在贷款产品中，较少银行针对家庭农场的信贷需求开发了新的产品，多将家庭农场纳入农户或者生产大户的范畴，予以贷款支持。

如杭州市余杭区的家庭农场在申请贷款时，是按照针对农户的丰收小额贷款卡的信贷要求予以发放。具体来看，余杭街道下陡门村农户郑冬明，在下陡门村承包共计约 300 亩农地，其中 220 亩用于种田，40 亩用养殖桑蚕，30 亩用于养殖泥鳅，10 亩用于养羊，另在桑蚕地里养殖鸡，销售绿壳鸡蛋，成立注册了家庭农场。余杭农村商业银行向该客户发放丰收小额贷款卡 30 万元，3 年内可以循环使用，随借随还，利率采用基准利率；同时，发放保证贷款 10 万元支持其养殖需要，利率上浮 20%。2014 年又新增信用贷款 10 万元用于其养殖泥鳅，利率上浮在 30% 以内。

潍坊农村商业银行针对家庭农场的贷款明细证明了该问题。从表 35 中可以看出，家庭农场中适用的贷款品种多为针对农户联合担保的"五户联保"、"诚富通"和"农户信用评定贷款"，仅有一家家庭农场是通过"家庭农场"模式获得贷款。

但家庭农场和普通农户，无论是从规模还是从经营理念上均存在显著差异，因此资金的需求必然也不尽相同，如果单纯套用针对农户的贷款产品，是否合适，这是值得商榷的问题。

表 35　　　　　　　潍坊农村商业银行针对家庭农场授信一览表

企业（户主）名称	注册资金	年产值	适用贷款品种
峡山区增地家庭农场	480	200	五户联保
水墨庄园家庭农场	50	163	家庭农场
太苑家庭农场	300	100	诚富通
顺丰香鹑雁养殖家庭农场	120	22	诚富通
天伦家庭农场	20	60	农户信用评定贷款

续表

企业（户主）名称	注册资金	年产值	适用贷款品种
纪忠家庭农场	35	35	诚富通
雪平种植家庭农场	5	110	诚富通
需来种植家庭农场	20	238	诚富通
肖春明家庭农场	300	120	诚富通
林丰家庭农场	10	150	诚富通

（二）对农民专业合作社的信贷服务机制

农民专业合作社是与家庭农场同时提出的新兴农村经营主体，能有效地将规模小、分散的农户结合起来，组成有议价能力和信息优势的生产组织。在我国，大户领办和控制是合作社的主要形式，在此种形式下，在内源融资中合作社带头人资金有限，难以支撑整体合作社的运作，普通农户社员没有向合作社投资的激励，仅愿意投入少量资本，获取成员资格以及投票、异议、退出等权利（杨军和张龙耀，2013）。由此，合作社对外源融资的需求强烈。潍坊农商银行辖区内17家正常经营的专业合作社在评级之后均向银行申请贷款（农民专业合作社授信情况见表36），根据经营详情分类后，我们可以发现蔬菜和西瓜产业的资金需求尤为强烈，平均来看，企业贷款金额占年总产值的25.27%。在向专业合作社贷款中，呈现以下几个特点。

表36　　潍坊农村商业银行农民专业合作社评级授信情况统计表　　单元：万元

合作社类型	平均值注册资金	平均年产值	平均授信金额
狐狸养殖	200	1000	90
粮食收购、加工	50	120	50
棉花种植、加工	50	1000	200
奶牛	100	1000	225
奶牛养殖	270	670	125
蔬菜	500	400	450
蔬果	1000.9	2000	200
西瓜	100	400	150

续表

合作社类型	平均值注册资金	平均年产值	平均授信金额
养虾	600	1800	910
养鸭	600	700	180
养猪	500	1000	60
育苗及养虾	100	300	120
种植花卉	50	600	145
种植小麦、玉米	60	500	80
总计	284	823	208

1. 将合作社贷款与农业产业链条相结合，有效控制风险。合作社专业从事某一行业的经营，由此可根据当地农业产业组织形式和产业链发展情况，支持合作社嵌入农业产业链条内部，银行在对产业链相关的资金流、物流的有效控制的基础上，可以采用产业链融资的方式对合作社进行贷款，由上游企业根据其与合作社之间的供货合约制定相应的贷款额度，挖掘合作社的产品、收益权这类动产潜在的抵押价值。

潍坊市农村商业银行提出了"4 + 1"农业产业链贷款，依托拥有规模化种植（养殖）基地的农业产业化龙头企业，在农民专业合作社监督、担保公司提供担保并进行资金封闭运行的条件下，向农户发放用于生产经营活动的流动性贷款。规模化种植（养殖）基地属于防控风险的核心，合作社内农户信息对称，企业和银行均可利用基地的封闭性实现风险监控，利用租赁权、使用权等制约农户的违约，通过资金注入和信用导入使企业与农户形成了稳定、紧密的合作关系，规避了各方的违约风险。

2. 与政府相联系，重视引入担保机构，为合作社贷款担保问题提出解决方案。农民专业合作社中经营大户的资金相当有限，农户社员多面临资金约束，且缺乏抵押物，因此银行对其贷款风险程度较高，在此政府的支持就显得尤为必要。政府为解决农民专业合作社贷款难、担保难的问题，与银行结合，进行了诸多创新。

余杭农村商业银行联系了杭州农信担保有限公司合作推出"社贷通"贷款产品，对农民专业合作社及其社员向本行申请贷款，符合放贷条件的就由农信公司提供担保，贷款期限最长两年，贷款利率原则上按基准利率上浮20%执行，具有"一次授信、循环使用、随借随还"的功能。2011～2014年8月，已累计发放"社贷通"贷款292笔，872万元，不良率为0（见表37）。

表37　　　　　余杭农村商业银行"社贷通"发放情况一览表

时间	发放笔数	发放规模（万元）	不良率
2011 年	56	162	0
2012 年	96	277	0
2013 年	135	378	0
2014 年 1～8 月	5	55	0
总计	292	872	0

在此支持下，位于杭州市余杭区崇贤镇三家村的杭州湾里塘莲藕专业合作社获得了较大发展。该合作社为莲藕种植企业，主要生产鲜藕及藕粉，在余杭区范围内租用田地2500亩，年实现产值1200万元左右，利润250万元。2014年3月，因生产进入旺季同时租用土地700亩左右进行扩大鲜藕种植，向银行申请贷款。经调查后，认为合作社发展情况良好，在本地的农业合作社中有较高的知名度，向其发放信用贷款100万元，利率上浮在30%以内。目前该企业发展前景良好，产品已处于成熟期，为国家级农业示范单位。

3. 采用联合担保或理事长担保的方式解决信息不对称的问题。合作社社员之间或者理事长对社员多有详细了解，通过他们共同担保的模式，能够有效地降低银行与合作社之间的信息不对称。湖北省信用联社开展了联保贷款的模式，合作社内需要贷款者每人出相应的担保资金，银行给予5～10倍放大的资金支持，或者由有资金实力的理事长提供相应的担保，增加了贷款的安全性，同时提升了农户和合作社可贷资金金额。

表38描述了仙桃市农户联保贷款发放情况，我们可以看到2013～2014年共计发放了44笔1035万元贷款，平均利率为8.722%，发放的行业主要集中在养猪业，少部分涉及农产品流通领域，与2013年相比，2014年放款量增长迅速，利率有所下降。

表 38　　　　　　　　　仙桃市农户联保贷款发放情况一览表

贷款用途		2013 年	2014 年	合计
农产品流通	笔数		5	5
	平均利率（%）		8.64	8.64
	贷款总额（万元）		200	200
养殖业	笔数	5	34	39
	平均利率（%）	9	8.693	8.732
	贷款总额（万元）	120	715	835
合计	笔数	5	39	44
	平均利率（%）	9	8.686	8.722
	贷款总额（万元）	120	915	1035

4. 采用灵活的信贷支持模式。合作社发展参差不齐，有规模小的松散型合作社也有经营状况良好、社员利益紧密相关的辐射带动能力强的合作社。根据不同的合作社，银行给予了不同的分类，从实际出发，区别对待，从不同方面提供信贷支持。

大冶农村商业银行提出了"宜社则社、宜企则企、宜户则户"的信贷原则，确保合作社的信贷支持。对不具备承贷资格的农民专业合作社，将扶持对象锁定为合作社社员，向其发放小额农贷、提供种养殖技术、购销信息，促其尽快步入专业化、规模化、效益化轨道；有规模的可按照社员的入股比例或者生产份额向社员发放贷款，以增强社员的出资能力，保障农民专业合作社必要的资金需求；通过对部分与农民专业合作社建立稳定购销关系的农业龙头企业的信贷支持，减少赊销行为或缩短账龄，帮助农民专业合作社加快资金回笼；对部分发展层次较高、经营效益较好、辐射带动能力强、产品具有市场竞争力的农民专业合作社予以重点支持，采用最高额的授信方式，直接向合作社贷款。

五、构建金融扶贫机制

普惠金融必然涉及社会弱势群体的金融需求满足问题，在平均生活水平以下的人群、缺乏固定收入来源的人群，他们不同于农户和小微企业等经营主体，金融需求以中短期小额需求为主，且较难从正规金融机构获得贷款，金融需求满足率极低，在这种情况下，如何满足这部分人群的金融需求，政府是否应当参与扶贫金融的供给，这是值得我们关注的问题。

（一）继续开展粮食生产贴息贷款，对种粮人员进行补贴

浙江省信用联社与浙江省农业厅联合，针对种粮面积在 20 亩以上种粮大户、家庭农场和农民专业合作社等，推出粮食生产贴息贷款，贷款期限为 1 年，原则上每亩贷款金额不超过 1000 元，用于支持生产主体发展粮食生产、增加收入，贷款利率为基准利率，有各家农村商业银行及信用社发放，其中由省财政按 3% 的贴息率给予贷款贴息。山东省同样也联系省农业厅发放贴息贷款，但山东省的贴息贷款更注重对产业化、规模化项目予以扶持，具体来说，家禽业省级以上农业产业化龙头企业，2014 年山东省财政安排贴息资金 2000 万元；针对其他省级以上农业产业化龙头企业，山东省财政安排贴息资金 6000 万元，单个企业贴息额为 10 万 ~ 100 万元。

（二）特别针对贫困地区，开展定点金融支持

浙江省信用联社与浙江省农办联合针对省内 29 个省级重点扶持贫困县试点开展"丰收爱心卡"产品，发行对象为低收入农户和相对贫困群众等特殊群体，具有低收入农户的身份识别功能以及扶贫小额贷款、结算（低收入农户财政转移支付）等金融服务功能。持有该卡的农户能够享受"扶贫小额信贷"，其中农户可申请不超过 5 万元贷款。农民大学生可申请不超过 10 万元贷款。农民专业合作社等集体经济贷款额度不超过 15 万元。省财政对低收入农户、农民大学生贷款按基准利率 60% 标准给予贴息，其他符合条件的贷款对象的贷款按基准利率的 40% 标准给予贴息。

（三）为农户的社会保障提供金融支持

随着 2009 年中央一号文件提出建立新型农村社会养老保险制度试点，2011 年国务院决定加快推进新农保试点进度后，较多地区已覆盖新型农村养老保险，但农户在参加养老保险之际，需集中缴纳个人缴纳部分，以补齐之前的缺额。一些家庭收入不高的农民可能会遇到资金困难。银行及时发现了农户面临的问题，在对农户资金需求调查时，与村（社区）共同列出资金需求的对象，采用信用、保证等方式，驻村、入户发放贷款。从表 39 中可以看出，2011 ~ 2014 年 8 月，累计发放 1343 笔，发放规模为 3880 万元，不良贷款率为 0。该贷款产品有效地保证了农户的基本问题，解决了农户的后顾之

忧，将普惠金融衍生到农户普惠式养老领域。

表39　　　　　　余杭农村商业银行发放"养老保险贷"情况一览表

时间	发放笔数	发放规模（万元）	不良率
2011 年	167	542	0
2012 年	612	1612	0
2013 年	366	1105	0
2014 年 1～8 月	198	621	0
总计	1343	3880	0

（四）对党员创业给予优惠的金融扶持

党员代表我国的先进生产力和先进集体，一般都具有先锋示范带动效应。对创业人群中的党员人士，充分发挥党内帮扶的引导作用，湖北省组织部联合省信用联社于 2014 年开展了党员"创业致富计划"，对创业党员进行财政贴息，贴息贷款额度为 10 万元以内，期限不超过 1 年。借款额度和期限内所产生的利息的 50% 贴息。表 40 列出了湖北省党内帮扶转向资金的分配表，根据不同的经济发展水平，分别给予不同的额度支持。

表40　　　　　　2014 年湖北省"党内帮扶专项资金"分配表　　　单位：万元

市（州）	分配资金	市（州）	分配资金
黄冈市	82	十堰市	75
孝感市	30	襄阳市	10
恩施州	91	黄石市	16
宜昌市	40	咸宁市	30
随州市	16		

（五）针对下岗人员，发放专项贷款

湖北省联社针对下岗人员的再就业问题，发放了下岗失业人员小额担保贷款。表 41 显示了湖北省信用社区下岗失业人员小额担保贷款情况，可以发现，全部信用社区 2014 年此类业务的贷款余额均比 2013 年同期有所增长，部分信用社区增长甚至达到 300% 以上。此外，全部信用社区的下岗失业人员小额担保贷款回收率均为 100%。

表41　2014年9月底湖北省信用社用社区下岗失业人员小额担保贷款发放情况

单位：万元

社区名称	本期小额担保贷款余额			上年同期小额担保贷款余额			增长率（%）	当年小额担保贷款到期额			当年回收额			回收率（%）
	经办行一	经办行二	合计	经办行一	经办行二	合计		经办行一	经办行二	合计	经办行一	经办行二	合计	
合计	2175	2163	4338	2033	1180	3213	35	1576	295	1871	1576	295	1871	100
古塔社区	103	120	223	33	160	193	16	20	35	55	20	35	55	100
城乡社区	20	18	38	33		33	15	30		30	30		30	100
竹林明社区	19	20	39	33		33	18	25		25	25		25	100
沙岭社区	50	80	130	108		108	20	80		80	80		80	100
城西社区	19	20	39	33		33	18	30		30	30		30	100
刘塘社区	86	100	186	33	125	158	18	20	30	50	20	30	50	100
东山社区	106	110	216	33	150	183	18	20	40	60	20	40	60	100
周岭社区	100	78	178	33	115	148	20	15	30	45	15	30	45	100
东禅社区	22	20	42	33		33	27	20		20	20		20	100
赤土坡社区	22	18	40	33		33	21	23		23	23		23	100
西河桥社区	26	15	41	33		33	24	20		20	20		20	100
茨林树社区	23	20	43	33		33	30	18		18	18		18	100
蔡枫树社区	26	15	41	33		33	24	20		20	20		20	100
万年台社区	29	20	49	41		41	20	30		30	30		30	100
西厢社区	32	30	62	36	10	46	35	25		25	25		25	100
张河社区	233	156	389	35	265	300	30	30	70	100	30	70	100	100
自由贸易区	30	20	50	40		40	25	20		20	20		20	100
清江社区	27	15	42	33		33	27	20		20	20		20	100

续表

社区名称	本期小额担保贷款余额			上年同期小额担保贷款余额			增长率（%）	当年小额担保贷款到期额			当年回收额			回收率（%）
	经办行一	经办行二	合计	经办行一	经办行二	合计		经办行一	经办行二	合计	经办行一	经办行二	合计	
河桥社区	21	28	49	39		39	26	20		20	20		20	100
中列社区	37	10	47	38		38	24	15		15	15		15	100
五里桥社区	26	23	49	40		40	23	20		20	20		20	100
新河桥社区	176	100	276	33	180	213	30	25	40	65	25	40	65	100
港岸上社区	20	29	49	41		41	20	20		20	20		20	100
普济宫社区	152	100	252	35	175	210	20	25	50	75	25	50	75	100
帅龙函社区	24	20	44	36		36	22	30		30	30		30	100
水产场社区	22	30	52	43		43	21	30		30	30		30	100
沿江社区	30	21	51	38		38	34	30		30	30		30	100
石函湖社区	9	30	39	28		28	39	20		20	20		20	100
新河社区	55	50	105	85		85	24	60		60	60		60	100
虞菜园社区	3	20	23	18		18	28	10		10	10		10	100
街道社区	259	500	759	533		533	42	500		500	500		500	100
大坝社区	69	75	144	111		111	30	100		100	100		100	100
街道社区	60	56	116	93		93	25	85		85	85		85	100
街道社区	21	20	41	33		33	24	20		20	20		20	100
一天门社区	71	50	121	30		30	303	30		30	30		30	100
白羊社区	76	60	136	30		30	353	30		30	30		30	100
新开口社区	71	66	137	40		40	243	40		40	40		40	100

第五章

农村普惠金融的绩效

普惠金融的实施同样需要关注其商业可持续性，本部分拟从财务绩效和社会绩效两个方面对普惠金融的实施效果予以分析。

一、金融机构财务绩效分析

商业银行发展普惠金融的重点是，以可负担的成本，及时有效地为社会各阶层和群体提供所需要的金融服务，让现代金融服务更好地惠及各个社会群体和经济社会发展的薄弱环节。所以考察普惠金融机构的财务绩效显得尤为必要。

由于城市商业银行（以下简称城商行）与农村商业银行（以下简称农商行）经营区域最为接近，均属于区域性商业银行，且上市的城商行代表了城商行中的绩效优良水平，所以本部分将调研中涉及的农商行与上市的城商行（包括三家上市银行，北京银行、南京银行和宁波银行）相比较，以期发现差距。

（一）农商行盈利水平提升迅速，但仍与成熟的城商行存在一定差距

表42列出了调研涉及的农商行与上市城商行在总资产利润率、净资产利润率和净利润增长率三个利润指标之间的差距。虽然从时间顺序来看，农商行正逐步提升其盈利能力，尤其是在2012年，其盈利能力达到最高值，2013年的稍微衰退很可能与宏观经济有关，表明农商行正步入良性发展轨迹。净利润增长率也是说明同样问题，我们可以发现农商行净利润增长率从2011年的9.9%增加到2013年的37.5%，利润增长明显，远超过同期城商行的15.5%。但从横向对比来看，无论是总资产利润率还是净资产利润率，农商行均低于城商行，虽然两者差距有所缩小，但是还存在相当距离，这表明总体来说，农商行基础较为薄弱，虽然增长较快，但仍还有很大的成长空间，与成熟的城商行存在一定的差距。

表 42　　　　　　　　农村和城市商业银行盈利水平分析　　　　　　　单位：%

年份	ROA		ROE		净利润增长率	
	农商行	城商行	农商行	城商行	农商行	城商行
2010	0.7	1.138	9.8	16.7	—	—
2011	0.9	—	11.8	—	9.9	—

年份	ROA		ROE		净利润增长率	
	农商行	城商行	农商行	城商行	农商行	城商行
2012	1.2	1.234	15.8	18.8	26.3	—
2013	1.2	1.138	13.4	18.6	37.5	15.5
合计	1	1.170	12.8	18.0	25.6	15.5

（二）存贷款利差收入仍是农商行的主要收入来源

从具体的利润来源来看，可发现利息收入是农商行收入的最重要来源，平均占营业收入的 81.4%，且还呈现上升趋势，2010 年利息与营业收入之比为 74%，到 2013 年已上升为 86.4%，而与之相对应的手续费及佣金收入占比逐渐下降，从 2010 年的 3.8% 下降到 2.0%。表明农商行还是依赖传统的存款和贷款银行业务，通过赚取利差，实现利润，并没有转向其他新兴业务，目前利率市场化进程稳步推进，根据国际经验，利率市场化后，息差将稳步收窄，并稳定在较低水平，利率市场化使得仅依靠高息差的盈利模式将难以为继，这对农商行发展提出了挑战。

表 43　　　　　　　　　　农商行利润来源　　　　　　　　单位：%

年份	利息净收入/营业收入	手续费及佣金/营业收入
2010	74.0	3.8
2011	79.4	2.9
2012	86.2	1.8
2013	86.4	2.0
合计	81.4	2.6

（三）农商行规模与上市城商行存在较大差距，但扩张速度快于城商行

从总资产规模来看，农商行与上市城商行存在显著差异，总资产规模仅为其的 1.7%，这与农商行仅限定于某一地域，而上市城商行普遍已经在其他地区开展分支机构有关，但农商行普遍发展迅速，2013 年在宏观经济不是很乐观的情况下，总资产增长率达到 2010~2013 年的最高值，为 37.5%，远超过城商行的 23.6%，具有相当的成长潜力（见表 44）。

表 44		农商行与城商行总资产比较		单位：亿元，%	
年份	总资产		总资产增长率		
	农商行	城商行	农商行	城商行	
2010	52.2765	4059.9247	—	—	
2011	92.2763	—	9.9	—	
2012	110.3616	6124.3255	26.3	—	
2013	148.7904	7461.9791	37.5	23.6	
合计	103.4867	5882.0764	25.6	23.6	

再通过存贷比和资产负债率这两个指标的比较（见表 45），进一步查看农商行与城商行之间的经营扩张性程度，我们可以看到，农商行比城商行更加激进，平均农商行的存贷比为 0.65，但城商行的存贷比仅为 0.57，说明农商行在贷款发放方面更加积极，但存贷比呈轻微下降的趋势，2013 年的存贷比仅有 0.61，而 2010 年的存贷比为 0.71，一方面可能是随着经济下行压力增大，出现企业贷款意愿下降，银行惜贷情况，另一方面可能是中央银行增加了贷款规模的指导，约束了银行的放款行为。从资产负债率来看，农商行与城商行并无显著差异，差异值在 0~0.03，说明以资产负债率来衡量，两者经营风险相当。

表 45		农商行与城商行存贷比与资产负债率比较			
年份	存贷比		资产负债率		
	农商行	城商行	农商行	城商行	
2010	0.71	0.59	0.93	0.93	
2011	0.69	—	0.92	—	
2012	0.63	0.57	0.92	0.93	
2013	0.61	0.56	0.91	0.94	
合计	0.65	0.57	0.92	0.94	

（四）存款和贷款均呈现增长趋势，存款增长率高于贷款，且银行成本提高显著

从农商行 2010~2013 年存款与贷款的增长情况来看，每年存款和贷款量均呈现增长态势，平均年贷款总额从 2010 年的 32.8 亿元增长到 2013 年的 74.3 亿元，3 年时间翻了一倍以上，存款从 2010 年的 43 亿元增长到 2013 年

的年均 120 亿元，增长了 2 倍。从图 14 我们可以看到，虽然存款和贷款均呈现增长趋势，但存款的增长速度大于贷款的增长速度，导致前述提到的存贷比下降的问题，尤其是在 2013 年，两者差距进一步加剧。

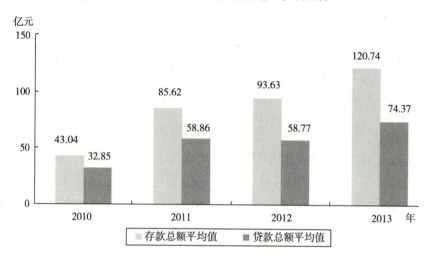

图 14　农商行平均贷款总额和存款总额

同时，我们还发现农商行的成本收入比（见图 15）呈现曲折中逐年上升的趋势，从 2006 年的 35.32% 增加到 2013 年的 37.08%，7 年的时间增加了1.76%，随着利率市场化进程加快，互联网金融的影响，居民的投资渠道增加，理财产品、P2P 产品等新型金融工具将对银行产生巨大冲击，由此，银行不得不提升相应的吸储成本，这是造成成本收入比上升的主要因素。

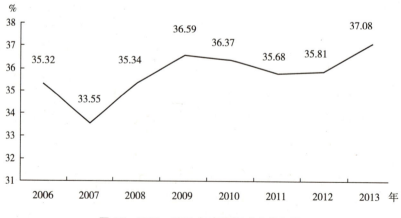

图 15　2006～2013 年农商行成本收入比

（五）不良贷款率呈现下降趋势，以次级贷款和可疑类贷款为主

为了数据更加全面性，课题组选取了 64 家公开财务数据的农商行的不良贷款指标（见表 46），以便从时间上和范围上进行更全面的分析，从时间上来看，农商行不良贷款率经历了先升后降的过程，2005 年平均不良贷款率仅为 3.32%，但到 2007 年时，平均不良贷款率达到 7.12%，到达顶峰，这很可能与美国金融危机对中国经济造成的影响相关，随后，不良贷款率逐渐下降，在 2010 年之后，均在 2% 左右，2011 年最低，仅为 2.02%。但这仍与城商行及股份制银行有较大差距，2013 年城商行不良贷款率仅为 0.81%，股份制银行为 0.88%，四大银行为 1.03%[①]，无论与何者相比，农商行的不良贷款率均显著高于其他银行的水平，这提示我们需重视银行资产质量。

表 46　　　　　　　　　64 家农商行不良贷款指标　　　　　　　单位：%

年份	不良贷款率
2005	3.32
2006	6.77
2007	7.12
2008	5.50
2009	3.83
2010	2.55
2011	2.02
2012	2.52
2013	2.61
总计	3.14

随后，我们以大冶农商行为例，具体分析不良贷款的来源问题，按照人民银行五级贷款分类，次级、可疑和损失三类均归为不良贷款，从表 47 中我们观察到，不良贷款主要集中在次级类和可疑类，没有处在损失类的不良贷款，说明没有出现严重的不良贷款，在次级和可疑两类中，2011 年和 2012 年

---

① 数据来源：Wind 数据库。

均为次级类贷款略高于可疑类贷款，但到 2013 年可疑类贷款占比为 0.27%，远高于次级类贷款，这表明虽然不良贷款整体处于下降趋势，但不良贷款的严重程度有加深，程度严重的损失类贷款增加明显。

表 47　　　　　　　　大冶农商行不良贷款五级分类情况　　　　　　单位：%

年份	2011	2012	2013
不良贷款	0.69	0.43	0.35
次级	0.38	0.24	0.08
可疑	0.31	0.18	0.27
损失	0	0	0

（六）信用贷款和保证贷款是不良贷款的主要来源

我们考察具体的不良贷款来源，以大冶农商行为例（见表 48），我们观察到 2012 年，未回收贷款主要来自信用贷款和保证类贷款，信贷贷款回收率最低为 99.74%，其次为保证类贷款，为 99.97%，抵押贷款、质押贷款和贴现贷款的回收率均为 100%。到 2013 年，情况稍微有变化，信用贷款的回收率进一步下降，降至 99.17%，抵押贷款出现了未回收问题，回收率为 99.70%，保证类贷款的回收率保持不变。整体来说，2013 年比 2012 年的回收率降低了 0.09%。

表 48　　　　　　　　　大冶农商行贷款回收率情况　　　　　　　单位：%

年份	累计	信用贷款	抵押贷款	质押贷款	贴现贷款	保证类贷款
2012	99.97	99.74	100.00	100.00	100.00	99.97
2013	99.88	99.17	99.70	100.00	100.00	99.97

（七）农商行风险防御能力显著增强，已达到监管要求

64 家农商行的拨备覆盖率（见图 16）出现了明显的提升，在 2009 年以前，拨备覆盖率在 150% 以下，低于 150% 的监管要求，在 2010 年之后，拨备覆盖率出现了一个显著上升的过程，从 2009 年的 134.49% 上升到 2010 年的 217.36%，到 2011 年达到高峰值 409.19%，随后 2012 年和 2013 年均保持在 240% 以上，风险防御能力增强显著。

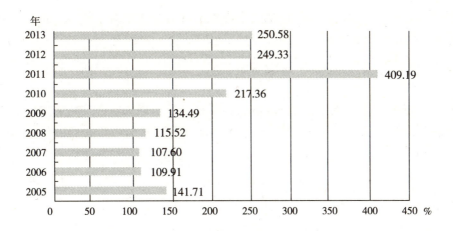

图 16　64 家农商行拨备覆盖率比例

贷款减值准备对贷款总额比例（见图 17）也是衡量风险的重要指标，其呈现缓慢上涨的趋势，除了 2005 年，2006～2010 年比率在 2.53%～4.1%，但 2011～2013 年比例在 4.21%～4.62%，呈现缓慢上涨的趋势，有助于提升银行的抗风险能力。

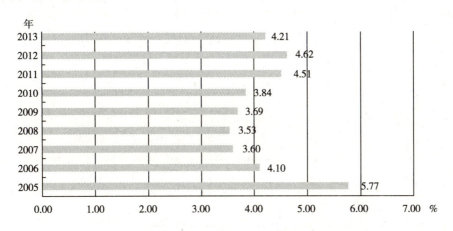

图 17　64 家农商行贷款减值准备对贷款总额比例

二、普惠金融社会绩效分析

发展普惠金融，重要内容为不断扩展其金融服务的覆盖面和渗透率，使更多企业或个人享受到金融服务。在考虑经济绩效的同时，社会绩效也是重要的一方面，普惠金融的衡量包括服务广度和服务深度两个范畴，我们分别从这两方面予以详细分析。

（一）农信社贷款支农力度较大

如表 49 和图 18 所示，湖北红安县联社贷款余额中第一产业所占比例呈现增长的趋势，除 2012 年第一产业贷款余额占比比前一年降低以外，2013年、2014 年这一比例均有较大幅度的提高。2013 年第一产业贷款余额占比为 36.29%，比 2012 年的 16.29% 提高 20 个百分点；2014 年此比例达到42.14%，又比 2013 年提高近 6 个百分点。

表 49　　　　　　　红安县联社贷款余额与第一产业贷款余额　　　单位：万元

	2011 年年末		2012 年年末		2013 年年末		2014 年 10 月	
	合计	第一产业	合计	第一产业	合计	第一产业	合计	第一产业
信用	27992	13228	22618	9796	21944.7	5484.95	16978	2019.67
保证	31689	5752	29399	6037	30952.7	9793.3	38092	2560.67
抵押	36528	4924	79464	5646	105230.1	41653.19	140304	79136.88
质押	286	45	847	8	877.5	767	2908	460
贴现	159	0	152	0	0	0	1490	0.34
合计	96654	23949	132480	21586	159005	57698.44	199772	84177.56

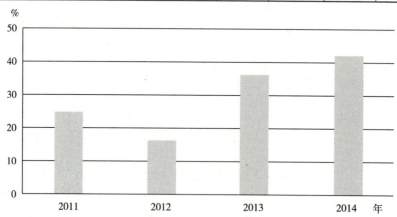

图 18　红安县联社 2011～2014 年贷款余额中第一产业所占比例

如表 50 所示，黄梅农商行贷款余额中投向农户、农村经济组织、农村企业的比例历年一直比较稳定并且保持在较高的水平。2011 年农户、农村经济组织与农村企业贷款累计占贷款余额的86.82%，2012年、2013年与2014年则分别为87.49%、86.64%与67.92%。尽管2014年投向农村的贷款余额比例有所降低，但是投放贷款总额达到26.6亿元，比2013年增长了1.8亿元。

红安县联社与黄梅农商行在贷款投向方面的情况，表明农信社贷款支农力度较大，在推进普惠金融工作中起到了重要的作用。

表50　　　　　黄梅农商行2011年至2014年贷款投向情况　　单位：万元，%

时　　间	贷款余额	农户贷款		农村经济组织贷款		农村企业贷款	
		余额	占比	余额	占比	余额	占比
2011年年末	149405	72759	48.7	8200	5.49	48747	32.63
2012年年末	186592	94798	50.8	13480	7.22	54985	29.47
2013年年末	286368	151711	52.98	6340	2.21	90060	31.45
2014年10月	391638	162761	41.56	1451	0.37	101776	25.99

（二）小微企业和农户是农商行的服务主体，体现了普惠金融的特征

通过余杭农村商业银行的信贷发放情况（见表51），能够全面观察银行的信贷投放对象是谁，以余杭农商行为例，我们发现小微企业贷款是农商行放款的主要对象，平均占银行贷款总量的74.18%，有力地支持了小微企业的生产经营活动。同时，每年有25.09%的贷款为涉农贷款，支持农业的发展，个人贷款和组织和其他贷款，分别占比为14.17%和17.01%。重视对小微企业和农户等弱势群体的信贷支持，是普惠金融的重要表现。

表51　　　　　　　余杭农商行贷款信贷投放情况　　　　　单位：%

年份	个人贷款占比	组织和其他贷款余额	企事业贷款占比	其中小微企业贷款占比	其中涉农贷款占比
2011	14.84	17.45	67.71	75.17	24.29
2012	14.29	18.57	67.14	72.11	25.17
2013	13.52	15.26	71.22	75.26	25.66
总计	14.17	17.01	68.82	74.18	25.09

（三）农户贷款发放量减少，新型经营主体贷款发放量增加

具体考察涉农贷款的发放情况，从邢台农村商业银行农户、新型经营主体农户的贷款发放和回收情况（见表 52）中，我们看到，针对传统农户的贷款发放正逐渐减少，以邢台农商行为例，2011 年发放农户贷款 5705.34 万元，到 2013 年累计发放农户贷款 57.11 万元，仅为 2011 年的 1%，农户贷款的回收率不断增加，2011 年的农户回收发放率为 101.01%，到 2013 年为 1447.93%。但与此同时，随着以专业大户、家庭农场、农民合作社、农业产业化龙头企业等为主的新兴农村经营主体的兴起，其贷款规模不断增加，从 2011 年的 43526.7 万元增加到 2013 年的 83970 万元，增加一倍，回收/发放率略有增加，但增加不甚显著。由此，我们可以推断随着生活水平的提高，传统的个体经营农户已经能够通过储蓄等手段满足自身经营的需要，借款需求逐步降低，而实现规模化生产的新型经营主体需要资金需求强烈，需要银行逐步加大对他们的金融服务。

表 52　　　　　　　　　　邢台农商行贷款发放回收情况　　　　　　单位：万元，%

时间	农户			新型经营主体农户		
	发放	收回	收回/发放	发放	收回	收回/发放
2011 年	5705.34	5763.24	101.01	43526.7	17429.46	40.04
2012 年	1920.33	7344.82	382.48	102201.7	55915.98	54.71
2013 年	57.11	826.91	1447.93	83970	85183.7	101.45
2014 年 10 月	444.83	70.45	15.84	96565	75573.33	78.26
合计	8127.61	14005.42	172.32	326263.4	234102.47	71.75

（四）信用和保证贷款的发展有效解决了农户抵押难的问题，提高了农户信贷的可获得性

农户贷款难的一个重要原因为缺乏相应的抵押物，那么如何有效地解决抵押物缺乏的问题是普惠金融的重要课题。我们从大冶农商行农户贷款发放方式的情况（见表 53）来看，可以观察到信用贷款是农户贷款发放的主要方

式，平均占农户贷款的 80.5%，但信用贷款的占比变化很大，从 2011 年的占比 97% 下降到 2014 年的 16.4%，随之我们可以看到农户保证贷款发展迅速，自然人和担保公司贷款逐渐成为农户贷款的主要方式，保证贷款由 2011 年的占比 3% 增加到 2014 年的 82.8%，将原先信用贷款的份额变成保证贷款，不变的是抵押方式在农户贷款中占比始终不高，平均仅为总贷款笔数的 0.01%，说明农商行发现了该问题，通过信用和保证贷款等新型的贷款方式，解决了缺乏抵押物的问题。

表 53　　　　　　　　　大冶农商行农户贷款发放方式情况　　　　　　单位：%

年份	抵押	信用	保证
2011	0	97	3
2012	0	93.2	6.8
2013	0.03	45.8	53.9
2014	0.08	16.4	82.8
合计	0.01	80.5	19.4

（五）农户借款成本逐年提高，信用贷款利率较高，其次为保证贷款

要实现普惠金融，不仅需解决贷款难的问题，还需要解决贷款贵的问题，农户贷款成本高也是困扰农业发展的重要因素。对大冶农商行农户贷款利率进行详细分析，分析了其贷款利率相对于基准利率的上浮程度（见表 54），我们可以发现，农户贷款的成本正逐年提高，无论是何种类型的贷款，其 2014 年的利率上浮率均高于 2011 年的平均水平，保证贷款的上升幅度最明显，从 2011 年的上浮 23.76% 到 2014 年的平均上浮 71.14%，信用贷款也从 2011 年的上浮 45.68% 上升到 2014 年的上浮 101.83%。细分不同的贷款方式，我们发现抵押贷款的利率上浮度最低，为 32.80%，其次为保证贷款 40.05%，而完全凭借个人信用发放的信用贷款利率上浮程度最高，为 85.42%，这与贷款的风险程度成正比，有抵押或者担保的贷款比纯粹信用贷款更加安全，因此利率更低。总之，在如何让农户享受到合理价格的金融服务方面，我们仍需努力。

表 54 　　　　　　　　　大冶农商行农户贷款利率上浮程度　　　　　　　单位：%

年份	抵押	信用	保证
2011		45.68	23.76
2012		73.16	52.25
2013	21.32	78.31	65.04
2014	39.97	101.83	71.14
合计	32.80	85.42	40.05

（六）农户单笔贷款额较低，有利于提高信贷的广度和深度

单笔贷款额度也是衡量普惠金融服务深度的重要指标，按国际小额信贷领域通行的标准，单笔小额贷款的额度一般掌握在本国或本地区人均 GDP 的 3～5 倍。从大冶农商行的数据来看，平均来看，2011～2013 年的农户贷款平均额占 GDP 比值（见表 55）在 91.52% ～98.75%，达到了普惠金融的指标要求，有利于在信贷资源有限的情况下不断扩大农户的贷款覆盖面。

表 55 　　　　2011～2013 年大冶农商行农户贷款平均额/GDP 比值　　　单位：%

年份	抵押	信用	保证	总计
2011		201.11	90.55	93.83
2012		165.35	86.14	91.52
2013	386.42	107.66	86.05	98.75

（七）需加强对中小企业服务的覆盖广度

小微企业融资可得性差是我国经济发展中的普遍难题，也是普惠金融发展中的难点。从图 19 中的放款对象来看，我们观察到个体工商户是中小企业贷款的贷款主体，户数远高于小型企业和微型企业，2013 年有 687 家个体工商户从余杭农商行获得贷款，这也与个体工商户从业人数众多有关，排名第二的为小型企业，最后是微型企业，在 2013 年，仅对 32 家微型企业发放贷款，同时，我们观察到银行发放贷款的户数逐年减少，除了在 2012 年个体工商户的贷款户数有所增加，其余时间和贷款项目中，2013 年的贷款户数均低于 2011 年水平，说明农商行在中小企业客户广度方面还需要提升，扩大客户的覆盖面。

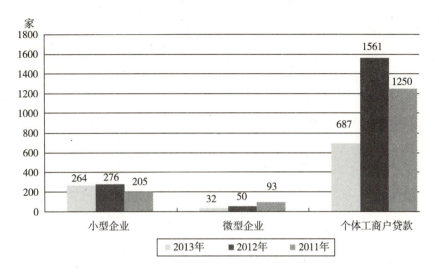

图 19 余杭农商行 2011～2013 年中小企业贷款户数分布

从中小企业年累计贷款金额来看（见图 20），微型企业贷款总金额最少，2013 年微型企业平均贷款金额为 213.7 万元（6839/32＝213.7）。小型企业占贷款金额的绝大多数，相比于微型企业和个体工商户，2013 年平均贷款金额为 972.3 万元，高于微型企业。工商户虽然贷款户数众多，但总贷款金额并不多，说明每户贷款金额较少，平均每户贷款金额为 81.5 万元，这也与个体工商户的经营状况相符合。

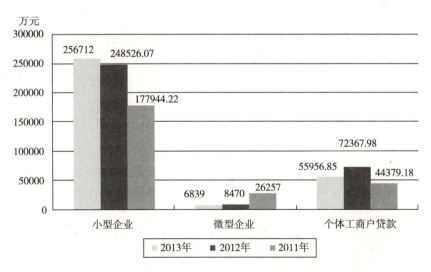

图 20 余杭农商行 2011～2013 年中小企业年累计贷款金额分布

第六章
农村普惠金融服务的典型案例

基于信息不对称的异地个人经营者融资困境的缓解

——以余杭农村商业银行"加盟商"贷款为例

一、引言与文献综述

信贷产业是典型的信息产业，信息对称可以避免银行信贷决策中的逆向选择及贷后的道德风险。如果决策前信息不对称，银行或者放弃放贷，或者增加贷前调查成本，并附加担保和抵押要求，以锁定风险；为避免道德风险，银行需增加贷后监管成本。这些措施均增加了银行和借款者双方的成本，由此，银行对借款人的信息掌握程度显著影响了贷款的可得性。

随着我国经济金融一体化进程的推进，人口的流动性提高，在银行客户群体中，异地个人经营者越来越多。异地个人经营者是指在户口所在地辖区之外的地区经营的个体工商户，银行与异地经营者之间的信息不对称问题更加突出。由于监管要求和商业银行放款业务传统，商业银行放款一般仅仅针对具有本地户口的借款者。异地经营者在经营所在地一般难以获得贷款。因为距离的缘故，与本地借款人相比，银行更难对异地借款者进行有效的信用审查和贷后监管，如果要建立信贷关系，必然面临高成本，且个体经营者自身资产要素禀赋不足，难以通过提供有效抵押和担保，来缓解信息不对称所面临的困境。这样，异地创业的个人经营者被排斥在信贷市场之外，有较大部分有着良好经营与发展潜力的异地个体经营者，因为资金短缺而错过了较多的发展机遇。

鉴于此，如何在现行信贷体系中满足异地个人经营者的金融需求？如何解决在贷款发放过程中信息不对称、事前审查和事后监督成本过高、缺乏抵押物的问题？具体的机制如何设计？随着人口流动的增长，这些问题的解决对满足个人的贷款需求、提升银行利润、实现普惠金融，都具有极其重要的意义。余杭农村商业银行开展的"加盟商"贷款业务，较好地化解了异地个人经营者贷款难的困境，具有较好的借鉴意义。

涉及异地个人经营者贷款难问题的研究，主要与两方面文献相关联，一方面，与信贷配给理论相关，Stiglitz 和 Weiss（1981）提出由于信息不对称导致的逆向选择，造成了银行为避免严重的逆向选择而不愿提高利率，使得一部分企业信贷需求无法得到满足，称为信贷配给。Bester（1987）强调了抵押品对缓解信贷配给的重要作用，进一步指出，只有当企业由于自身资产所限无法提供足额抵押品时，信贷配给才会发生，个人和小微企业恰恰属于不能够提供足够抵押品的一方，所以两者的信贷需求往往不能够得到满足，产生信贷短缺。郝蕾和郭曦（2005）、陈其安等（2008）、彭江波（2008）等对担保机构缓解信贷配给的机制予以了分析。另一方面的文献涉及贷款者和银行距离与贷款风险的关系，研究多支持物理距离将影响贷款的风险，Berger 和DeYoung（2001、2006）表明距离的偏离会降低贷款人员对贷款质量的控制力，DeYoung 等（2008）通过对 1984~2001 年美国贷款的分析表明，借款人和放款人距离越远，越不利于信息的收集和管理，这将增加违约的可能性。

二、"加盟商" 贷款案例分析

浙江杭州余杭区塘栖镇是集中的国内羊毛衫生产基地，有"佳鹿"、"济民"等知名羊毛衫品牌，羊毛衫销售多采用加盟店的方式，因此，该地区存在相当一部分个人在外省市经营羊毛衫加盟店。这些个人经营者储蓄资金有限，流动资金异常短缺，存在强烈的融资需求，但因为抵押物品有限，往往无法从经营地银行取得贷款。户口所在地银行因信息不对称，无法及时了解企业经营情况，无法准确预判融资风险程度，因此，这些异地个体经营者一般很难成为银行放款的客户群体，陷入银行信贷融资难的困境。

针对上述情况，余杭农村商业银行于 2009 年开展了"加盟商"专项贷款，在每年 6~7 月以羊毛衫加工企业为依托，对羊毛衫加盟商上门受理和集中签约。发放对象为在辖区内居住但在全国各地经营特有品牌专卖店的个人。羊毛衫企业提供相应的担保，利率不超过基准利率上浮 25%。"加盟商"贷款的操作流程为：

1. 先对加盟企业给予资质审核，对羊毛衫生产的加盟企业资质、经营销售情况、信用状况等予以审查，签订"合作意向书"。

2. 针对贷款个人进行审查，提交"加盟商"贷款联系单、授权书等内容。

3. 银行受理并进行调查，决定是否发放贷款。

表56和表57列出了2012年和2013年"加盟商"贷款发放的基本情况和描述性统计。我们可以发现，2012年和2013年两年共计发放4231.8万元，主要集中于6家羊毛衫企业，其中针对泉××根羊毛衫厂"加盟商"发放贷款笔数最多，达到75笔贷款，最少的锋×针织服装有限公司也有9笔贷款。平均每个经营者得到10.91万元贷款，与羊毛衫加盟商的进货所需流动资金相契合。利率方面，平均利率为6.62%，与贷款基准利率基本持平①，且2013年的贷款利率比2012年还下降了0.41%。贷款期间平均为319天，与羊毛衫生产企业从购入货物到卖出的时间匹配。在不良贷款率方面，在余杭农村商业银行塘栖支行中仅出现2笔不良贷款，但羊毛衫生产企业履行担保中的偿付义务，没有造成损失②。

表56　2012～2013年余杭农村商业银行"加盟商"贷款发放情况

年份	总贷款金额（万元）	利率（%）	平均贷款期限（天）	笔数
2012	2113.4	6.97	347	205
2013	2118.4	6.56	287	83
总计	4231.8	6.62	319	388

表57　2012～2013年余杭农村商业银行按照羊毛衫企业

分类的"加盟商"贷款描述性统计

羊毛衫企业	平均每笔贷款金额（万元）	利率（%）	平均贷款期限（天）	笔数
泉××根羊毛衫厂	14.11	6.63	343	75
济×羊毛衫有限公司	13.15	6.42	292	66
正×针织有限公司	7.55	6.53	345	68
秋×针织有限公司	10.00	6.51	326	21
露×针织有限公司	11.73	6.86	219	15
锋×针织服装有限公司	8.33	6.83	341	9
其他	9.94	6.72	314	134
总计	10.91	6.62	319	388

---

① 2012年7月6日，人民银行公布1～3年期人民币贷款基准利率为6.15%。

② 余杭农村商业银行塘栖支行调研时所获得数据。

总体而言，银行与羊毛衫企业联合的"加盟商"贷款，有效地为缺乏抵押物的异地个人经营者提供了金融支持，满足了其流动资金的需求，贷款利率合理，贷款期限与其经营周期相匹配，有效地支持了异地个人经营者的发展，同时也支持了羊毛衫生产企业销量的提高和市场的拓展，促进了实体经济的发展。

三、银行、羊毛衫生产企业和个体经营者的三方合作收益模型分析

那么，"加盟商"贷款是通过怎样的机制有效发放异地贷款的？是如何克服与异地客户之间的信息不对称并有效解决个人经营者抵押难的问题的？是如何控制事前和事后成本并实现财务的可持续发展的？值得深入思考。为此，本文在信贷配给模型（Stiglitz 和 Weiss，1981；陈其安等，2008；郝蕾和郭曦，2005）的基础上，构建了一个包括银行、羊毛衫生产企业和个体经营者的三方模型，予以详细分析。

（一）银行和借款者两方信贷模型

就利率政策而言，商业银行放款利率已经没有上限限制，但是，实际上，各地商业银行信贷利率客观上存在利率上限，那就是当地信贷行业竞争形成的市场利率 r_1。随着银行业信贷市场竞争越来越激烈，银行放款的实际利率 r，一般均低于市场利率 r_1，即 $r < r_1$。商业银行放款时，一般同时要求借款者提供抵押为 C，在利率不能大幅调整的情况下，抵押物价值成为甄别借款者风险的有效手段，银行只为提供足够抵押的企业提供贷款，企业得到贷款后，若项目成功，则还本付息，否则抵押物归银行所有，银行对抵押品的评价有 β 折扣。银行对企业贷款事前调查和事后监管的成本为 T_0。

假设存在 n 个经营者，每人皆有一个投入成本为 B 但风险不同的项目。个人无初始资金，全部需向银行借款。$p_i(i = 1, 2, 3, \cdots, n)$ 是个人投资者的项目成功概率，项目成功时收益为 Y_i，其中 $p_i Y_i = Y_0$，$Y_i > Y_0 > (1 + r)B > C_0$，为了表述上的方便，假定 $R = 1 + r$；p_i 越小则经营者风险越大，p 服从 $[p_1, p_2]$ 的均匀分布，银行不知道每个经营者的收入分布函数，银行仅知道 p 的分布函数。

银行与个人经营者均是风险中性，由此将参与人的收益值直接等同于效用值。

根据以上假设，可以得到个人经营者向银行贷款产生的预期收益为：

$$E\pi_{ci}(C, p_i) = Y_0 - p_i RB - (1 - p_i)C \tag{1}$$

银行的收益为向所有 n 位经营者贷款的加总之和，由于信息不对称，银行的目标函数为：

$$\max_c: E\pi_b(C) = \int_{p(c)}^{p_2} \left[p_i RB + (1 - p_i)bC - T_0 - B \right] \frac{n - m}{p_2 - p_1} dp_i \tag{2}$$

其中，$E\pi_{bi}(C) = 0$。由此得出，$P_{(C)} = \dfrac{T_0 + B - \beta C}{RB - \beta C}$。

在此假设下，我们可以得出

1. 当 $T_0 + B > RB$ 时，银行因为审核成本过高，超过银行的利息收入，经营者无法获得信贷支持，唯有当 $T_0 + B < RB$ 时，经营者才有可能获得银行贷款。

2. 当银行贷款利率固定为 r 时，银行可通过提升抵押物 C 的价值，弥补由于信息不对称的损失。但由于银行与经营者之间的信息不对称，银行并不能清楚地了解每一个经营者的风险情况（P_i 分布），故仅能够从最大化 $\max_c$：$E\pi_b(C)$ 的角度对抵押物提出要求，此时

$$C = \frac{2RB - T_0 - B - P_2 RB}{\beta(1 - P_2)} \tag{3}$$

如果贷款者的抵押品价值低于 C，那么银行将不会给予贷款。

3. 当银行要求提供 C 抵押品时，令 $E\pi_{ci}(C, P') = 0$。由此得出，$P' = (Y_0 - C)/(RB - C) > P_{(C)}$，由此可见，如果经营者风险高于 P'，那么经营者自身的收益小于 0，在此，即使经营者能够支付抵押品为 C 的价值，但不会向银行申请贷款，风险在 $[P_{(C)}, P']$ 之间的经营者被迫退出信贷市场。

由此可见，异地经营者会因为申请贷款时审查成本过高、抵押品不达要求和风险过大三方面情况下均不能获得银行贷款，仅有审核成本满足 $T_0 + B < RB$ 且风险度在 $[P', P_2]$ 之间，抵押品价值大于 $\dfrac{2RB - T_0 - B - P_2 RB}{\beta(1 - P_2)}$ 的经营者能够获得贷款。

（二）银行、借款者和生产企业三方信贷模型

在上述两方信贷模型的基础上，本文引入羊毛衫生产企业，因为生产的关联性，羊毛衫生产企业比银行拥有更多经营者的信息，具有信息优势，会降低银行与借款人之间的信息不对称。此外，由于贷款的集中办理且借款者处在同一行业，企业的审查和监管成本将大大降低。

生产企业：生产企业能通过销量等内部信息判断经营者的生产情况，并决定是否为经营者提供相应担保，一旦为经营者提供担保，经营者能够获得相应贷款，将流动资金用于进货，C^* 代表因能够获得贷款而新增的进货量，生产企业的产品销量将增加，利润增加 $aC^*(a > 0)$，但如果经营者一旦违约，生产企业将代为偿付，存在损失。

在此情况下，个人经营者的预期利润为

$$E\pi_{ci}(R, p_i) = Y_0 - p_i RB - (1 - p_i)(C + C^*) \tag{4}$$

银行的预期收益为

$$\max_R: E\pi_b(C) = \int_{p(_c^*)}^{p_2} \left[p_i RB + (1 - p_i)\beta(C + C^*) - \frac{T_0}{n - m} - B \right] \frac{n - m}{p_2 - p_1} dp_i \tag{5}$$

生产企业将对是否予以担保和担保的金额进行决策，其总利润为

$$E\pi_g(C') = \int_{p^*}^{p_2} \left[aC^* - (1 - p_i)C^* \right] \frac{n - m}{p_2 - p_1} dp_i \tag{6}$$

其中，$E\pi_{ci}(R, p\hat{}) = 0$。

在引入了生产企业后之后，我们发现：

1. 由于对经营者统一审核，对每个经营者的银行审查和监管成本降为 $T_0/(n - m)$，此时仅需要 $T_0/(n - m) + B < RB$ 时，经营者均可获得银行贷款，大大扩大了经营者获得贷款的范围，降低了审查成本。

2. 生产企业与经营者之间不存在信息不对称，它将对 $[p^*, p_2]$ 风险范围内的经营者提供担保，$P^* = 1 - a$。如果 $a > 1$，那么生产企业将为所有经营者提供担保。如果经营者符合该风险范围，担保金额不限，因为

$$\frac{dE\pi_g(C')}{dC^*} = a - 1 + p_i > 0 \tag{7}$$

因此，解决了经营者因为抵押品不足而不能够获得银行贷款的问题。

3. 在生产企业愿意提供抵押的情况下，经营者将根据自身收益最大化，$E\pi_{ci}(C^*, p_i) = 0$，由此决定自己所需要的担保金额。$C^* = (Y_0 - p_i RB)/(1 - p_i) - C$，在此情况下，对于银行来说，生产企业与经营者提供的担保完全等同，凡得到生产企业担保的企业均可从银行获得贷款，银行也能根据担保金额的不同分辨企业的风险程度，银行与借款者之间的信息不对称消失，银行的利润不变甚至扩大，可获得贷款的经营者范围扩大至 $[1 - a, P_2]$。

总之，在引入与经营者密切相关的生产企业后，异地经营者贷款审查成本降低为 $T_0/(n - m) + B < RB$，生产企业愿意为风险在 $[1 - a, P_2]$ 之间的经营者提供担保，这将直接解决因担保不足而无法获得贷款的问题，且因为生产企业与经营者之间的紧密联系，直接解决了银行与借款者之间信息不对称的问题，银行能够为信息收集成本过高的借款者提供贷款。

四、结论与启示

通过加盟商贷款的案例分析，为解决异地贷款难的问题构建了一个框架，形成了借款者、生产企业和银行"多赢"的有利局面。在此框架中，与异地经营者紧密相关的生产企业是化解融资困境的关键，也是产业链金融和价值链金融的精髓所在，所以我们应该进一步研究产业链和价值链金融。生产企业在贷款中发挥了如下作用：

1. 银行对异地经营者不敢放款的重要原因是由于距离远且经营范围不在本辖区的管理范围内，银行作为贷款人无法实时审查，银行和借款者之间存在严重的信息不对称，加入生产企业后，生产企业与加盟企业的信息能够通过生产企业是否提供保证这一举措传递到银行，有效解决了银行与借款者之间的信息不对称问题，有效防止了风险发生。

2. 生产企业为异地经营性个人贷款发放提供了保证，由于个人的资质有限，且缺乏相应的抵押，难以获得银行认可，在加入了生产企业的认可后，一旦个人发生违约行为，生产企业将予以偿付，这是生产企业从内在自组织机制出发的发展需求，这将大大降低银行的风险。生产企业由于和经营性个人的密切联系，能够很好地掌握个人的相应情况，对风险进行有效甄别和把握，银行的风险由此降低。

3. 引入生产企业可以实现规模经济。在传统的银行融资方式中，由于个人单笔融资的额度较小，且每笔金额均需要专人对个人的经营情况予以调查，一旦单位资金的审查和监督成本超过银行从贷款中获得的利润，那么银行将不予放款，而通过对上游生产商资质审查，能够一次性审核企业的一些共性内容，将大大降低每笔贷款的审查成本。

从该案例中，我们可以得到如下启示：

农民市民化、农村城镇化进程，势不可当，由于人口的流动而产生的异地创业者，必然越来越多，创业面临的融资困境问题，也必然越来越突出，并成为我国社会的一种普遍现象，因此，怎样化解异地创业融资困境？值得全社会的高度关注。从杭州余杭农村商业银行的异地个人经营者贷款中，已经找到了答案，那就是利益关联者增信，发展产业链金融、价值链金融。

供给垄断市场中高信用组织担保对
信贷配给的影响

一、引言

在中国大部分农村地区，银行和农户存在着严重的信息不对称，农户缺乏符合银行变现要求的抵押担保品，使得银行无法有效识别低风险借款农户，大量农户被正规金融机构信贷配给。这一现象成为制约了农户的生产消费能力，阻碍我国农村经济发展的主要因素。为解决这一问题，我国政府自2003年以来启动了新一轮农村金融体制改革，放宽了金融行业的准入门槛，鼓励农村商业银行、村镇银行、小额贷款公司等地方性中小金融机构的设立和发展，促进县域正规金融市场的资金供给规模的增加。农村信用社作为农村金融领域的主要供给者，也作了一系列有益的探索，如广泛开展农户信用评级、农户联保贷款、农村产权抵押贷款等。

但依据现有的村镇银行暂行管理办法，村镇银行的主要发起人应为对借款农户缺乏监督优势的现有商业银行和民营企业，使得村镇银行难以真正改善农村融资条件（洪正，2011）。小额贷款公司同样未能实现设立的初衷。虽然联保贷款对逆向选择和道德风险的作用已经得到理论的检验（Stigliz，1990），但我国农户联保贷款缺乏信用检验过程和长期博弈机制，在信用意识薄弱、缺乏有效惩罚机制的环境中，容易出现集体违约行为（赵岩青和何广文，2007）。与此同时，随着农业生产逐渐从家庭式经营向规模化、产业化经营方式转变，农户资金需求规模在逐渐扩张，基于信用评级的农户信用贷款已经远不能满足农户的信贷需求。在农业结构调整的趋势下，解决农户规模化生产的资金需求成为银行农户信贷业务未来的发展方向。

以供应链融资为代表的高信用组织参与的信贷模式为解决上述问题提供了思路，得到了学者们的广泛关注。Besanko 和 Thakor（1987）对供给垄断的信贷市场和完全竞争的信贷市场均衡状态进行分析，提出抵押在利率固定的供给垄断市场没有作用，但在完全竞争市场可以帮助银行识别客户风险类型，此时引入第三方担保可以消除信贷配给。但该研究均没有考虑利率变动下的供给垄断型信贷市场均衡。Busetta 和 Zazzaro（2012）在简化信贷市场均衡模型的同时，放松了垄断市场的利率假设，发现抵押在供给垄断市场同样具有信息识别作用。郝蕾和郭曦（2005）对比了供给垄断市场中企业利用互助担保和政府担保的收益，发现低风险借款者更倾向于选择具有信息优势的互助担保，高风险借款者更倾向于选择不具备信息优势的政府担保。该研究把担保机构作为有限担保责任主体，但在农户贷款中第三方通常承担全额清偿责任，改变了银行的收益结构，削弱了研究结论对现实解释力。陈其安、肖映红和程玲（2008）探讨了商业担保机构的引入对中小企业融资的影响，没有探讨非营利性担保机构。赵岳和谭之博（2012）在完全竞争市场假设下，发现电子商务平台一定条件下可以帮助抵押品不足的企业展示信用类型。但我国的农村金融市场供给主体有限，大部分属于农村信用社、农村合作银行或者农商行垄断的信贷市场，农信社的贷款利率已经达到农村经济的承受上限（陈鹏和刘锡良，2009）。

因此，本文将在 Busetta 和 Zazzaro（2012）假设的基础上，引入非营利性的高信用担保机构，分析在利率变动的卖方垄断市场中高信用组织对缓解农户信贷配给的作用，以便于银行更好地了解此类贷款的开展条件和限制。本文的具体安排如下：第二部分对没有高信用组织担保的信贷市场均衡进行理论分析；第三部分探讨非营利性高信用组织的参与对供给垄断的信贷市场均衡状态的影响，以湖北省仙桃市农村商业银行推出的"交易市场＋农户＋商业银行"贷款模式为例，分析交易市场担保参与农户贷款的方式和作用；第四部分得出结论。

二、没有高信用组织担保的信贷市场均衡模型分析

（一）模型设定

1. 借款者的假设。本文假设所有借款者都是风险中性，即 $u' > 0$，$u'' = 0$。基于此，我们假设借款者的效用函数等同于收益函数。每个借款者计划投

资一个资金投入为 B 的项目，项目技术上不可分。借款者的初始可抵押资产为 W，但无初始项目投资资金，只能通过银行融资。

根据风险偏好不同，本文将借款者分为两类：一类是低风险借款者，该类借款者的项目投资成功概率为 P_s，项目成功时每单位投资的收益为 Y_s，失败的收益为 0，抵押品归银行所有；另一类是高风险借款者，该类借款者的项目投资成功该类为 P_r，项目成功时每单位投资的收益为 Y_r，失败收益与低风险借款者相同。其中，高风险借款者的项目成功概率低于低风险借款者，即 $P_r < P_s$；项目成功时高风险借款者的收益高于低风险借款者，即 $Y_r > Y_s$。市场中，低风险借款者占借款者的比例是 θ，高风险借款者占比为 $1 - \theta$。

2. 银行的假设。虽然村镇银行、邮政储蓄银行等金融机构的业务在逐渐渗入农村地区，但农村信用社、农村合作银行和农村商业银行依然是我国农村金融市场的主要供给者。因此，本文假设信贷市场为卖方垄断市场，只有一家银行为借款者提供贷款服务。假设银行风险中性，存款利率为 ∂，每名借款者的调查成本为 T。银行为低风险借款者提供的贷款政策为 $L_s = (R_s, C_s)$，为高风险借款者提供的贷款政策为 $L_r = (R_r, C_r)$。其中，$R = 1 + r$，r 为银行贷款利率，C 为每单位借款需要支付的抵押品。借鉴 Fabbri 和 Menichini（2010）的研究，本文假设银行不具备清算优势，抵押品相对于银行的价值为 βC，$0 < \beta < 1$。

（二）无第三方担保参与的信贷均衡模型

1. 借款者拥有足额抵押品。在信息不对称的情况下，银行无法区分低风险借款者和高风险借款者。因此，银行向一名借款者放贷的期望收益为

$$\pi_b = \theta[P_sR_s + (1 - P_s)\beta C_s] +$$
$$(1 - \theta)[P_rR_r + (1 - P_r)\beta C_r] - T - 1 - \partial \qquad (1)$$

借款者的期望收益为

$$\pi_i = P_i(Y_i - R_i) - (1 - P_i)C_i \qquad (2)$$

在供给市场垄断的情况下，银行的目标是尽可能地获取借款者剩余，实现利润最大化。为此，银行会设计出不同的信贷合约，引导借款者显现他们的风险偏好。银行的信贷合约必须是激励相容的，即满足下列条件：

$$P_s(Y_s - R_s) - (1 - P_s)C_s \geqslant P_s(Y_s - R_r) - (1 - P_s)C_r \qquad (3)$$

$$P_r(Y_r - R_r) - (1 - P_r)C_r \geqslant P_r(Y_r - R_s) - (1 - P_r)C_s \qquad (4)$$

同时，信贷合约必须满足借款者期望收益非负。

$$P_i(Y_i - R_i) - (1 - P_i)C_i \geq 0 \tag{5}$$

由于银行要求借款者抵押是有成本的，银行会在保证低风险借款者和高风险借款者区分可行性的基础上，最小化抵押要求。在限制条件式（4）和式（5）的同时，最大化银行的期望收益，可以解出无第三方担保时的信贷市场均衡合约。

$$L_{r1} = (Y_r; 0)$$

$$L_{s1} = \left(\frac{P_s Y_s - P_r Y_r + P_s P_r (Y_r - Y_s)}{P_s - P_r}; \ \frac{P_s P_r (Y_r - Y_s)}{P_s - P_r} \right)$$

命题1：在信贷供给市场垄断的情况下，如果低风险借款者拥有足够的抵押品 $\left(W \geq \frac{P_s P_r (Y_r - Y_s)}{P_s - P_r} \right)$，银行则可以通过设计不同的贷款合约，区分不同风险偏好的借款者。此时高风险借款者对两种贷款合约的预期收益相同。

2. 借款者没有足额抵押品。在我国农村地区，农户普遍缺乏抵押品，使得借款者风险偏好不能显现。因此，本文将着重对借款者抵押品不足时信贷市场的均衡状态进行分析（见图21）。在借款者抵押不足时，信贷市场均衡存在两种可能性：一是分离均衡，即银行可以针对低风险借款者和高风险借款者设计出两种贷款合约；二是混合均衡，即银行只提供一种贷款合约。

首先，我们分析信贷市场分离均衡的可能性。如图21所示，U_1 为低风险借款者的零利润曲线，U_2 为高风险借款者的零利润曲线，L 为借款者的可抵押资产约束。假设信贷市场可以实现分离均衡，为实现利润最大化，银行针对低风险借款者的贷款合约必定位于 U_1 线上，针对高风险借款者的贷款合约

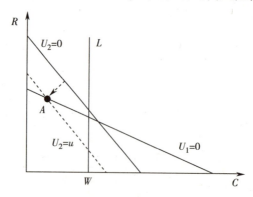

图 21　抵押品不足时高风险借款者和低风险借款者行为

位于 U_2 线上。但此时，低风险借款者的贷款合约均位于高风险借款者零利润曲线的下方，如果高风险借款者模仿低风险借款者，会获取高风险借款者剩余。这使得高风险借款者总有动力模仿低风险借款者，信贷市场不存在分离均衡。

信息不对称的情况下，信贷市场的混合均衡只有两种可能状态：一是银行只为高风险借款者发放贷款；二是银行提供一种贷款合约，同时为高风险借款者和低风险借款者放贷。为确定市场上混合均衡的最终类型，我们需要比较银行在两种可能状态的收益。

如果银行只为高风险借款者发放贷款，银行的利润最大化行为如下：

$$\max \pi_b = P_r R_r + (1 - P_r)\beta C_r - T - 1 - \partial$$
$$s.t. \quad P_r(Y_r - R_r) - (1 - P_r)C_r \geqslant 0$$

此时，银行提供的贷款合约 $L_2 = (Y_r; 0)$，预期收益 $\pi_{b1} = P_r Y_r - T - 1 - \partial$。高风险借款者的预期收益为 $\pi_{r1} = 0$。

如果银行同时为高风险和低风险借款者提供信贷合约，则银行的利润最大化行为如下：

$$\max \pi_b = \theta[P_s R + (1 - P_s)\beta C] + (1 - \theta)[P_r R + (1 - P_r)\beta C] - T - 1 - \partial$$
$$s.t. \quad P_s(Y_s - R) - (1 - P_s)C = 0$$

此时，银行提供的贷款合约 $L_2 = (Y_s; 0)$，预期收益 $\pi_{b2} = \theta P_s Y_s + (1 - \theta)P_r Y_s - T - 1 - \partial$。高风险借款者预期收益为 $\pi_{r2} = P_r(Y_r - Y_s)$。

通过对比两种混合均衡状态的银行收益，我们可以发现当 $\dfrac{(Y_r - Y_s)}{(P_s - P_r)} >$

$\dfrac{\theta Y_s}{P_r}$ 时，银行只会为高风险借款者提供贷款，低风险借款者将全部被信贷配

给。当 $\dfrac{(Y_r - Y_s)}{(P_s - P_r)} \leqslant \dfrac{\theta Y_s}{P_r}$ 时，银行会同时为高风险和低风险借款者提供贷款。

但如果银行可贷资金规模有限，部分低风险借款者仍会面临信贷配给。

命题 2：在信贷供给市场垄断，低风险借款者缺乏足够的抵押品来显示其风险类型的情况下，如果高风险借款者项目成功收益与低风险借款者项目成功收益之差，与低风险借款者项目成功概率和高风险借款者项目成功概率之

差相比，高于 $\dfrac{\theta Y_s}{P_r}$ 时，银行只会为高风险借款者提供贷款，低风险借款者将全

部被信贷配给。当高风险借款者项目成功收益与低风险借款者项目成功收益之差，与低风险借款者项目成功概率和高风险借款者项目成功概率之差相比，低于或等于 $\dfrac{\theta Y_s}{P_r}$ 时，银行会同时为高风险和低风险借款者提供贷款。

三、高信用组织担保的信贷均衡模型分析

（一）基本假设

本部分将在低风险借款者全部被信贷配给的条件下，引入高信用担保机构，判断其是否可以帮助低风险借款者显示风险类型，缓解信贷配给。本文假设高信用担保组织是与借款者存在生产合作关系的核心企业，当使用高信用组织担保的借款者发生违约时，组织将永久取消与借款者的合作关系，使借款者遭受 D 的成本。D 包括借款者的初始资产和未来生产收入的折现。假设高信用组织风险中性，效用函数用收益函数表示。由于借款者生产规模的扩张可以带动高信用组织经营规模的扩张，本文假设高信用组织的担保是非营利性服务，预期收益为 0。借款者获取担保服务，每单位贷款担保需要支付 f 担保费。借款者发生违约时，高信用组织为维持自身银行良好信用，将代替借款者全额偿还贷款本息。

（二）高信用组织担保的信贷均衡模型分析

与上文的分析相仿，如果低风险借款者通过高信用组织向银行贷款，则预期收益为

$$\pi_s = P_s(Y_s - R_s) - (1 - P_s)D - f$$

此时，银行只需要支付高信用组织的调查成本，无须对每个借款者进行贷前和贷后调查。假设高信用组织共担保 m 名低风险借款者，则银行对低风险借款者放贷的预期收益为

$$\max \pi_b = P_s R_s + (1 - P_s)R_s - \frac{T}{m} - 1 - \partial = R_s - \frac{T}{m} - 1 - \partial$$

高信用组织的预期收益为

$$\pi_C = f - (1 - P_s)R_s = 0$$

在银行利润最大化的情况下，银行提供的贷款利率为 $R_s = P_s Y_s - (1 - P_s)D$，银行期望收益为 $\pi_{b3} = P_s Y_s - (1 - P_s)D - \dfrac{T}{m} - 1 - \partial$。

命题3：在供给垄断的信贷市场时，高信用组织参与的低风险借款者贷款利率低于没有高信用组织参与信贷市场均衡利率。

通过对比高信用组织参与时的低风险借款者贷款利率与没有高信用组织参与的贷款利率，我们就可以得到命题3的结论。在供给垄断的情况下，高信用组织的参与会导致低风险借款者的零利润曲线下移，此时银行提供的贷款利率必然会降低。因此本文认为银行降低高信用组织参与的农户贷款利率是信贷市场供给垄断下银行利润最大化的自然选择，而不是金融机构对优质农户实施的利率优惠，与董晓林和吴昌景（2008）等已有研究判断不同。

在银行可贷资金规模有限的情况下，当 $\pi_{b3} \geq \pi_{b1}$ 时，银行才会为低风险借款者发放贷款。即

$$P_s Y_s - P_r Y_r + \frac{m-1}{m}T \geq (1 - P_s)D \qquad (6)$$

如果高风险借款者模仿低风险借款者，利用高信用组织贷款的期望收益为

$$
\begin{aligned}
\pi_r &= P_r(Y_r - R_s) - (1 - P_r)D - f \\
&= P_r Y_r - (2 - P_s)(P_s - P_r)D - (1 + P_r - P_s)P_s Y_s
\end{aligned}
\qquad (7)
$$

由于担保服务会挤占高信用组织的主营业务资金，高信用组织的担保服务能力有限。通过式（7），我们可以发现高信用组织通过提高违约成本 D，使高风险借款者通过高信用组织贷款的期望收益小于零，来避免高风险借款者利用其获取贷款。

因此，信贷市场实现分离均衡，需要满足的约束条件如下：

$$
\begin{cases}
P_s Y_s - P_r Y_r + \dfrac{m-1}{m}T \geq (1 - P_s)D \\
P_r Y_r - (2 - P_s)(P_s - P_r)D - (1 + P_r - P_s)P_s Y_s < 0 \\
P_r Y_r(P_r - P_s)(1 - P_s) + (1 - P_r)(P_s Y_s - P_r Y_r) + \\
\quad T\left(1 - \dfrac{1}{m}\right)(2 - P_s)(P_s - P_r) > 0
\end{cases}
\qquad (8)
$$

命题4：在一定条件下［即式（8）被满足］时，高信用组织可以在一定范围内提高违约成本 D，使高风险借款者通过高信用组织贷款的期望收益小

于 0，来避免低风险借款者被信贷配给。此时，高信用组织无须获取借款者风险类型，信贷市场达到分离均衡，低风险借款者将通过高信用组织贷款，高风险借款者将直接向银行融资。

命题 5：当高信用组织担保借款者数量越多，高信用组织越容易发挥低风险借款者的风险识别作用。

通过式（8），我们可以发现随着被担保借款者数量 m 的增加，约束条件将被放松，高信用组织在消除低风险借款者信贷配给方面的作用越容易发挥。这说明高信用组织的担保服务具有规模经济。

（三）湖北仙桃市鳝鱼交易市场参与的农户贷款案例分析

1. 鳝鱼交易市场发展基本情况。湖北仙桃市先锋村是我国著名的鳝鱼养殖村。在全村 480 户农户中，450 户都从事鳝鱼养殖；全村总耕地 4300 亩，其中鳝鱼养殖 4220 亩。2006 年镇政府根据鳝鱼产业发展规模，与湖北某公司投资 400 多万元，在先锋村建设占地 40 亩的鳝鱼交易市场。2009 年先锋村回购了鳝鱼交易市场，又扩建了冷库等市场相关设施。先锋村鳝鱼交易市场累计投资 770 多万元，2013 年日均交易最高额为 25 万斤，日均平均交易量为 12 万斤，是仙桃市交易量最大的鳝鱼交易市场，交易价格成为全国鳝鱼交易重要参考价格。

鳝鱼交易平台的运作模式如图 22 所示。当养殖户和鳝鱼收购商达成收购协议后，交易双方需要向交易平台分别支付成交额的千分之四，作为交易市场手续费收入，来维持交易市场的日常运营。为保障交易双方的合法收益，掌控鳝鱼市场交易价格和交易额，交易市场规定养殖户和鳝鱼收购商必须通过交易市场进行转账划拨。因此，在收购前鳝鱼收购商要根据计划收购规模

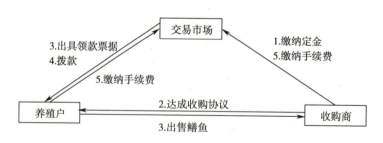

图 22　先锋村鳝鱼交易平台运作模式

向交易市场缴纳定金。在双方达成收购协议后，交易市场工作人员将为养殖户出具领款票据，养殖户凭票据到交易市场结算大厅办理入账。如果收购商当天存入的资金额不足，交易市场可以为收购商担保，让养殖户次日再过来领取货款。如果收购商和养殖户违背转账规定，交易市场将永久取消为收购商担保，提高收购商的收购成本。

气候条件和资金是制约鳝鱼养殖的两个主要因素。在资金方面，每个养殖网箱需要投入 70 元固定成本和 1680 元养殖成本，即每个网箱需要投资 1750 元。先锋村农户养殖规模较大，每户平均拥有 227 口网箱，每年需要投资 39.86 万元成本。农户生产的流动资金压力较大，难以通过普通的农户信用贷款满足。对此，仙桃市农村商业银行提出交易市场参与的农户贷款模式，试图解决先锋村农户规模化生产的资金需求。下面本文将对这种农户贷款的运作模式、贷款情况进行分析，通过案例分析探索高信用组织担保对农村信贷配给的影响。

2. 交易市场参与的农户贷款运作模式。基于上述情况，仙桃市农村商业银行推出了"基金担保 + 农户联保 + 鳝鱼交易市场经营权抵押"贷款，在养殖户抵押能力有限的背景下，为其提供大额度农户贷款。基金担保是指农户需要向银行缴纳 20% 的贷款本金作为保证金，在养殖户缴纳保证金、组成联保小组的同时，银行还要求具有信息优势的交易市场提供经营权抵押。在农户出现贷款违约后，交易市场首先承担担保责任，代农户偿还贷款本息，然后自动扣划农户未来的鳝鱼销售收入，直至代偿部分被完全抵销。

据仙桃市农村商业银行 2014 年 8 月的存量贷款数据显示，鳝鱼交易市场共为先锋村 183 户养殖户担保贷款 2398 万元。表 58 是先锋村交易市场担保贷款与仙桃市农村商业银行农户贷款整体情况的对比。我们可以发现交易市场担保贷款的农户平均贷款额度为 13.1 万元，明显高于仙桃农村商业银行农户整体的平均贷款额度，符合农业规模化养殖的资金需求特征。与农户整体平均贷款年利率相比，交易市场担保的农户贷款平均年利率只有 7.92%，仅在基准利率基础上上浮了 40% 左右。

与相同资金需求规模的借款者相比，养殖户缺乏符合银行变现要求的抵押品。而交易市场担保贷款的出现降低了银行的客户调查成本，有效地解决了信息不对称情况下农户抵押不足而引发的贷款难问题，为农户从事规模化农业生产提供资金支持。

表 58　　　　2014 年 8 月仙桃市农村商业银行农户贷款整体情况与
交易市场担保贷款对比表　　　　单位：万元，%

	交易市场担保贷款	农户整体贷款
平均贷款额度	13.10	6.27
平均贷款年利率	7.92	11.20

四、结论

　　本文在借鉴已有文献的基础上，构建了一个供给垄断的信贷市场理论模型，论证了非营利性高信用组织的担保影响低信用组织信贷配给程度的可能条件和可能结果，并利用湖北省仙桃市农村商业银行的鳝鱼交易市场担保贷款案例，对理论模型的结果进行实证检验。在信贷市场供给垄断的假设下，本文研究结论与赵岳和谭之博（2012）在完全竞争的信贷市场假设下的研究结论相仿，即在一定条件下，非营利性高信用组织可以通过调整借款者的违约成本，为银行识别客户风险类型，缓解低风险借款者的信贷配给；非营利性高信用组织具有规模经济效应，随着担保农户数量的增加，越容易发挥信息识别作用。湖北省仙桃市农村商业银行的鳝鱼交易市场担保贷款案例一定程度上验证了上述结论。

　　在现实操作中，第三方担保机构发挥作用的前提条件还包括其能够对借款者造成有效的违约惩罚。除了"共赢式"发展以外，能够掌控农户的主营业务现金流，在农户出现违约时，可以让农户付出行而有效的惩罚也是订单农业中的龙头企业、大型交易市场等高信用组织提供农户贷款担保服务主要原因。对此，政府与金融机构共同开展信用村镇工程，将农户违约行为与村镇建设等农户福利相关事务挂钩，会对缓解农户信贷配给起到一定作用。

　　此外，本文还发现高信用组织的参与降低了低风险借款者的贷款利率。但与部分学者的观点不同，本文认为在供给垄断的信贷市场中，这不是银行吸引优质客户的优惠措施，而是考虑了借款者担保费用后，银行在利润最大化原则下的自然选择。

　　本文的不足在于简化了借款者风险类型，没有考虑抵押品规模与项目风险之间的关系，可能会对本文的理论分析结果的解释能力造成一定影响。根据 Stiglitz 和 Weiss（1981）研究显示，随着银行担保要求的提高，借款者会更倾向于高风险项目，从而降低银行的预期收益。在考虑抵押品和项目风险相关性的情况下，高信用组织消除低风险借款者信贷配给的条件将会发生变化，可能会增加高信用组织设置违约成本的限制条件。并且，高信用组织作为借款者的生产合作对象，在何种情况下愿意为借款者提供贷款担保服务，也是一个未来值得我们继续思考的问题。

农户贷款抵押物创新促进农村普惠金融

——以临淄农村商业银行"棚抵通"为例

一、引言

农户贷款难是困扰我国农村发展的长期问题，广大农户的融资需求长期以来难以得到满足，究其原因，诸多学者认为主要是因为农户缺乏银行可接受的抵押品，因而造成了金融机构的惜贷局面，且在我国这种情况更加严重，房屋和土地是农户拥有的最大资产，但《中华人民共和国物权法》规定，"耕地、宅基地、自留地、自留山等集体所有土地使用权不能用于抵押。"《房屋登记办法》规定，"申请农村村民住房所有权转移登记，受让人不属于房屋所在地农村集体经济组织成员的……房屋登记机构应当不予办理。"这导致农户缺乏有效的能够自由支配的资产，且在土地上建造的各项附属设置也存在产权的不确定性，最终银行很难对缺乏资产支持且经营风险大的农户发放贷款。

如何有效地解决农户贷款难的问题？解决农户抵押产品不足的现状？在控制风险的基础上，实现可持续的金融支持？山东省淄博农村商业银行对此进行了有益创新，针对当地情况开发了"棚抵通"贷款，在控制银行风险的同时服务了广大农户。因此，本文将从贷款发放背景、运作机制和农户案例三个方面进行分析，以期为解决农户缺乏抵押物的问题提供可借鉴经营。

二、山东省淄博市临淄区大棚蔬菜经营概况

山东省淄博市临淄区是重要的大棚蔬菜生产基地，主要生产西红柿和西葫芦为主，其中的皇城镇被称为"中国西红柿第一镇"，距山东省寿光蔬菜集散中心仅 53 公里，运输极为方便。大棚蔬菜的建设需要投入一定资金，用于大棚的建设和内部的供电、取暖等基础设施的安装。在投入之后，大棚蔬菜的投资回收期较传统种植项目更长，第一年并不能全部收回之前的投资。考

虑到大棚蔬菜的资金要求高于传统种植业项目且回收周期长的特点，经营者的自有资金往往难以满足，存在信贷需求。但大棚属于建设在土地上的附属物，传统的信贷产品中并未将其作为有效抵押物。考虑到这种情况，淄博农村商业银行联合区农业局推出"棚抵通"贷款。

三、"棚抵通"贷款条款

如果大棚能够作为抵押物，那么首先需对大棚的使用权予以明确。临淄农村商业银行联合区农业局对大棚的使用权予以确权，并对大棚的价值进行评估，确权后颁发临淄区蔬菜大棚所有权证（见图23）。

图 23　蔬菜大棚所有权证样本

在此基础上，农民以自有或拟建的蔬菜大棚的使用权证作抵押，外加村委会与农户签订的土地承包合同（或村委会出具农户承包土地证明）和农业合作社与农户签订的农村土地流转合同三项内容，向临淄农村商业银行申请的生产流动资金或大棚建设资金贷款，贷款申请书中需详细标注大棚的数量及评估金额（见图24）。在临淄区境内，大棚的常见规模为 170 米 × 16 米，评估价值为 15 万元。如果评估价值为 15 万元的蔬菜大棚，通常情况下能给予 9 万元贷款。

贷款周期的设置上与大棚蔬菜的生产周期相结合，贷款期限为 3 年，考虑到大棚第一年收不回成本，银行规定第一年仅需偿还 30% 的本金；同时，为了防止农户将第一年回笼资金不用于还款，而用于民间房贷，银行规定第二年偿还40%的本金；最后第三年将剩余的30%本金偿还完。

还款日期也与大棚蔬菜的销售时期相结合，往往过年前后是大棚蔬菜的销售旺季，故规定每年的还款期限为3月21日，此时反季节蔬菜的销售旺季结束，农户手中有大量现金。

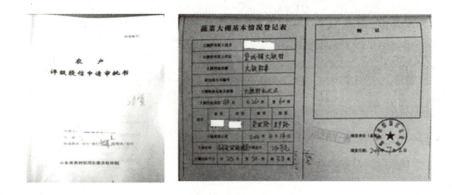

图 24　银行信贷申请审批书

"棚贷通"贷款办理流程见图25。

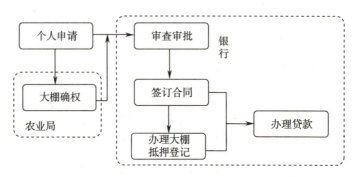

图 25　"棚抵通"贷款办理流程

利率考虑客户的信用等级、担保方式、存贷比例、入股比例、贷款用途五个方面，分别为20%、30%、20%、10%和10%的比例，最后进行加权平均，上浮80%~100%。

我们针对临淄农村商业银行北洋支行的调查中了解到，北洋支行辖区内有24个行政村，现每村有1000多个蔬菜大棚，针对蔬菜大棚的种植，2013

年已发放 200 多万元"棚抵通"贷款，惠及 30 等多户农户，现无不良贷款记录。

四、"棚抵通"案例分析

为了进一步分析"棚抵通"贷款对促进农户生产及其增收的作用，我们走访了山东合采农业有限公司。其位于山东省淄博市临淄区齐都镇刘家村，主要生产大棚蔬菜种植和绿色果蔬产品，包括西瓜、甜瓜、草莓、小西红柿和观赏性蔬菜等品种。于 2012 年流转刘家村 146 户土地，每亩流转价格为 1200 斤小麦，以每年 10 月 1 日市场价格为主，共计流转 510 亩，同时与村民共同开办了合采农产品合作社，2013 年 1 月 1 日正式开始运行。分三期实施：

第一期（已基本完成）：主要以种植大棚和露天瓜果蔬菜为主。大棚有适合春夏秋种植的拱棚和适合春秋冬种植的高温棚两个类型，种植了西瓜、甜瓜、草莓、小西红柿等品种，在露天蔬菜中种植了花生和黄豆，花生主要用于生产花生油，黄豆是绿色有机蔬菜肥料的重要来源。截止到 2014 年 9 月，已有 34 个大棚投入运行，正在建设 10 个大棚，期望在 2014 年 10 月开始建 15 个大棚，最终达到 60 个大棚的数量。

图 26 合采农业有限公司蔬菜大棚

第二期（预期从 2015 年开始）：考虑到瓜果蔬菜中存在不少难以售出的残次品问题，因此打算开发瓜果蔬菜的深加工业务，如开发休闲食品和果汁加工。已与临淄区内奶茶店和蛋糕店联系，可采用配送制度，每天向其供应新鲜的西瓜汁、甜瓜汁和草莓汁等产品。如果需要正式投产，需投入 100 万元购入相应的生产线，该生产线日可产 3~5 吨果汁。

第三期（规划）：规划进一步发展乡村旅游行业，所处位置恰好为田忌赛马戏台的遄台遗址，考虑以此为切入点，结合生态采摘，开展农家乐活动。

预期三期项目完成，总共需投资 3000 万元，仅就第一期项目来看，已投入 1100 万元，资金主要用于基础设置建设和大棚的建设，回收期为 5 年。但投资者外加合作社成员并没有这么多自有资金，社长能够投入 550 万元，社员共计能投入 275 万元，还存在 275 万元的资金缺口。

该公司和合作社的情况，如果按照规定政策，流转土地不能够予以抵押，那么将出现因为抵押物不足无法获得银行贷款的情况，但临淄农村商业银行的"棚抵贷"及时满足了客户的需求，公司和合作社已经有建成的 34 个大棚，其中有拱棚 25 个，高温棚 9 个。通过农业局确权和评估，公司共获得了 350 万元贷款，多数以 3 年期的大棚抵押贷款为主，其中合作社的农户提供贷款，贷款利率为基准利率上浮 50%。在此支持下，第一期项目进展顺利，目前公司年利润达到 300 万元。总经理被评为 2013 年淄博市农村青年致富带头人，贷款资金有效地促进了企业的发展壮大。

五、总结

农户贷款难的障碍之一是缺乏有效的抵押物，临淄农村商业银行进行有益尝试，将土地上建造的蔬菜大棚纳入抵押物品种，与当地农业生产有机结合，在风险性方面大棚蔬菜种植受天气等季节性因素影响较少，农户种植技术成熟且还有村民担保，这大大降低了"棚抵贷"的风险，实现了农民增收致富和银行寻找到新的利润增长点的"双赢"局面。

信用担保联盟对解决小微企业
担保难问题的有效性分析

——以潍坊农村商业银行"专业市场联盟贷"为例

一、引言

小微融资难、担保难问题由来已久。由于上市条件、上市成本以及上市以后信息公布的成本较高，使众多中小企业无缘到证券市场融资，银行无疑成为它们最主要的融资渠道。但由于我国尚未建立完善的个人和企业信用体系，银行为了减少风险，贷款通常要求有抵押，而中小企业却缺乏合适的抵押品，中小企业要想获得银行贷款并非易事。在此基础上，如何有效利用现有资源，有效为小微企业提供金融支持成为学者和实务界共同关心的话题，临淄农村商业银行在担保方面进行了有益尝试，通过完善信用担保机制，建立信用担保联盟，为中小企业提供有力支撑，走出一条可持续发展的融资渠道。

二、"专业市场联盟贷款"条款分析

为了解决小微企业缺乏担保和抵押的问题，淄博农村商业银行以专业市场为单位，在某个区域、行业、市场内，由政府有关部门、市场管理部门、行业自律部门等参与，组织符合条件的个体工商户、小微企业自愿申请加入信用联盟，入会需缴纳一定数量的贷款风险保证金，一旦出现不良贷款，优先由社内贷款风险保证金偿还。

按照自律组织的构建，信用联盟中会员大会为最高权力机构，理事会为执行机构，由至少 5 名理事组成，独立理事 1 名，由银行信贷主管担任；其他理事经银行提名、由全体会员采取无记名投票的方式选举产生，经全体会员三分之二以上通过方为有效。为了增强联盟的公信度联盟可邀请当地党委政府领导或专业市场管理委员会主要负责人担任名誉理事。理事会至少每半年召开一次会议。同时还设立联盟会长 1 人，由全体理事选举产生，会长的职责主要是审批通过吸收新会员，对不讲诚信和违约会员作出处理意见和决定，积极协助、配合银行清收会员出现的不良贷款。

在信用联盟组建完成后，将成立商户信用联盟评级授信初评小组，初评小组成员 7~9 人，包括：联盟理事会成员，市场管理委员会、工商、税务代表，会员代表，信用社信贷主管。小组成员要逐户对商户的资产负债情况、经营能力、个人品行等进行分析，采用民主评议的方式，不再投票，按照"少数服从多数"的原则，由信用联盟会长在广泛征求初评小组成员意见的基础上，对商户提出初步授信额度意见。银行最终将评级结果予以审核。根据信用等级测算出授信额度，发放贷款证。

评级之后，商户如果贷款在贷款证内的金额且低于 30 万元，可直接凭借贷款证在柜台领取，如果需要贷款超出贷款证的金额，贷款可采用组建联保小组的方式。每个联保小组由 3 户（含）以上信用等级在 A 级以上的入盟商户自愿组成。原则上联保小组成员中至少有两个（含）以上具有本地户口。通过客户经理调查、信贷主管审查把关、银行经理审批后办理。

三、潍坊机床城市场案例

潍坊机床城市场是潍坊地区唯一一家二手机床交易中心，总占地面积 200 亩，分设机床市场和潍坊铁市两个子市场。有 70 多户商家，机床市场商家以经营冲床、剪板机、折弯机、卷板机、牛头刨、滚齿机为主。为了支持商户的发展，潍坊农村商业银行指导该市场组成机床城专业市场联盟。该联盟成员数量较多，多采用联保小组方式，即 3~5 人组成联保小组，与信用社签订"山东省农村信用社农户最高额联合保证借款合同"申请借款。

其中有一组借款申请人岳××、牛××、于××因钢材需要，特向潍坊农村商业银行申请专业市场联盟—个体工商户联保贷款 500 万元、100 万元、100 万元，期限 2 年。该笔贷款由岳××、牛××、于××自愿组成联保小组，缴纳保证金，相互担保，共同承担风险。

1. 贷款人基本情况。

（1）第一借款申请人基本情况。借款人基本情况：借款人岳××，女，现年51岁，身份证号：370702××××××，初中学历，身体健康，户口所在地潍坊市潍城区，家庭住址：潍坊市潍城区××花园小区，申请人系潍坊机床城市场开发者，职位负责人，月收入40.8万元（年收入490万元左右），家庭总人口4人，其夫牛××，现年53岁，初中学历，身体健康，户口所在地潍坊市潍城区，系潍坊××村委书记，高密木材市场开发者，月收入15.5万元（年收入186万元）。借款人家庭月收入56.3万元，主要是销售钢材收入，家庭月支出10万元，主要是利息支出、工人工资、管理费用、生活支出。

借款人家庭资产状况：借款人家庭资产2875.8万元。其中：潍坊机床城办公室自建商房，价值100万元。潍坊机床城土地，价值726万元。高密木材市场土地占地面积46573平方米。其中土地价值1800万元。其中一期占地面积25272平方米，建筑面积37500平方米。共18座楼（8座楼的房产证办齐），商房476套，单户面积在60~100平方米，2010年开盘价每平方米2500元左右，现在每平方米5000元，已经全部售出。总收入1.3亿元。

二期占地面积9380平方米，建筑面积22960平方米，二座12层，172套商务综合写字楼，其中1~3层是28套门头房，建筑面积12000平方米，每套400~500平方米，每平方米5000元。4~12层为144套商务写字间，建筑面积10960平方米，每套30~93平方米，每平方米4000元，预估算收入约1.1亿元。工程于2013年7月竣工交付使用。

三期占地面积11921平方米，目前租赁给木材商户，大约为130户，年收租赁费不到186万元。

泰华城住房2套，建筑面积178.03平方米，价值107万元。××花园住房，建筑面积182.62平方米，价值72.8万元。别克轿车1辆，2013年购买，价值25万元。悍马越野车1辆，价值45万元。

借款人资信状况：人民银行征信显示，借款人现有银行负债500万元，贷款余额500万元，到期日2014年9月10日，财产共有人无银行借款，借款人无逾期记录。财产共有人无逾期记录。经调查了解，借款人及家庭未涉及民间融资和高利贷，当前也未涉及民事诉讼情况。截至贷款时，借款人对外担保余额0万元，财产共有人对外担保余额0万元，无对外担保不良信用记录。

经调查了解，借款人及财产共有人信用记录良好，无不良信用记录，借款人信用等级评为 AAA 级，符合信贷基本条件。

（2）第二借款申请人基本情况。借款人基本情况：借款人牛××，男，现年 52 岁，身份证号：370702××××××，初中学历，身体健康，户口所在地潍坊市潍城区，家庭住址：潍坊市豪杰金属材料贸易广场，申请人系潍坊豪杰金属材料贸易广场经营业户，职位负责人，月收入 3.5 万元，家庭总人口 2 人，其妻何××，现年 51 岁，初中学历，身体健康，户口所在地潍坊市潍城区，身体健康，系潍坊豪杰金属材料贸易广场经营业户，月收入 3.2 万元。借款人家庭月收入 6.7 万元，主要是销售钢材，家庭月支出 1.6 万元，主要是利息支出、生活支出、工人工资。

借款人家庭资产状况：借款人家庭资产 510 万元。其中，潍坊豪杰金属材料贸易广场商房 2 套，建筑面积 223.87 平方米，价值 250 万元。雅阁轿车 1 辆，价值 15 万元。行车 2 部，价值 25 万元。型材库存，价值 220 万元。

借款人资信状况：人民银行征信显示，借款人现有银行负债 55 万元，贷款余额 55 万元，到期日 2014 年 11 月 14 日，财产共有人在潍坊工商银行办理 1 笔住房贷款，贷款余额 25.5 万元，到期日 2024 年 2 月 1 日，借款人无逾期记录；财产共有人无逾期记录。经调查了解，借款人及家庭未涉及民间融资和高利贷，当前也未涉及民事诉讼情况。截至目前，借款人对外担保余额 500 万元，为岳××在潍坊农商银行贷款 500 万元提供保证担保，到期日 2014 年 9 月 10 日；财产共有人对外担保余额 0 万元，无对外担保不良信用记录。

经调查了解，借款人及财产共有人信用记录良好，无不良信用记录，借款人信用等级评为 AAA 级，符合潍坊农商银行信贷基本条件。

（3）第三借款申请人基本情况。借款人基本情况：借款人于××，男，现年 33 岁，身份证号：370702××××××，初中学历，身体健康，户口所在地潍坊市潍城区，家庭住址：潍坊市潍城区机床城市场，申请人系潍坊机床城市场经营业户，职位负责人，月收入 3.7 万元，家庭总人口 3 人，其妻陈××，现年 33 岁，学历大专，身体健康，户口所在地潍坊市潍城区，身体健康，系潍城南三里小学老师，月收入 0.46 万元。借款人家庭月收入 4.16 万元，主要是销售钢材、工资收入，家庭月支出 0.7 万元，主要是利息支出、生活支出、工人工资。

借款人家庭资产状况：借款人家庭资产 355 万元。其中：潍坊机床城 7 街 19 号自建商房，价值 45 万元。高密木材市场商房，建筑面积 86.8 平方米，价值 25 万元。奥迪轿车，2010 年购买，价值 50 万元；骐达轿车，2009 年购买，价值 10 万元。行车 2 部，价值 40 万元。剪板机 2 台，价值 15 万元。开平线 1 条，价值 50 万元。钢板库存 400 吨，价值 120 万元。

借款人资信状况：经人民银行征信显示，借款人现有银行负债 0 万元，财产共有人在潍坊农业银行办理 1 笔住房按揭贷款，贷款余额 32.4 万元，到期日 2022 年 10 月 11 日，借款人无逾期记录；财产共有人无逾期记录。经调查了解，借款人及家庭未涉及民间融资和高利贷，当前也未涉及民事诉讼情况。截至目前，借款人对外担保余额 500 万元，为岳××在潍坊农商银行贷款 500 万元提供保证担保，到期日 2014 年 9 月 10 日；财产共有人对外担保余额 0 万元，无对外担保不良信用记录。

经调查了解，借款人及财产共有人信用记录良好，无不良信用记录，借款人信用等级评为 AA 级，符合潍坊农商银行信贷基本条件。

2. 借款人还款来源、还款能力及还款方式分析。借款人岳××的还贷来源主要是潍坊机床城市场，高密木材市场的租赁费，钢材经营收入：借款人家庭收入稳定，资产负债率低，无不良信用记录。借款人每年收取潍坊机床城市场，高密木材市场的租赁费在 626 万元，该租赁费用每年递增。从借款人近几年的合同分析，借款人业务发展，诚信度，进销货渠道，应收、应付账款等，钢材每年的业务量都在 9000 万元以上，每年可实现纯利润在 50 万元以上。从以上收入来源可以确定，第一还款来源充分，采取一次性还款方式。

借款人牛××的还贷来源主要是经营收入：借款人家庭收入稳定，资产负债率低，无不良信用记录，从借款人近几年的合同分析，借款人业务发展，诚信度，进销货渠道，应收、应付账款等，每年的业务量都在 8500 万元以上，目前每年可实现纯利润在 80 万元以上。从以上收入来源可以确定，第一还款来源充分，采取一次性还款方式。

借款人于××的还贷来源主要是经营收入：借款人家庭收入稳定，资产负债率低，无不良信用记录，从借款人近几年的合同分析，借款人业务发展，诚信度，进销货渠道，应收、应付账款等，每年的业务量都在 8000 万元以上，目前每年可实现纯利润在 50 万元以上。从以上收入来源可以确定，第一还款来源充分，采取一次性还款方式。

最终，银行经过现场调查和非现场分析，借款人符合潍坊农商银行借款主体资格，有一定的资产（其业务发展也有一定规模），年收入较高，还款来源稳定、个人信誉良好，为人诚实，无不良信用记录，也未涉及民间融资及高利贷等情形。因此，同意岳××、牛××、于××办理专业市场联盟—个体工商户联户联保贷款，待贷款手续齐全、有权决策人审批通过、保证金按规定缴纳后发放贷款证，到柜台办理贷款。这解决了三家商户的资金需求。

四、结论

信息不对称严重、抵押品有限、银行不能有效地甄别小微企业的风险是制约小微企业、市场商户融资难重要因素，"专业市场信用联盟"有效地解决了上述问题。

在资格认定中，联盟理事会由熟悉当地企业情况的企业代表、银行有关人员以及中小企业局、税务等相关政府部门人员组成，具体负责对联盟会员的信用状况及经济实力进行初步审查把关，删除了有不良信用记录或经营状况不佳的企业。

在信用评定中，成立由银行、联盟理事会成员、熟悉情况的企业代表参加的 7~11 人的信用等级初评小组，采取无记名投票方式，对会员的信用状况进行初评，并推荐授信额度。再次对信用状况、经营状况不佳的客户予以剔除。

以中小企业信用联盟为载体，联盟会员间互相担保，同时实行风险基金制度。加入联盟的会员按照贷款额 1%~3% 的比例缴纳互助风险保证金。对会员贷款出现不良的，先由信用社协同联盟理事对贷款进行催收。在规定期限内仍未收回的，银行扣划保证金偿还贷款或与借款人签订延期还款协议，并对违约会员强制退会，三年内不得重新加入。风险基金设立专用账户，实行"专户管理，专款专用"。风险基金制度的实施，提高了会员企业的风险意识，加强了会员企业之间的相互监督作用，加快了信用社与企业之间的信息反馈。

"龙头企业＋合作社"模式对缓解农户资金需求的路径分析

——以鑫东生态农业有限公司与金竹岭种养专业合作社的合作为例

一、引言

农村经济的发展程度影响和决定着整个国民经济的发展状况，但农户由于缺乏抵押物和信息收集困难等诸多因素，较之城镇居民更难享受到相应的金融服务，农户贷款难的问题成为一个久治难愈的问题。随着家庭农场、合作社和龙头企业等新型农村经营主体的产生，农户纷纷积极加入各类专业合作社，多数合作社为农户提供生产上的指导和经营上的优惠，但合作社的加入能否有效解决农户的融资难问题确实值得探索的问题？如果能够解决，那么具体的解决路径如何？大冶农村商业银行探索出一条"龙头企业＋合作社＋农户"的合作模式，有效地解决了农户的贷款难问题，值得借鉴和学习。

二、案例分析

（一）鑫东生态农业有限公司基本情况

湖北鑫东生态农业有限公司位于湖北省大冶市大箕铺镇的东角山下，距106 国道 2 公里，距大冶市 15 公里，距省城武汉市 100 公里，是集养殖、种植、园艺、生态农业休闲体验于一体的综合型现代农业企业。

公司于 2007 年成立，总投资 1 亿元，以平均 350 元每亩每年的价格，流转了 4 个村，1000 多户农户土地，经营用地面积 3000 亩。公司现下辖鑫东养殖有限公司、鑫东蔬菜有限公司、鑫东园艺有限公司及鑫东营销有限公司四家分公司。其中，蔬菜种植区 1200 亩，苗木花卉盆景园艺区 2300 亩，生态农业休闲体验区 500 亩。

一期投资 2500 万元用于牲猪养殖和蔬菜种植，其中，公司标准化规模养殖场先期投资 2000 万元，已建成猪舍 18 栋，建筑面积 16000 平方米。办公大楼、员工公寓、饲料仓库共 8 栋，建筑面积 4000 平方米。

公司现有员工 208 人，其中大专以上学历 80 人，高级兽医师 15 人，农艺、园艺师各 4 人，且有 10 人先后本科毕业于华中农业大学。养殖工人平均年工资为 6 万元，蔬菜和园艺工人公司以基本工资＋提成构成，基本工资为 1800~2000 元，提成根据所耕种土地的产出返还，公司还与华中农业大学达成了紧密的校企合作关系，现已成为华中农业大学"产、学、研"示范基地，也为公司今后进一步发展搭建了一座可靠坚实的技术平台。

现公司的养殖分公司占地 100 亩，现存栏种猪 800 头，年出栏商品猪可达 1.8 万头。年产有机肥 3000 吨，建有 630 立方米的沼气池，可满足 1200 亩蔬菜基地用于滴灌技术所需肥水，实现有机循环，为后续的有机蔬菜种植提供了支持。养殖猪的品种有黑土猪和普通猪，黑土猪通过会员配送的模式销售，普通猪提供给武汉当地市场。

有机蔬菜公司现有 1200 亩土地，规划占地 4200 亩，已投资 1500 万元，规划投资 4900 万元，由 200 亩大棚有机蔬菜种植区和 1000 亩露地有机蔬菜种植生产区组成，于 2009 年 8 月建成投产。主要种植露天蔬菜，少部分种植大棚蔬菜，菜地中设有温控、大棚、摄像头管网等现代农业设施，施用有机肥，使用太阳能诱虫灯和高压杀虫器防虫杀虫，平均每亩固定投入为 1.2 万元，现年均可达 1.4 万元产值。现已获得南京国环 OFDC 有机认证和中国有机产品认证。

园艺苗木公司主要种植广玉兰、桂花、香樟、雪松、罗汉松、含笑等名贵苗种和经济物种，同时兼实施园林绿化工程。

销售方面，鑫东农业有限公司注册了"东角山"有机蔬菜品牌，鑫东农业的主要实施会员配送制，配合家庭团购，现已在黄石和大冶地区设立了 5 家有机蔬菜销售品牌连锁店。同时开展有机餐饮产业，在鑫东生态园区内有占地 2600 平方米的餐饮店，同时在大冶和黄石等地区开设了多家有机餐饮连锁店。有机蔬菜业务增长迅速，每年以 42%~50% 的速度增长。

（二）金竹岭合作社基本情况

湖北省大冶市金竹岭种养专业合作社位于大冶市大箕铺镇东角山村，毗邻"湖北省农业产业化重点龙头企业"鑫东生态园区，该村有5000余亩可耕种地。由于离大冶城区近，大部分青壮年劳动力在大冶、黄石务工，甚至有的农户全家外出打工，干脆将田地托管给他人，或者任随田地荒芜。在此情况下，2011年6月由曹洪俊、曹翠瑛等5人发起成立合作社，将村民土地、资金和村社闲置资产、资源共同入股，注册资本110万元，主要从事生猪、家禽的养殖，蔬菜、水果、草木、花卉种植及销售，实现土地集中经营。东角山村已有65户土地入股了合作社，每年合作社按照每亩地400元标准，给社员（农户）分红，最高的土地分红近万元。同时，如果村民（社员）也可选择在合作社打工。按照"底金+劳务收入"的农民收入模式，按劳分配劳务工资，据统计，每年农忙时节，农户每天工资收入近百元，月收入可达三四千元。合作社以每年的盈利，留部分用于发展和股金分红，每年最少拿出利润的60%以上进行返还，按社员与合作社交易量进行分配。

在具体的种植方面，合作社采取"五统一"措施，不断提高合作社工作效率。一是统一生产，目前已拥有种植区680亩，生态养殖区520亩。主要分布在东角山港堤两岸。二是统一服务，本合作社社员所需种苗、生资、种猪等物资统一购置，达到质优价廉，切实减少投资成本，创造直接效益。三是统一标准，坚持"科技兴社、项目带动、服务三农"的办社宗旨，加强基地生产全过程管理，严禁生产过程中使用化肥、农药、转基因、激素。确保产品品质和安全，同时合作社专门建立了服务培训站，农闲时与有关涉农部门联合对周边农民进行农机、农技方面的免费培训，每年接受培训的农民达到600余人次，通过培训提高农户种养殖技术。四是统一收购，将合作社社员产出的产品进行统一收购，解决农户销售难的后顾之忧，保障种养户的利益。五是统一销售，与批发市场建立了良好的业务关系，对生产出来的产品进行筛选分级后销售。通过"五统一"为农户提供生产资料，及技术支持，解决了农户资金和技术上的困难，同时保护价收购农户生产的产品，从而解决了农户农产品销售渠道不畅的难题。

经过全体社员上下的共同努力，目前已形成了生猪养殖、家禽养殖、蔬菜种植区，特色产品养殖的格局，明确具体发展规划：

一是生猪养殖。已建有猪舍 18 栋，面积 16000 平方米，存栏种猪 800 头，年出栏商品猪 1.6 万头，实现年产值 3500 万元。二是家禽养殖。已建成鸡舍 6 栋，现有家禽总量 2 万只。养殖品种有贵妃鸡、芦花鸡、绿壳蛋鸡等。2013 年共计销售肉鸡 8000 只，禽蛋 20 万枚，实现产值 120 万元。三是蔬菜种植。规划占地面积 4200 亩，目前已经流转 1200 亩，已投资 1500 万元。整个种植过程都严格遵循绿色、有机的种植标准，确保产品的品质，产品销往大冶黄石地区，年实现产值 2200 万元。四是特色产品养殖。规划总面积 300 亩，一期已投资 100 万元，养殖有十堰郧西马头羊、蕲春黑山羊、本地小山羊共计 1000 只。鸭、鹅、豚鸭共计 2000 只。年产值达到 150 万元。

2013 年度共实现主营业务收入 396.92 万元，本年盈余 105.74 万元，提取盈余公积 10.57 万元，盈余返还达 68.93 万元，未分配利润 26.23 万元。截至 2013 年 12 月 31 日，合作社总资产 2519.95 万元，生物资产、固定资产达 302 万元，股本总额 373 万元所有者权益 146.80 万元，资产负债表率 71%。相继被评为湖北省农民专业合作社"青年示范社"；湖北省农民专业合作社"示范社"；全国农技推广"科技示范户"，黄石市巾帼现代农业科技示范基地，湖北省蔬菜标准化生产基地等荣誉称号。

（三）"公司＋合作社＋农户"运作模式（见图 27）

随着鑫东生态农业有限公司业务的迅速增长，原有的基地逐渐不能够满足客户的需求，由此合作社及时与鑫东生态农业公司联系，将合作社作为其的供货基地，开展订单农业。随着鑫东生态品牌的日益凸显，合作社供应需求不断扩大。配合龙头公司的需求，统一品种种植，根据市场需求和当地实际，选择受消费者欢迎的品种种植，提供给种养大户；统一技术指导，对特色农产品的培育、包装遵循统一技术标准，提升特色产品品牌化；统一收购渠道，按照统一价格回收，推动小生产与大市场的有效对接。2013 年通过订单农业农户年人均收入近 3 万元，2014 年还将继续增加。这一方面扩大了鑫东农业公司的经营产量，增加其利润，同时有效地保障了合作社社员的经营销路，稳定其销售价格，实现互利共赢。

如果单纯银行向农户贷款，银行将面临与农户的信息不对称问题，因此一般银行不予发放贷款，或者说发放贷款的额度极少，不能满足农户的资金需要，但因为订单农业的合作基础，鑫东农业生态有限公司对金竹岭合作社

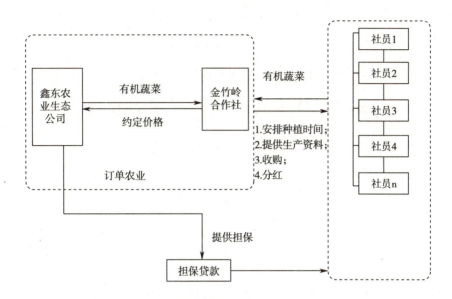

图 27　"企业 + 合作社 + 农户"运作模式

及农户的经营情况有充分了解,其资金需求状态,经营数量和品种和贷款人品质等贷款所需的要素均不存在信息不对称。

在此情况下,银行考虑到这种情况,引入龙头企业"鑫东生态农业有限公司"作为担保人,如果龙头企业愿意为农户担保,那么该农户必然符合银行贷款条件的客户,如果公司不愿意作为担保人,那么农户很可能存在问题,通过引入两者信息对称的龙头企业对农户进行筛选,有效地降低了银行的考察和监管成本,增加了贷款的安全,降低了贷款的风险,有效地解决了农户资金需求。

三、结论

通过引入与农户经营紧密联系的合作社和龙头企业,有效地解决了银行和农户之间存在的信息不对称问题,龙头企业是否愿意为农户提供担保成为鉴定农户信用质量的有效标识,减少了银行的调查和监管成本,是供应链金融的精髓。

"商户+担保基金+市场所有者担保"模式对缓解个体经营户资金需求的分析

——以唐山农村商业银行商惠通和租惠通贷款为例

一、引言

专业市场作为一种交易成本较低、资源相对集中和销售网络规模较大的市场形式，解决了中小商户产品销售的问题，是中小商户发展的重要平台（李成青等，2010）。由于专业市场具有准入门槛较低、参与成员众多的特点，成为个体工商户以及中小企业的重要集中地，如何解决这部分企业的资金需求问题，是否可以与专业市场相联系，批量支持这部分中小商户，对满足中小商户的资金需求和扩大银行的客户群体都具有重要意义，唐山农村商业银行探索出一条"商户+担保基金+市场所有者担保"的合作模式，为该问题的解决提供了一定的借鉴经验。

二、案例分析

为了满足在专业市场经营的中小商户的流动资金和租金资金需求，唐山农商银行开发了"商惠通"和"租惠通"贷款产品，采用"商户+担保基金+市场所有者担保"的模式（见图28），解决中小商户的资金缺口。中小商户往往由于缺乏抵押物而较难获得正规金融机构支持，且由于银行与中小商户之间存在信息不对称问题严重，导致逆向选择和道德风险。为了克服之间的信息不对称，该两项产品引入了熟悉中小商户的市场所有者，将其作为担保方，有效解决了银行与中小商户之间的信息不对称。

具体来说，"租惠通"指向商户发放，用于交纳商铺租金的贷款，期限一般为3年。"商惠通"指向商户发放，用于满足经营的流动资金需求的贷

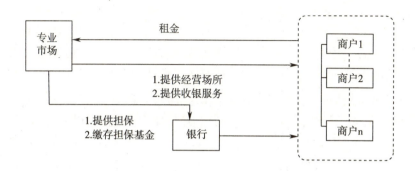

图 28 "商户 + 担保基金 + 市场所有者担保"的模式

款，期限一般为 1 年。两项贷款在发放过程中，将与商户签订商铺租赁协议的商铺所有权人作为担保人，提供全程不可撤销连带责任保证的担保贷款，担保人先按不低于担保贷款额度 1% 的比例先缴纳基础担保基金，随着贷款的实际发放，按照发放按照贷款额度的 5% 缴纳贷款担保基金，履行担保责任。

在整个贷款设计中，针对银行来说，通过有资金实力的专业市场担保，能够有效降低贷款的风险，同时贷款基金的存在更是降低了银行的风险水平。该贷款的发放扩大了银行的客户，新增了银行盈利点。

针对专业市场来说，中小商户向专业市场所有者租用经营场地，专业市场了解个体经营者的经营情况，能够有效识别个体商户的经营业绩，对经营业绩好的商户予以担保，同时，个体商户的销售资金都通过市场统一结算，增加了贷款的保险程度。专业市场虽然需要缴纳一定的担保基金，但租金贷款能够将 3 年的租金一次性收到，增加专业市场的现金流，商惠通贷款能通过对个体商户的经营支持，能够促进商户的发展，最终带来市场的繁荣。

对个体商户来说，能够获得正规金融机构的资金支持，弥补资金缺口，且贷款利率处于合理的范围之内，具有极大的吸引力。

总之，该贷款通过引入专业市场担保，有效地化解了银行与个体商户之间存在的信息不对称，实现了三方共赢。

随后，我们以具体的君瑞家具市场的担保贷款为例，具体分析两种贷款的发放情况。

（一）市场情况分析

君瑞家具（原名为：东方家园唐山新天地店）位于河北省唐山市新天地购物乐园南端，经营面积 48000 平方米，整体建筑共分为四层，其中一、二层为建材精品店，主要经营各类地板、瓷砖、门、壁纸、卫浴洁具、灯具、橱柜等。三层建材超市主要经营各类名牌太阳能、散热器、涂料、五金工具等。四层为家具广场、家装中心，主要经营中外各类名牌家具。该建材市场是唐山市规模最大、经营品牌最齐全的及建材、家居、家具、家装四位于一体的商场。经营种类较多，租赁商家 350 余家，近 1000 个品牌，其中国际、国内知名品牌占卖场总品牌的 85%。同时，园区内还拥有马可波罗旗舰店展览厅、东莞证券营业部、茶馆、奇石展厅和鸟巢、火车主题公园等。

该建材市场由专业经营管理团队进行统一的经营管理，提供统一信息管理、统一形象宣传、统一先行赔付、统一物业管理等，已经成为唐山市规模较大，产品较全，服务一流的建材市场。

（二）担保人情况分析

唐山市人达房地产开发有限公司是河北省唐山市规模较大的房地产开发企业，该公司成立于 2001 年 10 月 31 日，主要开发商业地产项目，采取自持物业对外出租的经营模式，开发项目包括：第一，新天地购物乐园，园区内华润万家，其中一、二层出租给华润万家有限公司，三层出租给国美电器有限公司，四层出租给新华书店。第二，新天地图书古玩市场，共分为三层，一层为古玩市场，主要经营古玩、字画、古籍、玉器、珠宝、礼品、文化用品以及茶叶、茶具；二层的图书市场是唐山市最大的、以批发零售图书为主的专业文化市场，也是河北省最有影响力的专业化市场之一，主要经营社科文艺、教辅、科技、工具、少儿读物、期刊等，其辐射能力基本上覆盖冀东和东三省，个别门类到达全国。第三，为本案例中涉及的君瑞家具（原名为：东方家园唐山新天地店）位于新天地购物乐园南端。

该公司主要经营收入为新天地项目租金收入，新天地项目 2013 年具体租金收入如表 59 所示。

表 59	人达房地产开发有限公司 2013 年租金收入		单元：万元
名称	年租金	名称	年租金
华润万家	3133	马可波罗	235
君瑞家居（东方家园）	8092	其他商业楼	6351
图书古玩市场	1013		
合计			18824

财务状况方面，从公司偿债能力来看：该公司近三年平均资产负债率和产权比率分别为 52.25%、110.17%，到 2014 年 3 月末，公司的资产负债率、产权比率分别为 47.35% 和 89.94%。可以初步认定该企业具有一定的长期偿债能力，短期偿债能力：该公司近三年平均流动比率和速动比率分别为 1、0.58，截至 2014 年 3 月末，公司正常生产经营情况下的流动比率为 2.35，速动比率为 1.33。短期偿债能力指标较好，说明公司短期变现能力较强。

从公司盈利能力来看：企业前三年平均销售净利润率、销售毛利率、资产报酬率、净资产收益率分别为 49.26%、96.44%、6.56%、14.13%。到 2014 年 3 月末，公司的销售净利润率、销售毛利率、资产报酬率、净资产收益率分别为 27.89%、100%、0.5%、0.96%。表明该企业盈利能力较强。

从公司营运能力来看企业近三年应收账款周转天数、流动资产周转率、总资产周转率分别为 1.74 天、0.69、0.13，到 2014 年 3 月末，公司的应收账款周转天数、流动资产周转率、总资产周转率分别为 -2 天、0.07 和 0.02。

最终判断该公司财务指标较好，偿债能力较强，盈利能力较强。该公司在担保发放的时候有该借款人有收益贷款 5.3 亿元的负债，实际对外担保为 8600 万元，并无不良信贷记录。经过测算，唐山农村商业银行将评其为 AA 级企业，该公司授信控制量为 85363 万元，最终公司拟对商户担保金额为 20000 万元，在授信控制量范围内。

（三）商户分析

在担保公司的担保和推介下，从 2014 年 6 月 27 日至 2014 年 11 月 29 日时间内，共计对商户发放 42 笔贷款（见表 60），其中 8 笔为租惠通贷款，34 笔商惠通贷款。平均贷款利率为 6.2%，最高利率为 10%，最低利率为 6%，商惠通贷款的贷款期限为 1 年，租惠通贷款的时间为 3 年。

表 60　　　　　　　　　　商惠通和租惠通贷款发放情况一览表

贷款用途	利率（%）	笔数（笔）	贷款期限（天）
购布匹	10	1	364
购瓷砖	6	3	364
购地板	6	1	364
购吊顶	6	1	364
购废钢	5	1	364
购货	6.10	16	353
购家具	6	3	364
购门	6	3	362
购木门	6	1	364
购墙纸	6	1	364
购衣柜	6	1	364
购浴房	6	1	364
装修	10	1	364
交租金	6	8	1095
总计	6.20	42	499

其中，在对商户审核中，主要从家庭资产、经营情况、贷款需求及合理性分析这几个方面进行分析，以其中某一商户贷款为例，其四方面情况如下：

1. 借款人：吴某某，现年 39 岁，家庭人口 3 人。配偶也为商人。家庭主要成员均同意向唐山农村商业银行申请贷款 200 万元。

2. 该借款人现有资产总额 325 万元，现有住房 2 套：一套房产市场价值 85 万元，另一套房产市场价格 240 万元。经征信查询，该借款人没有贷款。

3. 借款人主要生产经营状况：该借款人于 2009 年开始经营窗帘布艺，已经营 5 年，现主要经营维斯卡缔窗帘。进货渠道为商贸企业代购，销售对象主要以零散商户为主，目前经营情况良好。去年经营收入 1100 万元，实现纯收入 310 万元。

4. 借款人贷款需求及合理性分析：吴某某为了满足供货需求，需购进品牌窗帘，与唐山市路南鑫美居装饰材料商行签订了购货合同，共需资金 313 万元，自有资金 113 万元，尚缺流动资金 200 万元。

最后，银行根据综合评价系数计算，计算出该借款人折合系数为 0.84。该借款人净资产 325 万元，故信用风险限额 = 325 × 80% = 260 万元，授信控制量 = 0.84 × 260 = 218.4 万元，故确定该借款人的授信控制量为 218.4 万元。为保证该借款人经营稳步发展，考虑到该借款人资金需求量为 200 万元，给予授信值为 200 万元。执行利率为在基准利率的基础上上浮 20%，执行年利率 6% × 1.2 = 7.2%。

三、结论

通过引入与中小商户经营紧密联系的专业市场的参与，有效地解决了中小商户由于缺乏抵押和担保难以获得贷款支持的问题，在严格控制信贷风险的前提下，采用灵活的担保方式，拓宽专业市场内中小商户的融资渠道，是一种有益的尝试。

浙江安吉农村商业银行"美丽乡村贷"

浙江安吉农村商业银行股份有限公司（以下简称安吉农商银行）于 2013 年改制成立，前身是安吉县农村信用合作联社，现有注册资本 6 亿元，从业人员 560 余人，下辖营业机构 38 家，其中营业部 1 家、支行 21 家、分理处 16 家。网点遍布全县各个乡镇，是安吉县银行业金融机构中营业网点覆盖面最广、存贷规模最大、就近办理业务最方便、为社员和社区服务的地方性股份制金融机构。截至 2013 年 11 月末，安吉农商银行各项资产达 135.66 亿元，各项存款达 118.96 亿元，各项贷款达 86.47 亿元；存贷规模和市场占有率均居全县银行业金融机构首位。根据安吉县推进"中国美丽乡村"建设的实际情况，安吉农商银行于 2009 年 7 月推出了"美丽乡村贷"。

一、"美丽乡村贷"的提出背景

早在 2003 年，时任浙江省省委书记习近平同志就提出了开展"千村示范，万村整治"活动，2005 年 10 月，中共十六届五中全会提出建设社会主义新农村的重大历史任务，提出了"生产发展、生活宽裕、乡风文明、村容整洁、管理民主"的具体要求，为全国开展美丽乡村建设埋下了伏笔。2007 年 10 月，党的十七大提出"要统筹城乡发展，推进社会主义新农村建设"，更加明确了农村建设发展的思路。"十一五"期间，全国很多省（市）按中共十六届五中全会的要求，为加快社会主义新农村建设，努力实现生产发展、生活富裕、生态良好的目标，纷纷制订美丽乡村建设行动计划并付之行动，并取得了一定的成效，其中，浙江省凭借先天条件和开展建设较早的优势而领先于全国平均水平。2008 年，浙江省安吉县正式提出"中国美丽乡村"计划，出台《建设"中国美丽乡村"行动纲要》，提出 10 年左右时间，把安吉县打造成为中国最美丽乡村。2013 年，习总书记再次强调要认真总结浙江省开展"千村示范，万村整治"工程的经验并加以向全国推广，并于中共十八届三中全会上提出建设美丽中国深化生态文明体制改革的任务，在 2013 年中央 1 号文件中明确提出要努力建设美丽乡村的目标，深刻阐述了美丽乡村建设的重大现实意义，揭示了美丽乡村建设的历史文化渊源，指明了美丽乡村建设的基本要求和工作重点。"十二五"期间，受安吉县"中国美丽乡村"建设的成功影响，浙江省制订了《浙江省美丽乡村建设行动计划》。"美丽乡村"建设正是在开展"千万工程"过程中摸索建立的有效载体，对改善农村人居环境，推进社会主义新农村建设发展有着重要意义，承载着广大农民群众对改善生活质量的殷切希望。

自安吉县启动"中国美丽乡村"建设以来，为提高行政村建设积极性，更好推动"美丽乡村"建设，县政府采取了"先建后奖"的资金拨付方式，一些村级集体经济相对较弱、基础较差的行政村建设资金捉襟见肘，前期启动资金瓶颈十分突出。安吉农商银行在支持新农村建设过程中，意识到"生产发展、生活宽裕、乡风文明、村容整洁、管理民主"是新农村建设的必然趋势，而"美丽乡村"建设正是顺应新农村建设发展的重要载体，必将逐步成为全国新农村建设的客观要求。为使"美丽乡村"建设不被资金拖后腿，本着"服务'三农'，支持地方经济建设"的目的，安吉农商银行及时与政府及相关部门沟通对接，突破传统，按照链式金融模式，创新推出了"美丽乡村"建设链贷款，利用资金的提前介入为整体创建提供了首批启动资金。

二、"美丽乡村贷"贷款产品概况

"美丽乡村贷"是基于"扩大金融扶助受益面，加快农村经济整体提升"的主要思路创新而来，是继"彩虹卡"特色支农产品后，安吉农商银行推出的又一"三农"特色产品，是指安吉农商银行向借款人发放的用于辖内乡镇或行政村"美丽乡村"建设的贷款。

（一）贷款对象及定价方式

贷款对象方面，"美丽乡村贷"将贷款面向的主体从农户个体扩大到了农村整体，贷款对象应当是经工商行政管理机关（或主管机关）核准登记，经营范围包括乡村基础设施建设的企（事）业法人、村级合作经济组织、其他经济组织。从贷款对象来看，"美丽乡村贷"增强了金融支持涵盖面,将对"三农"的支持从点向面延伸,将点与面结合,使金融服务内涵更加广泛,金融支持成效更加突出,体现了安吉县"惠及群体更广泛,服务对象更全面,经营模式可持续"的普惠金融发展思路。符合条件"美丽乡村"贷款条件的企事业单位或村级经济组织,向安吉农商银行提出借款申请,并提供当地有权部门同意建设的批文和相关必要文件后,即能办理贷款。

定价方式方面,为支持"美丽乡村"建设良性发展,"美丽乡村"贷款执行利率统一按人民银行公布同档次基准利率下浮 10% 执行。

(二) 贷款用途

安吉农商银行将"美丽乡村贷"发放给实施"美丽乡村"基础设施开发建设的企(事)业法人、村级合作经济组织、其他经济组织后,以行政村为单位,通过把贷款资金用于建设"中国美丽乡村"精品示范村的各个考核指标项目,帮助行政村获得"美丽乡村"建设奖励资金,再结合项目自身所获收益归还贷款。

综上所述,"美丽乡村"贷款的用途与"中国美丽乡村"精品示范村的考核指标体系是紧密联系的,以下为 2013 年"中国美丽乡村"精品示范村的考核指标内容。

表 61　　安吉县建设"中国美丽乡村"精品示范村考核指标

类别		指标编号	指标内容	指标权重
村村优美	245 分	1	规划编制及执行	45
		2	村庄建设品位	30
		3	生产生活垃圾处理	20
		4	村与环境污染治理	20
		5	农业资源保护和面源污染治理	10
		6	卫生厕所普及	15
		7	"四边三化"执行	30
		8	殡葬改革	10
		9	自然村提升扩面	20
		10	长效管理机制及效果	45

类别		指标编号	指标内容	指标权重
家家创业	190分	11	现代产业发展	45
		12	村级集体经济壮大	40
		13	农业科技创新及运用	10
		14	美丽乡村标准体系建设应用和系列商标注册使用及管理	20
		15	"诚信彩虹"农村信用工程	10
		16	新农村信息化和用电安全	20
		17	新型农民培训及"两创"	20
		18	农民住房宅基地登记发证及建设许可规范	15
		19	村企合作建设	10
处处和谐	340分	20	基层组织建设	25
		21	文明村创建	20
		22	美丽家庭创建	20
		23	便民服务中心规范化建设	35
		24	村民自治制度落实	25
		25	农村"三资"管理	30
		26	平安建设	20
		27	民主法治村及信访"三无"村创建	20
		28	低收入农户及残疾人权益保障	15
		29	"五好"关工委及"敬老文明号"创建	25
		30	文化传承与发展	25
		31	诚信体系建设	10
		32	村邮站建设	10
		33	广播电视基础设施建设	15
		34	交通、消防及生产安全	30
		35	村民支持和参与度	15

续表

类别		指标编号	指标内容	指标权重
人人幸福	225 分	36	农民人均纯收入和城乡居民收入比	35
		37	学前教育及义务教育法执行	20
		38	新型城乡合作医疗参加率	25
		39	农村养老保险覆盖水平	25
		40	公共卫生服务达标及计划生育管理	25
		41	文化示范村创建及健身设施建设运行与维护	20
		42	便农支付工程建设	10
		43	农村安全饮用水	20
		44	农村小菜场整治及农村消费者权益保护	15
		45	群众幸福度测评	30
小计				1000
附加	15 分	附加 1	获部级以上先进每个加 5 分，最高加 10 分	10
		附加 2	创建工作有显著特色，酌情加分，最高加 5 分	5
合计				1015

三、"美丽乡村贷"的运作机制

（一）制度安排

"美丽乡村贷"在制度安排上始终坚持与政府、乡村和社会的各方合作，围绕《安吉县建设"中国美丽乡村"行动纲要》，提出"多部门合作，多维度支持，实现农村集体经济自身造血功能"的设计思路，对贷款可能涉及的每个环节进行了人员、组织安排，并于 2009 年 7 月制定出台了《安吉县农村信用合作联社"美丽乡村贷"贷款管理办法》。

在沟通合作方面，一是建立并坚持与政府部门及乡镇、村的广泛沟通，针对贷款条件、担保方式、资金监管等方面进行了详细讨论磋商，并就

"美丽乡村"融资、规划建设、评定验收、资金偿还及风险控制五大方面达成初步意向，将贷款的发放与安吉县建设"中国美丽乡村"的考核指标体系相联系。二是以政策支持、资金支持作为贷款规划导向。在与各部门达成初步合作意向后，及时向县委县政府汇报，争取政策支持。各方对美丽乡村投入的资金是安吉农商银行发放贷款的原动力，美丽乡村建设的资金来源主要有三个方面：政府财政投入、村集体配套投入和社会资本投入，贷款额度的设置要根据每年资金支持力度的变化而不断更新。三是建立与县农办、县财政和乡镇、行政村的信息共享交流联动机制，建立项目建设融资档案，及时互换信息，防范风险损失，达到合作各方双赢和维持长期合作的目的。

（二）运作机制

"美丽乡村贷"贷款的运作分为"申报—规划—审核—审批—签约—放款—回收"七大步骤，涉及合作主体有县农办、县财政、乡镇、行政村与安吉农商银行，在整个流程中各司其职。

一是建设乡镇村负责收集项目材料（包括"美丽乡村"项目书、政府规范借款主体的文件、借款主体基础资料等），并提出贷款申请。

二是县农办对项目进行规划论证、建设指导，确保项目可行性及合理性。

三是县财政对项目资金使用的合理性进行审核。

四是安吉农商银行对项目进行调查评估后，根据项目总体规划确定还款期限及贷款金额（贷款金额最高不超过项目建设总投入的50%，根据行政村实际情况可采取信用、保证等不同的担保方式，利率从基准利率下浮10%至上浮20%），并作出最后审批。

五是由县农办、县财政、乡镇、行政村与安吉农商银行签订五方协议，规定各自权责（安吉农商银行对符合条件项目实行信贷支持及利率优惠；县农办负责对建设单位进行指导、检查和监督；乡镇负责监督"美丽乡村"建设专户资金的使用；县财政负责贷款担保的落实及资金使用的审核）。

六是安吉农商银行按照项目建设进度落实放款，并由多部门审核监督，贷款资金入账后统一划转至项目建设资金专户，采取封闭式管理，规范贷款资金的使用。

七是借款的行政村利用政府"美丽乡村"创建奖励资金及项目自身收益归还贷款。

流畅的审批运作使得一笔"美丽乡村贷"贷款从申请到发放仅需一周时间。通过与县农办、县财政、美丽乡村建设各乡镇政府、行政村开展既广泛又密切的合作,解决了"美丽乡村贷"贷款还款来源及后期资金、后期监管的问题,为"美丽乡村贷"贷款产品夯实了推广基础。

(三) 贷款风险管理

其一,贷款流程完善。安吉农商银行在设计产品之初,对贷款流程的各个环节进行了充分考量,保证了流程的合理性。贷前认真调查,贷中严格审查,贷后资金封闭管理,确保了项目真实性及可行性。

其二,建立相关部门的联动机制。"整体联动、部门协作、快速反应、责任落实"的一体网格化联动协调管理新机制,实现了贷款管理信息的互通共享,有效提高了农商银行的贷款管理、信息沟通及应急处理能力,为贷款资金的平稳运行提供了良好的机制保障。

其三,实行贷款专项监管。为确保信贷资金落到实处,安吉农商银行按建设进度发放贷款,并由多部门监督审核,实现了"专款专用"的目的。同时,充分发挥多部门协作合力,由县农办、乡镇与安吉农商银行对"美丽乡村贷"贷款实行共同监管,做到"第一时间发现问题,第一时间解决问题"。

其四,稳固的还款保障。为降低贷款风险,县政府成立了社会化运作的国信担保公司为"美丽乡村贷"贷款提供担保,县财政也出资建立了"美丽乡村建设项目风险专项资金"用于乡镇建设资金的风险补偿,融资单位也以奖励资金及自身收益作为还款来源。这样,通过设置多重还款保障,确保了信贷资金安全。同时,安吉农商银行与美丽乡村建设各乡镇政府、县财政、县农办联合签订业务合作协议,明确各方权利、义务和最终还款责任。由县农办按"美丽乡村"建设要求负责对辖内各建设单位进行指导、检查和监督;各乡镇及安吉农商银行共同负责监督"美丽乡村"建设贷款使用。自2009年发放"美丽乡村贷"贷款以来,从未发生一起"美丽乡村贷"贷款逾期,以实践证明了该产品的安全性。

四、"美丽乡村贷"创新亮点

（一）理念创新

一是打破传统思维。安吉农商银行认识到新农村建设与传统项目有着本质区别，因此突破传统观念，在"美丽乡村"建设中采取多元化支持新农村发展的金融理念，将信贷资金从支持农户的单个层面扩散出来，提升到农村整体。二是转变服务方式。安吉农商银行通过不断提高农村金融服务经度和纬度，将"三农"服务从点向面延伸，极大地推进了新农村建设在本地区的发展，使"三农"群体更快、更好地获得普惠金融服务。

（二）机制创新

一是机制创新。安吉农商银行通过与县农办、县财政、"美丽乡村"建设各乡镇政府、行政村开展既广泛又密切的合作，解决了"美丽乡村贷"贷款还款来源及后期资金、后期监管的问题，为"美丽乡村贷"贷款产品夯实了推广基础。二是营销创新。通过对"美丽乡村"建设的大力支持，进一步增强了安吉农商银行与县、镇（乡）、村三级政府的良好合作关系，使银政双方的合作平台更加广阔。目前，全县187个行政村（包括改制社区）均在安吉农商银行开立账户，开户率已达100%，村民小组开户数也达到了1503户，开户率达60%。

（三）模式创新

一是在信贷投放模式上从"先发展—再支持"转变为"先支持—促发展"，实行金融资金的提前介入，为安吉"美丽乡村"建设提供了原动力，使有限的信贷资金发挥出"四两拨千斤"的效果。二是将对个体的诚信培育扩展到诚信体系的建设上。如果说安吉农商银行的"彩虹贷款"注重于对个体诚信的培育，那么"美丽乡村贷款"是将个体诚信建设向体系化延伸的重要提升（县政府已将"诚信彩虹"建设作为"美丽乡村"建设评定的重要标准）。安吉农商银行通过将"美丽乡村"建设与诚信彩虹信用工程的完美融合，有效推进了全县农村经济发展与社会信用环境的双向提升。

五、"美丽乡村贷"的运行绩效

（一）贷款收益

表 62　　　　2012～2013 年"美丽乡村贷"贷款发放情况　　　单位：万元，%

项目 \ 年份	余额	累计发放额	最低单笔贷款额	最高单笔贷款额	客户数	审批所需时间（天）	最高年利率	利息收入	不良贷款率
2012	16279	16279	80	1000	29	7	5.53	836	0
2013	15300	18600	75	1000	22	7	5.40	785	0

从表 62 中看出，安吉农商银行在 2013 年相比上一年投入了更多的"美丽乡村贷"贷款资金，贷款金融增长了 14.26%，说明农商行随着"美丽乡村"建设的不断深化推进，为更好地服务于基础设施项目建设而不断增加投入资金；单笔贷款额的范围有所扩大，体现在最低单笔贷款额的降低，这可以使得借款人能够根据本行政村的实际情况更灵活地选择借贷金额；从 2012 年到 2013 年，"美丽乡村贷"贷款资助的客户数减少了 7 个，但截至 2014 年 7 月客户数比年初增加了 2 个，说明贷款整体运行情况依然良好，但"美丽乡村贷"贷款对于更多村集体的可得性还有上升的空间；表 62 中还显示"美丽乡村贷"贷款的最高利率从 2012 年的 5.53% 下降到 2013 年的 5.40%，降低了 0.13%，这体现了安吉农商银行始终坚持为农民服务的宗旨，也说明了"美丽乡村贷"是具有社会公益性质的贷款产品；最后，从表 62 还看到 2012 年到 2013 年一直没有不良贷款的出现，这从侧面体现了"美丽乡村"建设的良好效果，农村信用环境有了不断的提升，农户们的信用意识也得到了进一步的增强，实现了合作主体互利共赢的目标。

从安吉农商银行的收益角度来看，"美丽乡村贷"贷款并不是一个高盈利产品，这体现在最高贷款利率从 2012 年的 5.53% 下降到 2013 年的 5.40%，降低了 0.13%，利息收入从 2012 年的 836 万元下降到 2013 年的 785 万元，降低了 6.1%。但安吉农商银行更看重的是"美丽乡村贷"背后的隐性收益。

首先，体现了安吉农商银行的社会责任感。安吉农商银行一直立足于"三农"宗旨，依托地方经济的同时更服务于地方经济，不断提高对地方经济的贡献度。

其次，在广大农民群众的心中树立了形象，提高市场占有率。随着各种银行与非银行金融机构之间竞争的不断深化，安吉农商银行认识到了民心工程能够带来更长效、可持续的收益，在提高公众认可度的同时更加提高了市场占有率，这从全县存贷规模和市场占有率均居首位的成绩中得以体现。

（二）社会效益

其一，为建设"美丽乡村"贡献力量。安吉农商银行通过美丽乡村贷款产品，将信贷资金注入安吉美丽乡村建设工程中，有效缓解了新农村建设资金"瓶颈"，取得了良好社会效益。2008年以来，通过"美丽乡村贷"贷款投入新农村建设的信贷资金超过6.8亿元，累计支持行政村达118个，受益农户达6万余户、惠及人口31万余人，累计让利2000余万元。通过安吉农商银行信贷资金的提前介入，极大地推动了安吉"美丽乡村"建设进程，使安吉"美丽乡村"建设提前三年完成了五年规划目标。同时，安吉整体农村信用环境也得到了较大提升，目前信用乡镇已实现全覆盖，信用村达185个，创建比例高达99%。

其二，促进经济发展，提高农民生活水平。通过美丽乡村贷款的推动，安吉在美丽乡村建设中，实现了绿色产业、自然生态与和谐社会的全面协调可持续发展，树立了乡村美丽、农民幸福的社会主义新农村典范，同时也带动了旅游业及农家乐产业的蓬勃发展。依托美丽乡村品牌效应，2013年安吉县接待国内外旅游人数1044万人次，比上年增加19.2%，全县旅游总收入达102.31亿元，同比增长52.4%，旅游外汇收入1.73亿美元，同比增长17.3%。辖内已有4个乡镇实现"一票制"的大景区建设。农家乐也从最初的几十家发展至600余家，床位超过6000张，占全县旅游饭店床位的半数以上。县内农民人均纯收入从2009年的11326元增加到2013年的17617元，增幅达56%。

其三，推动乡风文明和民主管理建设。依托"美丽乡村贷"贷款资金投入，安吉通过"美丽家庭"创建等一系列精神文明建设活动，深入推进全县农村精神文明建设，共评出美丽家庭25092户，获得信贷支持的美丽家庭有

3586 户，增强了对广大农户诚实守信观念的培养，有效提升了农村整体文明程度及信用环境，安吉农商银行农户贷款不良率仅为 0.1%。同时，通过"美丽乡村贷"贷款支持，改善了各个行政村村容，提高了村民的信用意识，并且村民自治组织的号召力及决策力得到了较好提升，为促进行政村形成"村务公开，民主决策"的民主管理方式提供了有效的组织保障。

其四，更好地扶持、服务了"三农"群体。安吉农商银行在信贷支持"美丽乡村"建设的同时，也同样重视对"三农"群体的让利优惠。根据村集体的不同情况及金额，贷款执行利率从按基准利率下浮 10% 至上浮 20%，实行差异化服务管理，与农商行正常测算利率相比，让利 2000 余万元，切实减轻村集体融资成本及负担，加快村集体实现自身造血功能。

安吉县山川乡高家堂村就是本县首批"美丽乡村贷"贷款的获得者。该村在"美丽乡村"提升建设中遇到了资金困难，建设项目无法正常开展。安吉农商银行在了解情况后，及时对其进行了信贷支持，至 2014 年年末已累计发放贷款 850 万元，优惠让利 25 万元，使该村按时完成了建设规划目标。在安吉农商银行的信贷扶持下，该村改变了从前落后的风貌，蜕变成为美丽乡村"示范村"，先后获得"省级全面小康建设示范村"、"省级绿化示范村"、"省级文明村"多项殊荣。高家堂村也作为整体景区被开发，成为了全县"一票制"旅游村的典范。2013 年该村集体收入已达 290 万元，比 2009 年增加了 183 万元，增幅达 171%，人均纯收入达 21306 元，比 2009 年增加了 42%，这样的案例仅仅是安吉农商银行支持"美丽乡村"建设的一个缩影。

六、"美丽乡村贷"的推广意义

安吉的"美丽乡村"建设是中国"美丽乡村"的典范，目前已有 34 个省市前来安吉学习经验，多个省部级以上领导来安吉考察"美丽乡村"建设。而"美丽乡村贷"贷款产品正是为安吉"美丽乡村"建设量身定制的。在全国"美丽乡村"以安吉模式为标准的大背景下，"美丽乡村贷"贷款具有良好的借鉴作用。

一是助推美丽中国。"美丽乡村贷"贷款是"美丽乡村"建设的有效助力，对落实普惠金融，践行"千村示范，万村整治"活动有着重要意义。

二是市场前景广阔。"美丽乡村贷"贷款为金融机构开拓农村经济市场找到了突破口，对金融机构针对农村地区的业务营销及业务推广有较好的促进作用。

三是操作流程简便。安吉农商银行通过多年的摸索与科学实践已经形成了一套成熟的运作模式，"美丽乡村贷"贷款产品在流程设计上非常简便，并受到县域农村的广泛欢迎和认可，在全县范围内得以成功推广和应用，具有良好的可操作性。

四是可推广利用。安吉农商银行通过多年的实践证明"美丽乡村贷"贷款操作的可行性及风险的易控性，为同行业提供了良好的借鉴经验。该产品操作简便、安全性强、适用性广的特点，使其具有良好的可复制性，易于推广。

安吉农商银行"美丽乡村贷"贷款支持新农村建设的成功实践证明，在深入贯彻落实科学发展观、建设美丽中国、发展农村经济的时代背景下，推广安吉农商模式的"美丽乡村贷"贷款不仅能使银行自身业务得到长足发展，更能打开银行、政府、农民三方共赢的良好局面，为推进新农村建设和县域经济发展提供良好的参考经验。

浙江余杭农村商业银行市民卡案例

在现代生活中，不同的行业、不同地区和不同单位的会员卡、支付卡等各种应用越来越多，人们出行通常需要携带多张卡片，为人们生活增添了不便。为解决这一问题，2011 年 3 月 11 日中国人民银行发布《关于推进金融 IC 卡应用工作的意见》，决定在"十二五"期间全面推进金融 IC 卡应用，实现"一卡多用"，提升各类交易与管理的信息化和智能化，带动银行卡产业升级。

那么现实操作中，多功能的金融 IC 卡究竟是如何运作的？金融 IC 卡的发行对持卡人、地方政府和农村商业银行产生了哪些影响？哪些因素会影响金融 IC 卡的绩效？金融 IC 卡的运作还存在哪些问题？这一系列问题都有待实证和理论的检验。为解答上述问题，本文将以余杭区市民卡为例，对市民卡的运作机制、绩效和存在问题进行分析，以期为其他地区多功能金融 IC 卡的发展提供可借鉴经验。

一、余杭农村商业银行市民卡业务概况

市民卡是 2010 年余杭区人民政府为提高社会服务的运行效率，联合余杭农村商业银行向市民发行的余杭区首张集社会服务和金融服务于一体的多功能金融 IC 卡。在余杭区人民政府的支持下，从 2010 年 12 月底的首次发放至2014 年 8 月末，余杭区共发行 97 万余张市民卡，余杭农村商业银行代理市民卡业务 50 多万笔。

（一）明确岗位工作职责，发挥各部门组织优势

为确保市民卡的有效推广和运行，余杭区政府和余杭农村商业银行结合各部门组织的工作优势，对各部门组织进行了职责划分。区委宣传部负责牵头区新闻传媒中心、广播电视台等媒体，制订市民卡整体宣传计划。区财政局负责做好市民卡工程涉及的数据比对采集公司、制卡公司的招投标工作。区劳动保障局负责协调本区城乡居民基本医疗保险参保人员、职工基本医疗

保险参保人员的市民卡申领表发放和优化，负责市民卡医保应用开通和管理工作。区信息化管理中心负责市民卡系统建设、发卡方案，协调推进市民卡的各项应用、管理规范、服务细则的制定与实施、各部门的数据交换，以及申领数据、表单保密及安全等。区卫生局负责建设以电子健康档案为核心的卫生信息化系统工程，配合做好医疗机构与市民卡应用相关的接口改造工作。区教育局负责做好区直属学校在校学生的发卡工作，指导各镇乡、街道学校开展在校学生的发卡工作。区公安分局配合做好市民卡发放时部分人像采集工作。

与政府部门相比，余杭农村商业银行拥有网点数量优势、员工数量优势，以及丰富的制卡经验。因此，余杭农村商业银行主要负责做好下属营业网点建设工作，配合做好市民卡在本区商盟支付服务领域的布点及推广运营工作，负责建立其下属网点与市民卡服务中心之间的卡、表格等相关资料的制作和配送。市民卡的制卡前期准备、制卡、批量开户工作由市民卡中心、省农信联社电子银行处、总行营业部共同完成。

（二）以集体发放方式为主，制定严格的市民卡办理条件

余杭市民卡发放以集体发放方式为主，即通过借助村委、社区、单位等组织主体的力量，减轻余杭农村商业银行的工作压力，实现市民卡的迅速普及。根据《余杭农村商业银行市民卡代理业务管理办法》，市民卡的发放分为属地组织、单位组织和自愿申领三种模式。属地组织模式是指余杭区城乡居民基本医疗保险参保人员、社会化管理的企业退休人员和余杭籍非参保人员，由各镇乡、街道负责，以村（社区）为单位组织申领发卡。单位组织模式包括机关事业单位组织发卡、企业组织发卡和学校组织发卡三种。自愿申领模式是指参加余杭区职工基本医疗保险的灵活就业人员以及经前两种模式发放后仍未办理市民卡的其他人员等，待区市民卡管理服务中心窗口或市民卡服务网点启用后，由市民个人到服务中心窗口或服务网点自愿申领。截至 2014 年 8 月末，余杭农村商业银行所有营业网点均可受理集体申领和零星申领业务。

考虑到市民卡涉及个人社会保障、金融服务等敏感性信息，余杭农村商业银行制定了严格的市民卡办理条件，以保证社会保障资金发放到户，个人信息不被泄露。根据《余杭农村商业银行市民卡代理业务管理办法》，市民卡必须由本人到市民卡发放服务点申请，密码激活必须由本人到各农村商业银

行营业网点激活，市民卡智慧医疗结算签约原则上应由持卡人本人办理。如遇特殊原因本人无法到场的，由代理人持双方有效身份证件及初始所在村委、社区出具书面证明方可办理。

（三）积极与政府部门和商业组织合作，提高市民卡的便捷服务能力

通过余杭农村商业银行与政府部门、各类商业组织的合作，市民卡已经具备社会保障功能、城市交通功能、公共服务功能和金融服务功能，实现了社会保障卡、城市通卡和余杭农村商业银行丰收借记卡的统一。市民卡的社会保障功能主要体现在以下四个方面：一是可在杭州地区定点医疗机构挂号、就诊、办理入出院手续，也可到医保定点药店购药；二是到余杭区医保经办机构办理各类登记、零星报销手续；三是到余杭区医保经办机构查询医疗保险个人账户余额等信息；四是积极推行"智慧医疗"结算功能，将余杭农村商业银行丰收借记卡与市民卡电子账户圈存，在杭州地区主要医院实现自助挂号、诊间治疗结算，免去窗口重复排队付费的麻烦。城市交通功能主要是指市民卡电子钱包功能在城市交通方面的运用。只要市民开通电子钱包，激活相应的应用功能，并保持电子钱包中有一定余额，就可以刷卡乘坐地铁、公交车、水上巴士、出租车、道路泊车，租借公共自行车。公共服务功能是以公共图书馆、公园景点等应用为代表的服务功能。截至 2014 年 8 月末，余杭区市民卡已开通杭州主城区及二区五县内所有图书馆的读者证，直接用于图书及文献的借阅。同时，持卡人还可以在市民卡中加载杭州主城区公园年卡功能。金融服务功能主要为余杭农村商业银行丰收借记卡的应用。余杭农村商业银行配合区市民卡领导小组办公室，按照行业推荐、适当控制比例的原则，已对余杭区 33 家"市民卡特约维修企业"和 30 家"市民卡特约加油站"进行了授牌，并完成了 POS 机布放工作。

下一步，余杭农村商业银行计划积极争取政府部门专项费用发放，积极延伸拓展市民卡集中付费、商盟合作等多项服务功能，实现市民卡银行账户与电子钱包的圈存功能，以期把各类代收代付业务整合到市民卡丰收借记卡中，实现市民吃、购、住、行、娱、游等各方面小额支付的广泛使用，从而提高持卡人的支付体验。截至 2014 年 8 月末，余杭农村商业银行已整合的代收代付业务达 20 多种，成功对接 66 家区直属机关、21 家乡镇（街道）以及

59家直属机关二级单位,顺利发放公务人员车改补贴资金,让全区公务人员首先享受了市民卡的配套服务便利和相应的优惠服务措施。

(四)限定市民卡圈存金额上限,保护持卡人资产安全

根据《余杭农村商业银行市民卡代理业务管理办法》,在签约成功情况下,当市民卡电子账户支付余额不足100元时,市民卡丰收借记卡账户将自动、实时向已签约的市民卡电子账户进行圈存。但在市民卡丢失时,市民卡中的丰收借记卡可以挂失,但电子钱包功能不记名,不挂失。

因此,为保护持卡人的资产,《余杭农村商业银行市民卡代理业务管理办法》规定持卡人可以在签约电子账户功能时设定圈存限额,圈存日累计金额不得超过签约时设定的圈存限额。截至2014年8月末,余杭市民卡的圈存日累计最高限额为5000元。

(五)完善基础服务设施,实现市民卡广泛推广

余杭农村商业银行积极完善基础服务设施,为市民卡的广泛推广提供条件。考虑到市民卡的智慧医疗功能颠覆了以往就医流程,居民在使用初期很容易产生操作不当、流程不清等问题。对此,余杭农村商业银行在余杭区第一人民医院、余杭区妇幼保健院设立了专门的金融临时服务点,为市民提供包括市民卡在内的各项金融便民服务,并在区属医院、20家社区服务中心、169家卫生服务站全部安装了POS机,对大部分诊所、社保定点药店和其他药店等根据自愿原则安装了POS机。市民可通过POS机刷卡支付看病、买药自理部分的费用,省去了现金支付的麻烦。未来余杭农村商业银行计划继续在其他区属医院、社区卫生服务中心、卫生服务站、民营医院和社保定点药店推广市民卡。

(六)积极争取优惠服务,提高市民卡支付优势

余杭人民政府和余杭农村商业银行积极为持卡人提供、争取优惠服务,在提高市民卡支付体验的同时,降低持卡人支付成本。在公共服务方面,刷市民卡乘坐杭州主城区泊车可享受8折优惠,乘坐公交车和地铁可享受9.1折优惠,办理公交月票可享受5折优惠,办理地铁功能开通、激活、充值都是免费;刷市民卡可享受西溪湿地三期洪园门票20元优惠价,比正价便宜60元。在金融服务方面,市民卡中的丰收借记卡免跨行ATM交易手续费、免年

费、免小额账户管理费、免短信服务费，办理个人网上银行、手机银行汇划免手续费，并可在国内外具有银联标志的 ATM 及 POS 机上通用。同时，还可使用市民卡电子账户在杭州市主城区的市民卡特约商户进行支付，享受市民卡特约服务、消费优惠等。"市民卡特约加油站"和"市民卡特约维修企业"均采取了相应的优惠措施。

二、余杭农村商业银行市民卡绩效

(一) 市民卡覆盖广泛，交易笔数增长迅速

自 2010 年年末上市以来，市民卡开卡数量和交易笔数增长迅速，实现了短时间内的广泛推广。通过余杭人民政府和余杭农村商业银行的努力，第一年市民卡发放量就高达 50.5 万张。与此同时，余杭区总人口只有 87.67 万人，相当于 57.6% 的居民都开立了市民卡。随后，市民卡的发放量不断增加，增长速度逐渐趋缓。2012 年年末余杭区开通市民卡 66.5 万张，同比增长 31.6%；2013 年年末开立市民卡 73.7 万张，同比增长 10.9%；2014 年 8 月末开立市民卡 78.1 万张。

随着市民卡功能的完善，市民卡的年交易笔数在 2012 年以后同样实现了爆发式的增长，但仍有较大的增长空间。2011 年市民卡交易只有 449 笔；2012 年交易笔数已达 19.8 万笔，是 2011 年交易笔数的 440 倍；2013 年年末交易笔数为 24.9 万笔，同比增长 25.4%；2014 年 8 月末交易笔数累计 50.9 万笔。但直至 2014 年 8 月末，市民卡的平均年交易笔数不足 1 笔，使用效率很低（见表 63）。

表 63　2011 ~ 2014 年 8 月末余杭市民卡的累积开卡量和年交易笔数表

项目类型	累计开卡数量 （万笔）	年增速 （%）	年交易笔数 （万笔）	年增速 （%）	平均交易笔数 （笔）
2011	50.5	—	0.04	—	0.0
2012	66.5	31.6	19.8	44059.7	0.3
2013	73.7	10.9	24.9	25.4	0.3
2014 年 8 月	78.1	—	50.9	—	0.7

（二）降低持卡人消费成本，有效提高支付体验

市民卡的多功能性、优惠服务可以有效提高持卡人支付体验。首先，多功能性能满足持卡人的多方面需求，为持卡人提供更便捷的支付方式。除银行支付结算功能以外，市民卡还与医疗社保、公交、缴费等其他行业支付功能相结合，能满足居民社会保障、商业消费、城市交通等多方面需求，实现了"多卡合一"。与此同时，市民卡的电子钱包功能可以在任何时间、任何地点为居民提供支付、圈存服务，免除居民就医、缴费产生的重复排队问题。其次，市民卡附带的优惠服务可以提高持卡人消费的便利性，一定程度上降低持卡人消费成本。在推广阶段，市民卡的多功能性和优惠服务能够有效增加其竞争优势，对居民产生较大的吸引力。

（三）拓展客户群体，提高银行市场竞争力

市民卡为余杭农村商业银行拓展客户群体、提高自身市场竞争力提供了机遇。截至 2014 年 8 月末，已发行的市民卡中带有丰收借记卡功能的成人卡为 78 万余张。由于市民卡是由政府发行的，具有唯一性和权威性，所以这 78 万余人已经成为了余杭农村商业银行的潜在客户。客户是商业银行业务发展的基础。在客户群体和经济总量有限的情况下，市民卡可以短时间内有效拓展农村商业银行客户群体，帮助银行抢占市场份额，并保证银行卡的使用效率，为银行带来更多经济效益。截至 2014 年 8 月末，余杭市民卡丰收借记卡中的存款余额已超亿元，这些存款必然会带动余杭农村商业银行相关支付、汇兑、理财等业务的发展。与此同时，银行卡的沉淀会降低商业银行的运行效率，是商业银行发展需要解决的问题之一。由于医疗社保、城市交通是居民生活的必要组成部门，市民卡的社会保障功能、城市交通功能和公共服务功能可以有效避免银行卡的沉淀，提高银行卡使用效率。

（四）提高公共服务效率，减少社会资源浪费

余杭区市民卡工程是余杭区委区政府的一项重大的为民办实事工程。市民卡充分发挥政府部门和商业银行的优势，首度实现了金融服务和公共服务的有效结合，其为持卡人支付带来的便捷性，也是公共服务效率提高的表现。

市民卡的发行适应了政府改善民生、提高公共服务效率的需求，使得其成为了政府联系市民的金融纽带。同时，市民卡作为金融 IC 卡的推广和应用带来了巨大的社会效益。市民卡可以避免商户的"一柜多机"，以及不同主体重复发卡现象，能够显著降低社会运行成本，避免社会资源的浪费。

三、简要结论

1. 余杭市民卡等多功能金融 IC 卡适应了现代社会发展的需求，实现了持卡人、政府部门、商业银行的"共赢"，社会绩效明显。市民卡不仅可以在一定程度上降低消费成本，有效提高持卡人支付体验，还可以帮助商业银行拓展客户群体，为其带来发展机遇，并且能够提高公共服务效率，降低社会运行成本。

2. 余杭市民卡仍存在许多问题，有待进一步解决和完善。比如余杭市民卡的电子账户不能挂失问题，无法完全保障市民的资金安全，会降低市民采用市民卡电子账户的动力；市民卡的年平均交易笔数低，说明市民的市民卡使用率低，而使用率是决定市民卡发展的关键。

3. 多功能金融 IC 卡的功能是影响其使用率和未来发展空间的决定性因素。因此，随着现代科技的发展和人们需求意识的不断提升，商业银行必将加强与社会公众服务领域的合作，把潜在客户转变成主动客户，从而发挥多功能金融 IC 卡的银行绩效。否则多功能金融 IC 卡将不具备可持续性，商业银行的投入成本难以被收回。

4. 多功能金融 IC 卡可以提高客户的忠诚度和依赖性，带动银行基础客户群的拓展，形成新的利润增长点。这将成为未来商业银行抢占市场份额的关键所在。

5. 政府在多功能金融 IC 卡的推广和发展过程中，起到了十分重要的作用。余杭市民卡的"爆炸式"发展离不开余杭区人民政府的支持。正是政府的支持，让余杭市民卡的社会保障功能、城市交通功能和公共服务功能得到充分的发挥，为余杭农村商业银行拥有规模巨大的潜在客户群体。在利益格局既定的地区，商业银行独自推动的市民卡拓展会面临较为高昂的行业壁垒。

6. 多功能金融 IC 卡在提供发展机遇的同时，需要商业银行投入高昂的成本。金融 IC 卡的制作成本是磁条卡的几倍甚至十几倍，ATM 和 POS 机等交易支付终端设备需要配套升级，费用同样不菲。而多功能金融 IC 卡的投入成本不仅包括制卡费用和人力费用，还包括商业银行与政府部门、商业组织的协调成本，以及配套基础措施的投入。考虑到真正决定金融 IC 卡使用效率的因素在于其功能，后者更应该引起商业银行的关注。

邢台农商行中小微企业融投资协会案例分析

一、引言

在金融管制下，民间借贷成为世界上一种普遍的金融现象，是金融市场不完善的产物。特别是在信贷市场供给有限的情况下，大量借款者会因为抵押品不足而面临信贷配给。民间借贷通常是这些经济体根据自身需要所产生和发展的，以社会资本为纽带的融资方式。与正规金融相比，民间借贷更具发展活力和效率，已经逐渐成为正规金融的有益补充。从借款手续来看，民间借贷是债权人和债务人之间的协议借款，申请流程和申请资料较为简单，不需要银行管理部门的层层审批。民间借贷的灵活性和快捷性特点，使其在满足借款者短期资金需求方面具有一定优势，并在全国范围内逐渐蔓延。特别是在此前信贷紧缩、楼市调控的政策背景下，民间资金缺乏投资渠道，高息的民间借贷发展十分迅猛。

但民间借贷也蕴藏着较大的风险。民间借贷基本都是以信誉为担保，不仅经常没有规范的借款合同，还缺乏贷前审查和贷后管理程序。资金出借者很难掌握借款者的生产经营状况、资金投放方向和负债等信息，自身利益难以得到保障。一旦借款者资金断裂，借款者跑路、失联的现象时有发生。对此，部分地方政府成立了民间借贷登记服务中心，为民间借贷提供规范的借款合同和交易备案服务，防止借款者出现过度负债。但出于民间借贷出借方害怕追缴 20% 个人所得税等原因，大部分民间借贷未能纳入民间借贷登记中心。以温州为例，温州民间借贷规模在 800 亿元左右，而在温州民间借贷服务中心登记的只有 80 亿元左右。那么，如何保障民间借贷出借者的资产安全性，是一个值得思考的问题。

邢台农村商业银行对此做出了有益的探索，利用正规金融机构的经验优势，规范中小微企业融投资行为，来化解民间借贷面临的高风险。该模式于 2014 年 8 月获得河北银监局及河北省银行业协会颁发的"服务小微企业特色金融产品奖"。因此，本文将对中小微企业融投资协会的运作模式和绩效进行总结，分析正规金融机构的参与对民间借贷和中小微企业投融资的影响，以期为其他地区解决中小微企业融资难问题、民间借贷风险大问题提供可借鉴思路。

二、中小微企业融投资协会运作模式

中小微企业融投资协会是指由邢台市工经联牵头，由中小微企业或个体工商户发起，与邢台农村商业银行合作，为中小微企业提供投资和融资相关服务的互助性、非营利性的会员制经济社团组织。在企业提出入会申请后，协会通过对其进行实地考察，了解申请企业法人人品、信用、经营情况、资产负债情况和发展前景等有关事项。经协会会长办公会初审、报理事会研究同意、会员投票通过后，企业方可入会。

入会企业要按规定缴纳入会基金，入会基金由邢台农村商业银行托管。在入会企业自愿提供担保的条件下，入会基金可作为贷款担保保证金，具有连带清偿责任。企业在全部偿还自身借款且所提供担保的其他会员企业贷款也已清偿完毕时，可申请退会。如果入会企业产生不良记录、违约行为或者其他违反协会章程的行为，协会会督促其及时纠改，并根据其纠改情况决定企业是否有继续留会资格。

协会为会员企业提供的服务内容包括：一是为企业的入会基金免费提供理财，保证企业入会基金收益率为7天存款利率及以上；二是提供融资咨询服务；三是及时受理企业提出的融资申请，并限时给予企业明确答复，如未获批准，协会工作人员应说明理由；四是协会为企业定期策划大型聚会活动或专业讲座，为企业打造更大的经营平台，提供交流、合作机会；五是协会定期向企业义务提供中小微企业相关报纸、刊物；六是对企业提出的各项咨询及质疑进行解答。其中，协会为入会企业提供的融资服务的方式有两种：一种是协会其他企业为入会企业提供借款，即民间借贷模式；另一种是入会企业向邢台农村商业银行申请贷款，即正规借贷模式。

下面本文将对这两种融资方式的运作模式进行着重分析。

（一）民间借贷模式

民间借贷的运作模式（见图29）如下：第一，借款会员企业向协会提出借款申请，与其他会员企业达成初步借款意见；第二，拟出资企业（可以是单个企业或多家企业组团形式）委托银行对借款企业进行贷前调查、确定贷款授信额度和贷款利率，然后根据银行调查结果，做出是否借款的决定；第三，如果拟出资企业决定出借资金，拟出资企业与协会、银行签订委托贷款合同，借款企业与协会、银行签订委托借款合同；第四，在贷款期间，邢台农村商业银行负责本息划拨，协会负责贷款的催收和保全，直至贷款期限结束。借款人应于还款日将应还本息足额存入指定银行账户。银行有权从该账户直接划收。如果借款人未存入足额应还款项，银行有权对不足部分从借款人在河北省农村信用社所有营业机构开立的账户中直接划收。不过贷款的催收和保全工作由协会负责，资金风险也归出资方承担。银行仅限于按照协会的书面委托协助协会出具并代为邮寄贷款催收通知单和利息清单。

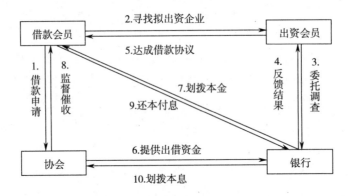

图29　邢台中小微企业融投资协会民间借贷运作模式

为保障出资企业的资金安全，借款企业有义务为协会、银行提供财务报表、业务经营状况等相关资料，借款额度不得超过其缴存入会基金的5倍，入会基金不得高于企业净资产的20%。在企业缴纳的入会基金内，任意企业可定向、自愿向其他会员企业出借资金。该借款只能用于补充企业短期流动资金不足，原则上贷款期限为半年，属于委托贷款形式的，经出资方与融资方协商，确定贷款期限，可适当延长，但最长不得超过一年。经出资方同意后发放贷款，贷款担保方式由出资方及融资方协商确定。贷款期限应根据借款人的贷款用途、生产经营周期、还款资金来源确定。在委托贷款到期时，借款人有权向协会申请贷款展期，应在委托贷款到期日的一个月之前，向协会提出委托贷款展期的书面申请和担保人同意展期后继续承担担保义务的书面文件或协会认可的新的担保。

在出资方同意出借资金后，借款企业、邢台中小微企业融投资协会和邢台农村商业银行会共同签订"委托贷款借款合同"，出资企业、邢台中小微企业融投资协会和邢台农村商业银行会共同签订"委托借款合同"。合同文本均由邢台农村商业银行提供，合同会规定委托贷款金额、贷款用途、贷款期限、贷款利率、结息方式、还本方式。在委托贷款发放前，协会要保证将足额资金存入其在银行开立的存款账户，以免出现资金不到位影响委托贷款按时发放。协会按约定放款日，向银行发出放款通知书。如因未收到通知书或资金未到位而影响委托贷款按时发放，协会承担由此产生的违约责任。

利息收益归出资企业所有，邢台农村商业银行根据委托贷款业务手续繁简、金额大小、期限长短等因素，收取中间业务手续费。手续费可以由协会和借款人协议支付。如果协会支付手续费，银行有权从其账户中直接扣收。如果借款人支付手续费，协会有责任督促借款人按期支付，否则银行有权从协会账户中直接扣除。因借款人违约致使银行采取诉讼方式实现债权的，协会应承担银行为此支付的诉讼费、律师费、差旅费及其他实现债权的费用。委托贷款到期本息不能收回的风险责任由协会承担，银行不承担代为还本付息等任何风险责任。

（二）正规借贷模式

在企业向协会提出融资申请后，如果企业满足邢台农村商业银行贷款发放条件，但其他会员企业没有直接出资意向的，邢台农村商业银行会直接为企业发放银行贷款。贷款可以采用五户会员企业联保的贷款形式，也可以采用其他形式的保证贷款、抵押贷款或银行承兑汇票业务。此时，入会企业贷款将按照银行内部相关贷款制度规定进行办理，与其他企业贷款无异。此时，贷款收益归邢台农村商业银行所有，贷款风险由邢台农村商业银行承担。

如果企业采用五户会员企业联保贷款，提供保证的会员企业应是邢台农村商业银行认可的并且应与借款会员规模、实力基本相当。个体工商户会员不得为企业类会员提供担保。提供担保企业的入会基金会转为保证金作为银行贷款的第二还款来源。当企业无法偿还贷款时，银行首先会从协会入会基金账户中扣除借款会员企业自身缴纳的入会基金，其次是扣除作为担保方的 5 家会员企业缴纳的入会基金。若按以上顺序仍不足偿还贷款本息，银行则执行其他行政及法律清收手段。

据邢台中小微企业融投资协会反映，正规借贷的抵押要求高于民间借贷，贷款期限比民间借贷贷款期限长，因此正规借贷提供的贷款额度通常大于民间借贷模式，贷款利息明显低于民间借贷的贷款利率。2014 年 10 月，民间借贷模式的贷款年化利率为 24%，贷款期限以 3 个月为主，而正规借贷的贷款年化利率在 9.6% ~ 12%，贷款期限以 1 年期为主。民间借贷模式主要解决了企业超短期、临时性的资金需求。

三、绩效分析

从 2013 年 12 月 31 日成立至 2014 年 10 月，邢台中小微企业融投资协会共促成民间借贷 406 笔，累计为 25 户会员企业发放贷款金额 4.14 亿元，累计为 26 户会员企业提供正规贷款，贷款金额为 8000 余万元。通过分析邢台中小微企业融投资协会的运作模式，我们发现这种融资服务模式的作用包括以下几个方面：

首先，正规金融机构的参与，有效缓解了民间借贷双方信息不对称问题，为出借者的资金安全提供保障。邢台农村商业银行的参与提高了借款者的违约成本，增强了借款者的行为约束。此时一旦借款者出现违约，借款者将面临在银行的信用水平被下调的惩罚。同时，邢台农村商业银行的贷前审查服务为出借者掌握借款者生产经营状况和财务状态提供条件，缓解了借贷双方的信息不对称程度。此外，邢台农村商业银行提供的委托贷款/借款合同文本，可以保障民间借贷合同的法律效力，避免出现因合同内容不规范引发的出借者利益受损现象。

其次，邢台中小微企业融投资协会满足了会员企业的极短期资金需求。在生产经营过程中，企业会因季节性、临时突发性原因，出现极短期的流动资金需求。而与民间借贷相比，正规借贷的审批手续相对复杂，申贷时间较长，不符合极短期资金需求特征，使得部分企业只能转借高利贷，为企业的发展埋下隐患。邢台中小微企业融投资协会的出现有效避免了这一问题。

最后，邢台中小微企业融投资协会提高了企业闲置资金利用率。资金闲置是资源的浪费，会增加企业资金占用成本。由于信息不对称，企业资金短缺和企业资金闲置现象往往同时存在。邢台中小微企业融投资协会的存在，为资金闲置企业和资金短缺企业搭建了沟通的桥梁，提供了企业闲置资金的利用率。调查显示，截至 2014 年 11 月末，在协会 6910 万元入会基金中，只有 800 万元资金没有被借出。

四、简要结论

邢台中小微企业融投资协会将正规金融机构引入民间借贷，提高了民间借贷的规范性和安全性，增强了借款者的行为约束，为缓解民间借贷高风险和企业资金闲置问题提供了可借鉴的思路。但与此同时，正规金融机构的介入，会在一定程度上降低民间借贷的灵活性和快捷性优势。因此，邢台中小微企业融投资协会模式在正规金融机构的贷前审查效率较高的地区，操作可行性更高。

姜堰农商行金阳光富民担保让农村贷款更容易

一直以来，农村经营主体"贷款难"、农村金融机构"难贷款"都是农村金融中难以破解的问题。《中华人民共和国贷款通则》第十条规定："除委托贷款以外，贷款人发放贷款，借款人应当提供担保。贷款人应当对保证人的偿还能力，抵押物、质物的权属和价值以及实现抵押权、质权的可行性进行严格审查。经贷款审查、评估，确认借款人资信良好，确能偿还贷款的，可以不提供担保。"可见，按照法律规定，农村经营主体向金融机构申请贷款，应该提供担保。对于金融机构而言，显然更倾向于接受抵押担保或质押担保方式，但由于农业本身的特点和现行法律制度的约束，农村经营主体难以提供合格的抵押品和质押品。因此，保证担保成为农村经营主体，尤其是弱势的农户和其他缺乏抵、质押品的农村经营主体金融机构贷款的唯一选择，这也是农村金融机构贷款中保证担保贷款占绝大比例的重要原因。

一、农村金融机构保证担保贷款模式亟待进一步创新

总结各地农村金融机构的保证担保模式，大致可以分为以下几种：

1. 联保贷款。有的地方也叫互助担保贷款，即由多名农户组成联保小组，由小组成员为贷款农户提供有多个保证人的保证担保。

2. 农村信用共同体贷款。农村信用共同体是指在农村地区设立的，以信用资质为评定依据，以优惠贷款政策为动力，以诚信品质培养为主要内容，由基层行社、掌控人（农贸市场、农村合作经济组织、农民行业协会等）、信用户三方自愿平等地结合而成的组织。由农贸市场、农村合作经济组织、农民行业协会等积极配合协助基层行社组织资金，配合基层行社开展贷款工作。

3. 公职人员担保贷款。对农村自然人发放的，由公职人员承担连带责任保证担保的贷款。所谓的公职人员是指公务员、医生、教师等行政事业单位或金融、通讯、电力、烟草等优势行业正式在职的收入较高、工作稳定的人员等。

4. 龙头企业担保贷款。龙头企业担保贷款是由龙头企业选择和确定可作为实际用款人的农户并为其提供担保，然后由农村金融机构为被担保的农户提供贷款。作为龙头企业，承担着为产业链上的农户提供生产资料、产品销售、技术指导等一条龙服务，比金融机构更加了解其产业链上的农户，这是龙头企业作为贷款保证担保的理论前提。

5. 担保公司担保贷款。是指由贷款人寻找拟贷款的农村金融机构认可的担保公司，为自己向金融机构的贷款提供担保，由担保公司收取一定比例的担保费用。

由于农村贷款单笔金额小、信息不对称、较高的担保费用等原因，一般的担保公司很难把农村定位为他们的服务区域；而龙头企业贷款和信用共同体贷款则限于一定的产业链或市场范围内，因此，联保贷款和公职人员担保贷款是农村金融机构为农村弱势群体提供贷款普遍接受的担保模式。但长期的实践证明，这些担保方式都各有其劣势。对于联保贷款而言，如果村民法律责任意识清楚，往往不愿意加入联保小组，除非他自己也需要贷款，这样联保也就成为互保，从而影响了保证的功能；如果联保小组的一户出现还贷困难，其小组成员会想办法推卸责任以减少自己的损失，从而导致联保贷款回收困难。而对于有些商业银行推崇的公职人员担保方式，则由于担保主体资源的匮乏而难以普遍推广。在农村保证担保模式不断推陈出新，又不断遭遇瓶颈的情况下，江苏姜堰农村商业银行（以下简称姜堰农商行）于2011年推出的金阳光富民担保模式，为有效解决农村贷款保证担保难问题开启了一条新的思路。

二、"金阳光"富民担保模式的创新

"金阳光"富民担保模式是姜堰农村商业银行在"阳光信贷"基础上推出的旨在让更多的农村经营主体成为银行合格贷款人，从而缓解农村贷款难问题的担保模式。该担保模式的主体是在姜堰农村商业银行推动下，在乡镇行政区域内，由政府引导、各村村干部参与，吸纳部分法人和私营企业主（自然人）共同入股成立的专业担保公司。担保公司成立之初与姜堰农商行签订定向合作协议，指定该行为唯一合作银行。根据姜堰农商行《姜堰区金阳光富民担保公司担保业务管理办法》，金阳光富民担保公司的担保对象仅限于该乡镇行政区域内的农户、小微企业以及农民专业合作社，单户担保额度不超过担保公司注册资金的 10%，贷款担保总额不超过保证金的 10 倍。对金阳光富民担保公司担保的贷款，该行按同档月利率下浮 1.5%，作为担保公司的业务收入，不增加贷款人任何资金成本。当贷款人需要贷款担保时，直接向金阳光富民担保公司提出借款担保申请，由担保公司派员调查、评审和决策。注册资本 500 万元以下的担保公司对 10 万元以下农户担保对象不要求提供反担保；注册资本 1000 万元以下的担保公司对 20 万元以下农户担保对象不要求提供反担保。作为担保公司，除了获得相当于担保金额 1.8% 的年收入以外，还能够获得地方政府按担保金额 2% 计算的奖励补贴收入。

尽管担保公司并不是一个新事物，但由泰州市政府和姜堰农商行发起推动的金阳光富民担保公司的组织和运营模式却在这个旧的载体中装入了很多的创新元素，非常接农村金融的地气。根据制度创新理论和熊彼特的创新理论，金阳光富民担保公司在以下几个方面实现了创新。

1. 地方政府的制度创新。根据《江苏省融资性担保机构行政许可工作指引》，融资性担保公司的注册资本不低于 1 亿元。泰州市政府根据当地农村金融的实际情况调低了担保公司的准入门槛，规定在乡镇范围内经营，只为本区域的农户和小微企业提供担保的担保公司注册资本最低为 500 万元。准入门槛的降低为金阳光富民担保公司的成立提供了制度保障。同时，地方政府还为担保公司的担保业务提供奖励补贴，动员了更多的民间资本能够投入到这一行业中。

2. 担保公司的组织创新。金阳光富民担保公司的组织创新表现在股东构成和担保公司与银行的合作关系方面。与只问资金不限制出处的一般担保公司相比，金阳光富民担保公司的股东构成有一定的限制，股东为镇政府、各村村干部、地方龙头企业等。金阳光富民担保公司对股东资格的限制契合了农村金融的特点，其中镇政府的出资为引导性资金，占公司股份的比例较小，而由民间出资占较大股份，既增强了民间资本的信心，又降低了公司的委托代理成本；地方龙头企业有一定的资金实力，能够保证担保公司有足够的资本金从事担保业务；而本乡镇内各村村干部入股担保公司使得村干部与担保公司的利益紧密结合在一起，是金阳光担保的一个重要创新，因为村干部既了解本村的情况，大大降低了交易主体之间信息不对称的程度；同时村干部在村里又有一定的权威性，在一定程度上降低了贷款违约的概率。在银行与担保公司的合作关系方面，每个乡镇的金阳光富民担保公司只能签订合同承诺为姜堰农商行在该乡镇的支行提供担保，对于金阳光富民担保公司担保的贷款，银行按同档月利率下浮1.5%，作为担保公司的业务收入，无须贷款人额外缴纳担保费用，银行通过让利使得担保公司紧密依存于银行而形成紧密的伙伴关系。银行和担保公司之间可以相互推荐客户，银行觉得合适的客户可以推荐给担保公司来担保，担保公司推荐的客户可以从银行得到贷款，从而实现贷款范围扩大，银行和担保公司共生共赢的局面。

3. 担保公司的产品创新。担保公司在提供融资担保时都会要求被担保人提供反担保，这对于农村贷款人而言也是一件困难的事情。金阳光富民担保公司在组织创新的基础上实现了其担保产品的创新，其管理办法规定，"注册资本500万元以下的担保公司对10万元以下农户担保对象不要求提供反担保；注册资本1000万元以下的担保公司对20万元以下农户担保对象不要求提供反担保。"正是基于信息对称基础上的这一产品创新，解决了当前农村经营主体小额贷款缺乏反担保的难题。

4. 担保公司的技术创新。金阳光富民担保公司成立后，姜堰农商行的贷款调查和审查就有了银行和担保公司两道防线，同时《姜堰区金阳光富民担保公司管理办法》还规定，担保公司的保费由姜堰农商行承贷支行在办理贷款发放手续时，按照借款期限和富民担保的优惠费率代为收取，担保公司不得另行向担保申请人收取任何费用。这些程序和措施能够预防信贷人员和担保公司人员吃拿卡要和违规放贷现象，有效地遏制了农村小额贷款中的冒名贷款、借名贷款的发生，同时也保证了贷款人能够实实在在得到保费费率的优惠，减轻贷款负担。

5. 担保公司的市场创新。一般的担保公司会选择经济发达的地方做业务，农村市场通常是无人问津的。而在组织创新和产品创新的基础上，金阳光富民担保公司也实现了其市场创新，成为专门为农村而量身定做的担保公司，其市场定位于农户与小微企业，在市场上没有竞争对手。尽管农村小额贷款缺乏规模效益，但担保公司的组织创新、产品创新和技术创新，保证了担保公司在农村市场上的财务可持续性，同时政府的制度和资金支持也为担保公司在农村开展业务提供了驱动力。

三、姜堰农商行金阳光担保的绩效

姜堰农商行发起金阳光富民担保模式以后取得了良好的经营效果和社会效果。

（一）缓解了银行难贷款的问题

金阳光富民担保公司与姜堰农商行阳光信贷的有机结合，有效拓宽了农户和小微企业的融资渠道，扩大了银行贷款的覆盖面，为实现普惠金融的目标向前跨越了一大步。从表64可以看出，2011年以来，姜堰农商行每年新增的农户和小微企业贷款数量增幅可观，2011年新增的农户贷款和小微企业贷款总共只有51笔，到2012年则实现了大幅度的增加，新增的农户贷款和小微企业贷款笔数翻了11倍，2013年的新增贷款笔数又在2012年的基础上翻番；2014年新增农户贷款和小微企业贷款笔数也足以实现比上年翻番。在贷款覆盖面增加的同时，农户平均单笔贷款的金额也不断增加，由2012年的9.7万元增加到2014年的20.4万元。

表 64　　　　　　姜堰农商行新增农户和小微贷款情况（累计数）

时间	新增农户贷款笔数（笔）	新增农户贷款金额（万元）	新增小微企业贷款笔数（笔）	新增小微企业贷款金额（万元）
2011 年	36	752	15	268
2012 年	305	2968	342	4528
2013 年	624	10251	678	14356
2014 年 8 月	829	16872	1352	26484

（二）保证了银行担保贷款的质量

自2011年第一家金阳光富民担保公司成立以来，到2014年8月末，已有8家担保公司相继成立。2014年8月末，8家担保公司提供融资担保的贷款为2848笔，担保贷款金额为5.07亿元，其中形成不良贷款的有5笔，金额为55.1万元。2013年末，姜堰农商行不良贷款率为1.75%，而金阳光担保贷款

（见表65）形成的不良贷款率仅为0.29%。可见，通过金阳光富民担保公司的创新机制，大大降低了银行贷款的风险，提高了该行贷款的质量。

表65　　　　　　　　　姜堰农商行发放金阳光担保贷款情况

时间	已成立金阳光担保公司数量（个）	金阳光担保公司担保贷款笔数（笔）	金阳光担保公司担保贷款金额（万元）	金阳光担保贷款形成不良贷款笔数（笔）	金阳光担保贷款形成不良贷款金额（万元）
2011年年末	1	71	1340	0	0
2012年年末	3	621	6960	0	0
2013年年末	6	2258	18658	5	55.1
2014年8月末	8	2848	50745	5	55.1

（三）农户贷款难问题得到缓解

姜堰农村商业银行推出金阳光富民担保公司以来，农户和小微企业贷款难的问题得到了缓解，越来越多的没有贷款资格的农村经营主体因为获得了担保公司的担保而顺利地从姜堰农商行得到了贷款。新增金阳光担保贷款（见表66）的笔数从2011年的91笔增加到2014年8月的3048笔。

表66　　　　　　　姜堰农商行新增金阳光担保贷款情况（累计数）

时间	新增金阳光担保公司担保贷款笔数（笔）	新增金阳光担保公司担保贷款金额（万元）	新增金阳光担保贷款形成不良贷款笔数（笔）	新增金阳光担保贷款形成不良贷款金额（万元）
2011年	91	1520		
2012年	821	7560		
2013年	2458	26658	5	55.1
2014年6月	2795	28891	5	55.1
2014年8月	3048	33115	5	55.1

（四）担保公司财务上实现了可持续发展

金阳光富民担保公司在降低银行贷款风险，增加农村经营主体贷款机会的同时，自身也实现了财务上的可持续性，获得较为可观的收益。例如，成立于 2012 年的泰州市鸿瑞富民担保有限公司，注册资本 1000 万元人民币。近几年的担保余额约 4000 万元，按照每年 1.8% 的担保费率计算，该担保公司会有 72 万元的营业收入。再加上政府提供的适当补贴，鸿瑞富民担保有限公司在财务上实现了可持续发展（见表 67）。

表 67　　　　　　　　泰州市鸿瑞富民担保有限公司的经营概况

时间	新增担保贷款笔数（笔）	新增担保贷款金额（万元）	新增不良贷款笔数（笔）	未清收不良贷款金额（万元）	获得政府补贴的金额（万元）
2012 年	193	2998	0	0	24
2013 年	199	3594	0	0	0
2014 年 8 月	121	2378	0	0	0

安吉农商行丰收彩虹贷

一、案例背景

安吉县位于浙江西北部,是著名的"中国竹乡"、"中国白茶之乡"、"中国椅业之乡"、"中国竹地板之都"。随着近年来"中国美丽乡村"新农村建设的不断推进,"三农"服务需求的变化对现代金融也提出了更高的要求。多年来,安吉农商银行加快转型、深化改革、创新机制、提升服务,在实现各项业务快速发展的同时为支持地方经济发展发挥了金融主渠道作用。目前安吉农商银行下辖营业机构 38 个,网点遍布全县各乡镇,存贷款总量和市场占有率居全县 11 家金融机构之首。截至 2013 年 12 月末,安吉农商银行各项存款 116.91 亿元,各项贷款 86.53 亿元,其中涉农贷款占 90% 左右。近年来,安吉农商银行支农成绩显著,得到了当地政府和社会各界的广泛认可和好评,并先后被评为全省农信系统网点转型先进单位、浙江农信系统"十强信用联社"、全省农村合作金融机构"创新工作先进集体"。

一直以来,农户贷款难是制约农村经济发展的一大障碍。新时代的农民怀着强烈的创业致富愿望,却苦于缺少有效的担保而无法获得金融支持,创业初期举步维艰。早在 2001 年安吉农商银行就希望能摸索出一条解决问题的途径,并尝试向农户发放信用证、贷款证,但效果都不太理想。为了让广大农民以合理的价格,方便、及时、有尊严地获得金融服务,2008 年,在深入调查研究的基础上,安吉农商银行以农村信用工程为突破口,全力打造"诚信彩虹"工程,并以此为依托于 2009 年推出具有普惠性质的"诚信彩虹"授信卡(以下简称彩虹卡)。

二、产品简介

"诚信彩虹"工程以诚信为纽带,在安吉农商银行与农户间架起了一座美丽的桥梁，为农村营造出了"绿色、安全、健康"的信用环境。在此寓意基础上，安吉农商银行面向全县广大农户推出了与省联社丰收小额贷款卡配套使用的阳光信贷产品——"彩虹卡"贷款业务。该产品具有"一次核定、随贷随用、余额控制、周转使用"特点，期限最长两年，实行利率优惠，可满足农户生产、消费等各种资金需求。

"诚信彩虹"工程的核心做法为"调查—评定—授信—发卡（彩虹卡）—放款"几个步骤。

1. 成立村级信用评定小组。

2. 利用村级小组成员人头熟、情况明的有利条件对农户的道德品质、信用记录、经营能力（经济实力）、偿债能力等资信情况进行综合调查，并逐户建立农户信用档案，然后根据信用档案进行综合测评结果独立提出授信建议。

3. 基层支行组织力量将参加调查的所有农户资信信息、测评信息、综合授信信息录入自主研发的"彩虹卡贷款综合授信管理系统"，同时安吉农商银行贷审小组根据村级信用小组授信结果集体行使否决权。最后，将"彩虹卡"逐一发放到被评为"信用农户"的农户手中。

4. 农户凭"彩虹卡"授信额度便可在农贷专柜直接办理贷款。

三、创新亮点

1. 突破传统。"彩虹卡"贷款业务突破了传统经营的农贷模式，引入农户话语权，突出农户金融服务中的对等地位，将农商行授信的权利分权于农户，既使安吉农商银行农贷工作由被动式经营转变为主动式营销，又激发农户参与热情，实现了农银的双向互动。

2. 创新架构。村级信用小组成员必须具备品格优秀、信用状况良好、地方威望较高、秉公办事等条件，一般为村主任、财务监督员、妇女主任及社员代表；村书记一般不为小组成员，主要发挥协调监督作用。村级信用小组独立行使授信权，不受安吉农商银行贷审小组影响。安吉农商银行贷审小组只行使否决权。

3. 优化流程。实现了授信调查环节的前移，对信用农户实行批量调查授信，有效避免了"等贷"、"跑贷"现象的发生，农户最快 15 分钟便能获得贷款，实现了农贷的"一站式"服务。

4. 搭建平台。强化科技支撑，自主开发"彩虹卡贷款综合授信管理系统"平台。该系统作为农户信用信息数据库，把农户基本信息、资产情况、偿债能力、经营能力实行科学、综合、统一管理，能使信用社全面、准确地了解有贷款需求农户的资信状况，并根据信用户管理要求按季度动态跟踪管理，提高信息真实度的对接，最大限度地消除因客户经理轮岗后造成银农信息不对称现象。

5. 提升效能。授信的前移、流程的简化，使客户经理从繁杂日常业务中解放出来，将精力更多地集中到走访工作中，拉近了与农户的距离，服务质量明显提高。同时，积极促进了客户经理作风建设，有效杜绝了"吃拿卡要"等不良行为的发生。

四、安全合规

1. 在推进"彩虹卡"业务运作的过程中，做好各个环节的风险防控。首先，村级信用小组在授信环节进行严格把关；其次通过"彩虹卡贷款综合授信管理系统"对农户信用实行动态跟踪管理；再次，客户经理按照"彩虹卡"贷款管理办法要求，认真执行贷款"三查"制度，严格做好贷后管理工作。此外，信用乡镇（村）的评定条件也对"彩虹卡"贷款农户的违约行为形成了一定制约。

2. "彩虹卡"贷款开展以来，"诚信创造价值"的效应明显。累计收回农户不良贷款 1635.86 万元，农户借冒名贷款与农户投诉现象鲜有发生，小额农户贷款的不良贷款率由 2.6%（2008 年年末）下降到 0.09%（2012 年年末）。

五、社会效益

"彩虹卡"贷款实施推广的四年以来社会效益显著。

一是有效破解了农户贷款难问题，使农民受益面提高，创业致富能力增强，2009 年以来，发放彩虹卡 75506 张，卡内授信金额达 39.62 亿元；通过"彩虹卡"向全县农民累计发放的贷款达 60 亿元，支持致富创业农户超过 6 万户。农民人均纯收入从 2009 年的 11326 元增加到 2013 年的 17617 元，增幅达 55%。

二是通过提升农户信用观念，为政府建立农村信用评价体系提供了重要参考价值，进一步深化了农村信用体系建设，2012 年末，已完成全县近 12 万农户的调查评定工作，评出信用农户 96886 户，占比 79.87%；评出信用村 181 个，信用乡镇 13 个，分别占比 96.79%、92.85%；其中溪龙乡、观音桥村、唐舍村分别被评为省级信用乡（镇）、信用村、市级信用村。安吉农商银行借助一张小小的"彩虹卡"为全县新农村建设推波助澜，安吉县也因富裕、和谐、优美的社会环境先后被评为"平安安吉"、"中国美丽乡村"、"联合国最佳人居奖"等荣誉称号。

三是推进"彩虹卡"贷款业务以来，自身业务不断发展，客户拥有量市场占比达 63%；安吉农商银行的社会认知度不断提升，先后获得了安吉县建设"美丽乡村"一等奖、安吉县金融考核先进单位，并于 2009 年被安吉县委、县政府授予"安吉骄傲"荣誉称号。

六、推广价值

"彩虹卡"农户小额贷款业务以金融普惠为目标，将广大农户纳入信用评定范围，开展多方联动进行"一揽子"授信，优化的操作流程使贷款手续方便快捷，办贷效率大幅提升，有效突破了农民"贷款难"难题，具有很大推广价值和空间。

湖北农信社"双基双赢合作贷款"

一、问题的提出

信息不对称是农村金融服务中的一大难题，主要表现为农村基层"贷款难"、银行"难贷款"。问题的症结就在于银行与农户之间缺乏有效的信息沟通和资源对接：一方面，农村种植、养殖大户、农业企业以及农户需要资金扩大再生产；另一方面，银行担心风险，不敢向"三农"轻易投放贷款。为破解农村金融服务信息不对称难题，湖北银监局于 2013 年 4 月 19 日下发《关于在辖内农村中小金融机构试行"双基双赢合作贷款"的通知》（鄂银监发〔2013〕18 号），并制定了《关于推动基层党组织与基层信贷机构合作开发"双基双赢合作贷款"的指导意见》，正式提出了"双基双赢"这一概念，旨在探索、建立基层党组织和基层信贷机构合作新机制。

二、"双基双赢合作贷款"运作模式

"双基双赢合作贷款"是指农村基层党组织全程参与基层信贷机构贷款调查及贷后管理，由基层信贷机构向农户及涉农经济组织发放的综合性贷款。关键在于基层党组织要充分利用自身信息优势、地缘优势，发挥基层党支部"领头雁"作用，与基层信贷机构深度合作，让基层党组织充当基层信贷机构的"信息员"，甚至是"准信贷员"，通过"信息共享、合力支农"，积极推广"双基双赢合作贷款"，使农村金融服务重心下沉到村组，以期破解农村金融服务难题，促进金融资源配置城乡均衡化，提升农村金融服务水平。

（一）贷款流程

"双基双赢合作贷款"按照签订协议→建立村级信贷服务工作室→普查筛选→行政增信→调查授信→贷款审批→贷后管理的程序进行操作（见图 30）。

1. 签订协议。农村基层党组织与基层信贷机构签订共同合作做好信贷支农工作的框架协议，明确双方职责和义务，并相互监督履行支农职责。

2. 建立村级信贷服务工作室。根据各农村中小金融机构网点设置情况，按网点数量比例，由基层信贷机构与基层党组织依据联合信贷支农协议，共同建立村级信贷服务工作室，实行联合办公。村级信贷服务工作室主要用于向广大农民提供信贷政策咨询等服务，并办理相关信贷发放手续。同时在村级信贷工作室中设立信贷服务公示墙和举报信箱，全面公开贷款种类、对象、条件和程序，实行信贷过程公开化，提高信贷业务透明度。并宣传"三农"信贷优惠政策，打造公开透明支农绿色通道，让金融服务"贴近基层、贴近农村、贴近农民"。

3. 普查筛选。基层党组织向基层信贷机构提供辖区内每年经济发展总体规划和贷款资金需求总体情况，介绍借款经济组织及农户。基层信贷机构制订辖区当年贷款投放计划；建立辖区农户及涉农经济组织贷款需求档案；对辖区内有贷款需求的农户及涉农经济组织基本情况进行普查，筛选出符合贷款条件的农户及涉农经济组织。

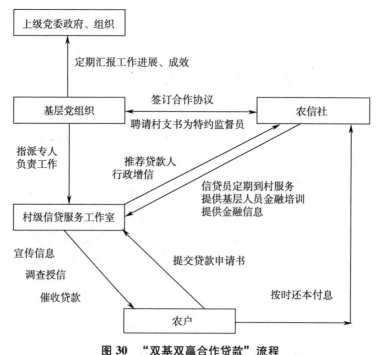

图 30 "双基双赢合作贷款"流程

4. 行政增信。基层党组织利用行政资源优势，负责组织辖区内的农户及涉农经济组织缴纳贷款联保基金，建立贷款担保机构，或者组织农户联保小组，为辖区内的农户及涉农经济组织提供贷款担保。

5. 调查授信。基层信贷机构在基层党组织的协助配合下，受理借款人贷款申请后，对贷款申请内容和相关情况进行调查核实，对信用状况、风险、收益进行评价，形成调查评价意见。并借助基层党组织的地缘优势、组织优势，准确了解借款人情况及经营风险，建立完善信用等级及授信额度动态评定制度，对借款人进行信用等级评定，并结合贷款项目风险情况初步确定授信额度、授信期限及贷款利率等。

6. 贷款审批。基层信贷机构按规定审贷程序对贷款进行审查审批，并将审查审批情况通报基层党组织，征求其意见，及时向农户及涉农经济组织发放贷款。对基层信贷组织审批通过的贷款，基层党组织若有不同意见，可以建议不予放贷。

7. 贷后管理。贷款发放后，基层党组织要组织人员经常深入所辖借款农户及涉农经济组织，了解和掌握其生产经营和贷款使用情况，协助对贷款资金进行监督，督促借款客户按期归还贷款本息。同时，基层党组织应协助做好信贷退出客户的政策宣传和解释工作。对于逾期贷款，基层党组织要充分利用行政优势进行催收，采取措施帮助保全信贷资产安全。

（二）"双基双赢"开展基础

1. 组织保障。各级监管部门成立推广"双基双赢合作贷款"产品工作领导小组和办公室，负责组织领导、产品推广、协调服务和督促检查；信贷机构也要成立领导小组和工作专班，分级向当地党委和政府汇报，积极争取当地党委和政府的支持，同时，负责"双基双赢合作贷款"产品的具体宣传推广工作，引导基层信贷机构与基层党组织深入合作开展信贷支农业务，强化业务指导、风险管控和监督检查。

2. 信息沟通。一是基层信贷机构和基层党组织通过村级信贷服务工作室联合办公，实时互通信贷供需双方信息，使信贷资金供给与借款农户及涉农经济组织的生产经营资金需求有效对接。二是使违约信息通报常态化，规范农村金融市场秩序，促进良好信用文化的建立。三是信贷机构要及时向基层党组织宣传国家经济、金融政策，加强对基层党组织和基层信贷机构合作工作的指导；基层党组织和基层信贷机构要定期向上级党委政府、上级行（社）汇报工作进展、工作成效，特别是在推进过程中遇到的工作困难和意见、建议等，加强推进工作的横向交流和纵向指导。

3. 人员培训。加强对信贷人员的金融知识、农业技术及政策等方面业务培训，促进一线信贷人员知识结构升级和业务能力提升；做好基层党组织人员的金融知识培训，定期组织基层党组织工作人员学习农村金融政策法规、金融基本知识、银行业风险管控制度等，使其了解掌握国家金融方针政策和银行基本业务，增强协助做好"三农"信贷业务的能力。定期组织农户及涉农经济组织参加金融知识、国家方针政策等培训，使"三农"客户群了解、掌握并运用金融知识和金融产品，促进企业经营稳健发展和农民生产生活水平的提高。有条件的地区，基层信贷机构与基层党组织要充分利用各类培训资源，加大专业大户、家庭农场经营者的培训力度，提高他们的生产技能和经营管理水平，降低信贷风险。

（三）风险防控机制

1. 建立风险预警系统。在基层党组织的协助配合下，基层信贷机构可以建立"双基双赢合作贷款"产品风险预警系统，实时跟踪分析评估借款人履行借款合同约定内容的情况以及抵（质）押担保情况，及时发现借款人、担保人的潜在风险并发出预警风险提示。

2. 建立监督机制。设立举报信箱等借款人保护制度，将信贷资金及时、全额发放到农户及涉农经济组织手中，不违背借款人意愿安排贷款，不附加任何贷款条件，切实维护借款人合法权益，防范各类道德风险。

3. 把控贷款不良状况。对"双基双赢合作贷款"不良余额或不良笔数超过5%的行政村，基层信贷机构有权对该村"双基双赢合作贷款"进行叫停，直到不良率和不良笔数降到5%以内为止。

4. 建立担保基金。在风险补偿方面，基层党组织可以组织辖内的有关部门、企事业单位及农户共同出资建立"三农"信贷融资担保基金，为辖内的支农贷款提供担保，当贷款出现风险损失时，由担保基金进行补偿。

5. 与保险公司合作。依托基层党组织，基层信贷机构可以积极与保险公司合作，引导贷款农户及涉农经济组织进行投保，当贷款出现风险损失时，用保险理赔资金先行补偿。

（四）激励约束机制

1. 对基层党组织的激励约束机制。

第一，与基层党组织其他绩效考核挂钩。基层党组织应对所提供的农企、农民专业合作社、家庭农场、种养大户、农户等相关融资信息的真实性、准确性、时效性负责，将"双基双赢合作贷款"质量、贷款清收成效纳入信用乡镇评定范畴。

第二，资金奖励基层党组织工作人员。信贷机构对协助信贷管理的基层党组织工作人员每年按贷款发放、收回情况，在发放劳务费用的基础上给予一定比例的资金奖励。

2. 对信贷机构的激励约束机制。

第一，多层考核机制。针对基层信贷机构制定专门的业绩考核和奖惩机制，省联社负责对基层农合机构的考核，新型农村金融机构由属地监管部门负责考核，其分支机构由法人负责考核。

第二，绩效正向激励。对营销"双基双赢合作贷款"产品的分支机构及信贷人员实行正向激励，提取一定比例净收益奖励一线业务人员，并将"双基双赢合作贷款"产品推广情况纳入对分支机构的考核范围，考核指标包括新增存款、"双基双赢合作贷款"产品的贷款金额占存款比例、新增和存量授信户数、笔数和金额、贷款回收率、管理水平等。同时监管部门要将"双基双赢合作贷款"产品的推广纳入对信贷机构支农服务评价、监管评级和高管人员履职考核的重要内容。

三、"双基双赢合作贷款"发放情况

以黄冈市红安县为例说明"双基双赢合作贷款"的发放情况。如表68所示，截至 2014 年 10 月底，红安县联社"双基双赢合作贷款"分为三个业务品种，分别为农户经营性贷款、农户小额担保贷款和农户小额信用贷款，累计发放 1763 笔，发放总额达到 7482.11 万元。"双基双赢合作贷款"额度较低，最大额度仅为 6.8 万元，最小额度为 1 万元，平均贷款额度为 4.24 万元。如表69所示，在 1763 笔"双基双赢合作贷款"中，有 1755 笔是以信用贷款的方式发放，所占比例超过 99%，此外以商品房抵押贷款有 2

笔、以自然人保证贷款有 6 笔。从贷款平均额度上看，三种贷款方式平均额度相差不大，信用贷款平均额度为 4.24 万元，抵押贷款和保证贷款平均额度则分别为 5 万元和 4.88 万元。如表 70 所示，大部分"双基双赢合作贷款"用于农业经营活动，有 1355 笔，占比为 76.86%；同时有相当一部分用作经营性周转，有 329 笔，占比为 18.66%；还有较少部分用于打工创业、耐用品消费等。

从表 68、表 69、表 70 可以看出，"双基双赢合作贷款"的主要特征有：（1）笔均贷款额度较小，平均不足 5 万元；（2）绝大部分是以信用贷款的方式发放；（3）贷款的主要用途是农业生产经营以及用做周转资金。

表 68　　　　红安县联社"双基双赢合作贷款"发放笔数、额度与
利率情况（按业务品种）

业务品种	笔数	发放总额（万元）	最大额度（万元）	最小额度（万元）	平均额度（万元）	最高利率（%）	最低利率（%）
农户经营性贷款	276	1030.36	6.80	1.00	3.73	11.88	9.72
农户小额担保贷款	1	5.00	5.00	5.00	5.00	11.16	11.16
农户小额信用贷款	1486	6446.75	5.00	1.00	4.34	11.88	9.60
合计	1763	7482.11	6.80	1.00	4.24	11.88	9.60

表 69　　　　红安县联社"双基双赢合作贷款"发放笔数、
额度与利率情况（按贷款方式）

贷款方式	笔数	发放总额（万元）	最大额度（万元）	最小额度（万元）	平均额度（万元）	最高利率（%）	最低利率（%）
信用	1755	7442.81	5.00	1.00	4.24	11.88	9.60
商品房抵押	2	10.00	5.00	5.00	5.00	10.80	10.80
自然人保证	6	29.30	6.80	2.70	4.88	11.16	10.44
合计	1763	7482.11	6.80	1.00	4.24	11.88	9.60

表 70　　　　　　　红安县联社"双基双赢合作贷款"用途分布　　　　单位：笔

农业经营活动	经营性周转	打工创业	耐用品消费	其他	合计
1355	329	24	29	26	1763

四、简要总结

　　"双基双赢合作贷款"在湖北省的开展、推广主要取得了以下成效：（1）促进了信用社与农户之间的信息沟通，在一定程度上缓解了农村金融服务中信息不对称的问题；（2）提高了农户的信贷可获得性，改善了因缺乏法律意义上有效抵押品而导致的"贷款难"的窘境；（3）在一定程度上解决了农户流动资金暂时性缺乏而无处寻求帮助的困难；（4）提升了信用社在农户心中的认可度，有利于其进一步扩展农村市场，同时也树立了基层党组织的良好形象；（5）逐步构建起良好的信用环境，为进一步深化普惠金融服务打好基础。

　　总体来说，湖北省开展的"双基双赢合作贷款"是一项多方共赢的工作，在基层行社与基层党组织的实践中取得了喜人的成效。尽管各地实际情况有很大差别，但是"双基双赢合作贷款"模式以及其中包含的创新思路是值得推广的。

第七章

农村普惠金融的理论与实践

农信银：推进改善农村支付服务环境助力发展普惠金融

——农信银资金清算中心的普惠之路

中共十八届三中全会提出"发展普惠金融"，主旨就是发展面向农村、农民等边远地区和弱势群体的金融服务。农信银资金清算中心自 2006 年初成立以来，即扎根农村支付清算市场，依托农信银支付清算系统，以改善农村支付服务环境、促进城乡金融资源均等化、践行普惠金融理念为使命，坚持科技引领支付服务创新的宗旨，将普惠金融和便捷支付服务向农村地区扩展，会合全国农村信用社、农村合作银行、农村商业银行、村镇银行等近 8 万家机构网点，共同谱写了农村普惠金融服务的炫彩篇章。

一、搭建运营农信银支付清算系统，打造"农信银支付清算"品牌

随着县域经济发展，农村地区客户对金融服务的要求越来越广泛，与当前我国农业和农村经济发展新阶段的要求相比，农村中小金融机构在支付服务、业务范围、基础硬件设施等方面存在一定差距，农村信用社、农村合作银行、农村商业银行、村镇银行等农村中小金融机构各自为政、势单力薄，缺乏合力和优势。

农信银支付清算系统将农村中小金融机构汇聚一体，目前已覆盖我国内地 30 个省（区、市）农村信用社、农村合作银行、农村商业银行、村镇银行的营业机构网点近 8 万家。

农信银支付清算系统运行 8 年以来，上述农村中小金融机构通过农信银支付清算系统办理的支付结算业务量持续增长，由 2006 年的 96 万笔、115 亿元增长到 2013 年的 12153 万笔、24661 亿元。2014 年 1～11 月，农信银支付

清算系统处理各类支付结算业务 19809 万笔，清算资金 27464 亿元，分别比上年同期增长 83.19% 和 22.37%（见图 31）。

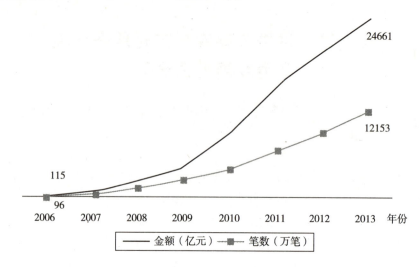

图 31　农信银支付清算系统业务量趋势图

农信银支付清算系统已成为我国农村支付服务体系不可或缺的重要组成部分及农村中小金融机构间支付清算的骨干渠道。

二、推进农信通自助金融服务平台规范应用，支持农村中小金融机构开展销售收款、转账汇款、助农取款等支付业务

2009 年 12 月，农信银资金清算中心会同部分省区农村信用联社建成农信通自助金融服务平台，配合其辖属机构网点发展农村地区特约商户（农贸市场、种养殖户、农村超市等），支持农村商户开展基于信用社（银行）账户的自助终端销售收款、现金汇款、转账汇款、助农取款等支付服务。截至 2014 年 11 月末，已有 15 个省（区、市）、9428 家农村金融机构网点应用该平台开展业务，上述机构应用农信通自助金融服务累计发展农村地区特约商户数，从年初的 16.21 万户增加到 21.90 万户。2014 年 1～11 月，农信通自助金融服务平台共处理各类交易 2329.09 万笔，其中销售收款类业务 1565.17 万笔，转账付款类业务 477.61 万笔，助农取款业务 268.78 万

笔；累计交易金额 5521.42 亿元，其中销售收款 3465.66 亿元，转账付款 1532.17 亿元，助农取款 12.61 亿元。

三、积极推动农村中小金融机构发展手机银行业务，发挥低成本移动支付普惠金融服务优势

农信银共享手机银行平台具有转账、取款、贷款、缴费、支付、理财等各项业务功能，可以满足不同类型农村客户的多层次支付服务需求。在此基础上，计划进一步开发小额农贷、农资直销、精选商品、惠农社区等适合农村客户需求的特色业务功能，因地制宜支持不同地区农村中小金融机构发展手机支付业务，向农村地区提供适合"三农"特点的移动金融服务工具，为成员单位发展农村地区移动金融服务提供技术支持。

截至 2014 年 11 月末，16 个省（区、市）、37569 家农村信用社、农村合作银行、农村商业银行机构网点，应用共享手机银行平台（见图 32）开办移动金融业务，累计开户数从年初的 175.90 万户增加到 821.75 万户。

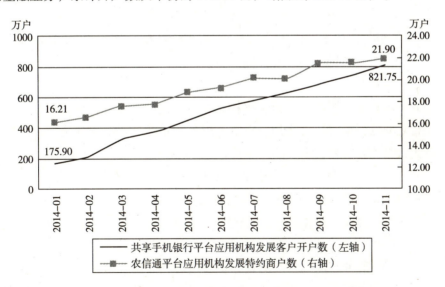

图 32　农信通自助服务终端及共享手机银行平台用户增长趋势图

农信银共享手机银行平台项目，荣获中国人民银行组织的 2013 年度全国金融系统科技发展二等奖。

四、会同各省（区、市）农信联社、农村商业银行积极做好支付结算知识宣传培训工作

几年来，农信银资金清算中心均根据各地农村信用社、农村合作银行、农村商业银行实际需求，设计制作宣传材料，联合各省（区、市）农信联社、农村商业银行及辖属机构网点，共同推进"移动支付进乡村"、"农信银杯 CCTV'三农'创业致富榜样"、"支付知识进校园"等各类特色及专题业务宣传活动。积极探索通过微信平台、微电影、网站等新型手段面向农村进行宣传，提升农村中小金融机构的社会影响和品牌形象。

2011 年，农信银资金清算中心组织全国部分高校专家、学者，为农村中小金融机构员工量身编写了《全国农村合作金融机构业务培训教材》系列丛书。并利用自身优势，结合农村支付结算业务发展特点及成员单位需求，通过远程学习系统并举办培训班，开展各类业务、技术培训，为成员单位搭建起培训交流平台，配合成员机构不断提升农村支付服务水平。

五、促进农村中小金融机构间业务交流，加强改善农村支付服务环境发展战略研究

农信银资金清算中心努力发挥各地农村信用社、农村合作银行、农村商业银行之间的桥梁与纽带作用，定期组织各类主题研讨和交流会，为成员机构搭建信息沟通平台，积极促进各成员机构间业务、技术交流和探讨。

配合银行业协会农村合作金融工作委员会，搭建了数据共享信息平台，收集汇总各省区市农村信用社、农村合作银行、农村商业银行主要经营数据，并加强支付清算业务数据分析，持续关注农村支付服务需求变化趋势，增强农村支付服务行业敏感度，及时发现农村支付服务业务新的增长点，为不断优化农村支付服务环境提供有力支撑。通过对互联网金融各类模式、电子支付发展趋势的分析研究，结合普惠金融发展现状，及时捕捉农村地区金融服务的有效需求，研发推行便捷、实用的农村支付服务方式和产品，将普惠金融落到实处。

当前和今后一段时期，随着新型城镇化建设，我国仍将继续深化农村金

融改革，建立适应农村多层次金融服务需求和普惠性、全功能的农村金融服务体系。农信银资金清算中心将继续秉承"不断创新、寻求发展"的经营理念，坚持立足农村支付清算市场定位，不断优化农村支付服务环境，为促进农村中小金融机构合作与发展、践行普惠金融理念作出新的更大的贡献。

北京农商银行：以普惠金融为核心
构建农村支付服务体系

完善农村支付环境，使农民享受到与城市居民同等水平的现代化金融服务，是发展普惠金融的一项重要工作。作为一家根植于农村 60 余年的本土银行和首都金融支农主力军，北京农村商业银行积极承担社会责任，以服务"三农"为己任，履行大量政策性支农职能，长期致力于改善京郊支付服务环境建设，通过多层面创新，有效搭建了以全覆盖的物理渠道为主体、以全天候的电子渠道为补充、以特色化的产品介质为支撑，优势互补、功能全面的立体式、多层次农村金融支付服务体系，切实提高了农村金融服务的覆盖面、便利度和安全性，受到了监管部门、各级政府和农民群众的广泛认可和一致好评，荣获中国人民银行"农村支付服务环境建设先进集体"称号。

一、北京农村商业银行基本情况介绍

北京农村商业银行作为"老企业、新银行"，是由具有 54 年历史的北京农村信用社改制而来，是国务院批准组建的全国首家省级股份制农村商业银行。改制成立以来，北京农村商业银行全方位开展体制机制的系统性创新，积极推进结构调整和发展方式转变，不断完善风险管理和内控机制，积极探索由农村信用社向农村商业银行的转轨之路和发展模式，构建起了股份制商业银行的基本架构，成为首都一家新的现代商业银行。

在 54 年农信社发展积淀基础上，在 9 年的改制成长过程中，北京农村商业银行坚持改制不改向，坚持"立足首都，服务'三农'，服务企业，服务百姓"的市场定位，构建起适应城乡二元化结构发展、有特色的金融产品体系，打造全方位、多层次、立体化的金融服务平台，成为首都银行业重要一员和首都金融支农主力军。

（一）经营效益大幅提高，主要利润指标均实现30％以上增长

在同业利润增幅回落的情况下，北京农村商业银行利润指标增幅超过30％。截至2014年9月末，全行实现拨备前利润55.83亿元，同比增加12.94亿元，增长30.2％。实现税前利润48.13亿元，同比增加11.14亿元，增长30.1％。实现净利润37.88亿元，同比增加9.17亿元，增长31.9％。资产利润率为1.03％，首次达到1％以上，同比提高0.16个百分点；资本利润率为21.92％，同比提高2.56个百分点。成本收入比首次降至40％以下，为37.79％，同比下降5.68个百分点。22项主要监管指标持续达标向好，达到了"好银行"的评价标准。

（二）资产规模突破5000亿元，跨入中等商业银行发展水平

截至2014年9月末，全行各项资产余额5129亿元，较年初增加463.6亿元，增长9.9％。全行人民币存款余额突破4000亿元，达4150.6亿元（含结构性存款），较年初增加335.7亿元，增长8.8％。其中：人民币个人存款余额2175.7亿元，较年初增加213.1亿元，增长10.9％。人民币对公存款余额1974.8亿元，较年初增加126.6亿元，增长6.6％。全行人民币贷款余额突破2500亿元，达2592.5亿元，较年初增加231.1亿元，增长9.78％。其中：一般贷款余额1967.1亿元，较年初增加89.7亿元，增长4.78％。在2014年7月英国《银行家》公布的全球千家银行排名中，北京农村商业银行按一级资本排名位列全球千强银行第262位，较2013年上升了23位；资产规模全球排名第198位。

（三）不良贷款"逆势"持续双降，信贷资产质量好于全国商业银行平均水平

截至2014年9月末，全行五级不良贷款余额26.01亿元，较年初下降14.33亿元，不良贷款率为1％，较年初下降0.7个百分点，创改制以来的最低水平，更低于2014年9月末全国商业银行1.16％的平均水平。拨备覆盖率提高至371.96％，较年初提高129.93个百分点，远超过2014年9月末全国商业银行247.15％的平均水平，抗风险能力持续增强。

二、北京农村商业银行积极构建农村支付服务体系的举措与成效

（一）创新渠道服务模式，实现物理渠道对京郊所有乡镇的全覆盖

1. 整合农村地区网点资源，坚守"一乡一镇一网点"政策底线。在其他商业银行纷纷撤并郊区、山区网点的情况下，北京农村商业银行克服在农村地区金融服务成本高、收益低和自身发展包袱重等现实困难，始终坚持"一乡一镇一网点"的政策底线，确保支农服务力度不下降，是北京地区唯一一家网点覆盖全部 182 个乡镇的金融机构（其中在 40 个乡镇北京农村商业银行是唯一的金融机构），在 10 个郊区县共有营业网点 407 家，占北京农村商业银行全部网点近 60%。同时，为满足经济资源少及人口规模小的偏远地区农民金融服务的需求，推出分时服务，坚持亏损网点持续营业，确保金融服务辐射京郊。

2. 创新"两店一点"金融服务渠道模式，弥补农村地区金融服务空白。在"一乡一镇一网点"基础上，北京农村商业银行不断探索农村地区新的渠道建设模式，主动承担了"农村地区基本金融服务村村通"工程建设，在金融空白行政村，根据不同规模、不同金融需求，分类推进"乡村便利店"、"乡村自助店"和助农取款服务点三类全新金融渠道模式，有效满足了京郊地区无金融服务覆盖自然村居民需求，使农村居民"足不出村"就能享受到高效、便捷的金融服务，极大地改善了偏远农村地区居民基本金融服务环境。目前，已建成"乡村便利店"135 家、"乡村自助店"21 家、助农取款服务点 340 个，其中"乡村便利店"荣获北京国际金融博览会"金融服务创新奖"及"十佳金融产品创新奖"。

3. 推进社区银行建设，提高农村社区金融服务深度。北京农村商业银行积极跟进首都新型城镇化建设中催生的农村大型居民社区金融需求，探索推进社区银行建设，于 2013 年 10 月在大兴南海家园五里社区设立本市首家持牌社区银行。该社区银行以错时服务和延伸便民服务为特色，以全面的服务内容、贴心的服务理念、便捷的服务方式为社区居民提供综合性、一站式金

融服务，是该行打造以金融服务为主、以生活服务为辅的社区综合服务中心的有益尝试，农村社区金融服务再添生力军。

4. 开通全市首家"幸福彩虹"店自助银行，搭建京郊新型社区便民服务渠道模式。"幸福彩虹"店是北京市养老助残"券变卡"计划的延伸项目，由北京农村商业银行、市福利彩票发行中心作为牵头单位，引入社区便民菜店和老年厨房概念，结合福利彩票及金融服务，共同搭建的社区便民服务店，服务内容涵盖金融服务、便民菜店、老年厨房、福利彩票等，极大地改善了香山地区支付环境，方便了社区百姓生活，并使养老助残"券变卡"的便利性落到实处。

（二）普及现代金融理念，构建全天候便捷化农村电子渠道服务体系

1. ATM、POS 机具成为改善农村地区支付环境的重要渠道。北京农村商业银行在 ATM 和 POS 机具布放上一直向农村地区倾斜，截至 2014 年 6 月末，在农村地区累计布放 ATM 和 POS 机具分别达到 978 台和 1.23 万台，农村地区 ATM 和 POS 机具数量分别占全行总数的 54.39% 和 41.1%，农村地区刷卡消费额从 2009 年的 9.48 亿元提高至 2014 年仅半年就达 44.31 亿元。特别是连续开展八届深受首都市民欢迎的"凤凰乡村游"活动，在郊区农家乐旅游接待户、农产品专卖店等安装 POS 机，将现代支付理念和工具引入农村，成功打造北京郊区旅游服务平台，构建了贯通城乡的金融支付渠道，累计引领5500 万人次市民通过乡村旅游刷卡消费 135 亿元。

2. 网上银行、手机银行、电话银行、微信银行成为农村金融服务的"贴身银行"。北京农村商业银行着力开展网上银行、手机银行、电话银行、微信银行等现代电子银行业务在农村地区的普及和推广，有效突破物理网点时间和空间限制，极大地提高了农村居民金融服务的可得性和便利性。截至 2014 年 6 月末，北京农村商业银行网上银行和手机银行客户数分别达到 118.03 万户和 30.40 万户，其中涉农地区客户占比分别为 44.09% 和 46.71%。微信银行自 2014 年上线以来关注粉丝数已达到 19755 人。

3. 有线电视缴费平台实现金融服务进农家。有线电视缴费平台是北京农村商业银行与歌华有线电视合作开发的电视缴费平台产品。客户通过家中的电视即可完成手机费、固话费、燃气费、水费、供暖费等多项费用的缴纳，操作简单、快捷方便，为操作网上银行和手机银行有困难的农村居民办理业务提供了新渠道。

4. 多样新载体便利农贸市场商户资金结算收付。创新"金凤凰掌上交易宝"，为广大批发市场、零售市场小微企业商户定制专属支付工具，提供实时资金结算服务。开发"惠商宝"和"手机交易宝"两款专用结算产品，其中"惠商宝"用于满足农贸市场商户集中收款结算和结算后的实时用款需求，"手机交易宝"用于满足农贸市场个体商户收款结算需求，两款产品组合推出，为广大农村地区农贸市场商户提供方便、快捷、安全的资金结算服务，有效降低农村地区现金收付压力。

5. 率先实现个人征信报告自助服务北京地区全覆盖。继布放全国首台个人信用报告自助查询机后，率先在同业搭建完成了覆盖全市及京郊地区的个人征信报告自助服务网络，不仅提高了北京城乡居民个人征信业务查询的便利度，对推动首都地区信用环境建设、树立居民个人信用意识也具有积极作用，是北京农村商业银行用实际行动践行支持首都"三农"发展、发展普惠金融的一项重要举措。

6. 普及金融知识提高农民现代化金融意识和水平。针对远郊区县农村居民文化水平相对较低，对自助机具不够了解，不会使用也不愿学习使用的情况，利用郊区网点的人缘、地缘优势，持续开展"普及金融知识万里行"和"金融知识进万家"宣传活动，加大引导力度，"手把手"耐心指导，有效提高农民对现代化金融工具的使用水平。连续荣获 2012 年、2013 年度中国银行业普及金融知识万里行活动"最佳组织奖"、"最佳成效奖"，荣获北京地区 2013 年"金融知识进万家"宣传月活动先进单位。

（三）对接农村金融需求，推出多功能专属化利农惠农特色产品介质

1. 银政惠民账户架起政府支农政策与受益农民之间的桥梁。为解决农户多账户对应养老保险、医疗保险、财政补贴等多项代理业务的不便，北京农村商业银行独创银政惠民账户，将 40 余项财政补贴和社会保障补贴等集中代发至同一专用账户，惠及近 300 万农村居民，并开发配套凤凰惠民卡，大大提高了账户资金使用便利性。截至 2014 年 6 月末，"银政惠民账户"累计开户 262.49 万户，2010 年以来累计代发各类资金 5705.25 万笔，金额 123.23

亿元，荣获北京市企业管理现代化创新成果一等奖。同时，为了切实让利于民，北京农村商业银行免除了参保户小额账户管理费、工本费、年费等各项费用，由该行自行承担，使国家和政府的保障政策加倍暖人心。

2. 凤凰福农卡为涉农经营者提供特色专属增值服务。为京郊生产经营者量身打造集贷款、保险理赔和涉农补贴款代发等特色专属服务以及联盟商户专享优惠等增值服务于一体的凤凰福农借记卡，同时开发了具备借贷合一、用款灵活、快捷方便、资金使用成本低等优势的凤凰福农信用卡，有效满足了首都生产经营性农户、涉农小微企业主"短、频、快"的小额融资需求，实现了涉农小额贷款便利化的创新突破。

3. 凤凰亲情卡有效解决农村务工人员汇款难问题。凤凰亲情卡是北京农村商业银行为农村务工人员打造的专属金融服务工具，提供通达全国农信系统8万家金融机构账户的低价汇款服务，并通过主附卡设计为农村务工人员的家庭成员提供京外地区取现和消费结算服务，极大地方便了农村务工人员的资金汇划。截至2014年6月末，累计发放凤凰亲情卡43万张，向外汇款累计达47.41万笔，汇款金额105.25亿元。

4. 凤凰民政社保卡、健康卡、养老助残卡打造民生金融服务平台。针对民政扶助人群，与顺义区民政局联合发行集医疗结算、优抚助残资金补偿发放、电子现金功能于一体的凤凰民政社保卡，仅顺义地区就有约2万人受益。针对怀柔区居民，与怀柔区卫生局联合发行包含自助挂号、缴费、查询电子病历等功能的健康卡，切实为郊区百姓提供便利高效的民生金融服务。针对全市40万名60岁以上的老年人、10万名重度残疾人的养老（助残）券变卡、28万名军休/低保/优抚对象的补贴发放，与北京市民政局、北京市残疾人联合会等市政服务单位联合开发养老助残卡，已于2014年7月正式发行。

北京农村商业银行将继续以提升首都农村地区金融服务水平为己任，不断完善集物理渠道、电子渠道和产品介质三位一体的首都农村金融支付与服务体系，为农村居民提供现代化高品质金融服务，为首都城乡一体化建设和普惠金融发展添砖加瓦。

江苏农信社：普惠金融服务的实践与思考[*]

江苏既是农业大省，也是工业大省，农业现代化、工业化和城镇化进程始终保持全国领先水平。作为 2000 年全国农村信用社率先实行体制改革的试点省份，江苏省农信联社在江苏省委省政府的领导下，在人民银行、银监等部门的指导下，牢牢把握江苏经济社会发展的阶段性特征，突出不同阶段的普惠金融工作重点，取得相得益彰的效果。截至 2014 年末，全行业存贷款总量分别为 13137 亿元、9401 亿元，分别比改革试点前净增加 11967 亿元、8655 亿元，年均增幅达 20% 以上，在省内金融同业中，存、贷款总量均从第 5 位上升至第 1 位，80% 以上的县级法人单位存、贷款市场份额一直位居同业之首，各项综合指标提前实现银监会规定的"十二五"期末监管标准。已成为拥有县域金融市场资源主要份额、支持"三农"经济发展主要方面、服务惠及当地主要人口的农村金融主力军，在普惠金融实践中走出一条江苏特色之路。

一、江苏开展普惠金融服务的实践过程

回顾江苏省农村信用社实践普惠金融的历程，大体可分为三个阶段。

（一）第一阶段：改革初始，以普惠金融需求的总量满足为重点

2001 年，江苏省农信联社成立之初，面对普惠金融服务的普遍短缺，确定了"立足县乡、服务一方"的市场定位，明确了"让每一个有合理信贷需求的农民都能得到资金支持"的工作目标，指导全行业转变经营理念、端正支农方向、改进工作作风，督促法人单位不脱农、多惠农，较好地满足普惠金融的服务需求。在十多年的改革发展进程中，全行业始终坚定地服务"三农"，所发放的农户贷款、涉农贷款分别占全省银行业的 95%、25%，农业贷

---

[*] 此文作者系江苏省农信社理事长王晨曦。

款总额连续 5 年与第一产业 GDP 总量相当，全省第一产业贷款难的问题从信贷总量上已经得到满足。

（二）第二阶段：积极探索，逐步增强普惠金融服务的针对性

在实现普惠金融服务总量满足的同时，江苏省农信联社始终坚定不移地践行着独具特色的普惠金融道路，积极探索普惠金融服务的针对性模式，在全国率先形成"小额信贷扶贫"、"阳光信贷"、"金融服务村村通"三大特色服务模式，被中央电视台、《人民日报》等主流媒体报道。

一是在全国率先推进"阳光信贷"。2007 年在全国首家试点开展"阳光信贷"，实现基础金融服务对广大农户的全覆盖。全行业共建立农户信息档案 924 万户，建档面达 75%，对 372.1 万个农户授信 1974.1 亿元，与 670 万农户发生信贷关系，全行业农户贷款余额近 2000 亿元，使符合条件的农户都能像存款一样方便地获得贷款。推进"阳光信贷"从一般农户向小微企业拓展，向 4.1 万家小微企业授信 1653.7 亿元，用信率超过 90%。

二是全面实现金融服务村村通。江苏省农信联社持续完善农村普惠金融服务体系，行政撤乡并镇时农村信用社网点不撤点，3300 多个网点覆盖所有乡镇，并不断向下延伸服务链条。在农村大力发展网上银行、手机银行、自助设备的同时，积极推进基础金融服务入社区工程，在金融便民服务点安装金融到村转账电话 2.8 万台，让涉农补贴与新农保待遇领取、小额取现、账户查询等基础金融服务进村入户，行政村覆盖率在 2012 年达到 100%，目前已基本实现对自然村的全覆盖，覆盖全省 1400 多万户农户。

三是在全国率先推出扶贫小额贷款产品，专门用于支持苏北和黄桥、茅山老区经济薄弱村内低收入群体的脱贫致富，做法得到国务院领导的批示肯定。自 2001 年启动以来，已累计向 249.9 万人次贫困农户投放扶贫小额贷款 217.7 亿元，执行基准利率不上浮，累计为贫困农户节省利息支出 6 亿多元，其中 2014 年累计发放 44 亿元，惠及 37.3 万个农户。

（三）第三阶段：与时俱进，不断提升普惠金融服务的质与量

江苏省农信联社顺应"四化同步"趋势，面对全省不断加快的工业化、城镇化进程，与时俱进地完善普惠金融理念，变"小三农"为"大三农"，将普惠金融工作的重点从"支农服务为主"调整到"强化支农基础、大力支持现代农业和中小企业发展"上来。目前全行业农业贷款、农村工商业贷款、其他贷款余额比重为 21∶48∶31，基本实现信贷结构与地方经济增长方式转变相适应，与县域经济第一、第二、第三产业比重相协调。工作中着力满足"四项新型金融需求"：一是努力满足现代农业需求；二是努力满足农村新型经营主体的信贷需求；三是努力满足农村小微企业的信贷需求；四是努力满足农村新型城镇化的信贷需求。

二、农信社实践普惠金融所遇到的困难

江苏农村信用社在实践普惠金融过程中取得社会效益和自身效益的双提升，但受多方面因素影响，也面临不少"瓶颈"，需要政策配套、政府给力及多方支持。

1. 经济转型升级大势对农村信用社实践普惠金融带来深刻影响。在经济增长速度换挡期、结构调整阵痛期、前期刺激政策消化期"三期叠加"的大势下，农村信用社资产风险控制压力较大；由于普惠金融服务以覆盖弱势产业、弱势群体为主，风险管控任务更加艰巨；在经济结构调整的大潮中，地方中小金融机构"独木难支"的缺陷进一步显现，特别是 2014 年 3 月下旬在射阳农村商业银行发生的集中取款事件，暴露了行业救助体系设计与建设工作的滞后。

2. 农村信用社企业治理能力的不足制约了对普惠金融的更好实践。尽管深化改革以来做了大量探索，但农村信用社既有的"行政审批式"管理模式和"钱庄式"运行方式没有得到根本改变，企业内部信息不对称、资源不共享的矛盾在社会转型升级大局下日益凸显，成为制约满足普惠金融"广覆盖、多层级"需求的重要因素。

3. 促进农村信用社实践普惠金融的政策环境需要进一步理顺。一是促进普惠金融发展的财税扶持政策尚需制度化、长期化，货币、监管政策仍需差异化。二是促进普惠金融发展的配套措施有待完善。农民住房及集体土地使用权抵押缺乏配套支撑，土地承包经营权、农作物收成权、农业设施等抵押担保手段滞后，"三农"政策性担保体系不够健全；财政补贴、农业保险等农业风险抵补机制有待健全，农村小微企业经营状况有待改善。三是促进普惠

金融发展的社会环境有待改善，政府有形之手和市场无形之手作用的协调与规范，仍有可进一步改进的空间。

三、对下一步开展普惠金融工作的思考

普惠金融隶属市场范畴，是金融服务体系的一个基础市场层面，在我国社会主义市场经济不断发展的今天，具有广泛的社会需求基础和业务发展空间，成为普及发展、惠及民生的重要通道。

第一，立足"三农"，走与时俱进的普惠金融之路。普惠金融的目的是配套服务"四化同步"大局。近年来，江苏城乡一体化建设快速推进，经济社会组织方式、产业结构升级转型以及群众对生产生活的需求走势，都对普惠金融提出更高更新的要求。普惠金融需求内容进一步丰富，既有创业致富、消费升级带来的显性金融需求，又有人口结构、生产组织形式变革带来的隐性金融需求。在传统农业向现代农业转变、传统农民向新型农民过渡过程中，普惠金融要紧跟经济社会转型大局，与时俱进地调整经营策略，更加注重市场细分，扩大目标客户群体，突出消费金融、零售金融的拓展，更好地满足"三农"、小微企业日益多元化的服务需求。

第二，丰富功能，持续提升普惠金融的服务水平。要运用现代信息技术改造自身，通过商务转型引入现代金融元素，加大创新力度，更加有效配置金融资源，以更高层次的金融服务助推普惠金融发展的各个层面。在组织架构上，以客户为中心实施扁平化管理，实行"一窗式"服务模式；在产品设定上，通过对客户的归类分析形成标准化序列化产品；在服务渠道上，建设物理网点与虚拟网点互为结合的多元销售渠道，丰富电子银行产品功能；在管理方式上，将 IT 技术有效嵌入管理流程，降低管控成本，提高运行效率。

第三，配套政策，增强普惠金融的可持续发展能力。要创造平等的竞争环境，对服务普惠金融的金融机构一视同仁，废除歧视性的业务准入政策。要创造良好的法制环境，坚持依法办事，打击逃废债行为，维护农村信用社的合法权益。要创造宽松的政策扶持环境，在货币政策、监管政策和财税政策上有所侧重，给予优惠，加快推进"三权"改革试点步伐，为普惠金融发展引来"源头活水"。

　　第四，齐心协力，共同营造普惠金融的外部环境。要大力开展金融知识进村入社区工作，加大普惠金融的宣传力度，深入传播普惠金融的基本概念、主要原则、一般产品和服务模式，提升普惠金融形象，为普惠金融发展营造良好的群众认知与社会基础。要着眼于建立竞争有序、品种齐全、功能配套的金融服务体系，使之真正与地方经济结构、产业政策、发展规划相适应。要进一步加强金融生态环境的建设，营造更加有利于普惠金融创新发展和服务"三农"、实体经济的社会环境，让普惠金融的一池活水，更好地浇灌小微企业、"三农"等实体经济之树。

浙江农信社：绿叶对根的情意

2013 年 11 月 12 日，中共十八届三中全会通过的《中共中央关于全面深化改革若干重大问题的决定》正式提出"发展普惠金融"。这是"普惠金融"概念第一次被正式写入党的决议之中，并作为全面深化改革的内容之一。

发展普惠金融的号角在全国范围吹响，一个振奋人心的战略目标出炉。如何树立"怀惠民之心、承社会之责、解民众之需、达和谐之生"的金融理念，将"金融普惠"贯穿于经营活动全过程，通过产品、技术、服务等创新，降低享受金融服务的门槛，全方位地为城乡所有中低收入群体和小微型经营主体提供创业、便捷、阳光的金融服务，已经成为摆在金融行业面前的最重大课题。

作为浙江农村金融的主力军，浙江农信一直以来就在探索如何努力让每个浙江人都享有金融服务的权利，让每个浙江人都享有参与经济社会发展的机会，并一直为之努力探索，也取得了一定成效，充分体现了金融企业对社会大众之"绿叶对根的情意"。

一、只有深扎于土下的根，才能有茂盛的绿叶

浙江农信一直以来深耕于浙江农业、农村、农民与小微企业这块广阔而肥沃的土地，也收获了自身枝繁叶茂的丰硕成果，具备了实施普惠金融反哺之江大地金融服务薄弱群体与区域的优势条件。

浙江农信系统多年践行"一条道路、两场革命"（即坚持走做强做优之路、推进战略转型革命和科技创新革命）战略构想，坚持服务"三农"和小微企业的经营方向，积极应对国际金融危机和民间借贷风波的挑战，在金融普惠方面进行了大量的实践和积极的探索，已发展成为全省机构网点最多、支农支小力度最大、服务范围最广的金融机构，为全面深入实施金融普惠奠定了坚实的基础。

(一) 牢固的市场基础有利于推广普惠金融

自成立以来，浙江农信始终发挥着联系"三农"的金融纽带作用，建立了面向基层、面向农村、面向发展的得天独厚的服务网络优势，这是浙江农信全面实施金融普惠牢固的市场基础。遍布城乡的4200多个机构网点（约占全省的40%，大多数分布在县以下农村地区）、24000多个农信服务点、10000个助农POS（终端）和5000多台ATM（约占全省的16%），为1500万老百姓提供40余项政府惠农资金代理服务，是其他任何银行所不能比拟的，与金融普惠有着非常匹配的资源分布；血浓于水的本土团队，20多万名股东，5万名农信干部员工和3万名支农联络员，成为实施金融普惠的最佳传递者；大力推进"丰收信用工程"建设，持续开展"走千家、访万户、共成长"等活动，持续完善助农渠道，强势推进金融创新，以高效优质的服务传递着党的强农、惠农、富农政策，积累了丰富的经验，建立了深厚的感情，奠定了扎实的基础；在浙江省委、省政府的正确领导和有关部门的大力支持下，与地方党委政府建立良好的政银合作关系，也为浙江农信实施金融普惠创造了良好的发展环境。

(二) 准确的市场定位有利于对接普惠金融

浙江农信始终坚持以支农支小为己任，牢固树立"做小不做大、做土不做洋、做实不做虚"的理念，实施特色化、差异化的竞争，致力于打造服务"三农"的"主力银行"、支持小微企业的"伙伴银行"和便民快捷的"社区银行"，这种准确的战略定位与实施金融普惠的要求十分吻合。一直以来，浙江农信充分发扬"背包"精神和"早上一头露水、中午一身汗水、晚上一脚泥水"的"三水"精神，尽最大努力帮助农民解决生产、生活上的资金困难。近年来，浙江农信始终坚持"四主定位"，即坚持服务"三农"、小微企业和实体经济的"主方向"，打造农村金融"主力军"，巩固农村和社区"主阵地"，建设农村普惠性基础性金融服务"主渠道"，特别是在2008年以来的国际金融危机和2011年以来浙江省部分地区小微企业经营困难时，浙江农信"不抽贷、不压贷"，在关键时刻伸出援手，与小微企业共渡难关。目前，浙江农信的服务覆盖4700万客户，贷款支持客户190多万户，承担了全省银行业二分之一的农户贷款和五分之一的小微企业贷款，为实施金融普惠奠定了坚实的客户基础。

（三）独特的体制架构有利于推进普惠金融

浙江农信积极打造"统分结合、功能完善、管理科学、财务良好、内控严密、和谐文明"的新型浙江农信，形成了省县两级、统分结合、上下优势互补、资源有效配置的独特体制架构，这是浙江农信实施普惠工程的体制保障。在浙江农信独特的体制架构下，省农信联社作为全省农信系统的行业管理总部，充分发挥人才、技术、信息等集聚优势，有效整合系统资源，为县级行社增强公共服务能力建设功能完善的金融后台基地；县级行社扎根县域，深耕农村，了解情况、熟悉市场，在省农信联社强大中后台支撑下一心一意做好前台金融服务。这种体制有效发挥了省县两级的积极性，联合小法人形成大系统，既解决单个小法人服务能力不足问题，又可以通过省农信联社的引导正确贯彻落实党和国家的惠民政策，从而实现金融普惠的"小贷款、大市场"，真正推动城乡统筹一体化发展。

（四）匹配的产权结构有利于促进普惠金融

产权结构是企业控制权分配的基础，在公司治理中起着基础性作用，某种意义上对公司的经营起着决定性作用。浙江农信股东额小、分散，大多数是农民和小微企业，这样的股东性质和结构决定了为谁服务的本质问题，夯实了实施金融普惠最基本的产权基础，是浙江农信的一大亮点。从股东来源看，浙江农信社最初是由农民用卖柴、卖鸡蛋的钱而发展起来的，虽几经变革，但股东（社员）大都来自农民、来自百姓这一点始终没有改变，目前浙江农信90%的自然人股东是农民和员工，且大多数法人股东也是涉农企业，与广大"三农"和小微企业客户具有天然的情感纽带，与实施金融普惠具有很高的契合度。从股权结构看，浙江农信股东始终呈现数量多、额度小、分散等特点，法人和个人平均股本金分别仅为168万元和7万元，为我们实施普惠工程、履行社会责任提供了一个相对宽松的股权环境。从资本规模看，浙江农信相对适中的资本规模和内源性融资机制，既可以有效解决大型银行面临的高盈利压力问题，又具备了小银行所不具备的为广大客户提供较深服务的实力。

二、向根部输送营养使之更茁壮，也是绿叶的职责所在

浙江农信延续六十余载扶农助小的经营方向，于 2013 年上半年即旗帜鲜明地提出走普惠金融之路，不断丰富普惠金融内涵，不断探索实践普惠金融实效之策。

普惠金融到底有哪些具体内涵？普惠金融的成效应当体现在哪些方面？具体如何推进普惠金融工作？即使作为在支农支小方面有着丰富实践经验的农信机构，也面临着如何系统性、创新性、实效性推进普惠金融的新课题。面对这一新时代的战略性课题，浙江农信敢于先行先试，勇于实践探索，自 2013 年上半年以来，一直专注于践行普惠金融之路，并已逐渐形成各级政府部门大力支持普惠金融、各级农信机构全力参与普惠金融的良好局面。

（一）普惠金融理化实践体系逐步完善

2013 年上半年，浙江农信根据浙江省委十三届三次全会创新驱动发展的战略部署和省领导的批示精神，对普惠金融工作进行总结梳理，首次将这项工作升华到全局性、持续性和民生性高度，制定了《浙江农信普惠金融工程三年（2013～2015）行动计划》（征求意见稿），并通过由省政府办公厅组织省有关部门和专家参与会的论证会。浙江农信普惠金融的总体计划是用三年时间，通过启动实施、巩固提升、健全完善三个步骤，深入实施创新转型、网络覆盖、基础强化、扶贫帮困、阳光普惠三大目标，将其打造成浙江的民生工程，将浙江农信打造成浙江的"普惠银行"，使浙江农信普惠工作和居民金融服务均等化程度走在全国前列。

（二）浙江省委、省政府大力支持普惠金融

浙江农信推进的普惠金融工作得到了浙江省委、省政府的高度重视和大力支持。省委副书记、省长李强批示："这项工作意义重大，要大胆创新，不断完善，扎实推进。"分管金融副省长朱从玖等也多次批示肯定。2013 年 7 月 3 日，浙江省政府新闻办专门举行浙江农信普惠金融工程新闻发布会暨全面启动仪式。随后，浙江省政府办公厅对《浙江农信普惠金融工程三年（2013～2015）行动计划》进行了转发，对省农信联社、省农办、省金融办、人民银

行杭州中支、省经信委、省人力社保厅等各部门及各县（市、区）人民政府联合推进浙江农信普惠金融工作进行了职责分工，形成多部门联动推进普惠金融的良好局面。

（三）各市、县（市、区）政府积极助推普惠金融

各级政府通过转发省政府关于推进浙江农信普惠金融的文件、召开活动推进会等方式，全面启动该项工作。目前有 10 个地市和 80 个县（市、区）政府以正式文件转发农信普惠工程三年行动计划，其中 7 个市、45 个县（市、区）政府下文后同时又召开农信普惠金融推进会。普惠金融工作还得到了各地领导的关心重视，各市、县（市、区）政府和有关部门纷纷出实招、送政策，与浙江农信共同将普惠金融工程推向深入。如温州市政府建立由市金融办牵头、市农办等十部门出台扶持政策和配套措施、温州农信具体实施的联动工作机制。湖州市政府发文全面实施湖州农信普惠金融工程，组织市农办等部门做好支持工作。绍兴市政府出台金融助推经济转型升级服务活动实施方案，开展金融支农支小扩面增量活动、农信普惠金融创新活动和诚信体系建设活动。金华市支持县（市、区）政府与农信社共同出资建立小微企业担保基金。舟山市政府将农信普惠金融工程纳入政府工程，在涉农存款账户开立等方面对农信社给予大力支持。

（四）各部门形成合力齐推普惠金融

省农办、省农业厅等部门主动加强与省农信联社的联系，从政策保障、资源协调、活动对接等方面合力推进普惠金融工程建设。省农办与省农信联社联合召开全省农村信用工程授牌仪式暨浙江农信普惠金融工程推进会，进一步完善合作平台、丰富合作内容、创新合作方式，携手推进普惠金融工程建设；共同评定省级信用村镇，对信用户给予贷款优先、利率优惠，有效缓解农民贷款难、担保难问题；创新推出金融扶贫产品——丰收爱心卡，为低收入等特殊群体提供更优质更便捷的金融服务。省农业厅和省农信联社联合印发《关于做好家庭农场金融服务工作的通知》，通过加大信贷资金保障、创新担保模式、降低融资成本等方式，为家庭农场提供更加优质便捷的金融服务，推动浙江省农业生产集约化、组织化、专业化、社会化建设。

三、绿叶怀着对根深深的情意，期待着根更深、叶更绿

借着中央大力推行普惠金融的东风，浙江农信将更坚定不移地走普惠金融之路，努力让每一位浙江人都享有基础金融服务的权利，让每一位浙江人都享有参与经济社会发展的机会，使浙江城乡金融服务均等化程度走在全国前列。

从 2013 年起，浙江农信就已经开始并计划用三年的时间，围绕创业普惠、便捷普惠和阳光普惠三大目标，积极开展网络覆盖、基础强化、扶贫帮困、感恩回馈和创新升级五大行动，进一步树立"怀惠民之心、承社会之责、解民众之需、达和谐之生"的金融理念，构建基础金融不出村（社区）、综合金融不出镇（街道）的服务体系，让全省广大人民群众普遍享有基础金融服务的权利，享有参与经济社会发展的机会。

（一）创业普惠让浙江百姓深受惠

浙江农信以"丰收小额贷款卡"和"丰收创业卡"为载体，推行农户贷款"一站式"、小微企业贷款"工厂式"、产业贷款"链条式"的"三式"服务模式，支持城乡农民创业创新，扶持小微企业成长。2014 年，丰收小额贷款卡和丰收创业卡全年分别新增 43 万张、6.89 万张，贷款余额分别为 1265 亿元、398 亿元；小额信用贷款投放力度加大，余额达 334 亿元；农户贷款 162.8 万户、3375 亿元，小微企业贷款 8.72 万户、3913 亿元，两项贷款余额分别占全省银行业的二分之一和五分之一以上。浙江农信为创业者提供支持，进一步激活了浙江人勇立潮头的创业热情。

（二）便捷普惠让农信服务广受惠

浙江农信以"丰收村村通"工程为基础，构建多层次、多渠道、广覆盖的服务网络，积极全面开展乡镇财政国库集中支付、社保卡、新农保、种粮直补等财政业务代理和政府惠民资金的发放，让广大城乡居民不出村、不出社区就能得到金融服务。2014 年，全系统积极优化网点和自助机具布局，ATM、助农 POS 机、助农终端分别达 10650 台、11080 台、1947 台，其中

ATM 总量约占全省的五分之一。为 52 个县、154 个乡镇提供财政国库集中支付服务，向 2000 余家县级、乡镇合作单位提供公务卡服务。网上银行、手机银行实现系统全覆盖，客户数分别达 341.16 万户和 208.70 万户。农信服务覆盖面不断扩大，真正实现予民便利。

（三）阳光普惠让城乡居民长受惠

2014 年，浙江农信以推进丰收信用工程建设为抓手，省农信联社与省农办联合评定省级信用村 100 个、信用乡 26 个；与省农业厅、省工商局联合完成首批 6500 余家农民专业合作社信用等级评定，完善省、市、县三级信用体系，努力实现"银村、银农、银商、银企"共建。大力开展金融知识宣传教育，积极实现"金融知识普及化"，坚持合理收费及扶贫让利，让广大群众切实享受到了"普惠红利"。力争到 2015 年年末，农户经济档案建档率达到 70% 以上，评定省级信用村 300 个，省级信用镇 50 个。持续加大让利力度，到 2015 年年末，继续免收 16 项费用，让利于民 15 亿元，并随新业务新产品的推出，不断加大让利减费范围。

（四）五大行动确保普惠金融落到实处

一是开展网络覆盖行动，大力推进丰收村村通工程，深入实施机构网、电子网、人员网的"丰收三网"战略，构建多层次、多渠道、广覆盖的服务网络，打通农村金融服务最后"一公里"，争取到 2015 年年末，实现办理银行基础业务不出村。二是开展基础强化行动，进一步夯实普惠金融基础，使服务公开透明，信用环境良好，业务流程简便，金融服务更便捷、公平、阳光。三是开展扶贫帮困行动，促进低收入农户持续增收，为有困难的小微企业解忧，帮助初创、弱势、贫困等人群创业。四是开展感恩回馈行动，减免丰收卡开户费、工本费等费用，减息让利，多参与投入公益事业，回馈社会，体现普惠责任理念。五是开展创新升级行动，以创新驱动服务升级，深入推进金融创新，体现普惠创新内涵，以更加丰富的产品，更加贴切的方式来提升普惠服务层次。

普惠金融工程是一项民生工程，意义深远，责任重，也是一项长期的工程，使命光荣，任务艰巨。众所周知，普惠金融是世界性的难题，这项工作面临的困难与挑战，乃至挫折与责难不言而喻，需要全社会的理解、支持和鼓励。同样，浙江农信在普惠金融之路上也不可能一蹴而就，一帆风顺，需要社会各界多提合理化建议和关爱。浙江农信期盼并祝愿，通过全社会的共同努力，让普惠金融之花早日开遍浙江大地，让金融阳光洒向蓝天下每一位勤劳的人们，让每一位浙江人的生活更加美好！

山东农信社：通过普惠实现
农村金融服务全覆盖

山东省农村信用社积极践行普惠金融服务理念，加大信贷支农力度，全力推动农村地区金融服务"全覆盖"，在支持地方经济发展的同时，自身业务也获得快速发展。截至 2014 年 12 月末，全省农村信用社各项存款余额达到 12254 亿元，是改革之初的 7 倍；各项贷款余额 8449 亿元，是改革之初的 6 倍，存、贷款余额连续十年稳居省内银行业金融机构首位；涉农贷款余额、增量均连续 10 年位居全国同行业首位。

一、大力实施"信用工程"建设，及时满足农户、小微企业信贷服务需求

经过多年的实践和不断完善，山东省农村信用社探索出一套流程科学、管理严密的信用工程建设评定模式，对有贷款需求和有潜在贷款需求的农户进行评级授信，有效地满足了农户的合理资金需求。同时，按照方便快捷的原则，进一步优化信贷流程、简化操作、公开贷款条件，建立起了农民贷款的"绿色通道"。到 2014 年 12 月末，全省共评定信用村、信用街道、信用社区 3.32 万个，信用户 650 万户，其中信用农户 603 万个，累计核发贷款证 340 多万本，授信总额 2600 亿元，实际发放贷款余额 2027 亿元，占各项贷款的 23.9%。为认真贯彻落实国务院关于金融支持小微企业的有关要求，解决小微企业融资难问题，省联社制定了金融支持小微企业的意见，将小微企业贷款发放情况纳入各级考核，积极推动辖内法人机构简化贷款流程，提高审批效率，丰富贷款品种，创新抵质押方式，有效缓解了小微企业融资难、融资贵问题。到 2014 年 12 月末，全省农村信用社小微企业贷款余额达到 3193 亿元，占各项贷款的 36.08%。

二、紧跟"三农"发展变化，重点培育新型农业经营主体

中共十八届三中全会提出，要加快构建新型农业经营体系，培育和壮大新型农业生产经营组织，充分激发农村生产要素潜能。随着城乡一体化进程明显加快，以现代农业为代表新型经营主体快速涌现。适应这一新趋势变化和要求，山东省农村信用社加大对种养大户、家庭农场、农民专业合作社、产业化龙头企业的信贷扶持力度，着力培育一批骨干农民，推动农业经营主体发展，初步实现了新型农业经营主体评级授信"全覆盖"。目前，全省农村信用社支持农民专业合作社 3.9 万个，农民专业合作社贷款余额 389 亿元；支持农业龙头企业 2.3 万个，贷款余额 681 亿元；支持家庭农场 8400 家，累计发放贷款 17 亿元。

三、以城乡服务均等化为目标，推进农村金融服务"全覆盖"

全省农村信用社认真践行普惠金融服务理念，深入开展农村地区支付结算畅通工程，通过巩固物理网点、布设自助设备、完善产品体系、不断延伸服务等方式，逐步形成了以网点为支撑，以自助设备为辅助，以电子银行为延伸的农村金融服务体系，"镇乡有网点、村村有电子机具服务、家家用上银行卡"目标变为现实，真正实现了农村地区金融服务"全覆盖"，让农民真正享受到与城里人一样的金融服务。与此同时，结合城乡一体化和农村社区建设的实际情况，明确了社区银行的发展定位，实行营业网点下沉，积极推进社区银行建设，设立社区金融服务店，推行"1＋1＋N"服务模式，1 名营销人员，1 台"VTM"和若干个"ATM 或 CRS"，实现了社会服务、金融应用"一卡通"，搭建起了"足不出户可缴费、身不出村存取款，田间地头能转账，农村支付环境大变样"现代金融服务模式。到 2014 年 12 月末，全省共布设农民自助服务终端 1.65 万台、ATM8700 台，银联 POS 机、农汇通（电话 POS 机）、农商通（信息机）等各类机具 27 万余台，电子机具行政村覆盖率达到 99.4%。

四、完善农村金融产品和服务体系，让农村客户享受"金融大餐"

开办"齐鲁惠农一本通"、生源地助学贷款、农民自助服务终端、专业合作社贷款等一大批创新型农村金融产品，并在全国同行业推广。积极推广"龙头企业＋农户"、"合作社＋农户"等多种贷款品种；扩大客户可抵押、质押品及权利的范围，大力推广应收账款质押、经营承包权质押、专利权质押等信贷品种；探索集体土地流转、农村宅基地抵押等贷款方式。推出了"泰山如意"银行卡品牌、齐鲁乡情卡、锦绣前程卡、金融 IC 卡、福农卡、社保卡、VIP 卡、生肖卡、淘宝联名卡等十多类卡种。理财业务、国际业务从无到有，不断发展。研发"仁惠农"、"义汇金"、"礼财通"、"智 e 通"、"信成业"五大品牌，产品和服务品牌化建设有序推进。广大农村客户享受方便快捷的各类服务已经变为现实。

五、大力发展电子银行，让农民享受现代金融科技服务

加快电子银行渠道产品创新步伐，先后推出了网上银行、手机银行、电话银行、互联网支付、客户服务中心五大类 20 多种电子银行产品，构建了集个人网银、企业网银、手机银行、电话银行于一体的综合性电子银行渠道服务平台，有效满足了农村客户全方位、多层次、立体化的服务需求。到 2014年 12 月末，全省农信社电子银行客户达 1146 万户，较年初增长 69%；柜面替代率达 56%，较上年同期提高 13 个百分点。

六、创新流动金融服务方式，延伸农信社服务半径

研发移动柜员机（MTM），可在营业网点以外实现移动办公、客户影像信息采集及现场传输、业务宣传及无须主管授权的网银签约、发卡等业务功能。到 2014 年 12 月末，已部署移动柜员机（MTM）60 台，在多家法人机构试点运行。引进汽车流动银行，将配置营业柜台和 ATM 的专用车辆部署到乡村、集市、社区、企业等地点，现场办理银行卡开立、电子银行签约、银行卡激

活、客户信息采集等业务。全省配置车辆 15 辆，开展流动服务数百次，为当地村民、中小企业员工提供了零距离的贴心金融服务。

七、履行社会责任，开展送技术、送信息、送资金下乡活动

持续开展"送金融知识下乡"活动，在农村地区经常性地开展一些农民群众喜闻乐见的金融知识普及宣传活动，使广大农民朋友了解国家金融方针政策、金融知识、致富信息，农村信用社的新产品以及相关操作技巧和要领，培养其接受新事物的能力，乐于接受农村信用社的信贷服务和其他金融产品。为解决农民缺信息、缺技术、缺资金等问题，从 2013 年起，省联社开展了"服务'三农'圆梦行动"，以送技术、送信息、送资金下乡为主要内容，面向全省农业县的广大农民、种养大户、农业技术人员、乡村干部，开展技术培训、技术咨询、普及金融知识、宣传信用社服务内容及信贷产品、现场送贷等活动。截至 2014 年 12 月末，全省共举办培训活动 150 多场，培训内容涵盖种植、养殖等 60 多个项目，培训农民 2.1 万余人次，帮助农民解决生产难题 5000 余个，深受农民朋友欢迎，有效提升了农村信用社的竞争力和知名度。

四川农信社：普惠金融的探索与实践

60 余年来，四川省农村信用社（以下简称四川农信）从无到有、从小到大、从弱到强，已经发展成为全省网点分布最广、从业人员最多、支农服务力度最大的金融机构，成为名副其实的农村金融主力军。近年来，全省农村信用社坚持"四川农信 普惠百姓"的社会责任理念，将履行社会责任作为企业价值取向和行为规范，以服务"三农"为宗旨，以打造和谐社会为己任，以实现可持续发展为目标，切实发挥农村金融主力军作用，有力地支持了地方经济社会持续快速发展。

一、坚持"普惠制"的服务理念，实施"惠农兴村"工程，精心打造"三个平台"，全力支持农村经济发展

为促进农民增收、农业增效和农村经济发展，四川农信坚持"普惠制"的金融服务理念，以创新完善"一个体系"（全方位的服务"三农"体系），精心打造"三个平台"（信贷支持、支付结算、代理服务）为工作目标，全面实施"惠农兴村"工程，将金融服务的触角从乡镇延伸到了村组，让广大农村居民特别是贫困阶层和弱势群体享受到了现代化的金融服务。

（一）打造信贷支持平台，增大投入破难题

1. 增大信贷投放，服务"两个加快"，支持经济社会发展。农村金融是现代农村经济的核心。信贷投入对于农村经济发展具有举足轻重的作用。2011 年以来，四川农信累计发放各项贷款 8800 亿元，较好地满足了"三农"、中小企业、新农村建设、灾后恢复重建等重点领域和社会薄弱环节的资金需求。支持发展现代农业，助农增收致富。深化"公司＋基地＋农户"、"专合组织＋农户"等经营模式，促进农业产业结构调整，带动农民持续稳定增收。仅 2014 年全年就向 2249 户龙头企业发放贷款 23.14 亿元，向 706 个农民专合组织发放贷款 2.17 亿元，向 2264 个农业产业化基地发放贷款 8.74 亿元，较

好地助推了现代农业发展和农民增收致富。支持新农村示范片建设，发挥示范引领作用。坚持"五重点五优先"，大力支持农民新村建设、农业基础设施建设和各类经济组织发展特色优势产业。仅 2014 年就累计发放省级新农村建设示范片贷款 30.15 亿元，较好地满足了示范片内各类市场主体的有效信贷需求，加快了新农村建设的推进工作。支持灾后恢复重建，促进灾区发展振兴。执行灾后优惠信贷政策，提供特殊金融服务，加大灾后农房重建和产业振兴的投放力度。自"5·12"汶川地震以来，累计发放抗震救灾专项贷款 309.09 亿元，其中发放灾后农房重建贷款 160.93 亿元，占全省金融机构的 93.38%。支持民族地区跨越式发展，维护民族团结。支持藏区牧民定居、彝区"三房改造"，引导民族地区大力发展特色农牧业、旅游业、资源性行业。至 2014 年 12 月末，四川省农村信用社累计向 4.81 万户发放牧民定居贷款 10.41 亿元、向 1.59 万户彝家新寨贷款发放 2.97 亿元，改善了民族地区农牧民的居住环境，提高了生活质量。支持扶贫开发，助推区域协调发展。以增加贫困地区群众收入为核心，以提高农村贫困人口自我发展能力为重点，大力推进贫困新村建设，加强产业扶贫、劳务扶贫、"智力"扶贫的信贷支持力度，推动四川省扶贫开发工作的深入开展。截至 2014 年年末，四川农信向国定贫困县和省定贫困县新增贷款 102.3 亿元，占全省农村信用社贷款净增额的 20.5%。支持弱势群体求学、创业，促进社会和谐。"扶贫"与"扶智"相结合，"输血"与"造血"两手抓。仅 2014 年，就发放贷款 1.17 亿元，帮助 2.3 万名贫困学子圆了"大学梦"；发放贷款 2.36 亿元，帮助 0.63 万名下岗失业人员转岗就业；发放贷款 51.77 亿元，帮助 4.6 万名农村青年和返乡农民工创业、就业。

2. 立足市场需求，推进金融创新，破解"三大"融资难题。农民贷款难、中小企业融资难、微小企业融资难，是制约农村经济发展的羁绊。四川农信在深入市场研究，摸清信贷需求的基础上，大胆推进金融产品和服务方式创新，较好地破解了"三大"难题，满足了"三农"发展的融资需求。开发小额农贷业务系统，破解农民贷款难题。四川农信开全国农村信用社系统先河，率先开发出小额农贷款业务系统，对农户经济档案实行电子化管理，并与"蜀信卡"捆绑使用，对授信额度在 5 万元以下的农户信用贷款，农户可在柜面和 ATM 上借款、还款，农民贷款就像取钱一样方便。各地农村信用社以小额农贷业务系统上线为契机，进一步提高授信额度、延长贷款期限，完善农户小额信用贷款和联保贷款方式，百分之百地满足符合条件农户的贷款需求，百分之百地对农户满腔热忱地服务。目前，全省农村信用社已为1218.5万农户建立经济档案，建档面达59.74%，累计授信3692.52亿元；农户贷款余额2634.75亿元，农户贷款面26.54%，分别较2011年年末增加1162.77亿元。2014年，四川农信还在辖内蓬溪联社实施"惠农兴村"工程试点，大力开展金融支持农村新型经营主体和农村产权抵质押贷款试点，成功取得了蓬溪经验。2014年9月10日，四川省委书记王东明在蓬溪调研时，专程前往蓬溪联社便民金融服务点，详细了解了"惠农兴村"工程的主要措施和进展情况，对农村信用社开展此项工作给予了充分肯定，并在全省深化农村改革推进会上3次点名表扬。引入营销服务新模式，破解小微企业融资难题。为千方百计破解小微企业融资难题，四川农信专门从德国引进了微贷技术，"微贷"已成为四川农信社支持小微企业的黄金品牌和特色业务。所引进的哈尔滨银行成熟的小企业贷款技术，也已开发出"才升道"系列十多款贷款产品，目前已在全省农村信用社推广，初步建立起了适合小企业融资的新模式。截至2014年年末，四川农信共有113家县（市）法人机构开办微贷业务，存量贷款9.6万笔、182.3亿元；共有104家法人机构推广小企业金融业务，已开放小企业金融业务子系统的55家法人机构共成立小企业金融服务中心65个，累计投放5975笔，余额54.66亿元。同时，进一步加快小微技术的融合和微贷下乡，在遂州等5家法人机构开展小微技术融合试点，独立审批、区域审批两种不同的微贷技术下乡推广模式在罗江、中江等地的微贷下乡试点工作也初见成效。截至2014年年末，四川农信小微企业贷款余额858.59亿元，较年初新增141.20亿元，占全部新增贷款的22.87%，增速高于全部贷款平均增速1.45个百分点，全面完成"两个不低于"的监管目标，有力地支持了地方经济发展。

（二）打造支付结算平台，畅通渠道优服务

以畅通农村支付结算渠道为着力点，坚持"四个联动"（即将"惠农兴村"工程与四川省委、省政府的"新农村建设示范片"联动、与人民银行的"迅通工程"联动、与商务部的"万村千乡"市场工程联动、与中国银监会的"消除金融服务空白乡镇"联动），加快推进服务渠道建设，努力形成"村村有点有机有联络员、户户有档有卡有授信额"的全覆盖服务网络和立体式结算营销渠道，让农民足不出村就能办理查询、转账、贷款发放、还款、小额存取款、消费等业务。

1. 加强网点渠道建设，支付结算平台搭建到村。加强固定网点建设。在安全有保障、网络可覆盖，具备商业可持续性的金融空白乡镇，创造条件适时布局和增设固定营业网点，为当地群众提供存、贷、汇以及代理保险、代收代付等全方位金融服务。参与金融服务均等化建设。以定时定点、流动服务等方式，承担和解决了四川省三分之二的农村金融服务空白乡镇问题，成为推动机构空白乡镇金融服务全覆盖的主要力量。凉山州联社在全省范围率先开通了汽车流动银行，除能办理基础业务外，还能依托车载 ATM 提供银行卡自助服务，提高了金融服务的充分性。建立"惠农兴村"工程便民金融服务点。利用村民服务中心、新农保驻村业务点、"万村千乡"农家店及配送中心、小型超市、便民店、医疗站等场所，设立"惠农兴村"工程便民金融服务点，大力布放具有账户查询、小额存取款、贷款还款、消费、转账等便捷服务功能的电话支付终端，农户足不出村就能享受到现代金融服务。至 2014 年年末，已在四川省 42075 个行政村布放电话支付终端 59391 台，办理存取款业务 563 万笔，金额达 14.66 亿元。

2. 加强电子渠道建设，支付结算体系通达九州。以四川省金融机构最大的数据中心和网点覆盖最多的综合业务系统为依托，开发出蜀信卡、蜀信·家园卡、蜀信·福农卡、综合补贴无折卡、农民工银行卡等十多个银行卡，配合 ATM、POS 机、e 话通·电话银行、e 掌通·手机银行、e 网通·网上银行、e 掌通·福农宝手机支付、e 信通·短信服务等电子服务渠道，联动农信银、人行大小额支付和银联等现代化支付渠道，形成了"立足全省、连接城乡、覆盖全国"的结算体系，真正实现了"蜀信卡在手，方便实惠通九州"的梦想。至 2014 年 12 月末，已发放蜀信卡 4667 万张，布放 ATM8195 台、POS 机 32149 台，签约收集银行 169.03 万户，广大农户特别是边远山村农民享受到了现代化的金融服务。

（三）打造代理服务平台，满足需求广覆盖

改革开放三十多年来，农村经济形势发生了翻天覆地的变化。随着农村经济的繁荣，农业生产的发展，农民生活的改善，农民在生产经营、投资理财等方面的金融需求日益广泛，农村对金融服务的需求呈现出多元化、多层

次的特征。为实现农村金融服务全覆盖，四川农信在通过信贷支持农民发展生产、扩大经营、搞活消费的同时，又顺势推出了代理保险、代收代付等中间业务，对满足农村地区"快速扩容，升级转型"的金融服务需求发挥了较好作用。

1. 开展涉农保险业务，增强服务"三农"的综合能力。四川农信与24家保险公司签订了代理保险业务合作协议，开通了太平洋财险、平安财险等21个保险公司的银保通系统，提供了人身保险、财产保险两大类的318个产品，较好地满足了城乡居民的保险业务需求。至2014年年末，全省117家县级联社已获准开办代理业务，6456名员工取得了代理保险业务资格，累计为28万名客户代理保险1.1亿元，为农民生产生活的稳定提供了保障。

2. 落实国家惠农政策，做好财政性补贴资金代付工作。四川农信以高度的政治责任感，克服补贴资金发放面大、额小、留存少、费用成本高、柜面压力倍增等困难，配合当地民政、财政等部门，以每年贴补近2000万元的代价，为1800多万农户代发了粮食直接补贴资金、农业生产资料综合直补资金、退耕还林补助粮食资金、大型农机具补助资金、新农保资金等28项财政性补贴资金，传载了党和政府对广大农民的关爱。

二、树立"以市场为导向、以客户为中心"的经营理念，规范文明服务，开展营销服务，提高客户满意度

四川农信牢固树立"以市场为导向、以客户为中心"的经营理念，按照"内强素质、外树形象"的要求，坚持强化管理与培训，注重硬件与软件、考核与激励并重的原则，不断提升支农服务水平，提高金融服务功能。

（一）规范文明服务，提升金融服务水平

规范文明服务配套制度建设。为维护客户合法权益，提高服务质量和水平，省农信联社根据《中国银行业文明服务公约》等制度办法，结合农村信用社实际，制定和完善了服务工作应急处理预案和客户投诉机制、建立健全社会监督员制度和服务评价机制，将文明规范服务工作纳入到岗位职责、业务操作、考核管理等各项制度之中，使文明规范服务工作制度化、规范化、经常化。规范营业网点建设。在借鉴商业银行和旅游饭店星级评定办法的基

础上，制定了《四川省农村信用社网点规范化管理办法》，从营业厅面积、地理位置、装饰装修、形象标识等方面统一了四川农信形象品牌，提升了农村信用社的公信力和影响力。规范文明服务示范单位建设。制定了《四川省农村信用社员工行为手册》，对员工仪表仪容、行为举止、文明礼貌、诚实守信、团结协作、服务技能等方面内容进行了规范；印发了《文明规范服务示范单位管理试行办法》，建立了优质文明规范服务示范单位评选活动的长效机制，确保了示范单位的先进性。2014 年，四川农信有两家营业网点被四川银行业协会授予"千家文明规范服务示范单位"称号，同时被命名为"五星级"营业网点。加强员工服务能力建设。各地农村信用社采取专题讲座、知识问答、技能竞赛等多种形式，组织员工开展学习和技能训练，强化业务素质教育和服务能力培养。广汉联社邀请西南财大、川大院校的专家学者对员工定期进行营销服务专题培训，切实增强员工服务意识、营销意识和营销技能。

（二）开展市场营销服务，提高客户满足度

发挥省农信联社的平台作用，加强沟通协调，搞好营销服务。如成安渝高速公路是四川省高速公路网布局规划中 23 个出川通道之一，同时也是解决资阳地区经济发展的一条重要公路。2011 年商业银行因贷款规模吃紧，不能及时为该项目的建设提供资金支持。四川省联社在获知这一情况后，及时组织全省 92 家县级联社向该公司发放社团贷款 16.42 亿元，加快了项目的推进。变"坐商"为"行商"，由"等客上门"向"主动服务"转变，主动研究"三农"市场，满足客户需求。指导各县级联社从领导班子到基层一线员工主动开展市场调查，深入经贸、招商、工商、国土、税务等部门收集客户信息，做好市场细分、客户细分，锁定目标客户；开展"扫街扫楼"、"扫村扫组"活动，及时掌握农业、农村经济的新变化、新情况，了解客户的金融服务需求，确保客户的服务需求第一时间得到满足。创新营销服务机制，建立全方位的营销服务体系。各县级联社通过重设组织架构，设立"农贷专柜"、"中小企业（个人客户）信贷服务中心"，实现了前台、中台、后台分离，流程化作业，专业化服务；通过优化审批流程，扩大审批权限，缩短决策链条，实行限时办结制、首问责任制，实现了客户贷款满足率、覆盖率和服务满意率的明显提升。

三、维护社会公众利益，投身慈善公益活动，在共建和谐社会中展示出良好的精神风貌和企业形象

（一）热心公益活动，扶危济困奉献爱心

开展社会慈善公益活动。关爱弱势群体，关注贫困地区、贫困群体，捐款捐物，奉献爱心。自 2011 年以来，四川农信公益慈善投入形式日益丰富、投入金额节节增加。开展内部员工送温暖活动。对身患疾病、因灾受困、家庭困难的员工，通过献爱心捐助、工会补助等方式，给予关心和帮助，使其感受到信合大家庭的温暖。2011 年以来累计开展送温暖活动 895 次，向 1.4 万名员工提供救助资金 961.3 万元。开展"挂、包、帮"活动。阆中市沙溪办事处青包山村是四川农信的对口帮扶村。他们从文化阵地建设、基础设施建设、创业园区建设和困难农户扶持等方面入手，采取派驻干部定点帮扶、"一对一"结对帮扶、多措并举信贷扶持等方式给予有力支持和有效帮扶，取得了明显成效。自定点扶贫和"挂包帮"活动开展以来，四川农信先后向阆中市青包山村捐资 100 余万元，新建水泥路 1.7 公里、便民路 2.6 公里；新建和整治蓄水池 16 口，全村自来水安装入户，解决了 330 户 1200 人饮水问题；新建桥梁一座，解决了青包山、瓦口隘两个村 2000 余人出行难的问题；为该村 11 位贫困大学生捐款 2.2 万元；向青包山村发放贷款 800 余万元，支持建成蔬菜、药材等大棚 200 余个，该村已逐步成为以蔬菜、药材、水果等为支柱的产业格局。四川农信还无偿向阆中市捐款 3000 万元，用于支持阆中市江南裕华新农村综合体建设，打造阆中现代生态休闲农业园，建成"以工促农、以城带乡"，"两化互动、统筹城乡"的样板园区。

（二）开展金融宣传，构建和谐社农关系

加强媒体合作。与《金融时报》、《中国农村金融》、《四川日报》、《人力资源报》等报刊和四川电视台、四川广播电台等影视传媒加强业务合作，大力宣传农村信用社改革发展的主要成效、支农服务的主要措施、创新推出的主要产品，搭建沟通交流平台，向广大客户传递金融服务信息。如德阳旌阳联社微贷业务试点经《四川日报》等新闻媒体宣传报道后，当地众多个体工

商户纷纷上门申请贷款，获得了信贷支持。加强金融知识普及宣传。2014 年四川农信主办了两次大规模的金融知识普及宣传活动：2014 年"四川农信杯"全民金融知识大奖赛和大学生金融热点辩论赛，其中全民金融知识大奖赛至 1 月初开始至 7 月初结束，历时 180 余天，创下近年来全川金融知识普及活动规模最大、历时最长、受众最多、影响范围最广的纪录。在西部金融论坛期间创造性地引入大学生金融热点辩论赛，让高端论坛走进普通百姓，也让青年学生增长了金融知识，提升了年轻一代对金融的关注度回馈社会。省联社还与共青团四川省委、省精神文明办联合举办了"农信杯"乡村青年歌手大赛；组建了四川省农村信用社星河艺术团，免费赴各市州进行巡演，为广大客户奉献了一场场精彩的文化大餐，全面展现了农村信用社的企业形象和社会责任感。

（三）保障员工权益，提供职业成长平台

抓好干部队伍建设。四川农信坚持"德才兼备、以德为先"的用人标准和"五湖四海、任人唯贤"的用人原则，完善干部选拔任用机制。2011 年以来，四川省联社通过调整充实本部各处室（中心）、各市州办事处和各县级联社领导班子成员，优化了系统干部的年龄、学历结构，青年干部、女干部和少数民族干部的配置趋于合理。加强员工队伍建设。坚持以人为本，大力实施"人才兴社"战略。以学习型党组织建设为抓手，采取岗前培训、系统培训、与院校合作、选送优秀干部到其他银行交流学习，选派内地干部到"三州"挂职锻炼等方式，2011 年以来，四川省联社累计举办各类培训班 2783 期，培训人员 10.5 万人次，提高了员工的学识水平和专业素养。关心员工生活，构建和谐"大家庭"。关心员工疾苦，与员工"谈心"、"交友"，尽力为员工排忧解难。四川省联社每年均组织本部员工和上挂、借用人员进行身体检查，增强员工的归属感和凝聚力。目前，全系统团结和谐的氛围已逐步形成。

四、开展"绿色银行"创建活动，响应国家环保政策，支持节能减排，遵守低碳生活承诺，共建低碳社会

大力开展"绿色银行"建设，根据国家宏观调控政策和经济结构调整的

导向，按照"区别对待，有扶有控"的原则，将支持绿色信贷，服务节能减排，作为信贷工作的一项重要内容，积极助推地方产业结构调整，为建立低碳社会作出了积极贡献。

加强行业信贷引导。按照国家环保总局、中国人民银行和中国银监会《关于落实环保政策法规防范信贷风险的意见》、《关于印发节能减排授信工作指导的通知》、《关于进一步做好金融服务支持重点产业调整振兴和抑制部分行业产能过剩的指导意见》等文件精神，四川省联社年年出台《四川省农村信用社行业信贷掌控意见》，指导各县级联社强化"绿色信贷"意识，发挥信贷杠杆作用，推行"有进有退"的信贷策略，大力开展节能减排、绿色贷款行动，从严控制发放高耗能、高污染和生产能力过剩行业贷款，全力推进"绿色银行"建设。加大绿色信贷的支持力度。对水力发电、节能减排重点工程、重点污染防治工程、水污染治理工程、燃煤电厂二氧化硫治理、资源综合利用、垃圾资源化利用、清洁生产、节能减排技术研发和产业化示范及推广、节能技术服务体系、环保产业等项目，优先评估审查，提高授信额度，助推了全省产业结构调整和资源优化配置。

"问渠那得清如许，为有源头活水来。"四川农信在支持服务地方经济社会发展过程中，自身业务经营也得到了长足发展。截至 2014 年 12 月末，全省农村信用社各项存款余额达 10631.06 亿元，比 2011 年末增加 5520.37 亿元，增幅达 51.93%；各项贷款余额达 5484.29 亿元，比 2011 年末增加 2110.93 亿元，增幅达 38.49%。2014 年，全省农村信用社实现利润 274.66 亿元，比 2011 年增加 122.45 亿元；2014 年，全省农村信用社实现中间业务收入 30.71 亿元，比 2011 年增加 14.22 亿元，中间业务收入占比已达 2.32%。截至 2014 年 12 月末，全省农村信用社的资产总额达 15022.97 亿元，比 2011 年末增加 8256.14 亿元；股本总额达 353.25 亿元，比 2011 年末增加 141.34 亿元；拨备由 2011 末的 152.21 亿元增加到 274.66 亿元，增加了 122.45 亿元；拨备覆盖率由 2011 年末的 96.1% 提高到 256.38%，提高了 160.28 个百分点。全省农村信用社不良贷款余额已由 2011 年末的 181.93 亿元下降到 2014 年末的 129.74 亿元，绝对额下降 52.19 亿元，占比下降了 3.03 个百分点。至 2014 年末，全省农村信用社涉农贷款余额 4548.06 亿元，较 2011 年末新增 1839.68 亿元；小微企业贷款余额 1271.64 亿元，较 2011 年末增加 393.43 亿元。

基于在服务"三农"和履行社会责任方面作出的突出贡献，四川农信获得了社会公众的普遍好评和广泛认可。近年来，四川省联社先后被四川省政府表彰为民族团结进步模范集体，被省妇联表彰为财政贴息妇女小额贷款工作先进单位，被"榜样中国年度传媒大奖·金融榜"评为最具社会责任企业奖、最佳金融创新奖、最佳金融服务奖，被中国银行业协会评为"中国银行业履行社会责任最佳机构奖"，被四川银监局和四川日报社评为"最佳银行业社会责任奖"。四川省联社党委书记、理事长王华被四川报业集团和四川新闻工作者协会评为"第十一届四川十大财经风云人物"。

湖北农信社：普及金融服务　惠泽荆楚万家

普惠金融利国利民利社。湖北农村信用社围绕中国银监会"三大工程"，推进湖北银监局"三个全覆盖"和"双基双赢"合作项目，普及金融服务，惠泽荆楚万家。

一、培育合格市场主体，增强普惠金融服务实力

开展普惠金融，关键是农村信用社必须有开展普惠金融的能力。过去由于种种原因，湖北农村信用社历史包袱重，自身经营困难，金融服务实力较弱。自 2009 年以来，湖北省农信联社在稳定县域法人地位、维护体系完整、坚持服务"三农"的前提下，积极稳妥推进组建农村商业银行工作，化解历史包袱，增强普惠金融服务实力，培育合格市场主体。

湖北农村信用社通过找市长、找市场、找自身发展潜力，加快推进改革。省政府召开专题会议，全面部署农信社产权改革，按每个联社不低于 500 万元、困难联社不低于 1000 万元的标准，拨付风险防范金 9.4 亿元支持改革；地方政府用优质资产置换不良贷款 73.35 亿元；采取溢价募股方式化解历史包袱 50.9 亿元，通过盈利和清收不良贷款化解历史包袱 86.35 亿元。

截至 2014 年底，消化历史包袱 220 亿元，加上第一轮县级联社统一法人改革消化的 100 亿元，共消化包袱 320 亿元，占包袱总额的 94%。全省 77 家法人机构中，有 66 家农商（合）行挂牌开业，8 家获准批筹。不良贷款率、资本充足率、拨备覆盖率等主要监管指标均达到良好银行水平。人民币存款、贷款双双跃居全省银行业第一，90% 县域行社贷款份额排当地第一，资金实力和服务能力大大增强。

二、实施"五个对接五个全覆盖",扩大普惠金融服务覆盖面

湖北农村信用社围绕中国银监会金融服务进村入社区工程和湖北银监局电话银行乡村全覆盖工程,实施"五个对接、五个全覆盖"。

对接传统农户,推进支农联系卡全覆盖。全面开展农户资金需求调查,对农户发放支农联系卡。对有需求、有项目、有还款来源、有信用的农户,积极支持。对 500 多万农户开展了调查,发放联系卡,评定信用农户 320 多万户,占农户总数的 34%;农户贷款 700 多亿元,占全省银行业农户贷款的 70% 以上。

对接农村经营大户,推进调查建档全覆盖。对农村经营大户逐户上门调查,对二十多万户农村经营大户建立经济档案,对讲信用的经营大户所需资金,积极支持。

对接农村专业合作组织,推进合作洽谈全覆盖。落实专人,对农村专业合作组织逐户上门调查,商谈合作事宜,建立合作关系,开展合作业务。与 1000 多家农民专业合作组织建立合作关系。

对接涉农企业,推进建立服务关系全覆盖。行社领导班子分片包点,对涉农企业上门接洽,一对一服务。建立了包括 3 万多家涉农企业的信息库。

对接行政村,推进电话银行全覆盖。在 934 个乡镇安装 ATM 等自助设备 1000 多台。在 2 万多个行政村安装电话银行 39000 多台,覆盖率 85%。发行中国银行卡 2110 万张,其中:惠农卡 145 万张,社保卡 117 万张,实现补贴发放、费用代收、缴费参保"一卡通",让广大农民足不出村就可享受小额取现、转账、消费等基础金融服务。

同时,大力推进阳光信贷工程,在每个村设置公示牌,实行贷款品种、贷款条件、贷款流程等"八公开",推行"一站式服务"。严格执行中国银监会"贷款七不准",架设三条高压线:严禁向借款客户索取好处费、严禁接受客户吃请或礼品、严禁与客户合伙经商办企业,公布举报电话,接受客户监督,真正把普惠金融服务落到实处,深入人心。

三、积极推行"双基双赢"合作贷款，探索普惠金融服务新模式

为进一步解决农户和小微企业缺信息、缺信心、缺信用的"瓶颈"，有效提升农村金融服务质效，2013 年以来，在湖北银监局的指导下，湖北农村信用社结合群众路线教育实践活动，探索"双基双赢"合作贷款新模式，将基层行社的资金、技术和管理优势与基层党组织的信息、资源和组织优势有机对接，进一步深化普惠金融服务。

搭建合作平台，推动业务开展。各行社与当地县委组织部联合发文，加强组织推动；基层行社与试点村签订协议，明确了双方的职责和义务；在试点村设立信贷工作室或普惠金融服务点，与村党支部共同打造普惠金融示范点。

建立合作机制，提高服务效率。基层行社和村支部共同成立"双基双赢"合作贷款专营小组，深入田间地头开展金融宣传、业务咨询和信贷调查。在贷款保持独立审批权的情况下，积极参考基层党组织意见，提高办贷效率，平均一笔贷款审批时间缩短 2～3 个工作日，效率提高 50%。

创新服务方式，加大扶持力度。为了解决农村经营大户贷款需求问题，推行联保、基金担保等联合增信方式，先后推出了"行业协会 + 农户"、"村委会 + 农户"、"合作社 + 农户"、"政府 + 保险 + 农户"等服务模式。

实行共同管理，切实防控风险。贷款运行期间，村支部和基层行社每月对农户生产经营情况进行碰头，共同管理。贷款到期后，村支部协助清收。对清收效果好、贡献大的村支部，市县行社给予一定激励。

截至 2014 年年末，已与 3033 个基层党组织合作，授信"双基"贷款 19 亿元，累计发放 9.8 亿元，支持了农户 1.5 万户。

试点一年多来，"双基双赢"合作贷款取得良好的社会效应。一是通过充分发挥基层党组织的信息优势，及时筛选优质客户，让信贷投放更具针对性和有效性，农民贷款更便捷。二是在试点村的带动下，未达标村组纷纷出台措施，清收化解不良贷款，提高信用度，争取开办"双基双赢"，有效优化了农村信用环境。三是通过联合办公、联合帮扶，农村党组织和基层行社赢得了广大群众的信任，进一步融洽了干群关系和社农关系。

四、大力创新金融产品和服务，普惠弱势群体

围绕中国银监会富民惠农金融创新工程，创新30多个产品，支持弱势群体。

创新农村贷款担保方式。加强与第三方的合作，先后推出了担保公司涉农保证贷款、保证保险贷款、订单农户保证贷款、粮食直补资金担保贷款等系列产品，有效解决农村贷款担保难问题。发放贷款15.6亿元，惠及农村小微客户13000多户。

创新农村产权抵押系列贷款。积极推动地方政府出台政策，推出了活物抵押贷款、林权抵押贷款、农房抵押贷款、水域滩涂经营权抵押贷款、土地经营权抵押贷款等产品，盘活农村沉睡资产，拓展农村抵押范围。累计发放此类贷款32亿多元。

创新农村青年诚信创业贷款。从2006年起，与团省委合作，在全省实施农村青年诚信创业计划，累计发放贷款15.3亿元，支持18000多名农村青年创业。

创新巾帼创业贷款。与各级妇联合作，实施"巾帼创业工程"，累计向5900多名女性创业者发放贷款5.15亿元。省联社被全国妇联授予"全国妇女小额担保财政贴息贷款工作先进集体"荣誉称号。

创新残疾人专属服务方式。与省残联合作，创办专属冠名银行卡"楚天温馨卡"，为重度残疾人代发生活补助，并实行"三免"：免开卡费、免账户管理费、免电子银行手续费。目前已发卡约15万张，代理资金2亿多元。

五、延伸普惠金融服务方式，全方位服务农民工

湖北是劳务输出大省，在外省务工人员达630多万人。湖北农村信用社对外出农民工全面调查建档，建立联系，积极提供存款、贷款、结算、工资代发等"一揽子"服务，农民工走到哪里，农村信用社的服务就跟进到哪里。

提供结算服务。给每个农民工送一张金融服务联系卡和一张银行卡。在外出农民工集中地配备移动柜面终端，提供移动开卡服务。为集团客户提供代发工资服务。推出农民工银行卡特色服务，让农民工在外地享受快捷低廉

的金融服务。

提供贴心服务。外出农民工回乡离乡，在车站、码头设立接待站，开展接站送站服务。邀请农民工带头人、优秀农民工代表召开联谊会，增进感情。积极帮助解决留守子女和留守老人的就学、生活等困难，真正让农信社成为外出农民工的贴心银行。

提供上门服务。在外出农民工集中地，成立"农民工金融服务中心"，选派客户经理长驻外地，专门提供法律咨询、信息资讯、就业帮助、维权讨薪等延伸服务。

提供信贷服务。为外出农民工量身定制了财政担保中心担保、专业担保公司担保等"创业通"系列贷款，支持农民工外出创业。同时，推出了"金梧桐回乡创业"贷款项目，支持农民工回乡创业。

到 2014 年年末，建立外出农民工档案 200 多万份，在省外成立"农民工金融服务中心"或"外出创业金融服务中心"108 个，发放农民工银行卡 160 多万张，为 7 万多外出农民工代发工资，发放农民工外出和回乡创业贷款 20 多亿元。

福建农信社：让普惠金融插上信息科技的翅膀

普惠金融既是中央的要求、民众的期盼，也是福建农信生存和发展的根本。

长期以来，福建省农村信用社（以下简称福建农信）虽然一直以发展普惠金融为己任，但各方面成效并不明显。2009 年的一件事让福建省农信联社深刻地反省：客户反映农村信用社的 ATM（包括 CRS，下同）与大行不对接，很不方便，福建省农信联社多方协调、恳请支持，但终不见成效，这是为什么？因为福建农信系统机具量少质差！"有实力才有魅力"，省农信联社党委认识到必须自立、自强。

从 2010 年开始，福建省农信联社紧紧围绕提升电子、移动支付业务替代率（以下简称电子业务替代率），让科技发展、普惠金融真正惠及普通百姓这一目标，通过"三个强化"，即强化素质提升、强化科研投入、强化绩效考核，让普惠金融插上信息科技的翅膀。从那时起到现在，四年多的时间，福建省农信系统存款市场份额在六大行从 63.62% 下降到 49.78%，降幅达 21.7% 的情况下，我们存款市场份额从 9.33% 上升到 12.2%，升幅达 30.7%；在 58 个县域，存款市场份额占第一的从 25 家上升到 54 家，增长了 1.2 倍。在业务量大幅上升的情况下，电子业务替代率从 15.23% 跃升到 83.32%，升幅 447%；其中 ATM 占比达 41%，手机银行交易占比达 25%，这两项占比都超过了柜面业务占比（16.68%），大大拓展了服务客户的时间、空间，极大地满足了多层次客户的不同需求，深受客户的好评。

一、强化素质提升

"银行业是 IT 行业"，"银行业是高科技、高知识含量的行业"。农信系统的许多同志由于受自身素质和所处的地域、环境所限，对此缺乏应有的认识，以至于使福建农信第一张银行卡和第一台 ATM 都晚了同行 20 年以上（全国第一张银行卡和第一台 ATM 分别出现于 1985 年和 1986 年，福建农信分别于 2006 年和 2007 年发行第一张银行卡和设立第一台 ATM）。福建省农信联社认为，若不解决观念、知识、能力等素质问题，农村信用社将永远落后，农信一定没有未来。福建省农信联社于 2010 年初在全省提出建设学习型组织的目标，要求通过强化学习，更新观念，增加知识，提升能力。比如，率先推行全员银行从业资格考试，并与薪酬、职务升降挂钩，目前必考人员必考科目通过率已达到 96.43%，其中全部 5 门通过率已达 48.33%，全员业务素质大为提升。又比如，2013 年开展了"电子银行建设年"活动，具体内容为：（1）全员培训，通过视频和福万通网络学院分十讲，人人必须接受培训做作业；（2）全员考试（40 岁以上的普通员工 70 分及格、40 岁以下及电子银行部专业人员和高管 80 分及格，省农信联社的及格线在此标准上加 5 分），人人必须过关；（3）全员业务大比拼（在各行社全员开展比拼的基础上，每行社高管 1 名，电子银行部负责人和专业人员各 1 名，省农信联社随机任意抽普通员工 2 名，组队参加全省比拼），排出座次，前十名表彰，后十名通报批评。

二、强化科研投入

省农信联社现有包括自有、合作公司、租用、借用等各类科技开发人员 511 名，正在开发和优化的项目 145 项，其中仅电子银行部项目就有 11 个，开发人员 67 人；近几年科研投入以 30% 左右的幅度增长，共计投入 14.79 亿元。从 2010 年起，社建农信在实现乡镇网点全覆盖的基础上又大力推动在乡镇所在地和各网点普设 ATM，之后，为解决农民进城刷卡取现难问题，还大力推动在车站、大学、农贸市场、大型工厂广设 ATM，省农信联社对设区市行社在上述地区布设 ATM 的给予一半的补贴，三年多来共补贴 4013 万元。2013 年福建农信 ATM 的布设量和交易量首超建行位居第一；还实行了全省同业免费，真正方便让利客户；2011 年起共投入资金 6069.7 万元，推动在除乡镇所在地之外行政村广布小额支付便民点，当年覆盖率就达 80%，现已实现了全覆盖，现交易占比 6.9%，达到柜面交易占比的三分之一强，既方便了群众，又大大减轻了柜面压力，此项目被评为福建省"打造优质软环境作表率"十佳举措；2010 年起福建农信投入 8100 万元陆续开始对网银、手机银行及微信银行的研发和业务推广，到 2014 年年末，已开通网银 103 万户，手机银行 175 万户，这两项交易占比达 30.2%。高科技必须有高投入。舍得投入，才能有意外的大收获。福建农信这几年加大投入，一方面业务量大增，平均月均交易笔数从 2010 年上半年的 900 多万上升到 2600 多万，增长了 1.7 倍；期间开办了大量的惠民业务，累计发放社保卡 1000 多万张，覆盖全省三分之二县域，通过便民点等免费代发农民种粮补贴、油价补贴、库区移民补贴、农村低保金等 300 多亿元；通过网上申贷等方式办理了惠及占全省 90% 以上共计 9.38 万户贫困家庭学子的生源地信用助学贷款；涉农贷款连续四年实现"两个不低于"目标，涉农贷款占比达 77.4%。另一方面柜面业务却从月均 800 多万下降到 500 多万笔，下降了 40%，这样既减轻了柜面的压力，可以腾出更多的人手走出柜面，进村入社区开展服务，又可以满足更多客户的需求，留住需要移动互联网服务等中高端客户；同时从总体上也大大减轻了人工、业务费用的支出，提升了效益，全省费用率从 2009 年的 29.84% 下降到 2014 年的 25.07%，税后净利润从 2009 年的 16.5 亿元上升到 2013 年的 72.9 亿元。

三、强化绩效考评

绩效是"牛鼻子"，是"指挥棒"，科学合理的绩效考评，正向激励作用巨大。从 2010 年起，在绩效考评中专门设立了电子银行业务这一考核指标，对手机银行、网银、电话银行、短信银行、居家银行、POS 机、福农通、ATM／CRS、便民点等覆盖率、动户率、交易笔数、交易占比进行考核，每季度一通报，半年一讲评，每年一考核，每年根据业务发展的实际情况，尤其是对重点、难点、弱点各有所侧重，2010 年、2011 年省农信联社侧重抓 ATM，2012 年抓网银，2013 年起大力抓手机银行，电子银行业务在百分制的考核占比中也不断提升，从 5 分上升到 2014 年的 9 分，2014 年重点推手机银行，分值为 4.5 分，占电子银行考核分值的 50%；并根据城乡、海岛、山区等不同地区，年轻人和中老年人不同群体等实际情况推出功能不同的客户端和贴膜式手机银行，分别设置不同覆盖率、动户率考核指标，让考核精细化。2014 年 12 月手机银行拥有数达到 188 万户，替代率达到 25%。

互联网金融对银行业冲击巨大，移动互联网也将逐步模糊城乡的界线，对此，福建省农信系统不满足于现有网点、线下的优势，不满足于"发展目前还不慢于同业"的现状，积极拥抱互联网，对接高科技，对与移动互联网相关的渠道、产品、业务加大投入，加快研发，加强推广，真正让普惠金融更普惠、更便利、更高效。

内蒙古农信社：普及金融服务 惠泽草原万家[*]

内蒙古是传统的农牧业大区，为加强对"三农三牧"的金融服务，多年来，内蒙古农村信用社一直恪守服务"三农三牧"宗旨，以打造支持"三农三牧"、小微企业与社会民生的普惠银行、助推县域经济发展的主力银行和服务城乡社区的零售银行为目标，不断增强自身实力，增加贷款投放，扩大贷款覆盖面，用占全区银行业17%的资金，发放了全区90%以上的农牧民贷款、30%以上的小微企业贷款、40%以上的创业就业贷款，有力地推动了农村牧区经济发展。

一、情系"三农三牧"，积极支持农牧业发展

近年来，内蒙古农村信用社坚持服务"三农三牧"宗旨，始终把支持自治区经济平稳健康发展作为履行社会责任的内在要求，形成了多层次、广覆盖的"三农三牧"金融服务体系。

为了优先保证传统农牧业资金需求，内蒙古农村信用社实施"三放宽、一优惠"政策，即放宽贷款对象，由传统种养户放宽到农村多种经营户、个体工商户和农村各类小微企业；放宽授信额度，根据地区经济发展水平和农牧民信用状况，小额信用贷款单户授信限额提高到5万元，农户联保贷款单户授信限额提高到20万元；放宽贷款期限，根据贷款项目生产周期、销售周期和综合还款能力等因素合理确定期限；实施农户贷款利率优惠政策，加大农户贷款利率优惠幅度，全面满足传统农牧业信贷需求。截至2013年年末，全区农村信用社小额贷款余额156亿元，授信农牧户达到172万户，占有贷款需求户的75%。

顺应农牧业规模化、集约化和组织化发展的新趋势，内蒙古农村信用社

---

* 此文发表于2014年5月8日出版的《金融时报》，作者系《金融时报》首席记者吴红军。

不断强化对种养殖大户、农牧民专业合作社、生态家庭牧场（联户牧场）和农牧业产业化龙头企业等新型农牧业生产经营主体的信贷支持力度。截至2013年年末，现代农牧业贷款余额达到375亿元，支持种养专业大户6.1万户、生态家庭牧场（联户牧场）3.4万户、各类专业合作社368个、各级农牧业产业化龙头企业343个。同时，为贯彻落实国家及自治区关于加强草原生态保护和建设、促进牧民增收相关精神，内蒙古农村信用社坚持"政府推动、政策扶持、市场运作、多元投入"原则，整合财政、信贷和社会资金合力，建设了一批布局区域化、生产标准化、经营产业化、销售品牌化的综合性现代畜牧业园区，为实现牧区发展生产生态的有机结合，实现草原的科学、合理和永续利用积极贡献力量。截至2013年年末，支持草原生态保护和建设贷款215亿元，占农牧业贷款的19%。

为了满足农村牧区多元化信贷资金需求，他们以新型城镇化建设契机，积极支持自治区"十项民生工程"建设，不断拓展农村牧区消费信贷市场；针对社会弱势群体，与相关部门合作，研发了青年能人创业贷款、返乡农民工创业贷款、妇女创业就业贷款、农机具购置专项贷款等系列产品；配合"家电下乡"、"汽车下乡"、"摩托车下乡"等扩大内需政策，为消费者和经销商提供配套信贷资金。截至2013年年末，农村牧区消费性贷款余额231亿元，农村牧区危房改造、棚户区改造、廉租房建设等保障性安居工程贷款9.1亿元，创业就业贷款30亿元，抗灾救灾贷款6.8亿元，有效地满足了社会低收入人群生产生活资金需求。

二、服务小微，助力县域经济升级提速

内蒙古农村信用社依托网点、网络和人员优势，努力为小微企业提供方便、快捷、高效的信贷服务。针对小微企业资金需求"短、频、快"的特点，为其量身设计信贷产品和贷款模式，最大限度地帮助小微企业节省利息开支，降低融资成本。

近年来，他们主要从四个方面入手，不断提高小微企业金融服务水平。

不断加大小微企业信贷支持力度。认真贯彻落实国家及自治区强化小微企业金融服务，着力发展非公有制经济相关要求，深入开展"小微企业金融服务年"活动，研发21个小微企业信贷产品，不断简化贷款审批手续，提高

贷款发放效率。目前县域贷款余额达到 1184 亿元，占全区银行业县域贷款额的 37%。

不断拓宽服务领域。在满足涉农涉牧小微企业资金需求基础上，不断加大对从事交通运输、批发零售、住宿餐饮、居民服务等相关传统服务业的贷款投放，积极满足现代物流、旅游、文化等现代服务业资金需求。

不断增强服务功能。以城郊、城区型机构为重点，逐步建立小微企业贷款专营机构，设立小微企业信贷服务大厅，配备专门人员，对营销模式、审批流程、风险控制、激励约束机制等进行再造，扩大分支机构和信贷人员授权，简化贷款工作流程，减少审批环节，推行限时服务，提高放贷效率。

不断延伸服务模式。以具有一定规模、商户较为聚集的商城、批发市场、物流中心、园区为重点，以行业协会、商会、工商联组织、管委会、商户代表为依托，加强与融资性担保机构、保险公司、小额贷款公司合作，积极开展"企业＋中介组织"等适合小微企业需求特点的信贷模式创新。

三、围绕"三大工程"，不断提升金融服务水平

自从中国银监会要求农村中小金融机构全面实施"三大工程"以来，内蒙古农村信用社就以此为契机，不断加强和改进农村金融服务。

围绕富民惠农金融创新工程，他们不断创新信贷产品和服务模式。一是选择基础条件较好、地方积极性较高的农牧业重点旗县，组织开展农村金融产品和服务方式创新示范工作。二是试点开办农村土地承包经营权、草牧场经营权和集体林权抵押贷款，通过农（副）产品订单、应收账款等权利和大型农机具、存货等财产抵（质）押担保方式创新，解决种养殖专业大户、专业合作社、家庭农牧场和农牧业产业化龙头企业等新型农牧业主体的融资需求。三是开展支农服务模式创新，推广"公司＋农户"，"公司＋中介组织＋农户"，"公司＋专业市场＋农户"等多种服务方式，努力解决农牧业集约化发展中由于缺乏有效抵押物造成的"大额贷款难"问题。

围绕金融服务进村入社区工程，他们组织开展"动千员、访万户"活动。农村信用社信贷人员全面走访了辖内农牧户和小微企业客户，了解金融服务需求，建立调查档案，并及时给予信贷支持。同时，积极开展"送金融知识下乡"、"金融服务宣传月"等活动，将金融知识传递给群众百姓，落实普惠

金融发展理念。通过加快科技创新和产品创新步伐，内蒙古农信联社现已形成网上银行、手机银行、电话银行及 ATM、POS 机在内的种类齐全、覆盖面广、纵横交错的电子金融服务网络，充分降低业务服务门槛，为更多普通客户提供优质金融服务。2013 年末，金牛卡总量达到 1786 万张，连续 3 年居全区银行业第一位，其中富民一卡通、福农卡、惠农卡总量 651 万张，累计为农牧户授信 64 亿元，代理财政发放农牧民补贴 212 亿元，占自治区发放财政补贴总额的 80%；建立流动服务站 29 个，进一步完善了农村牧区金融服务功能。

围绕"阳光信贷"工程，他们进一步提升服务效率。切实做好公开贷款政策、制度，公开贷款发放程序，公开承诺办理时限，公开接受社会各界监督"四公开"制度的执行。要求各旗县机构必须在辖内所有行政村设立信贷监督箱，公布监督举报电话，选聘群众监督员，安排落实专门人员负责举报受理、调查核实、信息反馈等相关工作，有效监督违规放贷行为。在具备条件的地区设立"阳光信贷"服务大厅，为客户提供存贷款、结算、汇兑及代收代付等多功能"一站式"服务，真正建立起公开透明，规范高效，风险可控的支农支牧"绿色通道"。

此外，内蒙古农村信用社还积极开展信用评级工作，优化金融生态环境。他们依靠基层各级政府，广泛开展以建立信用户、信用村和信用乡镇为内容的"三级联创"活动，对信用户、信用村和信用乡镇在授信额度、利率等方面给予优惠。截至 2013 年年末，全辖共评定信用户 15.6 万户、信用村 3725 个、信用乡镇 289 个。

四、立足实际，探索普惠金融发展路径

2014 年年初内蒙古农村信用社通过改革发展规划纲要，将发展普惠金融列为今后三年重点工作之一。即内蒙古农村信用社将继续以支持"三农三牧"、小微企业和社会弱势群体为重点，着力加大地方经济发展支持力度，着力推进普惠金融服务，着力扩大农村牧区金融服务覆盖面。他们三年计划投放贷款 900 亿元，到 2016 年年末贷款总量达到 2700 亿元左右，每年涉农贷款占比均不低于 66%。2014 年计划投放贷款 300 亿元，总量达到 2100 亿元左右，其中投放农牧业贷款 240 亿元，总量达到 1400 亿元左右。

2014 年，重点开展金融便民服务"春雷行动"，进一步加大农村牧区自动柜员机和便民支付终端布放力度，力争用两年时间，实现便民自助服务"村村通"、便民柜面服务"乡乡通"和便民金融工具"一卡通"目标，打通农村牧区金融服务"最后一公里"，让农牧民享受到跟城里人一样的金融服务。2014 年，计划发行 IC 借记卡 200 万张，贷记卡 1 万张，网上银行、手机银行、电话银行注册用户分别达到 10 万户，布设自动柜员机 2200 台，特约商户达到 2.5 万户，农村牧区便民服务点达到 2000 个。

内蒙古农村信用社理事长杨阿麟认为，由于普惠金融概念提出的时间还不长，各国政府对普惠金融的认识尚有差异，政策支持力度也不同，只有结合内蒙古农信社自身的实际状况，才能探索出今后发展普惠金融的具体路径。对此，他提出如下建议：

一是健全风险分散、补偿和转移机制。农业牧生产受自然灾害影响较大且范围广泛，风险损失率高，有效防范和化解风险是实现普惠金融商业可持续发展的重要前提。为此，要完善农业保险制度，积极发展农村小额保险，扩大农业保险覆盖范围。要采取税收优惠、财政补助等多种手段，加大对普惠金融服务的政策支持，不断完善农村金融机构风险补偿机制，引导金融资源流向普惠金融体系。

二是探索设立普惠金融服务基金。构建普惠金融体系意味着要向贫困的人群和偏远的地区提供金融服务，这将是一个长期、复杂且艰巨的系统性工程。可以借鉴国际电信、邮政行业建立普遍服务基金的经验，设立普惠金融服务基金，通过一定比例补贴引导更多金融机构到贫困地区开展服务。

三是制定差别化监管政策。提供普惠金融的机构具有种类多、差异大、业务风险高而盈利能力弱等特点，可以通过"宽严相济"的差异化监管，如适度降低最低注册资本、存款准备金率等监管要求，适当放宽服务对象的担保要求和担保品范围，鼓励和引导各类金融机构主动提供普惠金融服务。

四是优化普惠金融生态环境。随着中国城乡一体化进程的加快，传统的农村乡土社会格局发生了根本性变化，基于农村简单社会关系的守信激励和失信惩戒机制逐渐失去效力，这就需要政府这只"看得见的手"责无旁贷地进行干预。要充分发挥政府主导作用，完善区域信用评价体系，努力推进社会信用建设，优化普惠金融生态环境。

台州、丽水：以行动成就百姓普惠金融梦 *

编者按 自从中共十八届三中全会将普惠金融首次写入决议以来，发展普惠金融已成为当前金融业的一场革命，也是经济发展的重要推动力。鉴于浙江省台州、丽水两地在发展普惠金融方面的特色与成就，我们邀请了来自两地主管金融的副市长，共话普惠金融的理论思考与实践心得。

嘉　宾：尹学群（台州市委常委、常务副市长）
嘉　宾：徐子福（丽水市政府副市长）
主持人：《金融时报》记者吴红军

主持人：台州是浙江小微金融创新改革试验区，听说也在争创全国小微企业改革创新试验区。可见，台州的实践重点是在小微企业和农户。请尹市长结合小微金融的改革与创新谈谈台州普惠金融的实践经验。

尹学群：从台州的实践经验来看，我们认为普惠金融有四个特性：第一个是金融服务的可获得性；第二个是商业模式的可持续性；第三个是发展环境的可引导性；第四个是经验创新的可复制性。

普惠金融的第一个特性就是金融服务的可获得性。普惠金融的核心，是让所有人能够平等地获得现代金融服务。因此，有人会问，金融体系能不能承受供给的压力，满足从高端到低端的不同需求？从台州的经验看，这样的金融服务既是必要的也是可行的。

先看必要性，我这里有两组数据，在台州 594 万总户籍人口中，农村人口与非农村人口的比例是 5∶1；第二组数据是在全市近 10 万家工业企业中，小微企业占了 97%。假如脱离了小微企业和农村居民，金融业将会失去发展的基础和空间。因此，金融服务从地方来看，必须立足于普惠。

再看可行性，多年来，台州立足于解决"最后一公里"的问题，已经结

---

* 此文发表于 2014 年 6 月 26 日出版的《金融时报》，作者系《金融时报》首席记者吴红军。

成了"一张网"，覆盖住了面广量大的小微企业和农村居民。第一个层次就是国有商业银行和股份制商业银行，这些行在台州的分行基本上是总行或者省行的小微金融支部，目前小微金融的专营机构已经超过了60家；第二个层次是我们有3家真正民营的城商行，这在全国都是绝无仅有的，台州银行、泰隆银行、民泰银行，这3家银行是专注于小微企业，网点覆盖面广，客户经理多，深耕小微金融。3家城商行的小微企业客户数占比达到92%；第三个层次是9家农信机构，专注于小微企业和"三农"，贷款覆盖了30万户的小微企业和农户。这些机构同时在打造金融便利店、村级便民服务中心金融服务店、助农取款点为一体的微银行；第四个层次是新型的金融组织，包括村镇银行，小额贷款公司，资金互助社等，有助于进一步细化延伸和网络。

普惠金融的第二个特性是商业模式的可复制性。台州的经验表明，服务小微企业和"三农"，既能赚到钱也能控制好风险。从盈利来看，台州银行的总体盈利能力很强。2013年，全市银行业总利润为102亿元，台州银行利润为18.2亿元，泰隆银行利润为7.9亿元，民泰银行利润为7亿元，9家农信机构利润为21.53亿元，加起来超过50亿元。从风险来看，真正出现不良风险时造成影响最大的还是大中型企业，所以台州的国有商业银行、股份制商业银行往往注重大中型企业，也更容易受到冲击，城商行、农信机构因专注于小微反而风险较少。2013年台州的不良率是1.06%，2014年第一季度，台州的不良率为1.05%，资产质量非常好。

普惠金融的第三个特性是发展环境的可引导性。推动普惠金融地方政府必须加强引导，发挥领路人、守夜人的作用。地方政府既要提供政策工具等方面的支持，又要与监管部门银行通力合作，创造良好的环境。在台州，从信用体系来看，我们已组建了一个金融信用信息服务平台，整合了税务、法院、工商、公安等13个部门的信息，供银行查处。同时，全市创建了87.64万户的农户信息档案，评选和信用镇、信用户、信用村，使得农村农户跟小微企业信用可触及可使用。从担保方面看，我们正积极借鉴台湾经验，组建了5亿元规模的小微企业信用保证基金。从风险防范来看，资金链、担保链、逃废债问题，单靠银行是无力解决的，必须由政府牵头应对，及时干预，才能确保金融的稳定。

普惠金融的第四个特性是经验创新的可复制性。实践证明，台州所做的事是可以推广的。特别是台州的3家城商行，发明了"三干三不干"、小本回

款、"三评三表"、小额丰收贷款卡等一系列的模拟贷技术，成功地推广到全省乃至全国的其他金融机构。台州的国有商业银行和股份制商业银行也学习借鉴了城商行的做法，探索推广了小微企业的贷款办法和小微企业的信贷工程。从跨区域来看，台州的城商行已在北京、上海、深圳等地开了分行，而且运作得也都很好。

主持人：台州的经验是因地制宜的结果。我记得从 2012 年 3 月开始，丽水成为中国人民银行和浙江省政府共建的农村金融改革试点单位。请徐市长从农村金融改革的角度谈谈丽水市普惠金融的实践特色。

徐子福：近年来，丽水市始终围绕解决"三农"金融需求大，融资难；城乡差距大，普惠难的"两大两难"问题，以林权制度改革为突破口，加快推进农村金融改革，全面启动普惠金融工程。

在普惠信贷政策上，丽水市以林权抵押贷款为切入点，在县市两级建立了林权管理中心、森林资源收储中心、林权交易中心和森林调查评价机构为主要架构的"三中心一机构"的服务平台；积极引导丽水农信等金融机构创新设计了林农小额循环贷款、林权直接抵押贷款和森林资源收储中心担保抵押贷款等多种抵押贷款方式；建立了从林权的评估、登记和抵押贷款担保，到发生不良处置等一系列的制度机制，形成了林权抵押贷款的运行模式。到 2014 年第一季度，全市已经发放林权贷款 11.24 万笔，94.56 亿元，惠及林农 20 余万人，这个不良率仅为 0.15%。其中丽水农信系统承担了全市 62.75% 的林权抵押贷款的任务。目前丽水已经初步形成了农村三权抵押贷款登记制度，以及运行机制。

在信用建设方面，丽水从农户信用等级评价入手，全面开展农户信用评价工作，将全市 38 万农户信用的信息材料全部纳入基础数据库，建立了动态管理机制和市县两级服务中心，实现了全市农户信用信息共享，构建起了信用体系建设的长效机制。全市现已创建了信用村、社区 711 个，信用乡镇街道 23 个，信用县 1 个，并稳步推进农户、社区居民和中小企业三位一体的社会信用体系建设，目前全市有 25.74 万户信用农户获得 261 亿元贷款，真正实现了信用很珍贵、证件不浪费、农民得实惠的目标。

在基础服务方面，为打通农村金融服务"最后一公里"，市政府设立专项扶持基金，积极开展银行卡助农取款点，在全市所有 2114 个行政村设立助农取款点，做到每个村都有助农取款点。实行农信、邮储两家承办金融机构按乡镇分片包办的方式，设立了助农取款点，推行谁报单、谁布机、谁发卡的工作机制，现在丽水市已将这些助农取款点全面升级为全市的农村金融综合服务站，真正实现了农民在家门口享受归急需最基本的金融服务。到2014年第一季度末，全市累计办理小额取现80.87万笔，涉及农户130余万户，实现农民小额取现不出村、零成本、无风险。

在产品创新方面，丽水以全国农村金融改革试点为契机，加快农村普惠型的金融产品创新，在小额农贷产品上积极引导金融机构开展整体批发、集中授信小额农贷业务，累计在618个行政村为5.8万户农户提供授信29亿元，实现贷款23亿元。丽水农信等机构因地制宜推出茶园抵押贷款、石雕质押贷款、香菇仓单质押贷款等涉农经营产品。同时，丽水扎实开展农村小额人身保险和小额贷款信用保险普惠试点，首创了政、银、保扶持低收入农户发展贷款的新模式，支持农民脱贫致富。为了切实解决农民融资需求的抵押担保问题，丽水还设立了十家农民担保公司和220家村级农村基金互助组织。

目前，丽水适度竞争的农村金融市场已经初步形成，农村金融生态环境得到进一步优化，普惠型的农村金融服务层次不断提升，金融促进社会管理的作用逐步显现。在浙江省委省政府组织的全省新农村建设农民满意度测评中，丽水市连续五年名列全省第一，普惠效应得到了充分发挥。丽水农村金融改革的做法，在2014年4月国务院召开的农村金融服务经验交流会上作了专题发言，龙泉林地流转经营权贷款也在"两会"期间得到了总理的充分肯定。

主持人：通过两位市长的具体介绍，记者发现台州、丽水两地的普惠金融实践虽然重心和突破口各不相同，但完全符合尹市长所说的普惠金融的四个特性，可谓条条大路通罗马。这说明，即便在同一省份，由于不同地区的金融体系发展程度的差异，各地区推动普惠型金融发展的重点也应有所不同：或偏重对小微企业的金融服务，或偏重新型金融机构对微型企业与农户的小额贷款，或偏重对贫困地区与贫困人群作出公益性的金融安排。归根结底，都要因地制宜，对传统金融体系加以改造和创新，用政府的这只"看得见的手"，通过政策上的支持和引导来发挥市场"看不见的手"的作用。

在当前农村金融改革的大背景下，各地的普惠金融创新也呈现出不同的模式与特色，而这又需要经过社会、市场等各个层面的考验，不断从中提炼出有益的经验，让广大农村金融机构在交流中学习，在学习中提高，充分发挥普惠效应，推动普惠金融在中国的健康全面发展。

江南农商银行：构建便民惠商网络
打造普惠金融工程*

近年来，普惠金融已成为被国际社会和金融业普遍认同的金融发展战略，也是我国下一步金融改革和转型的主要目标之一。2013 年 11 月 12 日，中共十八届三中全会通过的《中共中央关于全面深化改革若干重大问题的决定》正式提出了"发展普惠金融"这一影响极为深远的号召。

作为金融实践、技术进步和理念转变相结合的产物，普惠金融本质上是通过技术和营销创新，降低享受金融服务的门槛，让社会所有阶层和群体能够有效、全方位地享受到金融服务。这样既有助于提高经济运行的效率，又有助于提高社会福利、实现社会公平，是经济发展不可或缺的重要支撑。由于多年来的金融改革和发展，中国的普惠金融体系发展迅速，但也面临着监管、缺乏信用体系等多方面挑战，尤其在"三农"、小微企业等服务领域依然存在一些薄弱环节。当前，如何通过创新与发展推动普惠金融工程，实现金融全覆盖，让广大人民群众切实享受到普惠红利，便成为广大农村金融机构特别关注的课题。

为贯彻落实中国银监会全国农村中小金融机构支持"三农"科学发展现场会精神，更加深入地推进"富民惠农金融创新"工程、"金融服务进村入社区"工程和"阳光信贷"工程，江南农村商业银行根据区域经济发展实际，谋划在前、积极准备，在"三大工程"建设尤其是在"金融服务进村入社区"工程建设方面先人一步，广泛布放村村通（即"便民通"、"商务通"，以下简称"两通"）便民机具，成效卓著。

一、建设"双通"显实效

江南农村商业银行"便民通"业务可实现借记卡或存折的余额查询、消

---

* 此文发表于 2014 年 1 月 16 日出版的《金融时报》，作者系《金融时报》首席记者吴红军。

费、转账以及小额取款（助农取款）等业务，具有"免机具费、免交易手续费、操作简单"等特点。"商务通"是针对各类专业及批发市场个体经营商户，实现商户收、付等交易款项的结算需求，资金实时到账、即时使用，解决了商户柜面填单、排队的问题，给予商户实实在在的结算工具和"免机具费、优惠手续费、当日到账"等实实在在的支持。

江南农村商业银行董事长陆向阳表示，2013 年，江南农村商业银行实现了"便民通"在常州市所有行政村的全覆盖。在此基础上，2014 年江南农村商业银行又提出了"自然村全覆盖"的目标。目前，江南农村商业银行已经开通便民点 2200 多个，为便民点周边百姓免费提供银行卡和存折的查询、小额取款、消费、转账等多项服务；已实现"便民通"汇总交易 92 万笔，交易金额共计 7 亿多元。同期，江南农村商业银行已开通"商务通"用户 35000 多户，实现"商务通"汇总交易超过 231 万笔，交易金额达近 900 亿元。

江南农村商业银行"商务通"为中小商户的资金结算提供了高效便利的渠道，同时大大节省了商户结算成本，"商务通"开户数和使用量在一年中快速提升，得到了广大商户的高度认可和良好评价。

二、多措并举明责任

2012 年以来，江南农村商业银行领导多次带领相关部门和全辖一级支行行长赴同业先进单位学习，认真学习先进经验，并成立了以总行行长为组长、分管副行长为副组长，各职能部门为成员的领导小组，定期召开联络人协调工作会议，对项目各阶段工作进行协调、落实。

在重点立项之后，江南农村商业银行明确了电子银行部为业务推进牵头部门，各一级支行行长为所辖区域"便民通"、"商务通"项目实施的主要责任人，一级支行联络员为实施的具体责任人，客户经理为便民点和"商务通"商户的日常维护责任人，以一级支行为单位在辖区范围内全面推广业务发展。

为了全力推动"两通"业务，江南农村商业银行齐心协力，多策并举。

定计划、抓落实。江南农村商业银行根据各支行所辖行政村、自然村和社区及周边专业、批发市场情况，下达拓展目标；同时，定期组织产品经理至各支行、便民点、商户进行业务推动、辅导和回访，及时纠正业务发展过程中的问题，推广成功经验。

广宣传、入民心。为了让广大农户和商户能了解、接受"两通"业务，真正体验到便民利民、惠农惠商的好处，江南农村商业银行在全市范围内通过电视、电台、报刊、网络以及户外广告等媒介进行大规模宣传，同时，印制海报、宣传折页，由各支行组织在辖内开展"两通"的业务宣传。

精包装、树品牌。为更好地推广产品，江南农村商业银行对"两通"进行品牌形象设计，先选取部分优质便民点进行了统一的形象包装，由专业广告公司进行统一的门楣装潢、机具架设计、宣传海报设计，然后在全市范围推广。

善激励、鼓士气。为推动"两通"业务保质保量地有效开展，江南农村商业银行制定了"两通"业务专项推动方案，对"两通"业务进行单价考核，并根据商户业务量还给予商户奖励回馈，以行政推动为抓手，以激励机制为杠杆，激发营销人员的积极性，全面推进业务发展。

三、强化管理保合规

为确保业务合规运行，江南农村商业银行对商户日常交易进行实时监控，优化流程。即确定由电子银行部与合规管理部，组织对"两通"的规范操作和商户的风险防范检查。在管理办法和操作流程上，严把合作商户准入关、加强日常运营监督、建立交易自动侦测系统等多个方面，进行了风险控制和细化管理，对管理制度和流程进行了修订和简化，力求在控制风险的基础上更方便业务推进；同时，对运行中发现的问题，及时跟进解决。

在便民点方面，江南农村商业银行将便民点作为普及金融知识的宣传点，实行定期走访。该行不仅在每个便民点张贴反假宣传海报，还针对便民点商户的假币识别能力较弱的问题，特意为每个便民点增配了验钞机，并指导各支行以便民点为立足点，在便民点周围定期开展反假宣传活动。在"商务通"方面，他们及时跟进商户回访，通过上门服务，加强与客户交流，以"商务通"为平台为商户提供更完善的配套金融服务，有效提升了江南农村商业银行及"商务通"业务的品牌形象。

为了积极创新，为方便客户，江南农村商业银行不断进行系统升级，完善机具质量，增强金融便民服务功能，除消费、转账、便民取款等功能外，江南农村商业银行"便民通"还增加了银行卡积分查询和部分商户积分消费功能，并在完善金融服务功能的同时增加民生服务功能，目前江南农村商业银行"便民通"、"商务通"业务的电信费、电费代缴功能即将上线，其他水、煤代缴费功能也在加紧研发中。

四、借力用力聚人气

首先，借助村委影响力推动业务向前。他们充分借助村委的影响力来宣传、推动"便民通"业务，并取得良好的效果。基层支行通过向村委推广，再由村委发动的方式进行推进，让这项便民工程深入人心，部分村委还通过在所辖自然村张贴"便民通"业务宣传资料等多项措施，来推动该项便民业务发展。

其次，借助经营者积极性推动交易量向上。江南农村商业银行通过从激发便民点经营者的积极性等措施入手，推动"便民通"交易量不断增长。以该项业务能提升经营者生意人气、增加收入为切入点，激发经营者开办该项业务的积极性。

最后，借助城乡居民养老金取款便利推动功能向优。该行已与常州市武进区人力资源和社会保障局签订合作协议，通过金融服务"便民通"方便城乡居民养老保险参保人员领取养老金，真正方便农户（居民），让其足不出户村（社区）就能享受到该行的便民金融服务，从而达到互惠互利、共同发展。

据该行董事长陆向阳介绍，江南农村商业银行未来将把"双通"建设与"三大工程"实施有机地结合起来，重点抓好三个方面的工作。一是进一步提高"便民通"的自然村覆盖率和"商务通"的渗透率，通过产品的便利性和合理布局，让更多用户习惯使用。二是进一步完善便民服务功能，满足客户多样化的金融服务需求，提升便民点的形象，将便民点打造成"城乡居民社会保险便民服务点"。三是进一步深化产品创新，如通过"两通"的交易量情况，了解商户的资金流向和结算习惯，针对商户特点创新中小微贷款，开发出"流量贷"等金融产品。

广州农商银行：优秀的产品　优质的服务

广州农商银行于 2009 年改制开业，截至 2014 年 12 月末，总资产 4626 亿元，各项存款余额 3536 亿元，各项贷款余额 1850 亿元，实现经营利润 85 亿元，营业网点、自助设备数量在广州地区排名第一。2010 年首次入选"全球 1000 家大银行"并居第 377 位，2014 年第 5 次入选榜单，排名提升至第 210 位。荣获"中国农村合作金融机构 2013～2014 年度标杆银行"称号；"中国年度最佳小微金融服务农商银行"；标准普尔中国第 25 家大银行；入选"2014 中国服务业企业 500 强"榜单列第 160 位，43 家上榜银行中排名第 18 位，7 家上榜农村商业银行中排名第 1 位。

广州农商银行主要围绕"三农"、中小微企业、社区金融和网络金融，结合自身特色优势开展业务创新，为客户提供优质的金融产品和服务体验。

一、创新服务"三农"市场

（一）创新"三农"服务模式

一是在业内创新提出现代农业金融三种基本模式，包括商业模式融资、产业链（供应链）融资、标准化融资，分别应对企业的不同发展阶段和规模实力的金融需求。其中，商业模式融资根据企业的商业模式及整体规划量身定制综合融资解决方案，产业链（供应链）融资针对企业上下游产业链（供应链）提供整体融资解决方案，标准化融资针对特定的现代农业产业集群提供标准化产品。重点支持了生猪养殖、菌菇培植、水产养殖和综合农业产业等多个细分领域的农业龙头企业，为企业提供动产浮动抵押、土地承包经营权抵押、保证等多种灵活担保方式选择，盘活现代农业特色资源，满足了一批国家级、省级及市级农业龙头企业融资需求，有力支持现代农业发展。二是实施"一村社一对策，一村社一支行"工作部署，1267 条村个个有相应的服务支行和服务方案，加上专门制定的村社经济组织授信政策，从机构、人力资源和制度上保障"三农"服务的个性化、精细化和标准化。例如，在从化召开了政银村金融服务对接会，与从化 14 个村签署《战略合作框架协议》，授信金额超 7 亿元。三是商业模式创新，以一揽子综合金融产品组成的"商业模式"方案服务"三农"金融需求，已成功实施了琶洲村城中村改造期间融资、江南果蔬市场经销商循环授信、番禺区水产养殖行业融资解决方案等多个商业模式服务方案。四是加大对广州市资金互助社的支持力度，以资金互助业务系统为支撑，扶持符合条件的农业龙头企业设立资金互助社，支持其发展壮大。广州农商银行作为广东省首家资金互助合作社广州市增城福享资金互助合作社的唯一合作银行，为其提供信贷发放、账户管理、资金结算等一系列相关金融服务。五是支持农村跨区域发展，如支持荔湾区葵蓬村跨区域对外投资，发展村社经济。

（二）创新"三农"金融产品

一是根据农户的农业经营和收入特性，推出农户小额信用贷款、订单农业贷款、农户股金分红"质押"贷款。二是根据村民做生意经营之需，推出村民经营贷、创业贷。三是为全方位满足农户在住房、教育等方面的贷款需求，推出了"新家园、新希望"个人贷款系列产品，满足农户住房、教育等多方面需求。四是根据村社集体组织的经济发展需求，推出宅基地上盖物业升级改造贷款、村社组织贷款、村社高管贷。

二、创新扶持中小微企业

为了有效解决中小微企业融资难的问题，广州农商银行采取了一系列有效措施：

一是在授信业务上，广州农商银行向中小微企业倾斜，大力支持符合国家产业政策、有市场、有技术、有发展前景的中小微企业融资需求，重点培育科技含量高、经济效益好、创新能力强、自主效益好的优质中小微企业，全力支持其成长和发展。

二是在信贷管理上，广州农商银行以"信贷工厂"模式进行运营管理，制定符合科技型企业特点的信贷管理办法，拓宽贷款主体、降低贷款门槛、简化贷款流程以及提高风险容忍度，建立适应科技型企业特点的信贷管理体系，设立专门的信贷评审通道和专业的审批团队，逐步实现科技贷款的专业化。同时，广州农商银行充分发挥内设事业部门的独立信贷审批作用，改进对中小微企业的内部资信评估制度，实行前后台分离，业务操作各环节实现了无缝衔接和高效运转，服务时效制度取得了良好成效。

三是在产品创新上，广州农商银行深入研究国内中小微企业经营特征与融资需求，灵活运用多元担保方式和快速审批通道，推出了"好易贷"、"微小贷"两项品牌，专项解决中小企业和小微企业的融资与发展问题。"好易贷"涵盖广州农商银行中小企业融资综合服务与全系产品，并重点包装推出包括"标准房产抵押贷款"、"经营性物业抵押贷款"、"经营权按揭贷款"、"机械设备按揭贷款"、"专业市场系列贷款"和"中小企业联保贷款"六款特色产品；而"微小贷"则下设"小贷"和"微贷"两类业务，分别针对100万~1000万元存货抵押融资和100万元以内免抵押融资。

三、创新社区金融服务

随着我国城市化进程的加快，社区经济的崛起，各家金融机构已意识到社区金融这座金矿所蕴藏的巨大潜力，纷纷开始部署社区金融业务版图。随着居民与社区经济联系的日益紧密，社区金融未来将成为金融服务的一种重要方式。

广州农商银行高度重视社区金融业务的发展，2012年，以"金融服务进社区，共建和谐好家园"为主题，按照"形象有牌、服务有序、资料上架、设备进点、惠民进区"的工作思路，开创性推进社区金融服务工作，为广州城乡居民带来更多的金融消费便利。提出以"创新做服务，金融进生活"为核心的工作方案，在科技便民、服务便民、优惠便民、宣传便民四方面大力创新，全面提升社区服务水平。

一是创新服务渠道，业内首推掌上车管家、微信预约取款服务，打造特色电子商城与线上支付体系，构建微信、短信、手机、网上、电话银行等全渠道电子服务网络，布局智慧银行建设，积极探索线上线下互动服务模式。移动服务进社区，推出"快易办"移动终端，100台"快易办"走出网点，可在户外或上门为社区客户办理开户、签约、综合理财等多功能金融服务。信息服务进社区，推广应用运营管理系统，客户可在网上和手机随时随地查看不同网点信息、排队情况，并预约办理业务。二是创新推出"定利灵活账户"、移动存款机、现金管理平台等存款产品，以及系列消费信贷产品"消贷通"、余额理财产品"至尊宝"、无介质账户"e 账户"等特色产品，并相继取得社保基金、住房公积金、物业专项维修基金、居民医保缴费等业务资格，为广大社区居民提供创新贴身的服务。三是上线客户关系管理系统及"1＋N"私人银行服务模式强化分层服务，实现精准营销、精细服务。增值服务进社区，在社区网点引进钱库、一指通、银联支付终端等先进的第三方设备，为居民提供电子商务、机票预订、购物优惠等多元化服务。四是打造社区特色金融服务站。广州农商银行针对社区居民实际需求，结合市政府十大民生工程要求，2013 年着力打造 5 家综合性社区金融服务站和 45 家网点型社区金融服务站，通过服务提升、错时营业、特色服务、社区沙龙等多种方式提升社区服务水平。

武汉农商银行：搭建全方位普惠金融服务体系

——武汉农商银行践行普惠金融纪实

武汉农村商业银行是国务院、中国银监会批准组建的全国第一家副省级省会城市农商行，2009 年 9 月 9 日挂牌成立。截至 2014 年 12 月末，武汉农商行总资产 1520 亿元，总存款 1202 亿元，总贷款 840 亿元，成为中部地区首个资产、存款过千亿元的农商行。经营规模连续五年在武汉市金融同业排名靠前，发展速度稳居第一梯队。

在武汉承东启西、接南转北、得天独厚的地理位置上，武汉农村商业银行牢牢把握"特色化、差异化、精细化"的普惠金融发展主题，沉下心来潜心服务"三农"、小微和民生客户。在扎根武汉城市圈，与地方经济和衷共济的道路上，武汉农商行实现了"五个第一"：网点覆盖面全市第一，乡镇街网点覆盖面 100%，并向省内外延展；农村支农支小贷款全市第一；城区支持中小企业、全民创业、微小企业贷款全市第一；代发政府各种补贴、低保业务量全市第一；综合纳税贡献额稳居武汉市金融同业第一。

一、搭建全方位普惠金融工作体系

完善的组织构架，提供普惠金融工作落地保障。武汉农村商业银行普惠金融工作在纵向上建立完善了"总行—支行—网点"的多层次快速反应机制，在横向上构建了"前台—中台—后台"保障服务机制，通过组织体系的"合纵"与"连横"，建立起全方位、立体化、多层次的普惠金融工作网络。

训练有素的人员配备，深入农村与基层。在武汉每个街乡镇配有专业客户经理走街串巷提供金融服务，远城区 1029 个"惠民汉卡服务点"和农村 79 个"双基双赢金融服务工作站"均配备点均一人次以上专业保障人员。

加大资金支持力度，进一步提高涉农信贷投放。全行为"惠民汉卡"研发等普惠金融重点项目投入系统建设资金 2000 余万元。持续加大涉农信贷投放额度，截至 2014 年年末，全行涉农贷款余额 428.35 亿元，较年初净增

71.71 亿元，涉农贷款增幅 20.11%，高于全行各项贷款增速 5.32 个百分点。全行涉农贷款连续四年全面实现"两个不低于"的监管目标。

构建现代金融支付体系，打通金融服务"最后一公里"。全行以网点为依托，着力打造网点、自助服务、惠民汉卡取款点、"双基双赢"金融工作室"四位一体"的农村现代金融支付环境。手机银行、网上银行、微信银行等新型支付手段相继上线运行，并向农村地区深入延展。在新城区增设查询机、自动存取款设备 663 台，安装 POS 机具 3196 个，当年累计交易笔数 3.08 万笔，交易金额 1438.7 万元。在偏远乡村大力建设"惠民汉卡服务点"，实现农村居民足不出户家门口取款，截至 2014 年末，全行已发放惠民汉卡 58.6 万张，布设惠民汉卡服务点 1029 个。在全市城乡大力建设"双基双赢普惠金融工作室"，将便利的金融服务送进社区居民，送到乡镇农户，金融服务覆盖全市 1500 个行政村。

二、武汉农商行发展普惠金融取得的成效及具体工作措施

武汉农商行坚持普惠金融理念，坚持为辖内各类阶层、各类群体提供更方便、更快捷的可得性金融服务，在政府和监管部门的指导下，以"惠民汉卡"、"农地权易贷"、"双基双赢"等六大重点工作为抓手，推动辖内普惠金融建设不断发展。

（一）首创"惠民汉卡"，在农村地区推广更便捷的信贷与结算服务

进一步提高便捷支付覆盖面，打通农村基层金融服务"最后一公里"。2013 年，武汉农商行推出了"惠民汉卡"，以"亲民、便民、惠民"为服务宗旨，将居民低保、社保代发、远城区农户的粮食、林业直补等各类政府惠民补贴"多折合一"，为农民提供 8 大优惠措施，通过广泛布设在农户身边小超市、便利店的惠民汉卡金融服务点，农村居民足不出村就能持武汉农商行惠民汉卡支取各种涉农补贴等小额资金，节省了往返乡镇街办理业务的时间和费用，基本解决了农村居民小额现金支取难的问题，也使各项支农惠农政策落到了实处，获得了省、市政府的肯定，惠及农村群众 58.6 万人。

（二）推出区域内首个农村综合产权信贷产品——"权易贷"

从 2009 年发放全武汉市第一笔土地经营权抵押贷款到 2011 年发放全武汉第一笔水域滩涂养殖经营权抵押贷款，武汉农商行实现了农村土地、林地、水域滩涂三类资产的抵押融资功能，为众多缺乏传统抵押物的农业生产经营主体打开了新的融资渠道。2013 年，武汉农商行对"三权"贷款进行整体优化，将其打造为"权易贷"系列产品，并被人民银行武汉分行评为"湖北省县域金融创新产品"一等奖，截至 2014 年年末，"权易贷"余额 12.91 亿元，市场份额始终保持全市第一。

（三）推进"双基双赢合作贷款"工作，联合基层组织开展普惠金融

为消除银农之间的信息不对称，建立政银合作支农平台，2013 年以来，武汉农村商业银行各基层信贷机构联合当地党政部门，积极推进"双基双赢"合作金融，在行政村、社区、园区等地广泛建设标准化"双基"金融服务工作站，聘任具有地缘、人缘优势的基层党员作为"金融联络员"，同基层信贷员一道对辖内农户、居民、小微企业等民生主体提供金融帮扶，主要包括金融知识宣传、信贷需求调查、电话银行业务等在内的综合金融普惠服务。截至 2014 年 12 月末，武汉农商行已同 84 个基层党组织签订了"双基双赢"合作协议，建设了 75 个服务工作站，建立信贷档案 1603 份，并向其中的 198 户企业及个人发放信贷资金 5.84 亿元，现有余额 5.38 亿元。农户贷款难问题得到有效缓解。

（四）搭建全武汉首个银政农三方互动金融平台——"三农经济领军人物"评选活动

该活动是武汉农商行独立谋划，旨在对全市"三农"群体中的先进企业和个人进行集中表彰，打通武汉农商行与优质客户的对接渠道。通过活动，武汉农商行搭建了独有的客户营销平台，并通过对获奖人物提供利率优惠、品牌宣传、政策顾问等增值服务，牢牢锁住了一批优质客户群体。

活动开展 4 年间，共吸引 4294 户企业及个人参评，推选出"三农经济领军人物"555 户，武汉农商行累计向获选客户授信 125 亿元。借助评选活动，

武汉农商行共吸纳 601 户新增客户，参评客户在武汉农商行的开户面达到 80%，有效助推了全行客户倍增战略的推进和"三农"客户的提挡升级，真正实现了银农双赢。

（五）创新城镇化建设专项信贷产品，推进城乡一体化发展

武汉农商行紧密跟进武汉市中心村建设规划，出台《支持城镇化建设指导意见》，开展城镇化专项信贷产品研发工作，摸底并结合武汉市城镇化项目行政审批和资金拨付流程，出台《城镇化贷款管理办法》和《操作规程》，并先试先行，向江夏区怡山湾城镇化项目发放武汉农商行第一笔"兴城展业贷"贷款 2000 万元。目前，武汉农商行已全面跟进武汉市首批 8 个中心村的农民新居项目，并逐一制定授信方案，2014 年向 8 个中心村项目共发放城镇化建设信贷资金 3.36 亿元。

（六）把脉小微实体经济需求，推行"扫街式"服务营销

从长期服务小微实体经济的营销实践中，武汉农商行总结出了小微业务"扫街式"服务营销。客户经理变"坐商"为行商，主动进市场、进园区、进社区、进村湾的"扫街式"服务得到了国务院马凯副总理的充分肯定，在"全国小微企业金融服务经验交流电视电话会议"上做了经验交流。武汉农商行连续三年支持小企业贷款的余额、净增额在全市同业排名第一。截至 2014 年 12 月末，武汉农商行小微企业贷款余额达 396.4 亿元，占对公贷款余额的 54.7%，小微企业贷款余额较年初净增 86.8 亿元，增幅达 28%，高出各项贷款增幅 13 个百分点。累计扶持了 2 万多户的优质中小微企业。目前，武汉农商行不仅在 23 家分支行都设立了微贷分中心，还把"扫街式"服务复制推广到武汉农商行发起设立的村镇银行中，实现村镇银行开到哪里，小微服务就做到哪里。

厦门农商银行：美丽海西我的家

厦门农商银行始终坚持服务"三农"、社区（村）居民和中小企业的市场定位，主动融入厦门市跨岛发展、城乡一体化、小城镇建设等工作部署，积极履行社会责任，开展普惠金融，金融服务辐射全市近50%的户籍人口，用近90%的信贷资金投向当地小微企业和村居民，为地方经济发展作出积极贡献。荣获中国银行业协会"2013年度社会责任最佳民生金融奖"，先后获得"全国小企业金融服务先进单位"、"农村金融服务'双百竞赛'活动先进单位"等荣誉称号。

一、推广特色支农服务，满足客户多元化需求

作为支农支小、服务民生的主力军，厦门农商行围绕厦门城镇化和"村改居、农转非"进程不断加快的现状，通过产品创新、服务创新、机制创新、流程创新，不断满足转型期"三农"和小微的多元化金融需求。

（一）"老无忧"社保贷款解决了失地农民的养老之忧

作为民生工程专项贷款之一，厦门农商行"老无忧"社保贷款解决了失地农民的养老的后顾之忧。社保贷款是指为解决被征地人员参加基本养老保险意愿迫切却又资金缺乏的困难，提高被征地人员参保积极性，扩大参保覆盖面而发放的专项贷款。该产品以厦门市辖内符合参保贷款（贴息）条件的失地农民为贷款对象，通过信贷手段支持失地农民加入社会保障体系，解决了农村养老后顾之忧，实现了政府、村民、农商行三方共赢。目前厦门农商行全辖网点都开办了该项业务，截至2014年末，共发放社保贷款22921多笔，余额为72209.34万元。

（二）"金包银"贷款助推失地农民实现收益转型

"金包银"贷款是厦门农商行对接厦门市政府实施"金包银"项目，解

决工业集中区失地农民参股周边项目的资金需求，促进失地农民由第一产业收入转型为第二、第三产业收入的专项贷款。截至 2014 年末，累计发放"金包银"、"金包金"项目贷款 2271 笔，累计发放金额 75980 万元，余额为 60503 万元。

在厦门岛内，村改居社区也面临农民转型、可持续发展和拆迁难等难题。厦门农商行与当地居委会积极探索，帮助村民变身股东，解决了村民的可持续发展问题，推动了当地社会和谐发展。例如，厦门农商行为蔡塘社区集体经济发展项目——蔡塘广场量身定制金融服务方案，提供总额为 3 亿元的授信支持，支持蔡塘社区全体村民入股蔡塘广场，目前该项目已成功落成并吸引大批知名企业进驻。通过此项目，蔡塘社区居民人均新增资产 70 多万元，人均每年可获分红 3 万元。蔡塘模式成功实施和推广得到了福建省委常委、厦门市委书记王蒙徽的大力肯定，厦门市金融办组织全市银行机构学习推广厦门农商行经验。

（三）农村妇女创业贷款支持农村妇女创业致富

厦门农商行积极与各级妇联进行对接，加强沟通协调，双方建立起顺畅的信息互动渠道，有效落实支持妇女创业工作。一是借助丰富的农村工作经验，配合妇联开展调查工作，确实将扶持资金配置给诚实守信、自主创业的妇女。二是充分发挥自身优势，做好妇女创业项目的评价工作，大力扶持具有地方特色和发展前景的创业项目，推动特色产业的发展，带动当地的就业、创业，促进地方经济的可持续发展。三是召开推进妇女创业小额贷款座谈会，进一步提高妇女创业贷款的扶持力度。四是协助妇联组织开展面向妇联骨干和农村妇女等群体的培训工作，普及金融知识，介绍信贷扶持政策，提高妇女借助金融产品服务自身创业的能力。五是以全市创业型城市建设为契机，扩展妇女创业贷款扶持群体，确定城镇妇女创业小额担保贷款实施办法。2014 年新发放农村妇女创业贷款共 147 笔，发放金额 1399 万元；累计发放 1261 笔，累计发放金额 8638.5 万元，余额 1671 万元。

（四）小额担保贷款促进创业，带动就业

一直以来，厦门农商行是厦门市小额担保贷款的主办银行业金融机构。

厦门农商行主动响应厦门市"创业型城市建设"，将对外开办小额担保贷款的 9 个网点放宽至全辖 61 个网点；为扩大申请人来源的组织渠道，建立了团组织和妇联组织推荐的渠道。2014 年新发放失业人员小额担保贷款共 96 笔，金额 1260 万元，余额 2490.14 万元，其中企业 5 户，余额 455 万元，为厦门市开展"创业型城市建设"作出了积极贡献。

（五）青年创业贷款扶持农村青年开创事业

厦门农商行与厦门银监局、厦门市团委共同制定了《厦门市农村青年创业小额贷款实施方案》，为创业青年提供配套金融服务。通过"待业青年—创业青年—个体商户—小企业—中小企业"的分层对等帮扶服务，创业青年群体逐渐从"平面式扩展"向"立体式成长"转变。2014 年新发放青年创业贷款共 235 笔，金额 6343 万元。累计发放 1353 笔，累计发放贷款金额 31569 万元，余额 6403 万元。

（六）农村"幸福工程"计生户小额贴息贷款，解决农村计生户资金困难

农村计生幸福工程小额贴息贷款项目主要面向同安区农村二女户家庭（含独女领证户），贷款数额最高 5 万元，执行基准利率，是厦门农商行与政府为解决农村计生户资金困难、引导广大农村计生户创业就业、增收致富而共同打造的一项民生工程，填补了厦门市金融机构对农村计生户的金融服务空白。2014 年共发放 83 笔，金额 445 万元，余额 98 万元。

（七）推行"绿荫计划"，改善小微企业融资难困境

"绿荫计划"是厦门农商行针对小微企业整体实力弱、缺乏抵押担保品的现状，与市经发局联合推出的为优质的小微企业量身定制的单笔 300 万元以下、免抵押、免担保的专属融资服务方案。该产品特色鲜明、客户满意度高、业务贡献度大，具有较强的创新性和代表性，被评定为全国"2012 年度小微企业金融服务银行特色产品"。2014 年厦门农商行与市经发局签订了第三期政银合作协议，并制订"绿荫计划"升级版 2.0 产品方案，对帮助涉农及小微企业抱团共御风险的方式进行了创新，通过"抱团发展模式"，加大了涉农及小微企业融资支持覆盖面。截至 2014 年年末，厦门

农商行已通过"绿荫计划"扶持393户小微企业，授信总额51919万元，余额13610.17万元。

（八）引入互助担保资金模式，帮助村居民和小微企业抱团取暖

厦门农商行引进互助合作基金贷款模式，推出"合作贷"、"联保贷"等特色资产类业务产品。该产品具有免抵押、保证担保的特点，有效解决了农村（村改居）村居民、农村小微企业主担保难的问题，利率低廉，有效降低了农村小微企业主及村居民融资成本。截至2014年年末，共发放"合作贷"金额178524.5万元，支持2700户个体工商户、小微企业主及村居民创业、就业，走上致富道路。

二、全面推进农户建档工作，创建良好金融服务氛围

厦门农商行农户建档工作得到了厦门市委市政府的充分肯定和支持。厦门市委2013年1号文件《关于加快推进城乡发展一体化　进一步增强农村发展活力的若干意见》中明确提出"支持厦门农商银行开展'幸福厦门，富民惠农行动'，做好农户建档工作"。随后，各区政府及时召开了本区建档工作专题动员会，300多个行政村和村改居社区陆续组织了村干部、村民代表召开建档工作宣讲会。厦门农商行6区支行在全辖积极推广，由客户经理走村入户为村居民建档提供金融服务。截至2014年年末，厦门农商行总计为14.6万户村居民提供了上门建档服务，主动"走出去"与广大村（居）民做朋友，了解他们的金融服务需求，并加以及时地解决，为广大村（居）民提供普惠式的农村金融服务。

三、推进农村房屋抵押融资业务试点，盘活农村资产

为进一步拓展农村地区抵押物的范围，增加厦门农村实体资产的流动性，拓宽贷款渠道，促进农民创业增收和农村经济繁荣发展，厦门农商行作为首家试点开展农村房屋抵押贷款业务的承办金融机构，推出"农房宝"新业务产品，建立农村房屋抵押融资风险补偿机制，防范金融风险。厦门农商行灌口支行、东孚支行、大同支行、马巷支行作为第一批业务试点落地的承办支

行，积极与房屋所在地各村（居）委会进行业务对接，争取签订合作协议，积极推进该业务的实施，截至 2014 年年末，试点支行已与 11 个村签署签订合作协议，已发放"农房宝"贷款金额共 885 万元。

四、强化农村信用工程建设，培育良好信用环境

面对厦门市城乡经济建设迅速发展的新形势，厦门农商行以推进城乡信用工程建设为抓手，积极创新支农服务方式，将创建"信用村"的做法大胆引入社区，为当地信用村（社区）、守信村（居）民提供了更多的信贷资金支持，简化诚信村（居）民贷款手续，促进了厦门市城乡社区诚实守信良好社会风尚的形成。目前，厦门农商行与市委农办共同评定了 49 个信用单位，为营造诚信氛围作出了积极贡献。厦门农商行获得人民银行厦门市中心支行授予的全市首个"农村信用体系建设金融试验区"称号，市政府也高度肯定厦门农商行在农村信用工程建设方面所做的工作和已取得的成绩，认为厦门农商行推行信用工程建设将对全市诚信建设工作具有很好的示范和带动效应。

五、推出"双百工程"，打造金融服务新模式

为充分发挥服务"三农"的优势和农村金融主力军作用，厦门农商行结合厦门"美丽厦门 共同缔造"和"党建富民强村"工程建设推出"双百工程"，选派 100 名挂职干部和 100 名金融顾问赴厦门各区镇（街）、村（社区）及企业挂职，或担任金融顾问及金融信息宣传员工作。厦门农商行以"双百工程"为抓手，积极推动普惠金融建设，主动融入工作中。2014 年 6 月厦门市委组织部与厦门农商行联合发文，在"双百工程"基础上选派 137 名工作人员挂职基层金融助理，实现对厦门市六个区的 37 个镇街及 94 个重点建设村居全覆盖。金融助理正式纳入市委组织部挂职干部"总盘子"管理，将更好地围绕市委市政府的各项工作部署，把宣传上级政策、了解基层一线、解决实际问题与优化金融服务相结合，更好地服务"三农"和小微企业，更好地服务实体经济。

六、公开业务，优化环境，持续提升服务水平

（一）强化监督，推行阳光信贷，培育良好信贷环境

2012 年 9 月，厦门农商行推出"三大工程"建设，即金融服务进村入社区工程、阳光信贷工程和富民惠农金融创新工程。通过进村入社区增加支农服务覆盖，通过阳光信贷减少支农服务障碍，通过金融创新放大支农服务效用乘数，通过管控风险消除各类风险隐患。以公开信贷流程、建立公示制度、畅通申贷渠道、公开定价标准、丰富阳光产品和完善监督机制为内容的"阳光信贷"的推动，使得信贷审批工作实现了"公平、公正、公开"，极大地促进了信用工程的建设进度。目前厦门农商行共设立阳光信贷标准化服务网点 61 家，设置阳光信贷公示牌 341 块，设立阳光办贷大厅 61 个，设立阳光授信评议小组 16 个，聘请社会各界知名人士担任阳光信贷监督员 93 名，设立阳光信贷监督箱 61 个，设立阳光信贷监督电话 63 个。通过"三大工程"的推进，厦门农商行进一步提升了农村金融服务水平，促进了农村信用工程建设。

（二）改善营业环境，推进服务规范，提升服务面貌

为通过标准化规范进一步提升服务质量、效率和水平，厦门农商行制定了"心服务"主题年实施方案，以标杆网点建设为服务主线，全面开展网点服务导入工作，各网点通过环境管理"6S"规范、建立服务礼仪规范，积极营造良好的网点服务氛围，依据"标准化导入"到"标准化固化"的工作思路，最终实现营业厅服务质量全面提升。同时，通过定期或不定期的明察暗访，建立网点文明优质服务检查监督和考评机制，并按季度将考评结果在全辖通报，不断提高软硬件服务设施建设。在推进网点文明优质服务建设中，厦门农商行辖内有 3 家支行被福建省农村信用社联合社评选为 2013 年度"三星"精品网点；有 5 家支行被评选为"四星"精品网点；总行营业部最近被厦门市银行业协会授予"文明规范服务五星级营业网点"称号。

（三）建立常态机制，为特殊客户群体人性化服务

厦门农商行专门制定印发了《关于特殊客户群体人性化服务规范的通

知》，对老弱病残孕等特殊客户群体提供人性化服务。一是开通"特殊客户绿色通道"，于社保发放期间开设社保专柜，实行"固定专柜，专柜专办"，方便老人领取社保。二是提供柜台延伸服务，对于不能亲自到柜台办理业务也无法到公证处办理授权委托公证的特殊客户，经支行长审批后，由支行指派双人（至少 1 名会计人员）提供上门服务。三是对特定受灾地区捐款、社会保障性款项的开户、存取款等工作提供"绿色通道"，按规定减免相关业务手续费。四是加强服务手段创新，对特殊客户大力推广电子化渠道的应用，在开户环节配套开通个人网银、手机银行等电子工具，为客户提供便捷、安全的自助服务。

七、开展扶危助贫和志愿服务活动，推进社会慈善公益事业

厦门农商行设立了"福万通"慈善基金，用于帮助生活困难的新入学大学生。2014 年，厦门农商行将"福万通"慈善基金捐助工作与基层挂职工作结合起来，向挂职村居 100 名品学兼优并于 2014 年度考取本科院校的学生捐助 50 万元，每人 5000 元。

同时，厦门农商行成立了"厦门农商银行志愿服务队"，经常组织开展"爱心厦门·关爱他人"志愿服务与爱心捐赠活动，如举行创建青年文明号"爱心传递"助学活动；为洪塘小学白血病患者陈某小朋友爱心捐款；为汀溪贫苦孤儿募集善款并促成大学生团员与孤儿"1＋1"结对帮扶机制；端午节、中秋节分别带粽子、月饼和生活用品等礼品看望社区低保户和孤寡老人；为困难家庭发起认捐"慈善年夜饭"爱心活动；积极组织参与"捐血助人、大爱迎新"献血活动；向厦门同心儿童院捐赠衣物、书籍、生活用品；等等。厦门农商行还开展"国际志愿者日"主题志愿服务活动、"学雷锋宣传示范月"、"电子银行多元服务宣传月"、"三八"妇女节"节日卉温馨"活动、"美丽农商、中秋社区行"、"文明中秋、健康过节"、"浓情端午、相聚农商"、"邻里守望，情暖厦门"等主题志愿服务节庆系列活动，利用植树节广泛开展"学习雷锋，关爱自然，义务植树"志愿服务活动。

一系列活动，树立了厦门农商行良好的外部形象。提升了厦门农商行的知名度和社会影响力。

八、加大宣传力度，塑造服务"三农"好形象

（一）深入到村居基层，大力普及金融知识

2014 年厦门农商行根据省联社、厦门银监局、人民银行厦门市中心支行相关部署，全面开展"金融知识进万家"、"普及金融知识万里行"、"金融知识普及月"、"美丽厦门，农商共建"等专项基层宣传活动，充分利用报刊、网络等主流媒体及网点 LED 显示屏、液晶电视、短信等宣传载体，加强立体式宣传，确保活动的宣传覆盖面和宣教效果。针对客户主要分布在岛外、农村的特点，厦门农商行充分发挥点多面广、遍布城乡的布局优势，利用全面推进开展农户建档工作走进村居、社区，重点在农村地区加大宣传力度。

（二）发表专题报道、拍摄专题片，多渠道展示支农形象

厦门农商行在《厦门日报》、《厦门晚报》、《海峡导报》等报刊上刊发了"创新农商，美丽厦门"、"厦门农商银行服务小城镇建设"、"责任银行，和谐发展"等多组系列报道，重点介绍了厦门农商行开展民生金融创新，推动农户建档、助力美丽农村、支持城镇化建设等方面的工作成效，充分展示了厦门农商行支持"三农"服务"三农"的良好形象。厦门农商行还与厦门电视台合作，制作厦门农商行服务民生金融专题片，对厦门农商行在民生金融领域的创新和服务进行了全面报道。

（三）组建网络文明传播志愿队伍，宣导社会正能量

厦门农商行积极开展文明传播活动，组建网络文明传播志愿队伍，通过微博、微信等社区平台参与网上讨论，转发健康向上舆论，宣导社会正能量。启用微信服务号"厦门农商银行"与订阅号"厦门农商银行微金融"，通过微信平台宣传金融服务知识，有力地传播了网络文明。

天津滨海农商银行：创新普惠产品　服务城乡百姓

天津滨海农村商业银行（以下简称滨海银行）成立于 2007 年 12 月 24 日，是国内第一家在发起阶段就引入境外战略投资者的农村商业银行，是第一家总部设在天津滨海新区的具有法人资格的新型股份制商业银行。

一、基本经营情况

2014 年年底，滨海银行下设 22 个管理部室，下辖 9 个事业部、105 家营业网点，实现了天津地区各区县的全覆盖，并辐射到新疆喀什、阿克苏、库尔勒地区和浙江绍兴地区，是全国第一家跨省区设立分支机构的农村商业银行。

自成立以来，滨海银行一直坚持"夯实滨海、深耕天津、巩固东西部、放眼环渤海"的区域定位和"服务小微企业、服务城乡百姓、服务'三农'经济"的经营定位，不断以创新求发展，以改革求突破，不断加大金融产品和服务创新力度，持续加强普惠金融产品推广，扩大网点覆盖面，针对小微企业、"三农"和特殊群体加大金融扶持力度，金融服务的覆盖面和渗透率不断扩大，资产规模、资产质量和经营效益持续向好。主要监管指标全面达标并不断向好，连续 6 年被监管部门评为 2 级行，最新外部信用评级为 AA 级。截至 2014 年年末，各项资产总额达到 981.75 亿元，各项存款余额为 640.3 亿元，各项贷款余额为 443.17 亿元，其中涉农贷款余额为 95.77 亿元、小微贷款余额为 144.2 亿元。

二、加强创新，丰富产品服务，积极践行社会责任

滨海银行始终坚持"服务小微企业、服务城乡百姓、服务'三农'经济"的经营定位，高度重视金融产品和服务创新，及时有效地为社会各阶层和群体提供所需要的金融服务，努力为消费者提供全方位、广覆盖的综合化

金融服务。中共十八届三中全会正式提出发展普惠金融以后，滨海银行更加重视发展普惠金融业务，进一步加大普惠金融创新力度，建立健全有关规章制度，不断扩大网点覆盖范围，持续提升多渠道、多层次、立体化的现代电子银行服务能力，不断拓宽金融服务领域，持续加强普惠金融产品推广与投放，实现了经济效益和社会效益的双丰收。

三、加大创新力度，强化创新思维，发展普惠金融

（一）加强机制建设，强化创新思维

1. 建立健全组织领导机制，大力发展普惠金融。滨海银行成立了"三农"金融服务委员会，明确董事会、监事会、高管层发展"三农"金融服务的相关责任，设立三个"三农"金融服务事业部，建立健全"三农"金融服务创新、推广和管理机制，奠定了大力发展普惠金融的基础。

2. 建立健全人才机制，加强普惠金融队伍建设。制定了《岗位管理办法》，将创新人才纳入专业序列，提供了职业发展通道，加强创新人才的后备培养。加强创新组织机构管理及创新人才储备，在总行设立专岗负责统筹、协调、推动行内的创新工作。

3. 理顺业务创新流程，强化普惠金融产品创新。细化产品创新流程，明确了由产品创新需求部门提出申请，经创新业务审议委员会审议，通过后责成具体相关部门完善、落实的流程化管理模式，有效推动了产品创新及产品落地。

（二）加大创新力度，有效提升小微和"三农"金融服务能力

1. 持续优化审批流程、完善机制建设，强化小微企业金融服务能力。

一是优化审批流程，建立服务小微企业的长效机制：实行差异化审批，建立小微企业专属审批流程。针对小微企业融资"小、频、快"的特点和规律，在有效防控风险的基础上，建立小微企业审批专属通道，缩短审批流程，提高审批效率。同时，适度下放审批权，对于单户授信500万元以下的小微企业贷款业务，由各事业部在授权权限内自主办理，大大减少审批环节，有效提高业务办理效率。

二是单独制定了小微企业授信管理办法、操作流程，单独出具了小微企业调查报告模板以及贷后检查报告模板，更加契合市场需求，贴近小微企业的实际情况，同时增强了滨海银行的风险识别能力和风险防控能力，有效提高了营销工作的针对性。

三是在风险防控方面，在全国首创了"风险分担"业务合作模式，通过与中合中小企业融资担保股份有限公司（以下简称中合担保）进行战略性合作，实现风险共担、互惠互利的"双赢"局面，有效化解科技型企业融资难的困境等。

四是在总行设立了专岗负责小微企业业务的组织及推动工作，同时与各事业部建立了定点联系人制定，有效地提高了工作效率。

2. 提升服务效率，拓宽投放范围，切实增强"三农"金融服务能力。

一是优化信贷审批流程，提高"三农"业务效率。针对涉农贷款额度不大，尤其是农户贷款额度小、地域性强的特点，滨海银行将涉农贷款按授权权限下放至各事业部。下放审批权限后，支行发挥对属地客户更为熟悉的优势直接营销农户，进行贷前调查后上报所在事业部进行审批，大大提高了服务效率，也有利于支行加强贷后管理、有效防控风险。

二是提高力度精度，加大"三农"信贷投放。将信贷支持重点扩展到农村基础设施建设、农村城镇化建设、近郊县域经济、优势农产品生产和特色农业、农副产品精深加工的龙头企业、大型农业企业集团等。

四、丰富普惠金融产品，拓宽融资渠道，有效提升综合金融服务能力

针对小微企业、新"三农"的特点推出了一系列产品，丰富了产品线，同时还积极发行小微企业专项金融债，拓宽融资渠道，切实增强普惠金融的综合服务能力。

一是加大小微业务创新力度，不断丰富和完善融资业务产品线，快速提升对小微企业和科技型企业的综合金融服务能力。2014 年，推出中小微企业专属的创新产品"合意贷"，这一业务模式属于全国首创，对有效缓释银行信贷风险、优化银行资产质量起到了重要作用。先后推出了与小微企业经营模式契合度很高的供应链融资产品及"助业贷"系列产品（如商票保贴、国内

证、国内保理、保兑仓、订单融资、出口保单贷、如意组合贷和小微信用贷等），有效缓解了小微企业资金短缺和资金占压问题。

二是加大涉农产品创新力度，丰富"三农"产品种类。积极推进创新产品"合意贷"的投放工作，不断优化和巩固"三农"业务产品，如"农户联保贷款"、"农家乐贷款"、"农业设施贷款"、"农村基础设施建设贷款"、"农业综合开发贷款"和"农村城镇化贷款"等贷款品种，有效满足了"三农"客户的各项金融服务需求。

三是加大储蓄新产品和理财新产品的研发力度，推出了诸如个人利增利、个人定活通、公司利增利、公司定活通等新产品，很好地满足了客户的多元化需求。

四是大力支持滨海银行投资设立的北辰村镇银行，充分发挥其"草根银行"的经营特色，自主研发包括"快易贷"、"小额信用贷"、"专项业务"三大系列 13 项产品的公司贷款产品和包括"创业好时代"、"消费好时代"两大系列 24 项产品的个人贷款产品，有效地满足区域经济发展的需要。

五是拓宽融资渠道，加大普惠金融信贷投放力度。2013 年 10 月，通过银行间债券市场以公开招投标方式成功发行 10 亿元的首期小微企业金融债券；2014 年 6 月，成功发行 15 亿元的第二期小微企业金融债券，所募集资金全部用于小微企业信贷投放，主要扶持对象为进行创新转型、技术改造和低碳经济的小微企业，积极参与新农村建设、具备相应经营资质的涉农小微企业和以"服务三农"为主要经营目标的小微企业。2014 年，向人民银行天津分行成功申请支小再贷款额度 6 亿元，并积极运作申请支农再贷款额度，为滨海银行在紧张的整体信贷资源中向涉农信贷倾斜提供足够的支撑保障。

五、加大投入力度，扩大网点覆盖面，积极践行社会责任

（一）加快网点建设，优化网点布局，有效扩大网点覆盖面

1. 加快涉农区县的营业机构布局。2014 年，滨海银行新开设 8 家营业机构，全部位于涉农区县，其中宝坻、静海、宁河、津南、北塘、大港、武清和新疆地区各 1 家，涉农地区机构数量达到 70 多家，占网点总量的 80% 以

上，实现了天津地区涉农区县的全覆盖。

2. 加快新疆地区的网点机构建设。为了支持西部不发达地区的金融服务，自 2008 年滨海银行开始在新疆喀什设立支行以来，持续加强对新疆地区网点建设的支持力度，又先后开设了库尔勒支行、阿克苏支行和多家分理处。新疆地区的异地支行设立后，定位为农村型零售银行，开发、采取新的支农产品和服务方式，完善小额信用贷款和联保贷款制度，取得了较好的服务成效。同时，新疆地区机构自己所筹集的资金全部用于当地经济建设，还从总行调拨大量资金支持当地信贷投放。

3. 积极推进北辰村镇银行业务发展。该村镇银行坚守"做社区型精品零售银行"的市场定位，紧紧围绕"支持'三农'、中小微企业、个体工商业和城乡居民"的经营宗旨，努力为广大客户提供优质、文明、快捷的金融服务。截至 2014 年年末，北辰村镇银行已设立营业部等 7 家营业网点，基本实现了北辰区 9 镇 5 街金融服务全覆盖的目标规划。基于良好的经营业绩和管理水平，北辰村镇银行多次荣获"全国十佳村镇银行"、"中国服务县域经济十佳村镇银行"等荣誉称号。

4. 不断提升网点服务能力，推进农村金融服务均等化建设。2014 年，滨海银行大力推广"全民付"自助机具支付业务，覆盖全部区县网点，该业务实现了持卡客户在不支付任何手续费的情况下，使用滨海银行自助设备可办理信用卡还款、手机充值、有线电视缴费及交通罚款销售等代理中间业务，对解决农村城镇化改造进程中往往银行网点的设立早于各类生活服务设施的设立，以及较偏远农村地区生活服务设施缺乏的实际困难起到了极大的缓解作用。

（二）强化政策扶持，加大普惠金融信贷投放力度

2014 年上半年，滨海银行小微企业新增贷款占比超过 50%，且 2013 年小微企业贷款余额占全部贷款余额比例超过 30%，符合人民银行定向降准的有关要求，降低存款准备金率 0.5 个百分点，增大了信贷投放空间，有效地促进了小微企业信贷业务的快速发展。同时，滨海银行积极响应中央和各级监管部门的政策号召，建立健全了普惠金融服务的各项机制，加大政策支持力度，加大普惠金融投放力度，截至 2014 年年末，涉农贷款余额为 95.77 亿元，小微企业贷款余额为 144.2 亿元，两项合计为 239.97 亿元，占全部贷款余额

443.17 亿元的 54.15%。

（三）加大人力财力投入，积极投身爱心公益事业

1. 强化人才支持，建立帮扶工作组。2013 年 8 月，滨海银行选派 6 名优秀党员干部组成两个工作组，结对帮扶蓟县穿芳峪村、小辛庄村、果香峪村。工作组结合当地实际，充分利用外部资源，加大招商引资的力度，吸引了一批投资者前往考察、商谈，取得了一定效果。同时，工作组成员在入村帮扶的过程中，对涉农业务、小微信贷等有了更为深入的了解，并向总行提供了大量的有益信息和建议，有效提升滨海银行普惠金融服务效能。

2. 加大财务投入，践行社会责任。结对帮扶工作组从具体实事做起，把完善基础设施建设，改善村民生产生活条件作为各项工作的突破口，以实际成效取信于民。援建了小辛庄村饮用水机井工程，彻底解决了村民吃水难的问题；为穿芳峪村铺设了长 2000 多米、宽 3.5 米道路，为村民生活、生产、出行提供了方便；分别为小辛庄村和穿芳峪村安装太阳能路灯，方便了村民夜晚出行；为果香裕村硬化群众健身广场、修缮健身器材，大大改善了群众健身广场的环境。这些措施都实实在在地为老百姓解决了实际的困难，得到了老百姓的认可。同时，滨海银行还加大了社会捐助活动，向南方冰雪地区、汶川地震灾区和雅安地震灾区捐助数百万元。

滨海银行将进一步加快创新转型发展步伐，持续丰富普惠金融产品与服务体系，集聚全行员工的正能量，持续提升普惠金融服务效能，与客户、股东以及社会上所有关心滨海银行未来的伙伴，共同打造"具有行业影响力的区域精品银行"，为地区经济乃至整个社会贡献更大的力量。

贵阳农商银行：忘我的追求

贵阳农商银行在自身发展的同时，将履行社会责任作为主要的价值取向，把对履行社会责任的不断追求作为科学发展、追求卓越的自觉行动，进一步加强贵阳农商银行与社会各界的广泛沟通，注重在实践中追求企业与社会的和谐发展，在 2013 年 3 月 28 日召开的金融助推贵阳经济社会发展大会上，荣获贵阳市"2012 年度银行业金融机构突出贡献奖"第一名，"2012 年度贵阳银行业金融机构小微企业支持奖"第二名，"2012 年度贵阳银行业金融机构创新奖"第三名；2013 年度贵阳市银行业金融机构小微企业支持奖；2013 年度贵阳市银行业金融机构"五个一百"支持奖；在 2014 年由贵州省经信委、企业联合会、企业家协会共同举办的"2014 贵州企业 100 强暨第十五届企业管理创新成果发布会"上，贵阳农商银行入围 2014 年贵州 100 强企业，充分体现了其在发展中兼顾经济效益和社会效益，从而实现持续、稳定、健康发展的卓越表现。

一、基本情况

截至 2014 年 11 月末，贵阳农商银行各项存款余额为 353.81 亿元，较成立之初增加 198.09 亿元，增长 1.27 倍；各项贷款余额为 229.57 亿元，较成立之初增加 128.84 亿元，增长 1.28 倍，其中支农贷款余额为 28.42 亿元，较年初新增 8.23 亿元，较年初增速 40.74%。涉农贷款增量高于上年同期增量 1.93 亿元、增速高于同期各项贷款增速 10.24 个百分点；支持小微企业 3636 户，贷款余额为 138.2 亿元，较年初增长 35.93 亿元，增速为 35.13%。共支持涉农贷款和小微企业贷款约 166.62 亿元，实现了"两个不低于"的目标。资产余额为 618.97 亿元，较成立之初增加 399.81 亿元，增长 1.82 倍；实现各项收入 28.33 亿元，较成立之初增加 15.12 亿元，增长 1.14 倍。不良贷款余额（按五级分类）为 6.7 亿元，不良率为 2.93%，较成立之初下降 0.93 个百分点，不良率控制在 3% 以内。

二、积极推进"三农"业务工作，进一步加大对农户、"三农"经营主体的金融支持力度

1. 信贷支持农户，推动"四在农家·美丽乡村"建设发展。制定《贵阳农商行金融支持"四在农家·美丽乡村"建设的工作方案》，围绕"富在农家"工作内容，通过开展农户建档评级，发放贷款支持农户开展经营。年初以来，发放支持农户贷款余额达 11.9 亿元，较年初新增 1.56 亿元，增速 15%，进一步增加农户收入、提高农户创富能力，推动"四在农家·美丽乡村"建设工作发展。

2. 开展信用工程建设。以农村信用工程建设为载体，开展辖区内农户信用创建工作，全行累计创建信用乡镇 3 个，创建信用村 46 个，创建信用组 341 个，建档农户 28002 户，农户建档面达 97%；评定信用等级的农户 27594 户，信用农户评级面达 95.6%；对农户授信总额达 11.81 亿元。重点围绕 100 个示范小城镇——牛场乡示范小城镇建设，力争年末把牛场乡打造成为金融信用乡，目前已完成 257 户农户的建档评级和完成 3 个行政村的信用村创建工作。

3. 支持农业企业发展，推动贵阳市"都市现代农业建设"。围绕贵阳市 24 个现代农业产业园区、100 多家农业产业化龙头企业和城市农产品交易市场经营主体开展走访营销，累计发放农业经营主体贷款余额达 11.17 亿元，较年初增长 1.32 亿元，增速 13.41%。目前根据贵阳市 24 个农业产业园区的发展情况，实施园区名单制管理，组织各分支机构主动上门营销、走访、了解客户需求，并重新拟定《农业示范园区营销服务方案》和开发相应的园区融资信贷产品。

4. 紧跟贵阳市经济发展和城市产业布局规划步伐，主动下沉金融服务重心，积极筹建贵阳市"三县一市"4 个服务"三农"的"小微支行"，打造贵阳农商银行金融服务的全覆盖。2014 年上半年完成了贵阳市"三县一市"服务"三农"的小微支行筹建方案和人员招聘方案，并向监管部门递交了筹建"三县一市"服务"三农"小微支行的请示，目前获批准的清镇、修文小微支行已完成工作人员招聘，各项工作正有序开展。

5. 为顺应农村金融服务改革趋势和提高农村金融服务均等化水平，大力

投放金融电子机具，开展"助农取款村村通"工作。对全行辖内 96 个行政村投放金融结算自助机具，实现全辖行政村"助农取款村村通"农信银 POS 机终端布放 100% 全覆盖，打通辖内偏远农村及城郊结合部农村地区惠农金融服务"最后一公里"，认真履行金融机构的社会责任，把金融服务送到农户家门口，为广大农民群众提供快捷、方便、安全的金融结算服务。

三、加大小微企业金融服务力度

坚持服务小微、服务实体经济的市场定位，通过完善管理机制、创新业务品种、优化服务流程来建设更加完备的小微企业金融服务体系。

1. 认真贯彻落实上级有关大力支持小微企业发展的精神，将服务小微企业作为贵阳农商银行发展转型的重要战略。

2. 在信贷规模紧张的情况下，对小微企业实行最大限度的信贷资源倾斜，优先满足辖内小微企业的融资需求。

3. 将小微企业"两个不低于"要求纳入对支行的绩效考核，更好地调动贵阳农商银行信贷人员服务小微企业的积极性。

4. 加大对市场、行业、园区的调研力度，在原有"扶持情"系列信贷产品的基础上对"金保贷"产品进行了优化升级，将"金保贷"产品授信金额由 20 万元提高到 300 万元，将"3 个 20 万"只支持微型企业的范围扩大到所有的小微企业均可办理。

5. 进一步完善信贷审批机制，通过对支行信贷业务的合理授权减少了贷款审批程序，缩短了审批时间，在风险可控的前提下提高了小微企业贷款业务的工作效率。

四、积极推进科技金融创新

作为地方性中小金融机构，贵阳农商银行对贵阳市委提出的推进科技金融创新的若干举措进行了深入的探讨，围绕贵阳市建设西部科技金融创新城市的目标，积极筹建科技支行，制定了工作时间表，并有序地推进各项工作落实，2014 年 12 月 26 日，贵阳农商银行科技支行正式开业。

五、进一步加大对生态产业和生态环境保护领域的融资支持

1. 把握贵阳市正在全力建设全国生态文明示范城市的契机，坚持以"绿色信贷"为目标，以创造绿色金融生态文明理念引领信贷投放，按照"有扶有控、有保有压"的原则，积极引导信贷资金投向贵阳市建设生态产业体系中的生态农业和节能环保产业，既优化了贵阳农商银行信贷结构，更有力地支持了地方经济社会发展。

2. 结合"100 个产业园区"、"100 个现代高效农业示范园区"的发展特征，着力打造专属信贷产品，为抓好园区小微企业的金融服务奠定了坚实基础。截至 2014 年 11 月末，贵阳农商银行向生态产业和生态环境保护领域的融资金额增长约 2.05 亿元，占同期贷款增长额的 6.22%。

六、主动回馈社会，积极支持公益事业发展

1. 投入资金人民币 30 万元赞助儿童剧《魔笛》、《青蛙王子》的演出，本次演出门票主要免费发放到农民工子女较多、留守儿童较集中的学校，除此之外，广大市民还可以到指定的领票点领取免费门票，共为贵阳市 8000 余名下岗职工、农民工、退伍军人子女及留守儿童演出 20 场，活动得到了主办方、学生家长和媒体的高度评价。贵阳电视台、《贵州商报》、《贵州都市报》等媒体对活动进行了报道。

2. 与扎佐镇双月村结对进行为期三年的帮扶，共投入资金 52.8 万元，帮助该村完成沟渠改造、拓宽道路、安装太阳能路灯等，另外组织全行职工捐款 69796 元，用于该村 10 户特困户危房改建及患病治疗等。

3. 作为贵阳市示范小城镇建设帮扶成员单位，贵阳农商银行积极采取措施，全力支持息烽县温泉镇示范小城镇建设，为解决小城镇建设资金问题提供帮助，以捐赠形式出资人民币 50 万元修建温泉镇"农民体育健身工程"，解决了该项目建设资金缺口问题。

4. 为搭建贵州省弘扬孔子思想和儒家学说、传播中华优秀传统文化的重要工作平台，推动优秀传统文化教育及其他有关事业的健康发展，贵阳农商

银行自 2013 年开始分 5 年向贵州省孔学堂发展基金会捐赠人民币 2500 万元。

5. 为弘扬拥军优属、拥政爱民的光荣传统,支持部队建设,进一步密切同呼吸、共命运、心连心的军政军民关系,贵阳农商银行向贵阳警备区捐赠人民币 120 万元,用于民兵公益体育设施项目建设。

6. 为支持教育事业的发展,2013 ~ 2014 年向贵州省信合公益基金共捐赠人民币 2783 万元,用于乡村教师、校长的培养。

包头农商银行：创新发展　银保共赢

2014 年，包头农村商业银行（以下简称包头农商银行）与华安财产保险有限责任公司内蒙古分公司包头中心支公司（以下简称华安保险公司）签订合作协议，推出了服务于个体工商户、小微企业主、城乡创业者等自然人主体（以下简称个人经营者）的"个人短期小额履约保证保险贷款"，标志着包头农商银行迈出了信贷产品创新的新台阶。结合包头农商银行发展特色，本文就个人短期小额履约保证保险贷款做简要介绍。

一、产品形成背景及服务的客户群体

（一）个人经营者与商业银行对接的难题与矛盾是个人短期小额履约保证保险贷款形成的主要背景

1. 个人经营者抵押物不足与商业银行严格的抵（质）押条件之间的矛盾。作为经营第三方资金、靠管理风险盈利的商业银行，必须建立有效的还款保证和风险弥补机制，其中一条重要措施就是要求被支持对象提供充足、有效的抵（质）押物，确保把风险控制在可承受范围之内。但是，个人经营者普遍存在抵（质）押难题。

2. 个人经营者信息获取不全与商业银行所要求的全面信息管理之间的矛盾。个人经营者普遍存在经营分散，规模偏小、管理水平低、经营不稳定、收益波动性大等弱质性，普遍缺乏规范的财务和统计报表，缺乏完整的个人信用评级和评级记录，缺乏信息披露机制。现实中，银行很难从这些经济实体中获取真实、准确、全面、有效、动态的经营信息。

在这样的背景下，针对问题和矛盾，结合包头地区经济发展的实情，包头农商银行实行"个人短期小额履约保证保险贷款"模式，即包头农商银行与华安财产保险公司签订合作协议，在借款申请人参加个人短期小额履约保证保险的基础上，为其发放的一种短期小额贷款。

（二）主要服务的客户群体是个体工商户、小微企业主、城乡创业者等自然人主体

"个人短期小额履约保证保险贷款"主要针对包头辖区内从事经营活动的自然人、经工商行政机关或主管机关核准登记的小微企业主、个体工商户以及城乡创业者，同时借款申请人要向华安保险公司提出个人短期小额履约保证保险申请，在华安保险公司以借款人本人名义购买"个人短期小额履约保证保险"，并已完成华安保险公司调查、核保、签订保单等程序。

因此，个人短期小额履约保证保险贷款首先惠及的客户群体是从事经营活动的自然人以及符合条件的各类小微企业主、个体工商户以及城乡创业者，并均从事个人经营性活动，而这些客户群体由华安财产保险公司推荐，并经过华安财产保险公司的调查和筛选。

二、产品特色

（一）个人短期小额履约保证保险贷款是保证贷款的一个类型

1. 适用范围广。个人短期小额履约保证保险贷款针对个人经营性用途，可以随时为符合条件的自然人客户发放贷款。

2. 打破传统担保方式的束缚，通过保险公司为个人经营者增信，提高融资能力。

3. 贷款灵活方便。申请贷款金额不超过 50 万元人民币，贷款期限原则上最短不低于 6 个月（含），最长不超过 12 个月（含）。贷款利率由包头农商银行根据信贷业务的贷款方式、风险水平等情况确定，原则上不低于人民银行公布的同期同档次的基准利率上浮 50%。还款方式贷款期限不超过 6 个月的，可采用按月还息、期末还本的还款方式。这些特色满足了个人借款人资金需求快、使用周期短的特点，使个人经营者能获得申请门槛低、到款速度快的贷款，极大地满足了客户的需求。

（二）个人短期小额履约保证保险贷款必须在保险公司申请并加入保险

1. 从"银行＋担保"到"银行＋保险"。轻资产、缺担保、无抵押，是许多借款人申请贷款时的"软肋"，个人短期小额履约保证保险这种全新的贷款模式中，一些技术过硬、前途看好的小经营者无须四处求人为自己担保，只要购买一份华安保险公司"个人短期小额履约保证保险"，就有可能从银行借到钱。换句话说，不"掺和"借贷业务的保险公司这回"顶替"了担保公司，银行与保险公司之间形成了一种共担风险、共享信誉的信贷双赢机制。同时，从"银行＋担保"到"银行＋保险"，这种新的贷款产品大大降低了小经营者贷款的门槛，一定程度上破解了经济薄弱环节贷款难题，也为金融机构解决信息不对称问题提供了一种思路，更为许多创业者提供了信贷支持。

2. 从"调查＋审查"到"初筛＋推荐"。该产品最大的特色是"保险公司推荐的方式向银行申请贷款，即借款申请人要在华安保险公司以借款人本人名义购买'个人短期小额履约保证保险'，由华安保险公司完成对借款人的申请、调查等程序后向银行推荐。"因此，对于银行而言，这种新的贷款产品的风险控制相当乐观，保险系数更高、审贷周期更短。

3. 从"风险自担"到"风险理赔"。银保合作开辟了银行风险运作的新道路，在新的担保模式中，华安保险公司接替了担保公司的角色。华安保险公司开发履约保证保险以分担银行风险，银行作为放贷人如果从贷款人处收不回贷款，保险公司将为其承担损失。因此，该类产品通过保险理赔为银行分担风险，一定程度上提高了银行放贷信心，为个人经营者创造了更有利的融资环境。

三、产品取得社会经济效益及推广价值

个人短期小额履约保证保险贷款突出"保险"、重在"履约"，当贷款发放后，以保险公司建成一道风险"防火墙"。实际操作中，华安保险公司以借款人购买的个人短期小额履约保证保险为担保，随时监测借款人动向；借款人也必须非常注重自身信用的积累，否则自己购买的保险将会成为一纸空文；当发生借款逾期时，华安保险公司更要履行理赔义务。由此，形成了保险公

司与个体信用良性互动的局面。因此，包头农商银行在所辖范围内发放的
"个人短期小额履约保证保险贷款"，开拓出的是一条支持个体工商户、小微
企业主、城乡创业等个人经营者自身可持续发展的道路。

自 2014 年初开始推行该产品，截至 2014 年 11 月末，包头农商银行个人
短期小额履约保证保险贷款余额达到 11000 万元，惠及人数达 300 余人。重
点支持了辖内个体工商户、小微企业主、城乡创业等个人经营者的生产发展，
促进了周边种植业、批发零售业和农民专业合作社的发展，开启了银保共赢
的差异化、特色化、专业化发展之路，取得了良好的经济效益和社会效益。
目前该产品未发现风险。

包头农商银行推行小额履约保证保险贷款过程中得了良好的社会经济效
益，其推广价值也是显而易见的。

（一）有效地解决了贷款难问题，优化了融资环境

如果一味地要求借款人提供存单、抵押品等抵押物，显然不符合实际情
况，且办理抵押贷款的手续需用的时间较长（抵押评估、登记至少需 8 个工
作日），有可能延误用款。个人短期履约保证保险贷款使贷款变得借偿便利，
银行从接到申请到审核、放款最长不超过 7 个工作日，有效地解决了担保难
问题，有力地支撑了经济发展。

（二）增强了诚实守信观念，促进了客户信誉度的提高

个人短期履约保证保险贷款形成了银行、保险公司、借款人之间互惠互
利、相互制约、风险共担的共同体。当借款人不能及时归还贷款、发生贷款
逾期时，保险公司履行理赔义务。

（三）不良贷款风险下降，提高了银行经营效益

根据包头农商银行与华安保险公司签订的协议约定，如果发生逾期，华安
保险公司及时进行理赔，理赔范围为"当前逾期贷款本金及利息、罚息"。这样
避免了银行不良贷款的形成和增加。同时，银行放批贷款、保险公司向申请
贷款的借款人发售履约保证保险，这一组合将原先只有银行承担无抵押贷款
的风险分拆给了两个对象，银行由此降低了风险和管理成本，大大提高了经
营效益。

因此，银行和保险合作设立保证保险业务，开启了银保合作的新模式，以创新产品来保证银行、客户的双方利益。特别对于银行，更是一个"双赢"的格局，不仅成功减少并转嫁了部分贷款风险，同时还能赢得更多的客户。

四、产品未来的规划

（一）简化审批程序，提供快捷便利的服务

包头农商银行简化贷款审批程序，降低门槛，以高效服务方式，为个人经营者贷款开辟一条绿色通道。

1. 指定机构，提供专业化服务。2014 年 8 月以来，包头农商银行专门指定商会支行负责与华安保险公司的沟通，发放小额短期履约保证保险贷款。

2. 注重贷款发放的时效性。为适应小额短期履约保证保险贷款业务"小、短、急"的特点，在风险可控的前提下，包头农商银行始终将服务和时效作为重点工作来抓，缩短放贷流程、简化贷款手续，特别是对急需贷款的客户从申请到发放贷款只要一周时间，得到了客户高度的评价。

（二）完善机制，设置差别利率

包头农商银行从完善信贷管理制度入手，建立健全激励约束机制，适时开展风险监测，对违约失信行为进行重点关注，有效防范了贷款风险，确保了信贷资金安全。为促进信贷结构调整，更好地服务"小额履约保证保险贷款"，细化了贷款利率定价管理办法，采取区别对待、择优扶持的原则，根据不同行业和不同客户的经营情况、资产负债率情况、借款人信用状况、贷款用途等合理确定贷款利率，实现了贷款一户一定价。

五、结语

包头农商银行个人短期小额履约保证保险贷款的推出及发放适应了辖区个人经营者的发展需求，解决了因"抵押物不足"等问题而导致的"贷款难"问题。随着包头地区经济的飞速发展，包头农商银行将继续加大对各类个人经营者的信贷支持力度，为包头地区经济的发展注入生机和活力。

顺德农商银行：创新金融服务　践行普惠金融

广东顺德农村商业银行（以下简称顺德农商银行）正处于战略转型发展的关键时期，随着转型发展的不断深化，如何将"普惠金融"贯穿于经营活动全过程，通过产品、技术、服务等创新，降低享受金融服务的门槛和提升金融服务的效率，全方位为中小微企业、"三农"和当地实体经济提供金融服务，已经成为了顺德农商银行转型发展的一项重要议题。从农信社到农商银行，60多年来，顺德农商银行始终秉承"服务社会、发展经济"的宗旨，全面深化改革，推进产品创新，提升服务水平，扎实践行"社区银行，普惠金融"的理念，走出一条转型发展和践行普惠金融相得益彰的新路。

一、经营实力不断增强，品牌形象进一步提升

顺德农商银行是广东省首批三家改制成功的农村商业银行之一。至2014年11月末，总资产2020.22亿元，各项存款余额1402.6亿元，各项贷款余额1010.49亿元，人民币存、贷款同业比例分别为45.51%和37.28%，连续多年稳居顺德同业首位。2014年1~11月，顺德农商银行新增人民币贷款99.98亿元（含外设机构新增贷款），其中顺德地区本部新增贷款82.93亿元，占全区银行业新增人民币贷款125.6亿元的66.02%，累计信贷投放872.6亿元，全部投向实体经济领域，为地方的经济社会健康快速发展作出了重要的贡献，是服务顺德当地经济社会的金融主力军。2013年顺德农商银行共缴纳各项税收10.1亿元，为佛山市十大纳税企业，广东省纳税50强企业之一。2013年中国银监会对全国460多家农商银行机构进行标杆银行的评选，顺德农商银行获评为首批全国28家标杆银行之一，也是广东三家标杆银行之一。顺德农商银行在2014年度英国《银行家》杂志全球1000家大银行综合排名339位，国内银行综合排名37位。顺德农商银行获得了由金融时报社和中国社科院金融研究所颁发的中国金融机构金牌榜金龙奖"2014年度最具竞争力农商银行"称号。

二、发挥优势，助力小微企业发展

顺德农商银行因地制宜，全力支持小微企业发展。2013 年，顺德农商银行明确提出了"三年、百亿、万户"的目标，即未来三年新增小微企业贷款户数突破一万户，新增小微企业贷款余额 100 亿元。2012 年 5 月 10 日，顺德农商银行与顺德区经济和科技促进局就支持"星光企业"签订了合作框架协议，明确两年内向顺德区域小微型企业提供 100 亿元的信贷支持；2012 年 5 月 22 日，顺德农商银行与顺德区工商联签订战略合作协议，明确未来三年内顺德农商银行对顺德实体型企业提供 150 亿元的信贷支持；2014 年 3 月 26 日，顺德农商银行与顺德青年企业家协会签订综合金融服务合作协议，明确未来三年内提供累计 10 亿元的信贷资金。2014 年，顺德农商银行与顺德区人社局签订战略合作协议，对符合申请条件的借款人提供最高 20 万元的"创业易"贷款。截至 2014 年 11 月末，顺德农商银行小微企业贷款余额为 336.98 亿元，比上年末增加 37.65 亿元，累计支持小微企业 6300 户，比上年末增加 1516 户，2014 年 12 月底，小微客户保有量 4740 户，比上年末增加 1856 户；小微企业贷款增速为 12.58%，高于各项贷款增速 11.4%。为有效降低中小微企业的融资成本，顺德农商银行采取了以下措施：

（一）推出多样特色产品，适时满足小微企业资金需求

顺德农商银行致力于打造一套适合本地小企业不同阶段需求的融资产品——"成功之路"。"成功之路'易'"系列产品涵盖了小企业创业、生产、发展三个阶段性融资需求。由 2006 年至 2014 年底，顺德农商银行对"易"系列产品不断进行丰富和优化。现时主要包括有"经营易"、"担保易"、"双保易"、"置业易"、"联保易"、"购机易"、"融通易"、"租权易"、"保融易"、"创业易"十大产品，为具有不同融资需求用途的小企业提供个性化金融业务解决方案，提升小企业的融资能力；"成功之路'贷'"系列产品包括"市场贷"、"组团贷"，是结合顺德地区经济"一镇一品"的特色，对专业市场及集群客户量身定做的产品，增强了区域适应性，满足了客户实际需求；"成功之路'快线'"系列产品则包括"融通快线"、"信用快线"，该系列产品更是针对小企业融资"短、频、急"的需求特点而量身定制的快速放贷专

属产品。同时，顺德农商银行于 2013 年 6 月成立总行小微企业金融部，对小微企业实施"五个专"：机构专设、人员专职、额度专属、产品专享、流程专业的模式，为小微企业提供专属的金融服务。"成功之路"系列小微产品获得了 2011 年佛山市人民政府颁发"佛山市金融产品创新奖"，顺德农商银行获得了 2012 年广东省中小企业局颁发"广东省中小企业融资服务示范机构"称号。

（二）结合本地经济，全面铺开小微企业贷款融资平台

针对日益增多的小微企业贷款融资需求，顺德农商银行于 2013 年创新推出独立的微贷融资通道，助力本地小微企业成长壮大。一是成立直营机构，业务管理流程化；二是制定管理制度，国际技术本土化；三是开发微贷系统，业务操作系统化；四是建立业务团队，培训管理系统化；五是开展业务营销，理论知识实践化。目前，顺德农商银行共推出"成长快线贷"、"成长如意贷"、"成长信用贷"等系列创新微贷产品，顺德农商银行计划在 2014 年完成覆盖 10 个镇街的微贷直营点铺设工作，辐射顺德，为小微企业的融资提供便捷的服务。

（三）量身定做，打造小微企业创新融资"绿色通道"

结合小微企业"无抵押"以及用款"短、小、频、急"的特点，顺德农商银行对小企业贷款审批流程进行创新，逐步完善小微信贷审批系统，实现电子化高效审批。一是充分发挥点多面广、信息灵通的优势，在开户、结算、汇兑及财务咨询等方面为中小微企业提供全方位、高效率的服务，助中小微企业搞好市场分析，了解金融政策，提高经营决策水平；二是定期或不定期地召开中小微企业座谈会，及时了解、跟进中小微企业经营状况，共同解决存在问题；三是实行专业化审贷，专人专职审批贷款，以借款人的第一还款来源为突破，在借款人资料齐全、符合要求的情况下，最快一天可办理，三天可放贷，使整个流程更贴近市场、更高效，适应了中小微企业融资时间紧的需求。

三、与时俱进，支持"三农"发展

随着城市化进程的快速推进，顺德已由一个传统农业地区转型升级为现代的工商业城市，传统农业产业在顺德 GDP 占比逐年下降，2014 年占顺德地区生产总值不到 2%。如何实现支农转型升级，是摆在顺德农商银行面前的一个重大课题。对此，顺德农商银行与时俱进地提出：在满足支农资金需求的同时，大力支持现代化农业产业，培育农业龙头企业，扶持乡镇民营企业发展，促进县域经济的转型发展，由此实现农商行自身支农业务的转型和升级。

（一）大力支持农业龙头企业，发挥产业辐射作用

顺德农商银行一直通过加强对农业龙头企业的信贷支持，促进周边农村及农户发展。目前，顺德全区拥有国家级农业龙头企业 2 家，省级 4 家，市级 7 家；国家重点支持的粮油产业化企业 1 家。截至 2014 年 11 月末，顺德农商银行支持农业龙头企业 7 户，包括国家级、省级、市级和区级的农业龙头企业，贷款余额为 13.83 亿元。

（二）研究农户的融资需求，满足农户消费和经营需要

配合当地政府的城镇化发展战略，顺德农商银行积极研究农户的各项融资需求，为农户提供包括个人经营性、购车、购房、装修等贷款产品，满足农户日常的生产中短期生产资金需求以及日常生活中购买商品房、汽车等大宗商品消费需求。截至 2014 年 11 月末，顺德农商银行农户贷款 53.88 亿元，比年初上升了 8.24 亿元。

（三）开发集群批量贷款项目，大力支持农业发展

针对恩平地区肉猪及家鱼一体式养殖的综合农场迅速发展，养殖市场对饲料的需求量增大，顺德农商银行根据当地养殖业的行业特性，为广大肉猪与鱼综合养殖农户提供贴身创新业务。针对农户资产实力一般，种养殖规模偏小，难以提供符合要求的抵押或担保，顺德农商银行积极探索，抓紧"核心企业—下游企业"之间的利益平衡点，为农户提供适合的融资方案。

四、因地制宜，专注社区服务

顺德农商银行紧紧围绕"社区银行—普惠金融—共建共享幸福顺德"的战略定位，主动作为，扎根基层，充分利用 320 多家网点的服务网络，积极"服务三农"、"服务社区"，为普惠金融点亮"最后一公里"。

（一）网点服务创新评比，亲民便民惠万家

优质、亲和的服务是顺德农商银行赖以生存的根本，也是顺德农商银行和客户建立深厚感情的基础。一直以来，顺德农商银行通过举办"网点服务创新评优"等活动，促进各营业网点亲民便民服务的提升，为顺德农商银行各层级客户提供亲和、贴心的服务。各营业机构群策群力，根据自身地缘特色以及服务对象的特点，开展了一系列的服务创新活动，如推出了为大众客户提供了"一杯水"服务和手机充电服务，为贵宾客户提供预约和停车位服务，在城郊地区为客户提供便民锁服务，防诈骗温馨提示，设置儿童安全座椅和游乐区，为客户提供业务办理的"限时"服务承诺等。

（二）服务文化进社区，多彩服务更贴心

积极开展"服务文化进社区"外拓活动，使顺德农商银行的服务文化渗透社区，将顺德农商银行的外拓活动做成系列、做出精品、做出品牌，将服务文化之树深植于社区、商圈和企业的沃土中，浇灌出客户和顺德农商银行的情谊之花。顺德农商银行通过社区营销、企业定向拓展、理财沙龙、金融讲座、亲子互动等形式多样的活动，让客户感受到顺德农商银行的贴心服务和增值体验。2014 年，顺德农商银行累计举办"服务文化进社区"活动 190 场，缩短了服务半径，为社区居民带来了更便捷、多彩的金融服务。

（三）社区银行特色服务，离您更近惠您更多

顺德农商银行坚持服务社区，全面关注社区客户的服务需求，为社区客户带来便捷、贴心的服务。顺德农商银行新建的社区银行——大良嘉盈分理处于 2014 年 12 月 2 日开业，具有"错峰营业、跨界合作"的特点。社区居民在周末时间也可以到嘉盈办理业务，大大方便居民。嘉盈与英农健康超市

合作，联合推出优惠方案，采用跨界合作的方式，向小区客户提供衣、食、住、行等生活服务及特惠商品。社区银行自助化设备齐全，存款扣费、燃气充值等特色化服务，一站搞定。社区银行在做好金融服务的同时，还根据时令、节令特点，开展理财沙龙、亲子讲座、健康坐诊等形式多样的社区活动，满足社区居民全方位的生活需求。

（四）加快渠道建设，完善服务功能

顺德农商银行努力加快渠道建设，完善服务功能，构建广覆盖、全方位金融服务的网络体系。截至 2014 年 11 月末，顺德农商银行累计发行银行卡577 万多张，年交易量约 273 亿元，累计布放 ATM（包括 CRS）643 台，自助终端机 315 台，开通 POS 机 8343 户。推进综合客户服务平台建设，升级为兼服务、营销、体验为一体的"综合客户服务中心"，为客户提供更多的咨询便利。

五、普惠金融，顺德农商银行在探索中前行

顺德农商银行在践行普惠金融的实践中，逐渐形成了独具特色的产品和服务，并取得了良好成效。然而，当前我国正处于经济转型、结构调整和产业升级的关键时期，顺德农商银行作为区域性金融机构在践行普惠金融方面还面临着一定的困难和挑战，在开展普惠性金融服务方面还需要进一步探索可持续发展之路。我们坚信，普惠金融没有最好，只有更好，顺德农商银行将把带有顺德农商银行鲜明特色和独特优势的服务"三农"、服务中小微企业、服务实体经济的"顺德农商银行模式"全面推广，开花结果，正如李克强总理在 2014 年《政府工作报告》中提出的，让金融变成为一池活水，更好地浇灌小微企业、"三农"等实体经济之树。

公主岭农合银行：着眼"三农"发展
着手普惠小微

吉林公主岭农村合作银行（以下简称公主岭农合银行）秉承"因农而生，随农而变，为农转型，助农富强"的企业使命，不断创新发展，不断改善支农服务，在与"三农"、与县域经济、与小微企业共同发展的进程中，始终谋求多方共赢、长足发展。

一、普惠金融开展情况

在普惠金融推广中，我们从城乡居民和农民客户的实际需求入手，持续不断地"四送"活动。

（一）送金融知识

针对偏远农村农民金融知识和电子银行使用知识少、法制观念和自我保护意识相对薄弱的实际，公主岭农合银行抽调业务骨干组成"志愿者服务队"，走进乡村开展"送金融知识下乡活动"，深入农村集贸市场和村屯，深入社区，深入校园，发放金融知识宣传手册，积极对接农村客户金融需求，进一步改善农村金融环境。

（二）送金融服务

1. 实现城乡网点全覆盖，形成普惠城乡市场的网点优势。消除自助服务空白乡镇，三年累计在各村屯设置助农服务点 255 个，在各村屯主要超市、售货点布放助农 POS 机 255 台，解决农民金融服务；安装特约商户 264 台、自动柜员机 71 台，其中 ATM45 台，CRS 机 26 台，有效实现惠民金融，乡镇自助设备覆盖率达 100%，完善"普惠金融"的"最后一公里"，让每一个城乡居民都能享受到便捷的现代普惠金融服务。

2. 实现电子银行机具村村通，网络遍布城乡的新趋势。让电子银行业务真正进入千村万户，在全辖范围内服务网点免费 Wifi 全覆盖，让农村百姓在营业网点第一时间感受到电子银行产品带来的便捷，以信息化助推城乡一体化，真正让农民享受与城市同等的现代金融服务。

（三）送金融产品

借鉴现代银行商业模式，按照"模块化、标准化、规模化"的原则，打造社区银行，走差异化、特色化和综合化的发展道路，完善创新"六大金融"系列产品，以满足客户需求为出发点，对客户量体裁衣，完善存款、贷款、结算、电子银行等金融产品。

在存款及电子银行产品方面，行内汇划、代发工资、省内异地柜台现金存取、个人网银注册等多项业务免收手续费；推出贴片卡手机银行，客户无须去网点叫号排队，不受网络信号限制即可实现转账、充值、缴费等几大功能，现已开办 525 户；惠及广大农民、粮食加工企业、粮食经纪人开发联银快付业务，用于粮食买卖、农副产品等大型收购业务，随身携带机具，为客户解决后顾之忧，现已安装 218 部；在市政府多部门支持下，联合众商家组建农商联盟商会，整合公主岭市百余家不同行业、优势资源搭建起强大的惠购平台，研发"响铃公主"惠购一卡通，使消费者在惠购平台成员间消费均享受积分、折扣等优惠，让资源共享，达成惠及小微、惠及商家、惠及百姓的共赢局面。充分利用各种电子化渠道，全面升级微信银行，实现智慧化金融服务，提升客户服务水平。

在信贷产品方面，公主岭农合银行盯住当地经济主战场，与地方资源充分融合，创新金融支持模式。农户类贷款产品包括农户小额信用、直补资金担保、农户联保、土地收益保证等十余种贷款产品。坐落于玉米产业带，公主岭农合银行围绕粮食产业链加大对玉米产业及玉米深加工的支持力度，邀请农业、金融、粮食等部门专家，进企业、走农户调研论证，研发首推内部监管存货抵押贷款，为玉米产业链的客户提供专业化的金融服务支持，开拓与粮食企业的业务新领域。在小微产品方面，为小微企业量身定制专属贷款产品——"微时贷"系列产品，提高服务质量，在风险可控前提下，突出"快"。小银行有"响应快，决策快"的差异化竞争优势，在服务上重点抓"速度"，突出"快"的特点，"人无我有，人有我优，人优我快"，向社会公开承诺——"你有多急，我有多快"。

（四）送亲情温暖

努力践行"责任银行、温度银行、公主岭人自己的银行"服务宗旨，与团市委协作，共同发起公主岭农合银行"爱心驿站"启动仪式，向社会公开倡导关爱环卫工人，旨在为环卫工人搭建"五个一"温暖服务体系，即"一件马夹、一杯热水、一个场所、一份热源、一个网络"，为环卫工人统一定制带有"合作同行，爱心驿站"胸标的"橘黄马夹"，在寒冬酷暑条件下提供舒适的栖息场所，组织开展系列公益活动，践行可持续公益路径，践行社会责任，以实际行动回报社会。

二、支持地方经济建设发展，推动社会进步和谐

多年来，因"三农"及小微企业的天然弱质性，注定了他们难以逾越银行业设置的金融服务高门槛，农村金融和小微金融因为缺乏供给而举步维艰，逐渐沦为金融荒漠。作为县域农村金融主力军的公主岭农合银行始终坚持"立足县域、服务'三农'"的市场定位，形成普惠城乡市场的客户优势，努力为城乡居民提供优质金融服务，稳步推进综合经营。

（一）着眼"三农"发展

吉林省公主岭市全辖29个乡镇，19.28万个农户，2011~2014年，公主岭农合银行共发放涉农贷款64016户，107160笔，贷款金额31.85亿元，满足90%有贷款需求的农户，打造新型农村发展平台，突破融资担保瓶颈。全面开展农户资金需求调查，对有需求、有项目、有还款来源、有信用的农户积极支持。对15.8万户农户开展了调查，发放联系卡，评定信用农户8.47万户，重点将投资放在种植（养殖）大户、新型农村合作社等项目。

（二）着手普惠小微

公主岭市现有小微企业1800家，公主岭农合银行为700家小微企业提供了信贷支持，占全市小微企业的39%，三年来，公主岭农合银行累计发放小微企业贷款金额28亿元，服务覆盖面、普惠面均居全市金融机构第一，为全市经济社会和城乡居民提供了最广泛的综合金融服务。

打造小微金融服务平台，助推实体经济发展。针对全市小微企业发展的情况，公主岭农合银行积极创新小微企业金融服务模式，创新金融产品，完善服务手段，加大资金投入，使农合银行深度融入地方经济发展中，为县域经济发展提供重要的金融支撑。

实行信贷评审流程化、标准化集中处理，探索出一条快捷高效、深受欢迎的小微企业金融服务新路子，打通小微企业审查审批绿色通道。打造银企合作平台，支持农业产业化发展，举办银企对接会，邀请各领域小微企业座谈会，征求服务于小微企业过程中公主岭农合银行突出存在的问题，现场签订合作意向书。

（三）着力代收代付

扩权强县改革试点市的建立，给公主岭市带来了新的机遇，在加快建设公主岭建成中等城市的进程中，公主岭农合银行深度融合县域经济，在支持地方经济发展和新型城镇化建设过程中实现金融与当地经济的互动发展，协调推进。2014 年与市政府签订战略合作协议，积极同政府合作开展公共服务项目投资，利用公主岭农合银行优势成功争取代理低保、医保、社保等财政性资金的代收代付项目；代收公主岭市中学学费，普惠公主岭市 1 万余名中学生。其中：公主岭农合银行在为公主岭市实验中学贷款业务的基础上进行了综合营销，办理对该中学的学费代收业务，在方便学生的同时，也为公主岭农合银行吸储了资金，创造了效益。

（四）着意社会责任

支持公主岭市文体建设，冠名重要体育赛事——"公主岭农合银行杯"乒乓球俱乐部甲级联赛，助力岭城体育事业发展；冠名"中国第二届玉米产业博览会"，全程提供 50 名爱心志愿者服务，展现农合银行新面貌；三年来，公主岭农合银行先后招录具有本地户口的大学生派遣员工 146 人，有效支持城乡居民就业，一定程度上缓解部分家庭的就业压力，为创造稳定和谐的社会环境作出了贡献。

兴化农商银行：小小"快付通"便民又实用

在江苏省联社的帮助和指导下，兴化农村商业银行（以下简称兴化农商行）于 2010 年 10 月推出农村电子支付结算项目——"快付通"，取得了较好的社会效益和经济效益，项目推出后兴化农商行助农取款业务量快速增长，兴化农村地区银行卡受理环境也有了质的飞跃。截至 2014 年年底，兴化农商行在全市 34 个乡镇 614 个行政村各类经营网点共安装"快付通"专用机具 1905 台，实现了所有自然村刷卡机具的全覆盖。2014 年累计刷卡 104.96 万笔，交易金额 166.04 亿元。其中：消费 10.7 万笔，金额 17893.54 万元；转账 87.85 万笔，金额 164.04 亿元；取现 6.41 万笔，金额 2127.74 万元；查询 29.21 万笔。助农取款服务还带动了农村居民刷卡消费意识的提高，有力地推动了兴化市农村地区支付结算"快通工程"建设，改善了农村支付服务环境，降低柜面业务交易量。截至 2014 年年末，兴化农商行各网点农保专柜日均交易量同比下降 50% 左右。

一、主要做法

（一）明确发展思路，健全组织架构

根据各级人民银行有关文件精神的要求，兴化农商行在省联社信息中心的指导下组成联合工作小组，通过对辖内各营业网点进行深入调研，对项目可行性进行科学论证，明确了以构建支农、惠农、便农的"支付绿色通道"为目标，以助推农村地区支付结算科技化、电子化、网络化为重点，立足高起点、高标准、高要求深挖潜力，结合兴化农商行业务发展的需要和兴化市地域较广、行政区划分散，农村、农业人口较多的特点，发展"快付通"项目。制定了由董事长总理全局，分管行长直接领导，多部门协同谋划，科技部门对应研发，电子银行部具体实施的一揽子方案。并把"快付通"项目的宣传推广和人民银行"强镇兴村"工程结合起来，以保证项目推进扎实、

高效。

（二）创新服务理念，优化服务模式

为了进一步提高农村地区银行卡持卡率与刷卡机具覆盖率，兴化农商行以新农保业务的推广为契机，通过发行兴化市民卡、开发布放"快付通"机具，以实现在短时间内迅速改善农村地区的银行卡受理环境，为银行卡助农取款服务试点创造条件的目的。为此，兴化农商行采取了"四步走"分步推进的策略。第一步，发行市民卡，实施新农保银行卡兑付工程。在这方面市财政局和社保局对兴化农商行工作进行了大力支持。2010年9月，兴化农商行与兴化市人社局签署协议，明确所有参加新农保的农民将做到人手一张市民卡，实现基础养老金账户卡折合一，保险金直接转入市民卡内，参保农民可以凭卡取现或刷卡消费。据统计，仅此一项，兴化全市即可发放30万张市民卡。第二步，开发布放"快付通"刷卡机具。兴化农商行委托深圳证通公司于2010年10月成功开发推出了电话支付终端"快付通"，该机具内置"取现"模块，为助农取款服务正式启动提供了技术支撑。第三步，客户经理背包下乡进行取现服务。考虑到农村商户及农村居民对助农取现服务有一个逐步适应的过程，在试点初期，兴化农商行专门安排客户经理携带"快付通"机具及现金，深入偏远地区的村庄进行上门取款服务，在广泛深入宣传"快付通"业务的同时，真正实现了送金融服务下乡、入村、进户的承诺。第四步，根据制定的《"快付通"商户管理办法》，对申请的商户进行严格的筛选，选择符合条件的商户并与其签订协议，于2010年12月正式开展助农取款服务试点。

（三）加强流程控制，严格风险管理

银行卡助农取款服务是以农村小商户作为现金支付的主体，必然会对风险管理提出更高的要求。为此，兴化农商行对签约商户设立了"三关"：一是严把审核准入关。根据各级人民银行"快通工程"的文件精神，制定严格的要求规范，先后出台了《江苏兴化农村合作银行"快付通"操作流程》、《江苏兴化农村合作银行"快付通"业务管理办法》、《快付通考核办法》等制度，并制定《"快付通"商户评分表》、《"快付通"入网协议》等文件明确了双方的义务、权利及责任。二是严控技术风险关，兴化农商行科技部门和人民银行泰州市中心支行共同研发，利用技术手段规避交易风险，设定"快付通"交易时必须刷卡，并且对取现交易作了限制，每卡每日不得超过 500 元，实时从持卡人卡内扣除（现已经修改为每日每卡不超过 1000 元）。三是严守事后监督关，电子银行部门定期或不定期地对签约商户进行"回访"和现场检查，对发现的问题及时进行纠正和整改，有效提高了商户的风险防范意识与操作技能。

（四）完善配套机制，提升服务质量

一是完善服务功能。"快付通"支付终端不仅仅具有现金支付功能，另外还具有刷卡消费、转账、查询等多项功能，可对农村客户提供多种服务便利。二是兴化农商行针对农村居民对服务收费相对敏感的情况，免除取现手续费及商户的机具押金，真正做到让利于民。三是不断加大宣传力度。除和人民银行泰州市中心支行组队深入田间地头对农户直接宣传外，兴化农商行还利用报纸、电视、电台、网络以及农村地区可利用的一切宣传手段进行宣传，提高农村居民对助农取款服务的认知度。四是制定业务考核办法，将服务频率、服务饱和度、客户满意度纳入对基层网点及客户经理的考核，优化服务质量，提升服务水平。

二、风险防范

1. 总行制定《快付通业务管理办法》来规范快付通业务的开展工作，各部门严格按照《快付通操作流程》对申报过程中的要点进行防控，对不合格的商户拒绝接入，对已经安装但在检查过程中发现问题的商户进行整改。

2. 提高商户的准入标准，根据《快付通商户评分表》对申请商户进行评分，对达不到评分要求的商户不得申报。

3. 对申请快付通的商户进行培训，主要针对如何正确使用快付通，如何掌握对银行卡的真伪鉴别及如何防范使用中可能出现的风险。

4. 各支行对所辖自然村按总行要求定期进行检查，主要对机具的布放，商户的经营范围及在使用中需要注意的要点进行说明，规范快付通的操作，为此兴化农商行制定了《快付通业务考核办法》，以便更好地为快付通商户服务和加大风险防控力度。

三、取得的成效

（一）社会美誉度得到了进一步提高

"快付通"项目一经推出，在很大程度上满足了农村居民尤其是金融服务长期处于空白状态的村及村以下最基层农村居民的小额现金需求，因此受到普遍欢迎与广泛好评。同时，由于该服务项目符合党和国家不断提升农村地区支付结算服务水平、促进农村经济金融和谐发展的总体要求，又实现了与新农保资金发放的有机结合，将市委、市政府推出的惠民、利民的政策落到实处，2010 年末，市委、市政府领导专程深入部分助农取款服务点进行实地调研，对兴化农商行的产品大为肯定。2011 年 5 月江苏省农信联社在兴化农商行专门召开了《关于进一步推广应用创新电子产品》的现场会，会上特别介绍了"快付通"，并组织各农商行代表到现场观摩，当年末就被江苏省农信联社评为创新产品一等奖，并在 2012 年度全省进行推广使用，并被确定为兴化市 2013 年为民办实事十大项目之一。兴化农商行领导还多次被省人社局邀请参加"快付通"推广经验介绍。

（二）服务质量得到了进一步提升

"快付通"项目的推出，既符合了银发《中国人民银行关于推广银行卡助农取款服务的通知》（银发［2011］177 号）文件的要求，也扩大了兴化农商行的服务半径，延伸了兴化农商行的服务触角，使兴化广大的农村居民足不出村即可实现小额现金的支取，极大地方便了农村居民的生活。在节约了服务时间、简化了服务流程、扩大了服务范围、提高了服务品质的同时，还将过去只有城市白领才能享受的刷卡消费，在农村地区变为现实。由于取现的便利，农村居民也在逐步养成现金存银行的习惯，截至 2014 年年末，兴化市民卡上沉淀的存款余额达到 3.2 亿元，同时兴化农商行借记卡激活率和电子银行业务替代率已分别从 2010 年的 52% 和 24.51% 上升至 2014 年末的53.01% 和 45.04%。

（三）服务资源得到了进一步融合

"快付通"推广之前，数十万户养老金和涉农补贴领取业务时常造成农商行柜面排长队，客户深受其苦，柜面员工工作压力很大。尽管通过聘用大堂经理、引导客户到自助设备办理业务、设法分流客户，但由于许多农民不会用卡或不放心用卡，柜面排长队现象仍然难以解决。布设"快付通"之后，这一情形得到了明显缓解，各类服务资源在"快付通"上得到很好的融合，并通过"快付通"机具上各类功能菜单具体实现。经统计，兴化农商行各营业网点农保专柜日均交易量与未推广使用"快付通"时比较下降了80%左右。同时，兴化农商行与有关公司洽谈，通过后续研发不断推出代缴水电费、代缴有线电视费等代理业务，以期能够为农村客户提供更加优质的综合金融服务。

"快付通"项目确实是一项便民惠民的民生工程、利行强行的发展工程。今后，兴化农商行将在认真总结的基础上，切实围绕"强功能、广覆盖、便使用、优服务、防风险"标准，把"快付通"项目抓实、抓好，为优化农村支付结算环境、做优支农惠农服务、巩固扩大客户基础、促进本行业务发展不懈探索和努力！

襄垣农商银行：坚定促转型　专注做小微

没有先进的系统支撑，没有眼花缭乱的产品序列，甚至没有可供开发的广阔市场，襄垣农商行任性地坚守自己的"小微"蓝图，硬是靠着一腔"普惠"热情和不断地创新优化，"贷动未来"小微系列产品帮助更多人拥有了美好的未来。

一、坚定"微"布局

襄垣农商行，地处山西晋东南长治市襄垣县，辖内因煤而兴，财政收入、经济发展曾长期处于该市领先地位。但随着发端于 2008 年的国际经济危机不断深入，该县也陷入了持续的资源型发展困境。身处其中的襄垣农商行，历经了煤炭行业多轮的涨跌兴衰，在抢抓机遇享受煤炭红利的同时，更能够冷静客观地关注自己的长远战略，即"立足县域，扶微助小"。多年来，以"贷动未来"系列产品为核心，不断围绕产品种类、工作机制、业务流程进行优化再造，使之更适应市场、更切合客户、更有效把控风险，在取得良好的经济效益的同时，更夯实了自身"百姓银行"的金融主力军地位。

二、优化不停歇

（一）渠道拓宽——更多人参与，更容易获得

付某，多年来一直经营一家副食经销公司，独家代理着统一饮料、豫竹方便面、燕京啤酒，靠着经营有道而生意兴隆。但最近幸福的烦恼也不期而至！香飘飘、脉动、汾阳王白酒三个畅销品牌的厂家找到他希望他能够做区域代理，这下可让他犯了难：要说开拓市场吃点苦那都不算什么，可一下子再代理三个品牌，这资金周转就是个大问题，推掉吧又太可惜！怎么办？要融资只能找银行了！可以往被无情拒绝的经历让他又心生不满。突然他想起

这两天有个农商行小微部的小伙子来店里营销过，他还没给人好脸就把小孩打发走了，庆幸留了个名片，就试着拨了出去。这电话一打没十分钟，客户经理就来了，经过一番调研，当天下午就告他贷款获批，第二天下午 50 万元贷款就已到账。直到现在，说起这件事他还觉得自己在做梦。

这样的效率正是得益于襄垣农商行近年来推广的"广修渠、助力贷"行动。该行统筹规划，内引外联，不断拓宽渠道，先后组建设立了小微贷款事业部、搭建了金斗云互联网投融资平台，厘清了总行客户部和基层支行信贷业务职能。初步形成了基层支行和客户经理主要受理农户小额贷款、小微部门专门开发商业市场、客户部主要受理企事业单位、金斗云开发互联网市场，"四驾马车"并驾齐驱的全新信贷模式。这样的机制安排，一方面提升了信贷业务的专业性和管理水平，另一方面丰富了客户受理渠道，实现了金融需求的便捷性和易得性。小微部门筹建 4 个月已营销客户 122 笔，发放贷款 2198 万元；金斗云平台从 28 日上线，到目前不到一个月时间，已完成了六笔共计一千余万元的资金募集项目，在辖内刮起了新一轮互联金融的风潮。

（二）产品创新——更丰富多彩，更贴近市场

近年来，由于县域经济发展，诸多全新的金融需求开始兴起，比如城镇化掀起的购房热潮、汽车消费热潮等，而受困于技术落后，农信社的业务品种非常匮乏。如果不开发全新的金融产品，面对各专业银行齐备的产品竞争，一大批黄金客户就会快速流失。在此基础上，襄垣农商行组织信贷部门开展了扎实的市场调研及技术攻关，在综合业务系统不是很给力的情况下，结合实际开发出来多款信贷产品。实现了从依靠传统农贷一两个产品打天下到目前按主体、用途、担保方式等区分的四大类 30 余款产品，形成了相对丰富的产品矩阵，有效满足了多层次金融需求。一是不断扩大企事业法人贷款品种，不仅有针对一般企业发展的固定资产和流动资金贷款，还有专门针对县域特色农产品推出的特色农业贷款，用于扶持本地红薯、大棚蔬菜、农产品加工、干果林、特色养殖等优势农业项目；二是研发推出多种类的个人消费贷款，比如结合县域城镇化推出回迁楼装修贷款、针对金融、电力、石油、电信等部分优质行业推出的白领通综合消费贷款，这些贷款种类一方面有效解决了因系统技术不到位可能导致的产品缺陷，

另一方面又避开了与各专业银行的正面竞争，取得了较好的效果；三是配合政府牵头开展了多层次的特定主体贷款，比如为支持妇女创业，开发了红玫瑰系列信贷产品、农村党员示范户贷款系列、大学生"村官"创业系列，成功扶持壮大了像襄子老粗布、鑫源祥设施农业等在全省乃至全国有影响力的项目；四是创新担保方式推出了多款新产品，积极探索开办土地流转抵押贷款、林权抵押贷款、股权质押贷款业务、尝试开办存货质押贷款业务、探索采矿权抵押贷款管理办法、规范全辖煤炭技改贷款担保手续等。这些举措不仅帮助部分中小企业顺利解决了担保难题，也开拓出一片全新的业务市场。

（三）机制优化——载体更多样，工作更积极

为探索"人人享有平等融资权"的融资体系，襄垣农商行积极创新贷款投放的方式和工作载体，推进政府、银行、中介、企业"四位一体"合作多赢机制建设和"农户＋基地＋龙头企业＋政府"的平台建设，通过市场建设、信用建设和制度建设，通过大力度推进支农惠民行动计划、三大工程、百万棚设施蔬菜行动计划、银企对接洽谈会等政策性项目，建立了覆盖下岗失业人员、创业青年、个体工商户、中小微企业的信贷产品体系，探索出了一条批发式和标准化相结合支持小微企业发展的新路子，有效促进了全民创业、县域特色经济发展和产业结构调整。以妇女创业项目山西襄子手工老粗布为例，该公司采用"公司＋农户"的经营模式，已在襄垣、平顺两县多个乡镇开设多处生产基地，并与近千户农民签订加盟协议，使农民变成工人，通过对该企业的信贷支持，吸引了周边2000余农户加盟，户均月增收2000余元，并可新增就业岗位300余个；在设施蔬菜大棚建设中先后投入信贷资金2736万元。带动了全县11个乡镇525户种植大棚5374亩；另外，还积极探索全新的投融资模式，特别是最近创新推出的金斗云投融资平台更是以其易操作、效率高、开放式广受欢迎，在全市开启了互联网融资新风尚。

在打破惧贷惜贷不良习气、激发员工工作积极性方面，襄垣农商行推动实施了以"全面、全员、全流程、全资源"为主题的工作机制优化。一是全面扩权。针对各支行服务区域实际，不再一个标准限制贷款权限，而是在普遍扩大权限的基础上，再针对经济发展相对较好的地区放大额度，

给予一定的自主权。经过新一轮调整，全辖各支行的信贷权限普遍放大一倍以上，部分甚至达到了 5 倍。二是全员营销。打破身份界限，所有员工都可以参与优质信贷客户的营销，并且体现"责权利"匹配的原则，总行制定出台了全员营销的管理办法，实行"管放管收、担责获利、终身负责"机制。在此基础上，各机构对客户进行再甄别，确定资信状况良好的情况下，可以直接发放信用贷款，大大提高了工作效率。2014 年以来，全县职工累计营销贷款 550 户，金额 4000 万元，且未有一笔形成不良。三是全流程优化。实行负面清单制，更新对信贷流程、准贷条件、风险要素等落后的观念认识和梳理再造，对以往不合时宜的规定、制度进行再讨论、再优化，并以文件形式形成办法制度，使全员有据可依。经过优化，全辖的信贷文本厚度减少二分之一。同时，还积极推进建设开放式办贷大厅，在城镇商贸较为活跃的乡镇，组织专人包片进行金融产品的推介，主动上门服务，大大提高了工作效率，受到老百姓的普遍欢迎。四是全资源倾斜。围绕靠信贷创造价值，全行将更多的人力资源、薪酬资源向信贷投放和不良清收两处倾斜，对贷款管理实行按业务量计酬，正常贷款的发放、维护、催收都明码标价，不良清收则按成因、年份、清收难度实行招标挂牌，承包清收，按清收本息的一定比例给予员工奖励，在这样的政策刺激下，许多员工走出支行，走向贷户和市场，激活了一池春水。

三、持之以恒，收获点赞

截至 2014 年年末，襄垣农商行累计为 142 户小微企业发放贷款 16 亿元，为 3684 户农户发放贷款 5.88 亿元，无论是绝对金额还是市场占比均高居榜首，并以其强有力地对地方经济的支持连续多年获得县委、县政府"红旗单位"荣誉称号。不仅如此，为真正实现金融普惠，该行目前已在全辖 11 个乡镇建设营业网点 25 个，其中乡镇营业网点达到 15 个，覆盖了全县 328 个行政村，且乡镇网点全部开通了大小额支付系统、农信银电子汇兑业务，实现跨行结算无障碍以及实时汇划结算。全行还安装自助设备 30余台，布放助农取款点 286 个，安装 POS 机具 441 台，实现了村庄、社区全覆盖，真正解决了"最后一公里"的金融服务难题，农民"足不出村"即可办理小额取款服务。

　　襄垣农商行深知，作为欠发达地区，在涉及百姓致富、农民增收甚至最基本的生产生活需求方面，许多百姓的金融需求特别是信贷需求仍然存在着空白，作为一家服务县域经济的本土机构，该行也将进一步结合实际，持续创新，加大支持力度，切实在"普"字上下工夫，在"惠"字上做文章，努力为小微金融需求提供更多支持，真正让"贷动未来"成为客户信赖的金融品牌，为促进社会和谐作出更大贡献！

紫金农商银行：贴着大地行　跟着农民走[*]

刚进初夏，在南京市江宁区禄口街道"南京禄口伊斯特皮草小镇"的皮草经营户余方贵开始忙碌起来，拿到紫金农商银行禄口支行的 100 万元贷款，他准备全部购买皮草原材料，下半年大干一场。老余感慨地说："今年的原材料价格是去年的一半，我的采购资金可以比去年省一半了，有了这笔贷款撑腰，我的皮装生意一定火！"

一、农民创业扶一把

2011 年，背井离乡在广东打工 20 多年的余方贵回到家乡创业，当时缺少资金，一筹莫展的他找到禄口支行。没想到，没几天 50 万元的创业贷款就拿到手了。在禄口支行连续几年的信贷支持下，他的创业之路越走越宽。2013 年他的店铺经营净赚 30 多万元。"在家门口不仅能挣上大钱，更重要的是能和父母、子女团聚了，回家创业的感觉真好！"回忆起这些，老余眼睛有些湿润。

在皮草小镇，有 10 多户像余方贵这样的创业者得到过禄口支行的信贷支持。禄口支行行长汪成兵告诉记者，皮草小镇是禄口街道重点扶持的商圈，目前入驻且正常经营的商户约 400 户，该支行已发放贷款 10 多户，贷款金额 500 余万元，并为 70 个商户开办了对公结算账户，开立网上银行服务，为 12 个商户办理了 POS 机。

截至 2014 年 5 月末，紫金农商银行各项贷款余额 401.44 亿元；小微企业贷款余额 152.64 亿元，自然人贷款 65.55 亿元，其中支持个人创业的贷款有 1127 笔，金额达 2.33 亿元。

---

[*] 此文发表于 2014 年 6 月 26 日出版的《金融时报》，作者系《金融时报》记者吴红军，通讯员龚亮、吴灵曙、戴文芳。

二、农民进城送一程

随着南京市城市化进程加速，越来越多的农民开始洗脚进城。紫金农商银行因势利导开设了"个人住房按揭贷款"、"美家易贷"住房装修贷款等特色贷款，为农民进城购房、装潢提供信贷支持，为农民进城撑腰。

禄口街道因禄口机场建设，城镇化进程不断提速。禄口支行积极参与当地的城镇化建设，与两家楼盘展开金融合作，为当地居民在购房中提供资金支持。目前，该支行累计发放个人住房按揭贷款近 260 笔，总金额近 1 亿元，为当地城镇化建设作出了应有的贡献。

一位家在禄口农村的青年，最近拿到禄口支行 50 万元的住房按揭贷款，顺利地购买了一套近百平方米的商品房。他开心地说，有了房总算在城里安了家！我们打心眼里感谢紫金农商银行为我们圆了进城的安家梦！像这样的事例还有很多。紫金农商银行东善支行 2013 年办理按揭贷款 70 笔，发放贷款金额 2000 多万元。仅一家位于殷巷地区城中村改造的楼盘，就吸引了十几户南京市江宁区本土青年通过按揭贷款买房。

近年来，紫金农商银行大力推广个人住房按揭贷款业务，为农民进城购房提供资金支持。2013 年全年共发放按揭贷款 2959 笔，贷款 17.8 亿余元。

"作为由扎根农村 60 多年的农村信用社改制而来的农村商业银行，必须贴着大地行，跟着农民走，始终为'三农'奔走，才能发挥农村金融主力军的作用，才能实现自身又好又快的发展。"紫金农商银行董事长黄维平满含深情地表示。

三、新农村建设添薪火

农民居住别墅化、农业工厂化、农村公园化，这一幅美丽乡村的图画，正在有着"董永与七仙女"美丽传说的南京市江宁区横溪街道西岗社区生动呈现。

让这个南京最偏远乡村实现童话般蝶变的是南京七仙农业投资发展有限公司实施的"七仙大福村"农业开发项目。据介绍，该项目以"七仙美境　天上人间"为主题，占地面积 3500 亩，总体规划建设新品种茶叶区 1000 亩，实施瓜菜种植区 500 亩，畜牧养殖区 1000 亩，花卉苗木区 800 亩，休闲观光区 200 亩，项目总投资 1.6 亿元，项目依靠科技，走新型农村产业结构调整之路，促进现代农业、旅游农业、绿色农业的融合发展，带动项目区农业增效，农民增收。

目前，"七仙大福村"部分项目已对外迎客。七仙公司经理胡绪建颇有感触地告诉记者，该项目能有现在这样良好的发展态势，多亏了紫金农商银行的信贷支撑啊！在项目 2013 年面临资金"瓶颈"时，正是紫金农商银行东山支行及时发放的 5000 万元临时项目性贷款的有力支持，使我们坚定了做下去的信心。紫金农商银行对新农村建设投入的是真金白银，体现的是对"三农"的真情啊！

据西岗社区村委会干部介绍，"七仙大福村"项目实行土地入股，农民占公司一定份额的股份，而且实行保底分红，最大限度地保证了农民的利益。在公司"非盈利期间"，农民将领取 500 元/亩的保底分红，每隔数年上调一次。目前，七仙公司已兴建了 2 万多平方米的新农村示范小区，因项目拆迁的两个自然村 90 多户村民全部按同等面积置换的形式住进漂亮的小别墅。拆迁的 90 多户村民中有 50 多人在公司打工，平均年薪 2 万多元。

正在"七仙大福村"中建设的农产品特色一条街上忙碌的村民程国政欣慰地告诉记者，自家 3 亩多土地全部流转给公司，他们夫妇在公司打工，两人年薪六七万元，而土地流转前自家的年收入只有 1 万多元，前后一对比，乡亲们都得到了实惠，大伙都打心眼里感谢农业大开发。

邳州农商行：打造润裕万家的普惠银行[*]

截至 2014 年 6 月 30 日，江苏邳州农村商业银行（以下简称邳州农商行）各项贷款余额达 96.42 亿元，其中涉农贷款 93.15 亿元。先后于 2011 年荣获"首届全国十佳农村商业银行"称号，2012 年在"第二届江苏地区银行业文明服务满意度大型公益调查"中，赢得了"最佳惠农商业银行"称号，在江苏银监局开展的小微企业金融服务工作考评中，连续荣获 2012 年、2013 年两个年度的"小微企业金融服务先进单位"称号，在徐州市银行业系统仅此一家。

一、实施"支农惠农"工程，加大信贷投入

改制成农村商业银行绝不意味着"弃乡进城"，农商行的根基在农村，服务主体是农民。自组建之日起，邳州农商行就坚持改制不改向、改名不改姓，始终明确"服务'三农'、服务中小企业、服务城乡统筹、服务县域经济"的市场定位，紧紧围绕"三农"发展的新特点和新形势，转变观念，拓宽思路，用创新的举措来履行不变的支农承诺，在大有可为的农村金融市场不断提升"三农"金融服务水平。

一是经营理念由支持农民脱贫向支持农民致富转变。为有效解决农民"贷款难"的问题，一方面，主动承担政策性业务，自 2010 年以来累计发放扶贫贷款 14580 万元，涉及近 11000 户农民。另一方面，按照江苏省信用联社统一部署，大力推广"阳光信贷"工程，自 2009 年实施该项工程以来，共调查 480 个行政村、223895 户，建档面达 100%，已发放易贷通卡 57786 张，直接带动 43000 余户农民走上了创业致富之路。

二是战略重点由支持分散农户向壮大农业产业转变。针对现代农业的发展趋势，加大对农业产业化的支持力度，大力扶持农业龙头企业，在企业贷

---

[*] 此文发表于 2014 年 9 月 25 日出版的《金融时报》，作者系《金融时报》首席记者吴红军。

款上大力简化流程，开通各种绿色通道，积极扶持产业发展。自 2010 年以来，累计向各类特色产业投放贷款 160 余亿元，其中向板材产业投放贷款 63 亿元，向大蒜产业投放贷款 29 亿元，向银杏产业投放贷款 6 亿元，向水运产业投放贷款 21 亿元，向养殖产业投放贷款 42 亿元。

三是工作重心由发放支农贷款向惠农金融服务转变。积极拓宽支农领域，向农民和企业实行全方位、多层次、广渠道的金融服务。大力支持村村通、小城镇、水利设施等建设。定期召开银企座谈会，班子成员深入村镇、企业和工业园区开展金融服务调研；配合地方政府实施"双走进、双帮扶"结对服务，为 343 家中小企业提供金融顾问服务，有力地促进了企业做大做强和地方经济社会发展。

二、实施"产品开发"工程，满足客户需求

自改制以来，邳州农商行坚持特色化、差异化发展战略，针对潜在的市场需求，寻找"业务空白"，集中优势资源，打造拳头产品，拓宽担保渠道，保证市场的绝对占优地位。

一是全面畅通信贷渠道。切实将贷款申请、调查、受理、办理等全过程透明操作、阳光管理，让老百姓能享受和城里人一样的金融服务。

二是努力优化担保方式。根据邳州市企业生产经营情况，先后开展了企业联贷联保贷款，中小企业小额担保贷款，经营性物业抵押贷款，同时，由邳州农商行牵头，其他金融机构参加，采用同一贷款协议，对大中型企业、企业集团和重大建设项目发放银团贷款。几年来，扶持了一批又一批的企业走上富强之路。

三是不断创新信贷产品。近几年，他们结合客户需求，不遗余力地加大业务经营机制、金融产品、网络信息技术等方面的创新，先后针对本地的支柱产业推出了"板材赢"、"蒜业宝"、"银杏旺"、"石膏兴"等行业产品，2013 年，又推出了以惠农为主题的新型信贷产品"金杉惠农小微贷款"。

三、实施"服务提升"工程，做好普惠文章

在新的竞争条件下，金融产品的同质化趋向越发明显，服务已经成为赢

得客户的有效手段。邳州农商行牢固树立"服务就是形象，就是品牌，就是生产力和竞争力"的理念，积极开展"金融服务年"活动，把文明规范服务作为一项长期的经常性的工作来抓，牢固树立服务意识，不断完善服务设施，创新服务手段，优化服务流程，提高服务效率。

一是打造"精品银行"，提供便捷服务。一方面积极加强物理网点的部署，改善硬件设施，几年来，营业网点实现全市乡镇全覆盖，同时积极对外增设机构，分别在江苏沛县、新沂和山东郯城、成武、平邑发起设立了五家村镇银行；另一方面，积极加强电子银行建设，不断扩充电子渠道，先后推出网上银行、手机银行、短信银行等服务产品，同时大部分服务免费提供。2014 年该行制定并实施了在全市新增 150 家离行式自助服务区，覆盖城乡各个街道、乡村，有效满足了农民的需求，真正将农商行打造成为老百姓家门口的银行。

二是打造"大众银行"，提供信息服务。进一步加大了宣传力度，在利用常规宣传媒体如电波、报纸、网络等做好业务知识宣传的同时，还积极推广实施微信银行，自 2014 年 5 月邳州农商行微信银行正式上线，两个月时间，微友已突破 15000 人。

三是打造"特色银行"，提供多功能支持。2013 年，为满足客户需求，邳州农商行在城区部分网点开办了"金融夜市"便民服务。通过市场调研，又开通了"银医通"项目，该项目主要基于人民医院每日就诊人数较多，导致挂号缴费排队现象严重，将自助机具引入医院，通过在各楼层布放自助挂号、缴费终端，将人民医院的诊疗系统与银行的中间业务系统互联互通，实现了患者持邳州市人民医院诊疗卡、邳州农商银行借记卡均可以自助挂号、缴费的功能，极大地方便了邳州市民就医。同时，按照市政府智慧城市建设规划，积极与市政府交流沟通，将圆鼎借记卡打造成邳州市市民卡，并实现公交乘车、费用交纳、财政补贴发放、医保社保等功能。

四是打造"情感银行"，提供优质服务。积极推行亲情化服务、规范化服务，吸引客户、留住客户，做到"三个要求"，即"微笑服务、迎声服务、站立服务"；"四个确定"，即人员定岗、用具定位、操作定型、服务定质；"五个一样"，即生人熟人一样热情，存款取款一样主动，大额小额一样欢迎，忙时闲时一样耐心，表扬批评一样诚恳。并严格要求遵守"首问责任制"、"服务承诺制"、"限时办结制"，保持工作流程的连贯性和协调性，让顾客感到温馨友爱的人文关怀。

内蒙古乌拉特农商银行："兴畜贷"带动
当地畜牧业大发展

内蒙古乌拉特农村商业银行始终把经营定位于服务"三农三牧"，助力地区经济发展，充分发挥农村金融主力军作用。近年来，通过大力拓展并创新"兴畜贷"产品，有效解决了当地养殖户融资难题，"贷"活了当地农村经济，为内蒙古自治区建成绿色农畜产品生产加工输出基地贡献了一份力量。

一、产品背景

2009 年，根据乌拉特前旗养殖业发展较快，但因资金缺乏导致规模化养殖仍未形成的实际情况，乌拉特农村商业银行在进行了充分的实地调研和征求意见的基础上，积极创新信贷业务品种，推出了"兴畜贷"，此贷款品种既不同于额度小、期限短且必须由当地农牧户组成联保小组的农牧户联保贷款，也不同于支持当地个体工商户的必须提供有效抵（质）押物的抵（质）押贷款，担保人可面向全旗境内所有人员，产品主要针对乌拉特前旗各类养殖户发放，通过提供贷款，进一步扶持壮大了当地特色养殖业。

二、产品特色及成效

"兴畜贷"可由当地信誉良好的两人以上（含两人）保证人提供担保，也可以为房地产抵押贷款。具体担保方式由借款人根据自身情况确定；贷款流程为农牧户自愿申请，乌拉特农村商业银行在接到申请后进行调查，对于符合借款条件的进行信用等级评定并授信，之后与借款人签订借款合同并发放贷款，从受理到发放，最长不超过五个工作日，经调查符合借款条件的，最长不超过两个工作日审批发放；"兴畜贷"简化了办贷流程，由原来的一年一授信改为三年一授信，中间只需根据实际情况调整授信额度即可，且还款方式灵活。贷款按季度结息，可自由选择分期还款或到期一次性还款方式；

最高贷款额度由原来的 5 万元提高到了 30 万元，贷款期限由原来的 1 年提高到了 3 年，极大地满足了养殖户的用款需求。

三、社会效益

经过不断地实践、探索、推广，"兴畜贷"已从 2009 年一个小小的试点自然村扩展到现在的 93 个行政村，农区覆盖面达到 100%。贷款额度以每只羊 200～500 元，每头牛 2000～4000 元发放贷款，最高不超过 30 万元。截至目前，"兴畜贷"累放额达到 88609 万元，受益牧户 12336 户，占当地总牧户数的 38%。养殖农牧户收入由原来每年几千元增加到现在几万元甚至几十万元。如新安村七社社员马建华就是"兴畜贷"的受益者，他刚成家时生活十分困难，但是怀着对美好生活的期望，马建华想到了贷款养羊致富的路子，乌特拉农村商业银行每年 2 万～3 万元的贷款让他的生活逐渐宽裕起来。2009 年他已经拥有 700 多只羊，但是马建华并不满足，他看到了养殖业的希望，萌生了扩大养殖规模的想法。可是，想起来容易做起来难，要扩大养殖规模，资金就是大问题。就在他踌躇不前时，2010 年新安村村委成立了"养殖小区协会"，乌拉特农村商业银行进行了大力支持并主动帮扶，给加入协会的马建华发放贷款 8 万元。就是这笔"及时雨"，"贷"动马建华敲开了养殖专业户勤劳致富的大门。之后，每年乌特拉农村商业银行都会对马建华给予大力的资金支持，现在，他所育肥羊每年可出栏三批，每批达到 1300 只左右，年收入 30 多万元。

四、推广价值

"兴畜贷"有效解决了农牧户办理小额信用贷款金额小、其他贷款缺少抵（质）押物问题。贷款风险小、利息收入稳定，收入额度和占比呈逐年增加的趋势。根据乌拉特前旗养殖业发展情况，下一步将逐步扩大扶持范围、增大贷款额度，以更大限度地支持乌拉特前旗境内养殖户发展。

（1）定价方式。"兴畜贷"利率按照中国人民银行相关贷款利率管理规定执行，低于乌拉特农村商业银行其他贷款利率，属最低利率。

（2）安全合规。申请"兴畜贷"的客户要求近两年内在任何金融机构无不良信用记录。办理贷款由当地有实力的两人以上（含两人）保证人提供担保，其中 10 万元以上至少有一名旗内行政事业单位人员提供担保，10 万元以下由镇内信誉好的种植、养殖户提供担保。如能提供有效抵押物，也可申请以抵押方式办理贷款，大大降低了贷款风险。

通过新农村建设和"兴畜贷"的进村入户，大大增强了农牧民建设家园的信心和决心，帮助大多农牧户摆脱了贫困，也为地方社会稳定和信用环境建设作出了贡献。

参考文献

［1］陈其安、肖映红、程玲：《中小企业融资的三方信贷担保模型研究》，载《中国管理科学》，2008，16，210～214。

［2］董晓林、吴昌景：《四大担保模式化解农户贷款难题》，载《农业经济问题》，2008（9），35～40。

［3］何广文、李莉莉：《大型商业银行的小额信贷之路——兼析与新型农村金融机间的合作机制》，载《农村金融研究》，2011（5），21～26。

［4］何广文、潘婷：《国外农业价值链及其融资模式的启示》，载《农村金融研究》，2014（5）。

［5］何婧、王力恒、何广文：《基于信息不对称的异地个人经营者融资困境的缓解——以余杭农商行"加盟商贷款"为例》，载《农村金融研究》，2014（12），59～63。

［6］郝蕾、郭曦：《卖方垄断市场中不同担保模式对企业融资的影响——基于信息经济学的模型分析》，载《经济研究》，2005（9）。

［7］洪正：《新型农村金融机构改革可行吗》，载《经济研究》，2011（2），44～58。

［8］李成青、李础蓝、谢洁华：《专业市场平台的小企业贷款模式研究》，载《南方金融》，2010（5）。

［9］彭江波：《以互助联保为基础构建中小企业信用担保体系》，载《金融研究》，2008（2）。

［10］王辉、赵岚岚：《"十二五"时期如何加快小微企业发展》，载《中国经贸导刊》，2010（21）。

［11］赵本阳：《商业银行金融 IC 卡行业应用探究》，载《上海金融》，2011（9），65～69。

［12］赵岳、谭之博：《电子商务、银行信贷与中小企业融资》，载《经济研究》，2012（7），99～112。

［13］赵岩青、何广文：《农户联保贷款有效性问题研究》，载《金融研究》，2007（7），61～77。

［14］Berger, A. N. , and R. DeYoung, 2001, "The Effects of Geographic Expansion on Bank Efficiency", Journal of Financial Services Research 19, 163 – 184.

［15］Berger, A. N. , and R. DeYoung, 2006, "Technological Progress and the Geographic Expansion of the Banking Industry", Journal of Money, Credit, and Banking 38, 1483 – 1511.

［16］Bester, H. , 1987, "The Role of Collateral in Credit Markets with Imperfect Information", European Economic Review 31, 887 – 899.

［17］DeYoung, R. , D. Glennon, and P. Nigro, 2008, "Borrower – Lender Distance, Credit Scoring, and the Performance of Small Business Loans", Journal of Financial Intermediation 17, 113 – 143.

［18］Daniela Fabbri, Anna Maria C. Menichini, 2009, "Trade credit, collateral liquidation, and borrowing constraints", Journal of Financial Economics, 96: 413 – 432.

［19］David Besanko, Anjan V. Thakor, 1987, "Collateral and rationing: sorting equilibria in monopolistic and competitive credit markets", International Economic Review, 28: 671 – 689.

［20］FAO. 2005. Addressing marketing and processing constraints that inhibit agrifood exports. A guide for policy analysts and planners, FAO Agricultural Services Bulletin 60, Rome.

［21］Fries, R. and B. Akin［2004］"Value Chains and their Significance for Addressing the Rural Finance Challenge", MicroREPORT #20, Agricultural Cooperative Development International/Volunteers in Overseas Cooperative Assistance (ACDI/VOCA), funded by the United States Agency for International Development (USAID) Accelerated Microenterprise Advancement Project (AMAP). www. microlinks. org.

［22］Geetha Nagarajan, Richard L. Meyer, RURAL FINANCE: RECENT ADVANCES AND EMERGING LESSONS, DEBATES, AND OPPORTUNITIES. Working Paper: AEDE – WP – 0041 – 05, The Ohio State University, August 2005.

［23］ Giovanni Busetta, Alberto Zazzaro, 2012, "Mutual loan – guarantee societies in monopolistic credit markets with adverse selection", Journal of Financial Stability, 8: 15 – 24.

［24］ GPFI/IFC, Innovative Agricultural SME Finance Models, November 2012.

［25］ E. B. McCullough, P. L. Pingali and K. G. Stramoulis, eds. 2008, The transformation of Agri – Food Systems, FAO and Earthscan, London, p. 17.

［26］ Magdalena S. Casuga, Ferdinand L. Paguia, etc., APRACA FinPower Program 2008/1, Financial Access and Inclusion in the Agricultural Value Chain.

［27］ Matthaus – Maier and J. D. Von Pischke (Eds.), Microfinance Investment Funds: Leveraging Private Capital for Economic Growth and Poverty Reduction, Springer: Berlin. 2006

［28］ Onumah, G. ［2003］ "Improving Access to Rural Finance through Regulated Warehouse receipt System in Africa", paper presented during the conference Paving the Way Forward for Rural Finance: An International Conference on Best Practices. Fries and Akin, op cit.

［29］ Joseph E. Stiglitz, 1990, "Peer Monitoring and Credit Markets", The World Bank Economic Review, 4: 351 – 366.

［30］ Joseph E. Stiglitz, Andrew Weiss, 1981, "Credit rationing in markets with imperfect information", The American Economic Review, 71: 393 – 410.

［31］ Zeller, Manfred, Gertrud Schreider, Joachim Von Braun, and Franz Heidhues (1997), Rural Finance for Food Security for the Poor: Implications for Research and Policy, Washington, D. C.: International Food Policy Research Institute.

后　记

　　当前，中国正在迎来一个全新的经济转型、结构调整、产业升级和金融开放的大时代。党的十八届三中全会通过的《中共中央关于全面深化改革若干重大问题的决定》正式提出发展普惠金融，吹响了发展普惠金融的号角。我们欣喜地看到，金融改革工作朝着包容式的普惠金融方向，从支持小型金融机构、支持农村、小微企业、互联网金融的发展等多方面展开。

　　透过各地农村金融机构践行普惠金融的窗口，我们可以共同分享以普惠金融赢得未来发展的观念，探索普惠金融的实质，思考普惠金融改革的方向，从不同角度交流构建普惠金融体系的具体构想。我们坚信，及早行动、坚定不移推进农村普惠金融，必将实现农村金融机构眼前效益与长远效益、社会效益与自身效益、显性效益与隐性效益的和谐统一，也必将带来广大农村金融机构在经济新常态下良性发展的转型升级。我们希望通过这本研究报告，记录广大农村金融机构多年来的默默耕耘和点滴收获，留下他们沿着普惠金融道路不断前行的坚实足迹和响亮足音！

　　《中国农村普惠金融研究报告2014》一书的出版，仅仅初步展现了近年来农村普惠金融的理论探索和实践成果，还有许多普惠金融问题有待进一步研究和探讨：一是什么是经济新常态下的农村普惠金融？二是什么是农村普惠金融的成功模式？农村普惠金融成功的要素有哪些？三是如何创新性地针对缺乏抵押担保的农户、小微企业等弱势群体开展普惠金融服务？四是如何避免开展不计成本、不计风险的"输血式"普惠金融服务，构建以可持续发展为基本前提的商业化、竞争性现代普惠金融体系？五是如何通过信息技术和金融创新的结合有效实现低成本高效率的农村普惠金融发展方式？等等。这些都是我们后续研究的努力方向。

　　作为农商银行发展联盟研究报告系列丛书中的第一册，《中国农村普惠金融研究报告2014》承载了联盟全体工作人员和所有会员单位关于推动中国农村普惠金融事业不断发展的希望和梦想。我们衷心希望本书以及未来的研究报告系列丛书的出版能够对读者有所启发和裨益。当然，囿于水平，疏漏之处，在所难免，恳请专家、学者及同行们指正，以便我们在下一步的研究中不断改进和提高。

　　特别感谢两位老领导宋文瑄、佟铁顺作为顾问对丛书的整体策划和编写工作所给予的关心支持与精心指导，感谢国有重点金融机构监事会于学军主席在百忙中专门为本书作序推荐，感谢贵阳市王玉祥副市长主持丛书编写并最终审定书稿，感谢江苏省信用联社王晨曦理事长亲自撰写了开展普惠金融服务的心得体会，感谢湖北省信用联社刘志高理事长亲自协调安排并热情指导调研活动，感谢中国金融出版社魏革军社长提供的长期出版支持，感谢农信银资金清算中心王耀辉总裁提供的课题资助，感谢中国农业大学何广文教授和我一起组织协调、带队调研、修订统稿，他们都是农村金融领域的知名专家和领导，他们的鼓励和支持，使得我们的研究有了继续前行的动力。

　　感谢我的同事们和我一起通力合作，齐心协力、各尽所能，顺利地完成了这次任务，充分展现了我们这个崭新团队的战斗力和凝聚力。虽然我们目前的创作还无法达到前辈们的高度，但是我们会好好学习，努力创作，争取再创佳绩！

　　本书在调研和编写过程中，还得到了新华社、中国农村金融杂志社等新闻媒体以及江苏、浙江、四川、山东、内蒙古、湖北、福建、青海等省（自治区）农信联社的大力支持，联盟各成员单位也给予积极协助，在此一并表示感谢。

　　值此报告付梓之际，谨代表农商银行发展联盟，对于上述有关领导、专家、学者、同行们给予丛书编撰工作中的重视、关怀、支持和帮助再次表示诚挚的感谢！

农商银行发展联盟秘书长　吴红军
2015 年 1 月 18 日于北京